U0590609

有研究的思政课

——浙江大学马克思主义学院教师优秀论文集

浙江大学马克思主义学院　编

ZHEJIANG UNIVERSITY PRESS
浙江大学出版社
·杭州·

图书在版编目(CIP)数据

有研究的思政课:浙江大学马克思主义学院教师优
秀论文集 / 浙江大学马克思主义学院编. —杭州:浙江
大学出版社,2022.12
ISBN 978-7-308-18670-4

Ⅰ.①有… Ⅱ.①浙… Ⅲ.①高等学校－思想政治教
育－教学研究－中国－文集 Ⅳ.①G641-53

中国版本图书馆 CIP 数据核字(2020)第 259394 号

有研究的思政课
——浙江大学马克思主义学院教师优秀论文集
浙江大学马克思主义学院　编

责任编辑　傅百荣
责任校对　徐素君
封面设计　周　灵
出版发行　浙江大学出版社
　　　　　(杭州市天目山路 148 号　邮政编码 310007)
　　　　　(网址:http://www.zjupress.com)
排　　版　浙江时代出版服务有限公司
印　　刷　广东虎彩云印刷有限公司绍兴分公司
开　　本　710mm×1000mm　1/16
印　　张　22.25
字　　数　399 千
版 印 次　2022 年 12 月第 1 版　2022 年 12 月第 1 次印刷
书　　号　ISBN 978-7-308-18670-4
定　　价　78.00 元

版权所有　翻印必究　　印装差错　　负责调换
浙江大学出版社市场运营中心联系方式　(0571)88925591;http://zjdxcbs.tmall.com

目　录

思想政治理论课教学亟须解决的五个问题

原理教研中心　刘同舫

【摘　要】　新时代以来,思想政治理论课教学成效有了显著提高,但发展中也暴露出一些亟须解决的问题。这些问题关涉学生的思想问题调研、教学内容的研究、教学资源的开发与共享、教学模式的总结与推广以及绩效评价机制的取向。针对这五大问题,高校应加强对学生思想状况的滚动调研、加深教学内容的学术性基础、扩大优质资源的开发与共享、建立"大思政"的综合交融模式以及促进教学与科研协同并进,从而提高教学质量,提升学生的"获得感"。

【关键词】　思想政治理论课教学;问题;对策

随着研究和改革的深入,近年来思想政治理论课(以下简称思政课)教学成绩可观,高质量的思政课教学在助推高校立德树人中的重要作用已然凸显,思政课教师也逐渐意识到将教学新形势、新要求与学生思想实际紧密关联的必要性,但思政课的有效性仍存在较大的提升空间。对于如何提升有效性的问题,学界已然从多个维度进行了反思与总结,但有些分析还只是停留在问题表层,亟须更具根本性的原因剖析。因而,以提升思政课教学有效性为核心目标,细致解剖教学活动的构成因素,深刻分析教学环节的突出问题,并针对性地提出对策与建议是当前深入优化思政课教学亟须关注的基本面向之一。

一、当前思想政治理论课教学存在需要解决的主要问题

1.对学生思想状况缺乏调研而影响教学针对性

思政课是一种科学地将学生的思想状况和现实需要与国家意识形态需求相统合的教学实践。在这一教学实践中,尤其需要结合理论、制度和环境的具体境况,通过充分调研把握学生的思想状况和现实需求。学生的思想状况与

现实需要受到外在社会环境的影响和自身内在尺度的制约,内在尺度在吸收思政课教学内容要义时往往会"遭遇"外部社会环境的冲击而产生波动,呈现出动态性。学生对思政课教学内容的汲取程度与其内在尺度的动态性变化须臾不可分离,对学生思想状况的调研关键在于对现实中反映出的学生行为和思想动态变化过程进行全面且深刻的剖析,这是思政课教学的必要环节。学界对以调研结果为教学参考依据的观点已达成共识,日益向好的调研信息也提升了广大思政课教师的信心。2017 年 12 月 6 日,教育部一份涵盖 3000 余堂思政课教学的专家调研结果汇总显示,"91.8%的受访学生表示非常喜欢或比较喜欢自己的思政课老师,91.3%的受访学生表示在思政课上很有收获或比较有收获"[①]。然而,受访学生在受访过程中对调研专家所提问题的回答未必就是其真实感受的完整表达,而表达不完整可能会影响数据统计的客观结果,学生的现实反映并不一定乐观。新的时代背景下,思政课教学面临纵向与横向的双重挑战。纵向上,新时代蕴含着新矛盾,提出了新的改革要求,主要矛盾的新变化必然会在学生的思想意识层面有所反映。不同年级、不同年龄段的学生所处的外在环境不同,接受的社会思想观念不一,滞后于学生思想动态变化的统一教材难以满足学生的现实需要,这对教师教学提出了新的要求。而教师在实际教学中往往形成对既有教学资源的依赖,没有对学生进行年级和年龄上的分类、对教学资源进行及时的更新整合,从而形成"传送带"式的教学模式。横向上,不同专业背景的学生对思政课的兴趣有异、接受能力不一、接受程度也千差万别。与辅导员相比,教师缺乏了解学生思想问题的沟通渠道,备课时相对忽视学生的主体性诉求、教学中没有充分激发学生的参与热情、课后没有重视学生意见的总结备案,因而难以对不同专业的学生进行针对性的教学。以致学生在教学过程中表现出碍于课程学分考核的硬性标准而对教学保持"礼貌性的关注",得到的只是对理论知识记忆性的浅层"获得感"。总体而言,教师并没有深入地了解学生,难以实行针对性的教学实践。

2. 对教学内容缺乏领会研究而削弱教学应有质量

有效的思政课教学必定以适应新形势、新要求的内容体系为基础,以教师对内容的领会和研究程度及其课堂呈现为依托。回顾思政课教学的改革历程,正是有了以内容为基础的课堂教学不断改革,学生对教学的兴趣和获得感才得以确证和维系。习近平总书记在 2016 年全国高校思想政治工作会议上

---

① 《教育部调研显示:86.6%受访学生喜欢上思政课》,《中国青年报》,2017 年 12 月 7 日。

指出,要"推进理念思路、内容形式、方法手段创新,增强工作时代感和实效性"①,各高校和广大思政课教师也确实在教学过程中贯彻了这一重要理念,及时将教学研究聚焦到对习近平新时代中国特色社会主义思想的科学研究上,通过集体备课、研讨会和观摩示范课等形式探讨将新思想融入教学内容的具体路径。学界对教学内容改革时代感的把握高度重视,教师们在结合新思想的教学中积极踊跃,学生们也掀起了学习新思想的热潮,但总体上认识和理解的层次有待提高。习近平总书记对教学内容改革的强调,其用意在于增强教学的实效性,落脚点在内容的改革创新上。教学研究的本质是创新,前提在于对内容的深刻领会。由于缺乏深厚的知识储备和理论素养,部分教师在一味追求教学内容改革时代感的同时,缺乏对创新性的深度把握,在对新内容的研究还未成熟之际就急于投入教学;迫于创新性改革的要求,部分教师只能寄希望于实现教学形式上的创新,利用新媒体或"讲段子"等新颖形式吸引学生参与课堂,呈现出"抬头率"等表面"获得感"提高、教学内容吸收内化隐绰不彰的实情。

3.对优质资源利用不充分而耽延教学的表里并进

优质教学资源是教学实践和改革累积的成果结晶,是教师基于当前学生思想问题和教学内容体系对传统资源的更新、新型资源的开拓以及未知资源的发掘。优质教学资源的运用需要教师对新形势、新要求保持高度的敏感性和探索意识,及时联系实际对教学资源进行开发与整合,并在各高校之间形成资源共享的密切联动。高校马克思主义学院教师率先实施的"慕课""微课"等线上课堂不仅为学生带来便利,也为其他教师提供了重要的资源参考,成为优质教学资源开发与共享的范例。但新教学资源获取方式的出现对传统教学资源形成了一定冲击,给教师这一具有资源整合优势的联动群体带来挑战。乘着信息技术之风而上的"慕课""微课"等线上生成的教学资源带有固定的实践局限。"将教学资源用视觉播放直接替代教学过程,这样的'机灌'会占用大量的师生互动交流与教师讲解时间,不仅没有改善思政课教学现状,反而抑制了教师魅力与教学技巧的有效发挥。"②教师之间没有进行有效的集体备课,部分教师直接下载网上的优质教学资源并在课堂上播放,导致学生课堂看视频、

---

① 《习近平在全国高校思想政治工作会议上强调:把思想政治工作贯穿教育教学全过程 开创我国高等教育事业发展新局面》,《人民日报》,2016年12月9日。

② 高奇、周向军、韩文彬:《高校思想政治理论课信息化教学需把握好的若干重要关系》,《思想理论教育导刊》,2018年第2期。

手机拍视频的现象，截断了师生间通过共同探讨现成教学资源而开发出新资源的机会。优质教学资源的开发与共享相互制约，教师对教学资源的开发力度不足一定程度上缩减了资源共享的空间，对优质教学资源共享的过度依赖反过来则会影响资源开发的实际成效。不健全的集体备课难以生成有效的教学资源，加上部分教师对知识占有和资源专利权的过度强调，没有将自己探索开发出的优质资源分享给其他老师，资源共享的力度存在局限。有限的共享教学资源往往良莠不齐，造成部分教师混淆了资源运用的普遍性与特殊性，没有结合本校或不同专业学生的特色对资源进行再加工，而是直接将现成资源翻版到自己的教学案例之中，无法保持优质教学资源的再生性。

4. 对教改模式总结与推广不够深入而导致理论脱节实践

思政课教学改革因循时代背景和学生思想实际的主线，伴随现实境况的变化形成了一定的模式。教学改革模式是由教学内容、目的、主体、方法与环境等多方面改革组成的整体，在推动教学过程多维改革的同时也将自身镌刻在其中。教学过程的多维改革意味着教学模式的整体变革，内在蕴含总结与推广的要领。改革的模式总结是教学进展的中间环节，模式推广是教学延伸的内在动力，两者是同一过程的两个方面。经过长期改革，思政课教学模式已经发生转变，而当前的教学改革仍处在攻坚期，面对新时代展现的新变化、提出的新要求，广大教师也遭遇现有教学模式"向何处去"与教学改革"怎么改"的现实困境。教师们对现有教学改革的模式总结和推广不够深入。教师对基于"学"而构思"教"的基本原则无疑是遵循的，但往往陷入依据"学"的某一面而给予"教"片面的回应，未能洞彻教学改革模式的整体要求。教师对教学模式的整体把握缺失勾连着其个人经验的理性解释越界，必然导致教学过程中各要素、各环节改革的紊乱，如在突出发挥学生的主体间性教学模式中对基础理论内容的失控，在引进互联网教学模式中走向唯技术论的极端，在众多教学方法模式中无法总结出符合教学基本规律的方法系统，最终坠入对各种教学改革理念的莫衷一是。教师在模式总结中难以把握各要素与整体间的适度张力，无法实现模式的深度推广。教学改革模式的总结缺乏系统性、整体性与针对性，教师之间缺乏广泛的教学经验分享交流，诸如教学研讨会等也表现为学术主题的研究，在教学中引起一时的学习兴趣及热潮，必将随现实要求的更新而逐渐淡出教学的关注，难以发挥长效性，而更深层次的后果是陷入把各种具体的教学实践活动当成是偶然的、脱离教学整体的认识误区，从而造成模式与实践的脱节。

5.没有扭转"重科研轻教学"评价模式而消解教研动力

"重科研轻教学"的绩效评价模式是各高校普遍实行的教师评价机制,将教师的科研成果与其业绩评定和职称考核联系起来,目的是提高教师对自身的学术理论要求,以保证学科建设的质量和课堂教学的成效。在"重科研轻教学"的绩效评价模式下,教师的科研水平整体有所上升,也从侧面展示出教师在教学理论领域取得的成果。但实践中学术科研成果往往没有与教学内容直接挂钩,教师的学术研究也并非完全建立在教学问题的基础之上。教师在研究学生思想、教学内容、资源和改革模式上的缺位问题在更深层次上脱胎于绩效评价模式的执行取向问题。有观点认为,问题就源于评价模式本身,"对科研能力的过分关注,对教学能力的一定忽视,本质上是自然科学的量化逻辑在人文社会学科中的延伸,而唯科研是从制度导向必然塑成重科研、轻教学的教育生态"①。科研与教学构成思政课教学的"教育生态",两者之间达到平衡才能彰显教育教学的实践价值。教师能力与评价模式密切联系,"重科研轻教学"的绩效评价模式侧重于以科研成果数量、级别等量度来评估教育教学的质量,忽视对教师教学能力的评价,影响了教师在科研与教学中的价值取向,造成教师在教学中出现"重科研轻教学"的实践价值失落。科研成果的附加值大于教学,在教学实践中表现为追求科研对教学的压倒性优势。高校、学院与学科在各种项目评选、资源获取等竞争中加大科研要求,教师在职称考核、项目申报的制度环境中主要依靠科研成果来加分、增值,长此以往钝化了教师的教学热情,从而削弱了教学能力,势必造成学术研究与教学实践的分离。教学过程中各要素、各环节的实态没有在学术研究中得到理论观照,学术研究成果也没有在教学中得到运用和检验,难以产生学术理论跟进研究的动力基础。

二、基于以上问题,高校亟须实行有针对性的改进措施

1.建立学校内部多方联动机制,开展学生思想状况调研

学生思想状况关系学生的真实"获得感"和现实需要,为了准确把握学生思想变化的动态,亟待建立以教师为中心的学校多方联动机制,开展对学生思想状况的滚动调研。调研是一项需要极高参与度和配合度的工作,在展开调研的始末,思政课教师是中坚力量,各学院相关部门是主要力量,学工部是统

---

① 金丽馥:《新时代高校思想政治理论课教师教学能力提升策略探析》,《思想理论教育导刊》,2018年第10期。

筹力量。在对学生思想状况这种相对模糊的特殊对象进行调研时,更需要依靠思政课教师、学院辅导员、学工部门负责人员以及心理咨询老师等与学生思想问题直接相关的影响力量之间的层次布局和协同配合。思政课教师既是教学者又是研究者,这就决定了教师既要做好调查准备,又要跟进后期研究,从而走出传统调研的形式化弊端,摒弃调研问题的经验性预设。教师要利用课堂教学这一主渠道,对学生提出的问题进行解疑释惑,并将问题及时反映到各学院的相关部门;将学生直接的思想困惑及在日常生活中反映出的思想症候作为设计调查的依据,思想问题的普遍性与个别性要统筹兼顾,单一的问卷调查式统计研究难以奏效,必须利用学校相关技术支持,形成问卷调查、座谈了解、个别访谈等多种调查形式的联动效应;发挥学术研究在更新调研中的作用,为了避免对调查模板的依赖,教师要从深层次上研究学生思想问题形成的内在作用机制,如深入研究人的本质理论和思想活动规律,将立足于学生思想特点的静态分析与观摩学生思想活动的动态调查有机结合。对思想问题的研究是调研的总结环节,思想问题存在于人的精神和心理情感之中,特有的个体性和流动性增加了研究的难度,如思想的获得感如何与客观数据精准对接,教师在研究中的主观、定性与研究工具客观、定量间的合度性对结论产生的偏差等。力量调和成为克服研究难度的基础,学校要推动全校思想政治工作研讨会的常态化,集中会诊学生思想问题。各学院领导和辅导员要将学生日常生活中反映的问题进行分类和总结,学工部门要对学校整体师生的思想状况进行反思与统调,心理学等相关方面的专家要利用专业知识为调研提供理论参考,负责相关数据统计和分析的后台工作人员须为调研提供技术支撑。学校多方力量加强联系、相互支持和敦促,才能形成调研的常态,进而推进学生思想调研工作的有效性和持久性。

2. 深化教材内容研究,扎实教学内容的学术基础

传统的思政课教学内容沉淀了很多值得承袭的精华,但也需要在新的时代条件中历经新的审视和打磨。传统的教材内容倾向于直接阐释党的意识形态和社会意识要求,没有将现实问题充分融入教材。要实现教学内容的现实转化,必须加强对教材内容的深度研究,巩固教学的学术基础,使教学内容具有历史感和时代感。思政课教材包括四门必修课,教材内容的编写设计针对本科生的价值观念和人生信仰问题。大学生的价值观和信仰形态丰富多样,囊括了认知、情感、意志、行为等样态,涉及教育学、心理学等理论背景。四门必修课在塑造学生思想意识中具有独特作用,但也有重叠的部分,这就要求每一门课程的教师跳出自身所授课程的教材内容或某一研究方向的窠臼,以马

克思主义理论方法为指导,宏观把握四门课程教材内容的内在联系,多维汲取其他相关学科的理论成果,形成对教材内容知识结构的全面掌握,为教材内容向教学内容的转化厚植历史感。教学内容的历史感形成于教师对教材内容的深入研究。中宣部、教育部印发的《普通高校思想政治理论课建设体系创新计划》明确指出:"要坚持教学与科研相结合,努力探索攻克教学难关,强化科研对教学的支撑作用。"①现实教学中教师研究成果转为教学内容的实践案例正在进行并初有成效,但也暴露出本科生面对晦涩难懂的理论内容而失去兴趣的弊端。真正能引起学生兴趣并起到价值引领作用的教学内容,是历史感与时代感并存的。教师在理论研究中既要有以内容为基础的深度理论挖掘,也要有针对现实实践问题的理论回应,将学生在教学实践中反映的问题以及学生如何自觉运用理论的问题纳入研究内容。"内容为王",真理的感召力决定艺术的感染力,教学内容决定教学形式。在教学内容的呈现中,科学把握内容真理性与形式创新性的内在张力,既要利用形式创新对深厚理论进行转换,又要规避内容理论性的失真。

3.促进优质资源开发,加大优质资源共享力度

优质教学资源开发包括对教学案例的精心凝练、新媒体的灵活运用以及社会典型话题的适时采集等,教师在开发优质资源的过程中应发挥核心作用。因此,开发优质教学资源要以教师为支柱,教师教学效果的发挥是其对优质资源开发不断自觉的过程。教师对教学资源的择取要以社会主义意识形态为价值引领,保持对资源的敏感意识。捍卫教学的意识形态性是思政课教师的根本职责,考察学生的思想动态要以意识形态安全为红线,钻研教学内容形式要以意识形态性为指标,只有维护了教学资源的意识形态标尺,才能诊断资源能否成为思政课的教学要素和环节,课堂也由此成为教学资源展示和检验的平台。随着教育教学改革的深入,思政课已经延伸出第二、第三和第四课堂,形成一、二、三、四课堂协同育人的教学模式。第一课堂教学是主阵地,体现在教师对教学内容的集体备课中,从备学生、备教材、备教法等环节中挖掘优质资源;第二、三、四课堂教学是增效器,无论是社会实践教学、网络教学还是国际化教学,都是对第一课堂教学资源的补充,需要教师将优质教学资源开发协调到四种课堂之中。但教师个人的作用力是有限的,很难全面掌握四种课堂的

① 中央宣传部、教育部关于印发《普通高校思想政治理论课建设体系创新计划》的通知[EB/OL].(2015-08-17).http://www.moe.gov.cn/srcsite/A13/moe_772/201508/t20150811_199379.html.

资源信息,必须扩大和优化开发力量,实现优质资源的外部借鉴和内部共享。教师要善于利用社会中介组织实现外部借鉴,加强与社科理论界专家、社区服务者以及各行业先进模范等之间的经验交流,统筹高校资源与社会资源,将外部借鉴而来的优质资源融入内部教学资源,促进内部优质资源的共建共享。优质资源的共享要循序渐进、协同共进,教师应加强对第二、三、四课堂优质资源的吸收,并在第一课堂的集体备课中实现有效转化。这是一个资源冲突与整合的过程,意味着优质资源的共享是一个教师与校外思想政治教育工作者、教师之间观点方法不断磨合与交流的过程。

4. 建立"大思政"系统,深化教学模式总结与推广

思政课教学的改革包含各要素、环节的调整,形成了独具特色的教学模式。当前的教学实践需要总结以往教学模式的运行经验,统筹各要素和环节的整体运行。统筹协同是系统观和生态观的统一,涉及不同层级的系统。习近平总书记在全国高校思想政治工作会议上指出,"要坚持把立德树人作为中心环节,把思想政治工作贯穿教育教学全过程,实现全程育人、全方位育人,努力开创我国高等教育事业发展新局面"[①]。这就启示我们,高校思想政治教育工作要建立"大思政"格局。建立高校"大思政"格局要求形成全面的教育教学模式,这是一个多重要素汇合交融和综合联系的有机系统,包括各高校内部的模式凝练与总结、不同区域高校间模式的交流与推广两个层次。在微观层面,各高校建立"大思政"系统是总结教学模式的重要途径。高校思想政治理论课教学的开展是其内外部各要素、环节及影响效果的关系总和,必须实现关系之间的有序协同和整体统筹。学校要以校园文化建设为契机,整合各项思想政治工作;马克思主义理论学科要以思政课教学为主渠道,促进学科和教学改革;专职教师要强化对四门课程的总体设计和体系统筹,并加强与其他专业课教师的教学联系,使各专业课程与思政课形成"协同效应",以促成马克思主义学院学科建设、思政课建设与学校整体思政建设一体化。在宏观层面,统筹"大思政"系统是促进不同区域高校间的教学模式交流与推广的题中应有之义。在建立"大思政"系统的理念指导下,不同区域高校的教学模式都要突出立德树人的教学主旨,将对学生的理想信念教育教学置于首位。但不同区域高校建立"大思政"系统、开展立德树人的具体措施不同,对新时代思政课教学模式的总结方法和程度存在差异。因此,统筹"大思政"系统还需认清不同区

---

① 《习近平在全国高校思想政治工作会议上强调:把思想政治工作贯穿教育教学全过程 开创我国高等教育事业发展新局面》,《人民日报》,2016 年 12 月 9 日。

域高校系统之间的联系性和协同性,展开以教学实践为基础的优势模式整合、以改革创新为导向的模式完善与推广,促进教学模式的推广与教学方法创新、课程改革相协调,与日常生活、社会实践相衔接。

5.推动评价体系改革,促进教学与科研同步并进

"重科研轻教学"的绩效评价机制是科研—教学评价体系的产物,一度演变成部分教师借以晋升的工具。面对日趋功利化的教学、科研环境,急需推动评价体系的改革,有效发挥评价体系的合理功能。评价的核心是价值评判,完善评价体系需要把握实践目标的价值导向性。立德树人是高校立身的价值导向,也是高校基本的工作目标。教学—科研评价体系的目标首先要与高校思想政治教育工作的目标相一致,以培养高质量的本科人才为根本;教学目标与科研目标也需要保持一致,共同致力于提高思政课的教学质量。设置一致目标就等于使评价体系的价值导向明朗化,在评价过程中及时对教师的教学实践作出检审,帮助教师调节"重科研轻教学"的行为偏差,以更好地完成教学目标。评价体系的价值导向需要具体的制度机制予以保障,在制度设计源头和学校执行层面适当加重教学质量上的权重,完善评价体系机制。在机制执行过程中,一要发挥评价的判断功能,将价值判断与事实判断相结合。前期要评价教师的师风师德、教学科研能力;中期要通过走访、随机听课等形式对教师的教学情况和科研工作进行质和量的评价;后期对教师进行综合评价,以学生的获得感包括思想问题和现实需要等因素为主要依据,借此评判教师在教学中是否以及多大程度上提高了学生的素养、达到了教学目标。二要发挥评价的激发功能,引导教师做到科研与教学融合、科研与教学同步。职称一定程度上是教师个人能力的标志,科研与教学构成这一标志的基本要素。合理加重教学要素的权重,促使教师将更多的时间、精力放在教学研究上,强化科研在教学上的正面效应,把研究焦点置于对具体教学问题的阐发。完善制度要从外部制约和内部引导上入手,权衡科研与教学比重的关键在于调整教师的内在价值取向。教师要正确认识科研与教学的辩证关系,有效发挥科研与教学在思政课教学中相辅相成的作用,带着教学问题做科研能够增加研究的生长点,在科研中发现的新问题、得出的结论也能够在课堂中激发学生的研究兴趣,从而丰富教学活动,提升教学质量。教师是思政课教学的主要力量,其教学能力应随教育教学要求的更新而改变。只有从提升学生的"获得感"入手,将学生思想调研、教学内容研究、教学资源开发与共享、教学改革模式总结与推广以及绩效评价模式存在的问题进行分析与破解,不疏忽每一环节的具体要求,对问题做出

深度且细致的时代回应，才有可能统筹教学的整体效应。教学实效性的提高是一个系统工程，必须以学生社会认同感的增强为基本参照，依赖于高校内部力量与社会外部力量的多重努力、协同并进。

大中小学思政课一体化建设的"三通"模式

纲要教研中心　张立程

【摘　要】　办好思政课,是贯彻习近平总书记在学校思政课教师座谈会讲话的重要精神,满足党中央对学校思政课教师高度期待的重要工作。根据目前大中小学校思政课一体化建设的现状,针对各不统属、衔接不顺的思政课体系,有必要构建纵向贯通、横向连通、内外融通的"三通"模式,从学生成长、课程内容及教学体系等体制机制方面,进行有效衔接与融通,加强学校思政课一体化建设的顶层设计,使广大思政课教师按照中央的"八个要"标准,真正发挥思政课应有的作用,以满足党中央对思政课、思政教育、思政工作的殷殷期盼,为实现"两个一百年"奋斗目标、中华民族伟大复兴中国梦而砥砺前行、奋斗终身。

【关键词】　大中小学;思政课;一体化建设;三通

习近平总书记在 2019 年学校思想政治教育理论课教师座谈会上的讲话(以下简称"3·18 讲话")中指出,青少年是祖国的未来、民族的希望。中国共产党立志"两个一百年"、民族复兴的奋斗目标,必须培养拥护党的领导、社会主义制度并为其奋斗终身的有用人才。在大中小学循序渐进、螺旋上升地开设思想政治理论课非常必要。

贯彻落实学校思政课教师座谈会会议精神,助推实现"双一流"建设目标,需要教育主管部门树立系统思维,打破学段区隔,坚持分层分类,统筹好教育主体的整体性和不同学段教学规律的关系,不断延伸融通思政课教学体系。

一、办好思政课是党中央对学校思政课教师的高度期待

(一)办好思政课是培养社会主义建设者和接班人的重要保障

新中国成立 70 多年来,党中央始终坚持马克思主义指导地位,尤其注重不断加强各级各类学校接受马克思主义指导的根本办学方向。1950 年第一届全国高等教育会议上,就强调"我们的教育应该培养新型知识分子,作为我们国家建设的新型骨干"。"高校培养目标应当是具有高度文化水平、掌握现代科学技术、全心全意为人民服务的高级建设人才",要"给青年知识分子和旧知识分子以革命的政治教育,以适应革命工作和国家建设工作的广泛需要的人才"。[①]

1964 年 10 月,中宣部、高等教育部、教育部联合发布《关于改进高等学校、中等学校政治理论课的意见》强调,毛泽东思想是马列主义理论的新概括和新发展,高等学校、中等学校政治理论课的根本任务,是用马克思列宁主义、毛泽东思想武装青年,向他们进行无产阶级的阶级教育,培养坚强的革命接班人,是配合学校中各项思想政治工作,反对修正主义,同资产阶级争夺青年一代。政治理论课必须以毛泽东思想为指针。[②]

改革开放以来,党和国家明确"有计划地进行共产主义思想品德教育,是实现高等学校培养目标的需要"。[③] 1987 年《中共中央关于改进和加强高等学校思想政治工作的决定》明确指出,"高等学校培养出来的大学生、研究生,应当有坚定正确的政治方向","为实现具有中国特色的社会主义现代化而献身"。[④] 1991 年颁发《国家教育委员会关于加强和改进高等学校马克思主义理论教育的若干意见》,要求"必须保持清醒的头脑,坚定不移地坚持社会主义方向,把加强高校的马克思主义理论教育作为反对'和平演变'和培养社会主义

---

① 教育部社会科学司:《普通高校思想政治理论课文献选编(1949—2006)》,北京:中国人民大学出版社,2006 年,第 13 页。

② 教育部社会科学司:《普通高校思想政治理论课文献选编(1949—2006)》,北京:中国人民大学出版社,2006 年,第 50 页。

③ 教育部:《关于在高等学校逐步开设共产主义思想品德课的通知》,1982 年 10 月。

④ 教育部社会科学司:《普通高校思想政治理论课文献选编(1949—2006)》,北京:中国人民大学出版社,2006 年,第 122 页。

事业可靠接班人的一项战略任务"。①

国家教委在思政课"98方案"中强调"两课"教学的根本目标,是引导学生"确立为建设有中国特色社会主义而奋斗的政治方向"。② 明确规定,高校德育"必须坚持社会主义方向,坚持以马克思主义为指导,抵制各种错误思想影响"。③ 党的十六大后,中宣部、教育部在思政课"05方案"中明确指出,我国高校的人才培养目标,是坚持以马克思列宁主义、毛泽东思想、邓小平理论和"三个代表"重要思想为指导,引导大学生"努力成为德智体美全面发展的中国特色社会主义事业的建设者和接班人"④。

党的十八大以来,中国特色社会主义进入新时代,我国教育的目标,就是为党和国家培养担当民族复兴大任的时代新人,培养德智体美全面发展的社会主义建设者和接班人。

(二)办好思政课是培养落实高校立德树人根本任务的关键

教育是国之大计、党之大计。习近平总书记强调,"我们党立志于中华民族千秋伟业,必须培养一代又一代拥护中国共产党领导和我国社会主义制度、立志为中国特色社会主义事业奋斗终身的有用人才。在这个根本问题上,必须旗帜鲜明、毫不含糊"⑤。党的十八大报告指出,把立德树人作为教育的根本任务,培养德智体美全面发展的社会主义建设者和接班人,首次将立德树人确立为我国教育特别是高等教育的根本任务。这是对党的十七大"坚持育人为本,德育为先"教育理念的深化,也是新时代高校树立"双一流"发展目标的政治方向。

思想政治工作是做人的工作,思想政治理论课是落实立德树人根本任务的关键课程,思政课是巩固马克思主义在高校意识形态领域指导地位的主阵地,高校思政课以解决"培养什么人、怎样培养人、为谁培养人"这个根本问题为重点,发挥着不可替代的作用。因此,要从坚持和发展中国特色社会主义事

---

① 教育部社会科学司:《普通高校思想政治理论课文献选编(1949—2006)》,北京:中国人民大学出版社,2006年,第138页。

② 教育部社会科学司:《普通高校思想政治理论课文献选编(1949—2006)》,北京:中国人民大学出版社,2006年,第158页。

③ 教育部社会科学司:《普通高校思想政治理论课文献选编(1949—2006)》,北京:中国人民大学出版社,2006年,第165页。

④ 教育部社会科学司:《普通高校思想政治理论课文献选编(1949—2006)》,北京:中国人民大学出版社,2006年,第214页。

⑤ 习近平:《在学校思政课教师座谈会的讲话》,《人民日报》,2019年3月19日。

业、建设社会主义现代化强国、实现中华民族伟大复兴的高度来认识办好思政课的重大意义。①

(三)党中央对教育工作高度重视是办好思政课的基础和条件

思政课是具有鲜明意识形态性的政治理论课程,其根本特征是政治性,办好思政课,首先需要有执政党坚强的政治领导和政治制度的保证。我们历来坚持党对一切工作的领导,坚持党对意识形态的领导权,高度重视思想政治工作,为办好思政课提供了领导保证和制度保证。中国共产党是以马克思主义为指导思想的先进性政党,新中国成立以来,马克思主义在全社会的指导地位即已确立并始终坚持,为办好思政课提供了思想保证。思政课始终把马克思主义作为理论指导和教育内容,其权威性和稳定性得以凸显。思政课的根本目标是培养中国特色社会主义建设者和接班人,必须从理论上阐明中国特色社会主义理论体系的科学性,加强"中国特色社会主义学科体系"势在必行。我们对思想政治工作的高度重视,始终坚持马克思主义指导地位,大力推进中国特色社会主义理论体系学科体系建设,为思政课建设提供了根本保证。

习近平总书记指出,"我们对共产党执政规律、社会主义建设规律、人类社会发展规律的认识和把握不断深入,开辟了中国特色社会主义取得举世瞩目的成就,中国特色社会主义道路自信、理论自信、制度自信、文化自信不断增强,为思政课建设提供了有力支撑"。② 新中国 70 余年的奋斗实践,中国共产党以马克思主义为信仰,以人民根本利益为取向,尊重社会发展的客观规律,"开辟了中国特色社会主义理论和实践发展的新境界"③,理论上发展了马克思主义和科学社会主义理论,实践上发展了世界社会主义,科学社会主义在21 世纪的中国取得丰富的经验,理论贡献具有原创性,实践贡献具有世界性,由此形成的"四个自信",这些教育资源为思政课教学的实效性提供了有力支撑。

文化是一个民族的血脉和精神家园,是一个民族发展进步的持久动力,是一个民族导航前行的灯塔。文化是世界上所有民族国家的重要教育内容,也是一笔宝贵的精神财富和重要的历史传统。中华民族几千年来形成了博大精深的优秀传统文化,我们党带领人民在革命、建设、改革过程中锻造的革命文

---

① 习近平:《在学校思政课教师座谈会的讲话》,《人民日报》,2019 年 3 月 19 日。

② 习近平:《思政课是落实立德树人根本任务的关键课程》,《求是》2020 年第 17 期。

③ 习近平:《思政课是落实立德树人根本任务的关键课程》,《求是》2020 年第 17 期。

化和社会主义文化,为思政课建设提供了深厚力量。中国共产党是中华民族伟大复兴的中流砥柱和领航人,中国共产党带领人民锻造的革命文化和社会主义文化,既是对中华民族优秀文化传统的继承,同时也是对中华民族优秀文化的发展。近代以来,中国优秀文化指引并支撑民族的独立、解放和伟大复兴,已无可辩驳地证明着其先进性和科学性。思政课必须将这一文化的精神内涵、丰富内容、历史贡献和前进动力讲清讲透,使之真正成为支撑思政课建设的"深厚力量",来支撑青少年健康成长。

党对教育特别是思政课教育工作历来非常重视,广大思政工作者积累了丰富的教学经验,研究者形成了数量众多的真知灼见。思想政治教育学科形成了一系列规律性认识和研究成果。不断促进思政课教育教学走向科学化,马克思主义理论教育规律和思想政治教育规律取得了丰硕研究成果,"思政课长期以来形成的一系列规律性认识和成功经验,为思政课建设守正创新提供了重要基础"①。

二、学校思政课一体化建设的现状

教育是国之大计、党之大计,承担着立德树人的根本任务。思政课是落实立德树人根本任务的关键课程,发挥着不可替代的作用。"05 方案"实施以来,思想政治理论课的科学发展、马克思主义理论学科的全面推进和培育全面发展的优秀人才都发挥了不可替代的重要作用。构建了学科、教材、师资、课程协同推进的思想政治理论教育模式,积累了良好的教学经验。思政课建设赢得了学生的好评,思政课成为培育优秀人才的一门重要课程。②

学校思政课建设取得重要进展。马克思主义理论学科的建立,为加强和改进思政课奠定了坚实的学科基础,以学科建设带动课程建设,人才培养质量显著提高,教学效果得到全面提升。

党的十八大以来,以习近平同志为核心的党中央高度重视思政课建设,作出一系列重大决策部署,各地区各部门和各级各类学校采取有力措施认真贯彻落实,思政课建设取得显著成效。

---

① 习近平:《思政课是落实立德树人根本任务的关键课程》,《求是》2020 年第 17 期。
② 常宴会、李文苓:《北京高校思想政治理论课"05 方案"实施十周年研讨会综述》,《教学与研究》,2015 年第 11 期。

（一）课程内容创新

思政课课程内容在贯彻落实"05 方案"的基础上，根据各地各校的实际情况，在 5 门必修课的基础上，分别开设了"世界经济与政治"等选修课程，有些地方还单独编写了反映中国特色社会主义在各地发展实践内容的地方教材，供教学使用。其中浙江省有《浙江精神与浙江发展》《中国特色社会主义在浙江的实践》。上海高校"中国课"系列思政选修课，包括复旦大学"治国理政"、同济大学"中国道路"、华东理工大学"绿色中国"、东华大学"锦绣中国"在内，共开设 50 多门选修课。

党的十八大提出推动中国特色社会主义理论体系进教材、进课堂、进头脑这项具有战略意义的重要工程，高校思政课必须充分发挥课堂的主渠道作用，紧紧抓住坚持和发展中国特色社会主义这条主线，融入各门思政课课堂之中，而最重要的是将习近平新时代中国特色社会主义思想加入思政课教学内容。

（二）教师教法的创新

"05 方案"实施以来，目前全国高校思政课课堂教学基本上采用大班或中班"专题教学＋研讨教学"，仿真式教学、案例式教学、启发式教学及专家讲座等形式。实践教学部分多采用社会调查和参观考察，包括阅读资料、专家论坛、视频教学和实践教学单独设立学时学分，做课题、写论文、辩论赛、开设红色网站等形式，思政课线上线下融合发展的教学方法，已成为许多高校普遍采用并着力推进的创新模式。

中小学德育政治课的教学方法创新，也早已开始。上海大中小学校全面推进的网络思政"O2O"模式，着力建构从线下到线上，促进课内"第一课堂"、课外"第二课堂"、网上"第三课堂"融合，实现全员全过程全方位"三全育人"的体系。网络育人平台"易班"已全面覆盖高校并向中小学延伸，并获得教育部支持稳步向全国推广。①

在长期改革探索中，上海市以习近平新时代中国特色社会主义思想为指导，遵循价值性、科学性、系统性原则，综合教育教化功能中的价值共性、中华优秀传统文化的德育内涵以及世界各国德育的普遍经验，提出以政治认同、国家意识、文化自信和人格养成为重点的大中小学德育一体化顶层设计，使思政

---

① 《上海高校"中国课"一校一特色　"中国系列"思政选修课已实现全覆盖》，《解放日报》，2018年 1 月 17 日。

课内容高度聚焦、力量一体推进,体现纵贯"守好一段渠,种好责任田"的整体水平和成效。① 上海在国家教育综合改革试点中积极探索推进大中小学德育一体化建设,在全国率先提出和践行中小学"学科德育"的理念,并将其引入高校思政教育,进行"课程思政"改革,大力推进"开门办思政",打通校内与校外,课堂与实践,梳理爱国主义教育、文化素质教育等各类基地场馆,形成校外育人基地实践版图,挖掘协调相关高端制造业和科研基地的资源图谱,丰富校内育人资源,指导推动各高校积极探索。嘉定区将思政教育作为系统工程,立足课堂教学主渠道,打造有温度、有气质、有风景的思政课堂,实施"学生幸福课程",推进区域德育一体化建设,精准聚焦不同学段、不同对象的需求,推进社会主义核心价值观融入学校教育教学全过程。借力同济大学、上海大学、上海师大等区内高校的优质教育资源,以区域化党建为依托,推出"育苗行动""嘉定学子进同济"等工程,探索区内大中小学生思想政治教育一体化的路径与模式。

(三)一体化建设存在短板

在取得应有成绩的同时,思政课建设也存在若干问题。《关于深化新时代学校思想政治理论课改革创新的若干意见》(以下简称《意见》)将其归纳为:有的地方和学校对思政课重要性认识还不够到位,课堂教学效果还需提升,教材内容不够鲜活,教师选配和培养工作存在短板,体制机制有待完善,评价和支持体系有待健全,大中小学思政课一体化建设需要深化,民办学校、中外合作办学思政课建设相对薄弱,各类课程同思政课建设的协同效应有待增强,学校、家庭、社会协同推动思政课建设的合力没有完全形成,全党全社会关心支持思政课建设的氛围不够浓厚,等等。

而大学生普遍认为,目前大学思政课教材与中学时期的教材相仿,难以提起学习兴趣。②

2019 年 8 月,中共中央办公厅、国务院办公厅下发《关于深化新时代学校思想政治理论课改革创新的若干意见》,总结反思大中小学校思政课一体化建设的不足,从教材体系、教师队伍、课程质量建设及落实领导责任四个方面精

---

① 李昕:《统筹推进大中小学一体化　推动思政课建设内涵式发展》,《中国高等教育》,2019 年第 7 期。

② 梁伟岸:《"05"方案后高校思想政治理论课教学改革的模式、问题及对策——以国内 14 所高校为例》,《学校党建与思想教育》,2014 年第 5 期。

准定位并统筹大中小学思政课一体化建设，为学校思政课改革创新规划了详细的"设计蓝图"。

在《意见》第二点"完善思政课课程教材体系"中指出，"整体规划思政课课程目标，在大中小学循序渐进、螺旋上升地开设思政课，引导学生立德成人、立志成才，树立正确世界观、人生观、价值观"①，明确提出学校思政课课程的教学目标。整体规划思政课课程在定位上必须精准。《意见》分四个阶段进行整体规划，将思政课针对性、阶段性的工作方向表述为：大学阶段重在增强使命担当，引导学生矢志不渝听党话跟党走，争做社会主义合格建设者和可靠接班人。高中阶段重在提升政治素养，引导学生衷心拥护党的领导和我国社会主义制度，形成做社会主义建设者和接班人的政治认同。初中阶段重在打牢思想基础，引导学生把党、祖国、人民装在心中，强化做社会主义建设者和接班人的思想意识。小学阶段重在启蒙道德情感，引导学生形成爱党、爱国、爱社会主义、爱人民、爱集体的情感，具有做社会主义建设者和接班人的美好愿望。这一规划体现了思政课一体化的要求，紧密结合青少年对党和社会主义事业的热爱，不断增强情感认同、思想认同、政治认同，从而自觉成为社会主义建设者和接班人。

在课程建设方面，《意见》从调整创新思政课课程体系、统筹推进思政课课程内容建设及加强思政课教材体系建设三个维度加以规划。

1. 在保持思政课必修课程设置相对稳定基础上，结合大中小学各学段特点构建必修课加选修课的课程体系。高中阶段开设"思想政治"必修课程，围绕学习习近平总书记系列重要讲话精神开设"思想政治"选修课程。初中、小学阶段开设"道德与法治"必修课程，可结合校本课程、兴趣班开设思政类选修课程。

2. 遵循学生认知规律设计课程内容，体现不同学段特点，研究生阶段重在开展探究性学习，本专科阶段重在开展理论性学习，高中阶段重在开展常识性学习，初中阶段重在开展体验性学习，小学阶段重在开展启蒙性学习。

3. 国家教材委员会统筹大中小学思政课教材建设，科学制定教材建设规划，注重提升思政课教材的政治性、时代性、科学性、可读性。国家统一开设的大中小学思政课教材全部由国家教材委员会组织统编统审统用，在教材中及时融入马克思主义中国化最新成果、坚持和发展中国特色社会主义最新经验、

---

① 中共中央办公厅　国务院办公厅印发《关于深化新时代学校思想政治理论课改革创新的若干意见》[EB/OL].(2019-08-14). http://www.gov.cn/zhengce/2019-08/14/cartent_5421252.htm.

马克思主义理论学科最新研究进展。

教师队伍建设方面,《意见》提出,制定关于加强新时代中小学思政课教师队伍建设的意见,加强中小学专职思政课教师配备。同时,加大思政课教研工作力度。具体来说,就是要建立健全大中小学思政课教师一体化备课机制,普遍实行思政课教师集体备课制度,全面提升教研水平。组织思政课骨干教师赴国外调研,拓宽国际视野,在比较分析中坚定"四个自信"。

最后,在领导责任方面,教育部成立大中小学思政课一体化建设指导委员会,加强对不同类型思政课建设分类指导。

可以说,《意见》的颁布,表明党中央、国务院已对未来中国学校思政课一体化建设提出了明确要求,需要广大思政课教师在教学活动中不断贯彻落实。

三、构建学校思政课一体化建设的"三通"模式

习近平总书记在"3·18讲话"中指出,办好思想政治理论课关键在教师,关键在发挥教师的积极性、主动性、创造性。① 因此,广大思政课教师需要具备知识、国际以及历史三个维度的宽广视野。要贯彻"3·18讲话"重要精神,推进学校思政课一体化建设,实现新时代思政课建设内涵式发展,使大中小学思政课能够形成循序渐进、螺旋上升的一体化思政课体系,需要广大思政课教师深刻理解和把握"一体化"建设要求内涵,具备全局性、战略性以及整体性思维,精准定位大中小学思政课程的教学重点,形成纵向贯通、横向连通、内外融通的教学模式。

（一）纵向贯通

所谓纵向贯通,就是根据《意见》所规划的,将学校思政课当作一个完整的体系加以顶层整体设计规划,坚持系统思维,整体思维,针对大中小学不同学段学生的身心特点,大学阶段的思政课教学重点是增强学生的使命担当,践行社会主义;高中阶段的思政课重点是提升学生的政治素养,形成政治认同;初中阶段的思政课重点是打牢学生的思想基础,强化思想意识;小学阶段的思政课重点则在于启蒙学生的道德情操,具有做社会主义建设者和接班人的美好愿望。为此,广大思政课教师需要吃透会议精神,以《意见》提出的具体要求,熟练掌握不同学段教材的基本内容,在设计教学内容时针对不同学段的学生,

---

① 习近平:《在学校思政课教师座谈会的讲话》,《人民日报》,2019 年 3 月 19 日。

有的放矢,突出其各自学段思政课教学的特色。

具体而言,就是在国家大中小学思政课一体化建设指导委员会的指导下,扎根中国大地办教育,把握政治要求,最根本的是要全面贯彻党的教育方针,培养一代又一代拥护中国共产党领导和我国社会主义制度、立志为中国特色社会主义事业奋斗终身的有用之才。必须遵循思政工作规律、教书育人规律以及学生成长规律,构建以社会主义核心价值观为引领的大中小幼一体化思政教育体系,使社会主义核心价值观融入教育教学的过程中,全面落实立德树人根本任务,将立德树人成效作为检验思政课一体化建设工作的根本标准。必须始终坚持用习近平新时代中国特色社会主义思想铸魂育人,使学生从小牢固树立"四个自信",厚植爱国主义情怀,长大成为担当民族复兴大任的时代新人。必须把习近平新时代中国特色社会主义思想作为理论主线,将社会主义核心价值观教育全面细化实化。在思政课教学过程中,综合不同学段教育教化功能中的价值共性、中华优秀文化传统中的德育内涵以及世界各国德育的普遍经验,以政治认同、国家意识、文化自信和人格养成作为一体化思政教育的顶层设计,思政课内容高度聚焦、一体推进。

(二)横向连通

横向连通,顾名思义,就是目前同一学段的思政课程内容之间应该消除边界,既要遵循课程本身的统一标准,也要注重不同课程间的协同效应。重复的内容可以适当合并,或从理论、历史、哲学、道德、现实等不同角度来进行解读、概括、抽象、分析。例如,对习近平新时代中国特色社会主义思想的内容,无论是小学阶段的公民与社会、思想与品德,还是中学阶段的历史与社会、政治与哲学等课程,均应对其进行重点讲解与剖析,避免内容重复的教学陈旧模式,主动创新方式方法,根据不同学段的学生认知特点和接受习惯,努力将理论体系向教学体系、知识体系向价值体系的转化,既使教学内容符合学生认知的规律,又使教学方法易于被学生接受,从而形成同一学段不同课程间同向同行,总体形成循序渐进、由浅入深、由此及彼、由表及里的教学路径,中小学阶段侧重引导学生对习近平新时代中国特色社会主义思想创新理论形成朴素的感性认知,大学阶段则侧重于向学生讲清楚历史逻辑、理论逻辑和实践逻辑,最终实现大中小不同学段的一体化衔接。

目前高校思政课"05方案"中四门课程的相关内容,应该积极推进横向连通。原理、思修、概论与史纲课程的教学内容,重复之处颇多。以史纲与概论为例,都有习近平新时代中国特色社会主义思想的相关内容。但在各自课程的教学重点上可以相互协调,史纲课的要求,是侧重对其时代背景、形成脉络展开讲解,有必要在梳理脉络的基础上,将这一理论成果形成的历史逻辑与实践逻辑讲清讲透;概论这门课程的性质,决定了侧重对其深刻内涵全面、系统、深入地阐释,难点是要将这一理论成果的理论逻辑讲清讲透。同样,对于原理课而言,如何将马克思主义哲学、政治经济学的方法论应用于对习近平新时代中国特色社会主义思想的三大逻辑解读,则是原理课要讲述的重点。凡此种种,不一而论。

(三)内外融通

习近平总书记强调,推动思想政治理论课改革创新,要坚持理论性和实践性相统一,重视思政课的实践性,把思政小课堂同社会大课堂结合起来,教育引导学生立鸿鹄志,做奋斗者。[①]

伟大的实践必然孕育伟大的理论。思政理论课的建设必须与党的理论创新同步,思政理论课必须将产生于伟大实践的理论创新第一时间在课堂上讲清讲透。因此无论对哪个学段的思政课而言,都必须将理论与实践相结合,课堂内外相融通,让学生领略新思想引领下国家改革发展的巨大成就和光辉历程,从而在丰富的实践中探寻成功奥秘,更加坚定"四个自信",在课堂上聚焦,理论的说服力、穿透力才更强更大,思政课的实效性也才会更加彰显。而学生在课堂上所掌握吸收的理论创新,在实践教学中如能不断得到验证,会有效激发学生热爱家乡、投身社会,自觉地将个人的成长发展与社会的需求有机结合起来。

四、结 语

思政课伴随着青少年成长发展的全过程,也贯穿大中小学教育全过程。思政课建设不仅仅是学校教育的题中应有之义,更是一项需要社会、家庭一同参与的复杂工程。新时代中国特色社会主义的伟大实践,产生了党的理论创新。思政课改革要遵循学生的身心成长规律、思想政治工作的教育规律以及马克思主义的认识规律,必须坚定不移地统筹推进大中小学一体化建设,突破学科边界、课堂边界、学校边界,进一步丰富内容以匹配和应对学生日益丰富的精神世界。

---

① 习近平:《在学校思政课教师座谈会的讲话》,《人民日报》,2019 年 3 月 19 日。

高校思想政治理论课增强学生获得感的着力点、支撑点和活跃点

原理教研中心　黄铭　温惠淇

【摘　要】 提升高校思想政治理论课教学质量必须立足于增强学生获得感。增强学生获得感是一项系统优化工程,思想政治理论课教学可将"回应热期待"与"赋予正能量"作为增强学生获得感的着力点,将"情感渐进式"与"主渠道优势"作为增强学生获得感的支撑点,将"情境式设计"与"学习共同体"作为增强学生获得感的活跃点,通过教学内容、教学进程、课堂氛围和课外活动诸方面的改进,提升高校思想政治教育的亲和力和针对性,满足教师"教得好"和学生"学得好"的双重期待。

习近平总书记在全国高校思想政治工作会议讲话中指出,改进思想政治理论课要"提升思想政治教育亲和力和针对性,满足学生成长发展需求和期待"①。当前热议的如何提升高校思想政治理论课教学质量是一种"供给侧"教改的思维,但它必须基于增强学生获得感这一"需求侧"才能有效实施。或者说,在思政课教改实践中,不仅老师要"教得好",而且学生要"学得好"。只有学生"学得好"才能增强其获得感,满足"学生成长发展需求和期待"。这里的关键在于,教师要想方设法让学生在思政课上有一种实实在在的收获,无论是知识和观念上的还是方法和修养上的。因此,思政课如何增强学生获得感需要研究和落实。本文认为:在教学内容上,要回应学生对社会热点问题的期待,并赋予个体发展的正能量;在教学进程中,要遵循学生情感发展顺序,发挥课堂主渠道优势;在教学环境中,要打造情境式课堂,组建各种课外学习小组。

---

① 习近平:《把思想政治工作贯穿教育教学全过程开创我国高等教育事业发展新局面》,《人民日报》,2016 年 12 月 9 日。

一、"回应热期待"与"赋予正能量"是思政课增强学生获得感的着力点

获得感是主体摄入外部世界的一种主观感受。马克思认为,主体是社会的人。因此,主体的获得感包括社会与个人两个方面的需求,表现为主体对"社会适应需求"的满足和对自身"个体发展需求"的满足。[①] 思政课增强学生获得感要着力于回应学生了解社会热点的期待,并帮助学生解决个人成长中的一些问题。

1.回应学生"热"期待,提升思政课对社会热点问题的解释力、批判力和重塑力

增强学生获得感,应该首先满足学生的"社会适应需求"。在思政课上,老师讲授的内容不少是从国家和社会宏观上着眼的。这适应了学生了解国家和社会的需求。而思政课的一个基本功能就是使学生社会化,培养社会主义事业的建设者和接班人。因此,思政课满足学生这方面的需求也是其基本职责之一。当代社会不同于传统社会,一些社会现象通过信息传播很快成为社会热点问题。要不断增强学生在认识社会中的获得感,就必须及时关注这些热点问题,通过现象深入其本质,发挥思政课对现实的解释力、批判力和重塑力之功效。

思政课的解释力表现为能对社会热点问题做出事实分析与价值导向相一致的解释。不同于专业知识类课程,思政课具有鲜明的价值导向性。学生一般容易认同事实、比较尊重知识,教师在分析客观事实时要自觉引导学生趋向社会主流价值观念。同时,也不能空泛地谈论价值观念,避免灌输式教育的抽象性。在此,以社会热点问题为载体,以马克思主义理论为框架,以社会主义核心价值观为导向,无疑能充分发挥思政课解释力的功效。

思政课的批判力表现为能够对社会热点问题做出正反对比和价值辨识相结合的批判。长期以来,一些教师仅简单地扮演着价值观传导者的角色,忽略了对社会上流行的各种观念必要的分析批判以及相应的价值辨识。简单地灌输核心价值观不太适合处于当代多元文化思潮和各种良莠不齐观念影响下的"00后"大学生。要让学生"真信"必须让其"真懂"。因此,思政课要通过对社会热点问题的事实分析和价值判断,引领学生以社会主义核心价值观"扬弃"

---

① 沈壮海:《思想政治教育有效性研究》,武汉:武汉大学出版社,2016年。

多元价值论，超越后者而将前者内化于心。

思政课的重塑力表现为对社会热点问题用理论建构之后的价值重塑。当代国际、国内和地方的热点问题层出不穷，这些问题很大程度上源于不同群体之间价值诉求的差异和冲突，如全球化与逆全球化、和平与发展、经济与环保、效率与公平、集体主义与个人主义，等等。教师要透视在社会热点问题背后的价值排序问题，使之与国家利益和社会主义相一致。如果只是停留在概念上澄清这些价值关系，教学效果不会理想。而以社会热点问题为例，引导学生在价值对比中进行价值澄清，则有助于他们认同社会主义核心价值观。

2. 赋予学生"正"能量，提升思政课对学生成长发展的引导力、优化力和坚定力

增强学生获得感，除了满足学生的"社会适应需求"，还得关注其"个人发展需求"。前者通过学生想要了解社会热点问题并期待得到教师积极回应表达出来，后者则是学生思考自己个人的学习、工作和生活中的诸多问题希望得到教师的正面引导。学生的"个人发展需求"表现于其课业与课余生活之中，是学生最实际的个人诉求。离开学生的个人发展而泛论其思想政治教育，或脱离学生的个人需求而片面要求其适应社会，学生只会流于表面上的应付，不会达到内心的认同。因此思政课还得着眼于个体微观，关注学生的生活问题，赋予他们各种"正"能量，发挥对学生成长发展的引导力、优化力和坚定力之功效。

赋予实践正能量，引导学生的课外活动。开展全员育人的大思政教育，不止在课堂内引入社会热点问题进行探讨，还应扩展到学生的各类课外实践与社团活动中，实现第一课堂与第二课堂之间的协同效应。尤其是，加强对学生课外实践的引导，促使学生在活动过程中处理好理论与实践、理想与现实的关系，找到实现两者统一的途径。

赋予理性正能量，优化学生的日常生活。互联网技术的发展给学生的情感与生活造成很大的影响，一方面使学生日常生活内容丰富、形式多样，学生能在网络中频繁地进行信息检索、情感交流、休闲娱乐等活动。另一方面，网络充斥着不少良莠不齐、趣味低俗的内容，并且海量资讯过度刺激学生的视觉和心理，大脑被无实料、无逻辑、无依据的噪声所占据，以致一部分大学生沉迷网络后精神愈加空虚。因此思政课要留意学生的网络生活，开辟"第三课堂"，提高学生对信号与噪声的辨识力，处理好现实生活与虚拟生活的关系。

赋予精神正能量，坚定学生的理想信念。改革开放以来，市场经济的趋利导向对学生的理想信念造成了一定的冲击。一些学生的心理习惯和行为方式

很大程度上为功利性思维所支配,以至于成为"精致的利己主义者"。思政课要引导学生辩证地分析物质和精神、利己和利他的关系,以正确的价值观实现真正的利益,加强对学生的集体主义和爱国主义教育。

二、"情感渐进式"与"主渠道优势"是思政课增强学生获得感的支撑点

获得感外源于价值输入,内生于主体情感。情感自有其发展顺序,而持久的、坚定的、深层的情感是主体接受价值的基本条件。因此,思政课增强学生获得感既要遵循学生的情感发展顺序,又要充分发挥课堂主渠道优势,使学生获得感从"实在获得感"上升到"意义获得感"。

1.遵循情感发展顺序,从"存在感"到"获得感"再到"意义感"

获得感,作为学生的一种积极情感体验,处于其接受价值并形成意义的过程之中。在思想政治教育中,学生接受价值和形成意义遵循其"个体思想品德形成发展规律"[①],即离不开学生随着情感变化而内化于心的过程。这一过程依次呈现出其情感变化的不同阶段:"存在感"→"获得感"→"意义感"。"存在感"是学生拥有其主体性的感觉,它是"获得感"的主体前提。在思政课上,学生的"存在感"是指能够与教师共建和共享社会主义核心价值观的传递场域。由此,"获得感"是指学生在其中能够获得一种对人情、社情、国情、世情的深刻思考和体悟,并获得知识与接受价值;而"意义感"是经由"获得感"而来的人生格局拓展和情感升华。

在思政课教学中,教师要循序渐进地培养学生在课堂上的"存在感"、增强其"获得感"和升华其"意义感"。这里,特别重要的是增强学生"获得感"这一关键阶段。所以,一直以来提倡以学生为主体、以教师为主导的教改只是一个必要的前提条件的准备阶段,要上升到意义阶段,必须让学生经历一个学有所得的阶段,即增强其获得感的阶段。

从"存在感"通过"获得感"上升到"意义感"是一个渐进式的发展过程。渐进式发展过程的特征是:顺序性和转换性。顺序性指学生接受价值从存在感到获得感,再从获得感到意义感,依次递进,无法越级;转换性指学生接受价值过程中这三种情感变化是从量变到质变、从功利导向到意义升华的不断进阶

---

① 刘建军:《论思想政治教育规律研究的基本任务》,《马克思主义理论学科研究》,2016年第4期。

过程。遵循学生情感发展顺序,确保其情感的稳定性,这是思政课增强学生获得感的主体支撑点。

2.发挥课堂主渠道优势,由"实在获得感"升华到"意义获得感"

获得感可区分为"实在获得感"与"意义获得感"的不同层次。[①]"实在获得感"是指不空泛、可衡量、可评估的实实在在地得到,它表现为物质形态与知识形态。思想政治教育的"实在获得感"侧重于知识形态。"意义获得感"则是价值形态的获得感,是无形的、精神性的。思政课增强学生获得感旨在追求一种"意义获得感"。马克思主义是科学的理论体系,也是革命的价值体系,其真理与价值是内在统一的,故能以理论提升价值或能以价值滋养理论。

思政课是高校思想政治教育的主渠道,是马克思主义科学理论传播的主渠道,教师应该充分利用这一主渠道优势。其中,现代大学拥有优美的教学环境、一流的多媒体教室、大数据的智库等先进教学条件,为思政课教师提供了硬件设施完备和软件建设完善的教学平台。这是思政课增强学生获得感的客体支撑点。

在主渠道之外,学生通过网络得到的大多是碎片化的信息。日常性地消费这些碎片化信息自然也形成了碎片化的观念和思维,无法建构个人系统化的知识结构,更难形成与社会主义核心价值观相一致的、具有持久影响力的价值观念。他们常常被一些无厘头的、低俗的流行观念所左右,不时陷入怀疑主流价值和难以选择正确价值的思想误区。

"理论只有彻底,才能掌握群众。"高校思想政治教育除了"动之以情"还要"晓之以理"。只有充分展现马克思主义理论体系的逻辑力量,才能真正对学生具有说服力和感召力。所以,思政课增强学生获得感要借助马克思主义原理的整体性和逻辑性,以理论深度、政治高度和逻辑强度引导学生对网络碎片化信息进行辨识与综合,使学生建立起系统的、稳定的价值观。从"实在获得感"上升到"意义获得感"。

三、"情境式设计"与"学习共同体"是思政课增强学生获得感的活跃点

获得感产生于主体活跃的感受并依赖于有利的环境,无论是在课堂内还是课堂外。在传统的学习环境中,学生除了课堂听课,就是课外活动。因此思

---

① 杨伟荣、张方玉:《"获得感"的价值彰显》,《重庆社会科学》,2016 年第 11 期。

政课增强学生获得感要营造适宜的课堂氛围,还要向课外作生态式的拓展。这可以通过设计情境式的课堂氛围和组建学习共同体的课外活动小组来实现。

1.通过情境式设计,营造主体活跃的课堂氛围

人的存在与发展,一刻也不能离开周围环境。课堂作为大学生学习的主要环境,是开展高校思想政治教育的一个主要条件。传统的课堂有优势也有缺陷。优势在于,能为师生提供一个以教材为主、便于授课的教学环境,但缺陷是容易让理论脱离实践,使学生缺乏丰富的感性体验。出于对传统课堂的优点发扬和缺陷弥补,不妨通过情境设计,营造情境式的课堂,激活学生对于理论的感性体验,可深化学生对于马克思主义原理的理解与认同。

情境设计具体展开为:文本情境设计、对话情境设计、问题情境设计等。通过师生在课堂上互构、共建的活动,营造一种身临其境般的感性氛围。其中,以文本情境夯实理论基础,以对话情境创新话语体系,以问题情境回归社会现实。在如此设计成的"文本—话语—社会"三维①课堂情境中,学生便由传统课堂上被动地"听"老师讲和"看"教科书,转变为情境式课堂中能动与互动的"听""看""说""动""思"的感官全动员和人际总动员。师生在这一过程中一起增加了经验、深化了认知、认同了价值,共同将思政课堂建成一个生动有趣的、令人启发的思想空间和意义场域。

2.组建学习共同体,培养学生的社会责任意识

组建思政课的课外活动小组,如:专题调研小组、原著阅读小组、热点关注小组、师生读书会等等。上述各种小组的成员可以是学生相互的组合,也可以是学生和教师的组合,并且是开放性的,吸纳不同专业的学生和老师来参加,以扩大小组成员的知识面,彼此激起灵感、启发观点。小组成员之间经常保持联络,定期在课堂内外碰面,以合作研究为活动模式。他们有着共同的目标、共同的任务,共同研究讨论、共同分享成果,最终形成结论和呈现报告。在这些合作型小组中,成员教学相长,自教与他教结合,形成各种学习共同体。

诸种学习共同体以成员之间合作、共享为原则,并在共同体内部、共同体之间形成生态系统。这些生态系统广泛存在于第一课堂、第二课堂和"第三课堂"的学习环境中,以第二课堂、"第三课堂"的实践型学习丰富第一课堂的教学型学习,以第一课堂的教学型学习反哺第二课堂、"第三课堂"的实践型学习,共筑思想政治教育的生态环境。将学习小组建成学习共同体,是让学生成

---

① Norman Fairclough, *Discourse and Social Change*, Cambridge: Polity Press, 1993, p.73.

为"共同体中的人",培养学生与学生、学生与老师、学生与校内外成员之间的合作与共享精神,强化学生在共同体内外的权利和责任意识,培养师生、同学之间的包容性品德。参与学习共同体的活动有助于纠正一些大学生自我中心主义的观念,增强他们在社会人际关系上的获得感。

以现代教育理念引领提升思政课立德树人的实效

原理教研中心　赵　坤

【摘　要】　长期以来，以教师为单一主体和重"教"轻"学"的传统教育理念成为制约思政课教学实效性的前提性因素，新时期高校思政课教学改革应以现代教育理念的融入为主要着力点。秉持以学生为本的现代教育理念，就是要确立立德树人、德育为先的总原则；强化学生主体地位，构建师生作为交互主体有机统一的"教学共同体"，以"学"促"教"，"教""学"并重；关怀、启发、引导学生独立思考、自主学习、主动探究。为此，思政课教师要把物质建设与精神成长统一起来，把教学与研究统一起来，并把着力解决好"小我"与"大我"关系上的价值引领问题贯穿课程教学的始终。

【关键词】　思政课；现代教育理念；立德树人

习近平总书记在学校思想政治理论课教师座谈会上指出，"思想政治理论课是落实立德树人根本任务的关键课程"，所要解决的是"培养什么人、怎样培养人、为谁培养人这个根本问题"，"要理直气壮开好思政课"。[①] 当前，高校思想政治理论课（以下称"思政课"）仍一定程度上存在思想性和理论性呈现不强烈、亲和力和针对性不足等问题，不能很好地适应大学生成长成才的需要，思政课教学实效性有待进一步增强。提高教学实效性一直是思政课改革的重点和难点，适应新时期我国经济社会发展对人才的迫切要求，促进高校思政课的教学效果提升，切实使思政课成为育德育心的主要抓手，需要从内容、方法、形式等各个环节改进教学，而贯穿其全过程的则是正确教育理念的引领。教育理念的转变是思政课教学改革中具有前提性和根本性意义的变革，以现代教

---

① 《习近平主持召开学校思想政治理论课教师座谈会强调用新时代中国特色社会主义思想铸魂育人 贯彻党的教育方针落实立德树人根本任务》，《人民日报》，2019年3月19日。

育理念引领提升思政课立德树人的实效理应成为当前思政课教学改革的主要着力点。

一、教育理念落后是掣肘思政课立德树人实效的前提性因素

以何种教育理念引领思政课教学是宏观层面需要破解的具有原则性和方向性意义的重要问题,尽管很多情况下教育理念问题不被教学参与主体自觉地意识到,但它却始终以一种无形的力量支配教学活动、影响教学效果。"教育理念是人们关于教育精神和价值取向的观点、看法和信念,是人们在思考和回答'教育活动究竟是什么? 应当怎样? 它有什么价值? 如何更好地实现它的价值'等问题的过程中形成的判断与看法"①,涉及对教育培养什么样的人、如何培养人等根本性问题的回答,属于思维方法层面的内容,而思维方法决定着具体的工作方法,有什么样的理念就会有什么样的行动,思政课的教育理念决定着思政课教学方法的选取,从这种意义上说,教育理念的变革构成思政课教学方法改革的前提性问题。实际上,教育理念渗透于和服务于教学内容、教学方法与教学形式等影响思政课教学效果的方方面面,它通过内化为教师主体的教学观而发挥价值规范和方向引导功能。高校思政课教学改革应该把树立正确教育理念作为首要任务,如果教育理念转变的步伐跟不上思政课教学改革的整体步伐,即使"配方"再新颖、"工艺"再精湛、"包装"再时尚,也会制约思政课立德树人的效果。

思政课是高校思想政治工作的主渠道,习近平总书记指出,"做好高校思想政治工作,要因事而化、因时而进、因势而新。要遵循思想政治工作规律,遵循教书育人规律,遵循学生成长规律,不断提高工作能力和水平。要用好课堂教学这个主渠道,思想政治理论课要坚持在改革中加强,提升思想政治教育亲和力和针对性,满足学生成长发展需求和期待"②。教育理念的变革是思政课"在改革中加强"的必要维度,只有适应时代发展趋势、符合立德树人内在要求、体现教书育人规律和学生成长规律的先进教育理念才能激发出思政课教学的实效性;只有以现代教育理念支撑和引领思政课教学,才能在大学生成长

---

① 郭凤志、张澍军等:《思想政治理论课教学改革研究与实践》,沈阳:沈阳出版社,2013 年,第 53 页。

② 《习近平在全国高校思想政治工作会议上强调:把思想政治工作贯穿教育教学全过程 开创我国高等教育事业发展新局面》,《人民日报》,2016 年 12 月 9 日。

过程中筑起一座"承重墙",切实发挥出思政课育德育心功能。

传统教育理念已经不适应当前思政课教学改革的新形势和新需要,也成为掣肘思政课教学效果的主要因素。传统教育理念将教师置于绝对主体地位,将学生置于被动接受知识和技能的客体地位,在教师和学生之间建立起一种不平等的"主体——客体"关系,即教师主导课堂、传授知识,学生"被决定"如何学习、被迫接受知识和思想。这种以教师为单一主体和重"教"轻"学"的传统教育理念主要存在着两个问题。其一,教师被寓意为"园丁",学生被比喻为"树苗"和"花朵","园丁"按照统一图式对"树苗"和"花朵"进行修剪、浇灌,学生的成长完全出自作为"园丁"的教师的想法,尽管教师扮演着奉献者的角色,但其结果是千篇一律,教育对象的个体差异、个体需要被大大地遮蔽起来,偏离了青年学生的成长规律。其二,重"教"轻"学"的特征明显,改善教学的努力集中于如何实现更好"教",着重于教学技法的改进,以教师的"教"来主导课堂,而不是以学生的"学"来引领课堂,没有将重心真正放在学生身上。

以教师为单一主体和重"教"轻"学"的传统教育理念是一种以知识为本的教育理念,有其产生的特定时代背景,主要是在大工业时代适应培养专门人才的需要,随着信息时代的到来,传统教育理念显然已经不适应社会发展。以这种理念来指导思政课教学造成两种后果,其一是无法将通过专业课实现的知识教育和通过思政课实现的德育加以区分,不仅将专业课的教学方法错用在思政课教学中,而且以专业课的考核方式来对待思政课考核,造成学生将"考分"作为最终追求目标,忽视了情感、态度和价值观的转变才是真正目的。实际上,思政课与专业课无论在教学方式方法还是教学目标上都存在原则性的不同。其二,教师即使能够将知识教育和德育加以区分,但受限于重"教"轻"学",不能够将学生视为与教师进行思想交流与对话的平等主体,不是基于"学"而设计"教",其结果是教师的"教"不能引起有效的"学",教学实效性受到极大制约。

在转变思政课教学方式方法的努力中,如果不能实现教育理念的根本转变,不能做到以先进的教育理念引领思政课教学,那么诸种努力都将成效甚微,而这也恰恰成为当前思政课教学方法改革研究的瓶颈。"已有的思想政治理论课教学方法研究缺乏应有的现代视野,没有自觉的教育理念指导,致使一些思想政治理论课教学方法研究局限于个人教学技艺改善层次,而对思政课教学方法改革的趋势、走向及精神实质缺乏自觉认识,使教学方法改革难以成为主流制度安排下的课程改革行动。"①

今天的社会已经从大工业时代发展到了信息时代,且正在进一步向人工智能时代跨越,与之相伴随的是人们生活方式、思维方式、价值观念等的转变,大学生的学习工作方式与休闲娱乐方式都发生了巨大变革。大学生接收信息的渠道增多,其存在方式和价值追求多元化、多样化,个体之间的差异性明显,个体自我意识不断强化,个体主体性大大增强。在这样的社会存在基础之上,以教师为单一主体和重"教"轻"学"的传统教育理念显然已经不合时宜,也更加不适用于思想政治教育这种特殊的教育实践,教育需要从"以知识为本"向"以人为本"转变。无论是教学方法改革的研究,还是教学实践,思政课教学要适应于时代发展规律和特征,适应于大学生学习方式、认知方式、存在方式的新变化,教育理念的变革和教学方法的改进都要跟上党和国家对思想政治工作的新要求,"立德树人"总体目标呼唤现代教育理念的融入。

二、立德树人根本任务要求现代教育理念融入思政课教学

随着中国现代化建设步伐的加快,国家发展和社会进步对人才培养提出了更为全面的要求,未来所需要的人才除了要掌握过硬的专业本领外,独立而健全的人格、自觉的主体自我意识、坚强的意志、良好的心理素质、远大而坚定的理想信念、矢志不渝的道德操守等都是人才不可或缺的要素。中华民族伟大复兴中国梦的真正实现,除了建设强大的硬实力外,必然要求国民整体素质的提升,一个真正强大的国家不仅要具备强大的物质文明,更要具备强大的精神文明,文化软实力在个体层面表现为人们思想文化素质的普遍提升,在国家社会层面则表现为主流意识形态的导向力和民族文化的影响力。教育只有做到"育德""育心",才能实现全面"育人"。思政课教学实效性发挥得如何,不是通过学生期末考试分数为评判标准的,而是通过大学生能否对科学的世界观和正确的价值观形成认同、接受、自觉践行,使个体社会化与民族国家的整体期待保持一致,进而真正实现身心的健康成长、成为一个有德有才、德才兼备的人来加以反映的。由于高校思政课在人才培养和精神文明构建上所发挥的独特作用,对现代教育理念融入的要求也就更为迫切。

新时期思想政治理论课教学改革,离不开正确理念的引导。教育理念作

---

① 郭凤志:《现代教育理念下高校思想政治理论课教学方法改革路向研究》,《思想理论教育导刊》,2013年第10期。

为一种基本的教学观,是对课程教学的思想、理论、目标、宗旨、原则、方法和价值追求的理论理解和高度概括,它作为隐性存在的前提对如何实现从教材体系向教学体系转化起着决定性的作用。将现代教育理念融入思政课教学,就是坚持"以学生为本"立场,以现代文化精神所昭示的人本、理性态度来关照教学,以最大程度地引导学生的正确成长方向、最大程度地符合立德树人标准来提升思政课教学的实效性。坚持思政课教学中的现代教育理念,从根本上说,就是变"以教师为主体"或"以学生为中心"的单极化思维、"重'教'轻'学'"思维为教师与学生作为交互主体的辩证思维,树立教师与学生双向主体构成有机"教学共同体"理念和"'教''学'并重"理念。

第一,将现代教育理念融入思政课教学需要处理好知识教育与德育的关系,时刻遵循"德育为先"原则,种好思想政治教育这块"责任田",倡导以"学生为本"的教育理念,以"立德树人"为最高价值追求。

习近平总书记指出,"我国高等教育肩负着培养德智体美全面发展的社会主义事业建设者和接班人的重大任务,必须坚持正确政治方向。高校立身之本在于立德树人",而"高校思想政治工作关系高校培养什么样的人、如何培养人以及为谁培养人这个根本问题。要坚持把立德树人作为中心环节,把思想政治工作贯穿教育教学全过程,实现全程育人,全方位育人,努力开创我国高等教育事业发展的新局面"。① 习近平总书记的讲话为现代教育理念融入高校思政课教学指明了正确方向,提供了一个总前提。现代教育理念融入思政课教学首先需要解决的一个根本问题就是"培养什么样的人、如何培养人以及为谁培养人"的问题,解决这个问题的一个总原则就是"把立德树人作为中心环节",这实际上是高等教育践行"以学生为本"现代教育理念的最高层次体现。从"立德"和"树人"二者的关系上来看,"立德"构成"树人"的前提,学而无德不足以成人,养大德者方可成大业,为人才筑牢坚实的思想道德基础正是思政课的神圣使命。

从"以知识为本"和"以学生为本"两种理念的区分来看,知识教育主要解决的是学生对世界的认知层次的问题,教师通过知识的讲授,使学生掌握特定的知识体系,并以此为基础在某一专业领域形成特定的专业技能。知识型教育带有鲜明的工具理性主导的特征,缺乏人文关怀、价值视野和思想升华,认识世界固然是改造世界的前提,但是专业知识过硬的学生并不一定能成为改

---

① 《习近平在全国高校思想政治工作会议上强调:把思想政治工作贯穿教育教学全过程 开创我国高等教事业发展新局面》,《人民日报》,2016 年 12 月 9 日。

造世界、建设社会的合格人才,这与一个高学历的人不一定是一个自觉文化主体是同样的道理。而以学生为本的教育则是以价值理性来规范工具理性,其目标不再局限于学生的认知,而是上升到一个更高层次,即着眼于学生"总体性人格"的生成,使其在具备良好专业素质的基础上形成优良的思想道德素质和精神文化素质。从思政课的教学内容来看,既有认知层次的内容,如世界观历史观的内容,也有价值层次的内容,如理想信念、道德规范的内容,前者是服务于后者的,二者的关系不容倒置。为此,思政课教学必须以"立德树人"作为最高价值理念和指导原则,德育为先,这是真正落实"以学生为本"的现代教育理念的内在要求。

第二,将现代教育理念融入思政课教学需要重塑教师与学生之间的关系,就是要强化学生的主体地位,在师生之间构建以"学"促"教"、"教""学"并重、有机统一的"教学共同体",改变教师对学生的单向"灌输"关系,建立起平等主体之间的双向思想交流关系。

思政课要真正做到"围绕学生、关照学生、服务学生,不断提高学生思想水平、政治觉悟、道德品质、文化素养,让学生成为德才兼备、全面发展的人才"①,就必须使学生从原有的客体地位上升到主体地位,改变传统师生之间的主客二元结构,取而代之以新的交互主体关系。以学生为本的教育理念要求学生主体性的获得,这种获得必将改变师生之间的关系模式以及思政课教学的方式方法。从师生之间的关系模式上来看,传统教育理念以教师为单一主体,将学生视为接受知识和思想的客体,在这样一种主客二分的关系模式当中,尽管教学内容是科学的世界观和方法论,但是由于教师无法做到及时掌握学生的思想动态和学习状况,不了解学生的所需所想,教学双方也就无法实现基于教学内容的辩证统一,甚至往往陷于分离和对立状态,学生将思政课单纯视为意识形态灌输,无法将其与个人成长成才之间建立起内在联系,产生厌学情绪,必然影响教学效果。现代教育理念将学生视为能动的学习主体,教师与学生之间基于教师期待和学生的内在需要而结合成有机的"教学共同体",共同体即意味着"有机的统一",而非"机械的聚合",共同体的关系模式是双向主体之间交互统一的关系模式,教师与学生之间的关系是平等主体之间的双边关系,促使学生学习的力量不是来自外部强制,而是来自其自身内部实现成长成才的主动需要。

---

① 《习近平在全国高校思想政治工作会议上强调:把思想政治工作贯穿教育教学全过程 开创我国高等教事业发展新局面》,《人民日报》,2016年12月9日。

教学共同体的构建必然促成教学方式方法的转变,学生的思想动态、价值观念、想法与期待得到应有重视,教师基于学生如何能够实现更有效的"学"而不断研究、改进和调整教学方法,并且针对不同学生做出有针对性的对待。在教学共同体中,教师的教学不再是单向填充式和灌输式教学,而是在与学生进行平等的思想沟通和交流的基础上利用现代化教学手段,以学生喜闻乐见的形式对教学内容进行精彩"包装",以科学的世界观、人生观和价值观对学生做出正确引导,是教师与学生的共同成长、共同进步。思政课教学不是年复一年的机械重复,而是要彰显出现实的人文关怀,关照每一届、每一类学生的情感和需要,只有变学生的客体地位为主体地位,变被动接受为主动需要,在教师与学生之间建立起有机的教学共同体,才能将现代教育理念落到实处。

第三,将现代教育理念融入思政课教学需要转变教师角色,变教师的"教员"身份为"导师"身份,以对学生进行积极引导、关怀、启发为主要实现手段,激发学生的学习兴趣,帮助学生掌握正确的思维方式和学习方法,培养学生辩证思维、独立思考、自主学习和善于探究的能力。

在现代教育理念下,教师所发挥的作用不再是教会学生现成的知识与经验,而是要担当学生的人生导师,对学生的成长给以正向引导,对学生在关于世界、国家、社会、人生等问题上存在的思想困惑给以积极疏导,对学生的思维方法和学习方法给以有效指导。伴随着教师越来越多地扮演起"导师"的角色,激发学生的自主学习能力和自主探究兴趣就变得事所必然,这一点对于思政课教学来说尤为重要。恩格斯曾经强调,"马克思的整个世界观不是教义,而是方法。它提供的不是现成的教条,而是进一步研究的出发点和供这种研究使用的方法"[①]。思政课教学不是向学生传播"现成的教条",其关键点在于使学生学会运用马克思主义的立场观点方法来指导学习与生活。掌握方法比掌握结论更为重要。长期以来,思政课教学内容之所以入脑入心成效不显著,一个很重要的原因就在于这些内容来自教师的外部说教,而不是经过学生内心的深刻思考与独立判断。当思政课堂为学生留有足够的发挥空间后,在教师的正确引导下充分发挥学生的主体能动性,对于教学内容进行自我组织学习、自我研究探讨、自我比较鉴别,最终完成于自我表达结论,这时所形成的认识对于学生而言一定是入脑入心的。马克思主义是科学真理,它既站在了人类社会历史客观规律的科学制高点上,又站在了人民群众根本利益诉求的价值制高点上,经得起任何比较、研讨。

---

① 《马克思恩格斯文集》(第 10 卷),北京:人民出版社,2009 年,第 691 页。

学生学习主动权的获得并不意味着教师可以从课堂中解放出来,教师所面对的是一个个鲜活、能动的思想主体,最终需要实现达成统一认识的目标,这实际上对思政课教师的理论水平、专业素质、教学能力提出了更为严苛的要求。

三、现代教育理念融入思政课对思政课教师的要求

习近平总书记强调,办好思政课"关键在教师,关键在发挥教师的积极性、主动性、创造性"①。现代教育理念融入思政课教学的过程实际上就是思政课教师转变教学观念的过程,从现代教育理念所要实现的立德树人总目标以及强化学生主体地位、转变教师角色、重在启发引导、构建教学共同体等具体要求来看,思政课教师需要致力于自我转变、自我成长。无论学生的主体地位如何强化、学习自主性如何增强,思政课教师仍然是课程教学的具体实施者、国家意志的传播者、教学过程的主导者,是决定思政课能否实现立德树人根本目标的重要因素。现代教育理念的主要载体是思政课教师,以现代教育理念引领提升思政课立德树人的成效,思政课教师需要从以下几个方面改进提升。

第一,思政课教师要把物质建设与精神成长统一起来,不断提升自我的综合素质,尤其是思想文化素质,为学生树立良好榜样。人要实现两种成长,即物理成长和精神成长,为此,人人都有物质建设需要和精神发展需要。思政课的育人功能主要在于提升青年学子的思想高度和精神品质,强化非功利性的精神成长。思政课教师是学生灵魂的工程师,要"给学生心灵埋下真善美的种子,引导学生扣好人生第一粒扣子"②。在物质主义和功利主义之风盛行的现代,思政课教师自身首先要处理好物质需求和精神成长的关系,重物质轻精神的取向必然对学生产生消极影响。教师是学生在接受学校教育过程中最重要的影响者和熏陶者,在思政课教学共同体中,是对马克思主义世界观与方法论、对社会主义核心价值观的首位践行者,要让学生"立德",教师要首先"立德"。思政课教师只有以一个有思想、有文化、有品位、有素养、有精神高度和灵魂深度的形象出现在学生面前,对马克思主义真懂、真信、真用,才能使学生

---

① 《习近平主持召开学校思想政治理论课教师座谈会强调用新时代中国特色社会主义思想铸魂育人 贯彻党的教育方针落实立德树人根本任务》,《人民日报》,2019 年 3 月 19 日。

② 《习近平主持召开学校思想政治理论课教师座谈会强调用新时代中国特色社会主义思想铸魂育人 贯彻党的教育方针落实立德树人根本任务》,《人民日报》,2019 年 3 月 19 日。

真正被真理的魅力和力量所折服。正所谓"传道者首先要明道、信道",思政课教师要"坚持教育者先受教育,努力成为先进思想文化的传播者、党执政的坚定支持者,更好担起学生健康成长指导者和引路人的责任",做到"以德立身、以德立学、以德施教"①。

第二,思政课教师要把教学与研究统一起来。教师如果只抓教学不抓科研,或者只抓科研而轻视教学,都是身份意识模糊的表现,不利于现代教育理念的融入。现代教育理念要求思政课教师明确主体意识,必须树立既要成为一位优秀教师又要成为一位优秀学者的双重角色意识。教学是思政课教师的本位工作,立德树人目标的实现有赖于优质的课堂教学,思政课教师必须重视教学,这并不意味着只要完成每个学年计划安排的课时量就可以,而是要投入充分的时间和精力于增进教学效果、提升教学质量、关怀学生成长之中。思政课教师也不能因"教学是立足之本"而轻视科研,因为科研是服务于教学效果提升的必要力量,科研反哺教学是上好思政课的必由之路。由于现代教育理念对思政课教师的全面素质提出了更高要求,这决定了做好科研更为重要。一是要加强马克思主义理论的学术研究,只有这样才能提高自己的理论功底和学术涵养;二是要做好思政课教学研究,只有不断地研究教学内容、教学方法、教学形式等相关各环节及其内在勾连关系,不断研究学生的思想状态、成长状况、接受规律,才能有效服务于教学目标,让学生主体地位的发挥产生良性结果。

第三,思政课教师要着力解决好"小我"与"大我"关系的价值引领问题。思政课在本质性、规律性的意义上就是把青年大学生的成长成才统一于国家意志,现代教育理念融入思政课教学,要求教师既要坚守正确的政治立场、传播国家意识形态,又要充分关照到青年大学生的成长诉求,这其中隐含着一对最基本矛盾关系,就是学生的个体性与民族国家发展的整体性之间的矛盾,即"小我"与"大我"、个体与国家社会共同体的矛盾。新时代"全党全社会努力办好思政课、教师认真讲好思政课、学生积极学好思政课"具有共同的目标指向,就是培养能够将学生作为个体主体的"小我"积极融入国家社会的"大我"、能够担当民族复兴大任的社会主义事业建设者和接班人,在个体人格和共同体人格的一致中使学生将情怀、志趣、行动与中华民族复兴的历史伟业统一起来。"小我"与"大我"的关系问题,对于教学内容来说,是如何在存在论层面进

---

① 《习近平在全国高校思想政治工作会议上强调:把思想政治工作贯穿教育教学全过程 开创我国高等教育事业发展新局面》,《人民日报》,2016 年 12 月 9 日。

行科学的理论认识以及在价值观层面做出正确价值导向的问题,对于教学理念方法来说,则是一个在如何认识国家、社会、教师、学生的主体地位关系的前提下科学施教的问题。为此,思政课教师一方面要以"小我"与"大我"的和谐共生为基本价值导向,在深化二者关系的学理阐释上下功夫,解决好学生"认知"层面的困惑;另一方面要坚持"言传"和"身教"相统一,"身体力行"地"铸魂育人",厚植家国情怀,努力做一个有学养厚度、有精神高度、有灵魂深度的好老师。

新时代中国青年历史使命的理论内涵与实践指向①

原理教研中心　李佳威　包大为

【摘　要】近代以来,在救亡图存和民族解放的历史进程中,中国青年勇于担负起历史使命,在马克思主义落地生根和新中国成立的历史画卷上留下了浓墨重彩、青春活泼的一笔。继承着前人所托付的历史重任,承载着中国人民追求美好生活和社会主义现代化强国的理想,新时代中国青年正在成为中国特色社会主义实践中不可忽视的力量。在前所未有的良好物质条件和制度优势下,只有"树立远大理想""勇于砥砺奋斗""练就过硬本领",才能实现理想性和现实性的统一;只有"热爱伟大祖国""担当时代责任""锤炼品德修为",才能实现个人价值和社会价值的统一。党的十八大以来,随着我国针对青年培养机制的不断完善,在社会主义核心价值体系的引领下,新时代中国青年已经开始展现出爱国、立志、勤学、修德、创新、笃实的实践理路,这必将推动当代青年逐渐成长为既能够坚持理想、不忘初心,又能够与时俱进、善于创新的新时代弄潮儿。

【关键词】　新时代中国青年;历史使命;实践;价值

"青年是引风气之先的社会力量。"②鸦片战争以降,一代又一代中国的青年,用勇气、智慧乃至生命书写了中华民族救亡图存和民族解放的英雄史诗。历史证明,在追赶世界历史大势的竞争中,中国青年丝毫不输于任何一个民族的青年。正是由于中国青年勇于挑起历史重担,善于在革命斗争和生产实践

---

①　《习近平在全国高校思想政治工作会议上强调:把思想政治工作贯穿教育教学全过程　开创我国高等教事业发展新局面》,《人民日报》,2016年12月9日。

②　习近平:《在实现中国梦的生动实践中放飞青春梦想》//习近平:《习近平谈治国理政》,北京:外文出版社,2014年,第52页。

中探索发展道路，才有了中国人民重新掌握自己的命运，从翻身解放到繁荣富强的现代历史。事实上，中国的现代史就是由中国青年开启的。在五四运动中，中国的有志青年不仅在中国大地上种下了马克思列宁主义的思想种子，更启蒙了无产阶级的阶级意识和中国人民的民族精神。在1921年，正是南湖红船上的中国青年，为中国彻底摆脱半殖民地半封建社会准备了最为先进的政治力量。在抗日战争和新民主主义革命中，无数中国青年为了崇高的理想从全国汇集到延安，又为了民族解放从延安走向了各条战线、各个战场。新中国成立之后，在解放生产力和解放思想的每一个领域，更是不乏无数中国青年的默默付出。今天，新时代中国青年则面对着有别于前辈的历史语境，成了"同新时代共同前进的一代"。新时代的历史语境"既是近代以来中华民族发展的最好时代，也是实现中华民族伟大复兴的最关键时代"①。在新的历史条件下，中国青年的历史使命已经不再局限于拯救民族于水火，而是在更为广阔的发展空间成为"社会主义建设者和接班人"，成为"德智体美劳全面发展的时代新人"，成为人民实现美好生活的先锋和探索者。

一、新时代中国青年历史使命的基本内涵

"使命"一词，自古有之。现代汉语词典将"使命"定义为"奉命去完成某种任务，泛指重大的任务"②。辞海中，"使命"有二义，一义为"使者所执行的命令"，二义为"所肩负的重大责任"③。整体看，在现代汉语体系中，通常将"使命"宽泛地理解为"重大的责任"。作为"社会存在物"的人类个体，每一个人都离不开"社会"这一场设，都扮演着一定社会角色，发挥着社会作用，因而必然要担负一定的社会责任。马克思强调："作为确定的人、现实的人，你就会有规定，就有使命，就有任务，至于你是否意识到这一点，那都无所谓的。"④总之，"使命"是身处社会当中的个体必然会生成的责任，是不以人的意志为转移的定在，其外延广阔，种类繁多，如"家庭使命""公司使命""军队使命"等。"历史使命"是"使命"的具体涵摄，是一种由人类特定历史阶段的主流价值所导向的

① 习近平：《在北京大学师生座谈会上的讲话》，《人民日报》，2014年5月4日。

② 中国社会科学院语言研究所词典编辑室：《现代汉语词典》（第7版），北京：商务印书馆，2017年，第1189页。

③ 翟文明、李治威：《现代汉语辞海》，北京：光明日报出版社，2012年，第1052页。

④ 马克思、恩格斯：《德意志意识形态》//《马克思恩格斯全集》（第3卷），北京：人民出版社，1960年，第329页。

"使命"。历史使命具有三大特性。一是历史性,社会存在决定社会意识,不同历史阶段的人类社会面临着不同的经济基础与时代格局,所肩负的历史使命自然不同。二是主体性,历史使命建立在主体的价值取向之上,同一历史阶段不同主体的"历史使命"亦不趋同。三是稳定性,某一历史阶段特定主体的"历史使命"是主体内部所达成的"最大共识",即特定历史阶段特定主体的历史使命是被主体成员所共同承认的,其"生命"在特定"历史阶段"所容纳的时空中具有不变不易的特征,因而具有一定的时空稳定性。

事实上,有怎样的历史观,就会有怎样的使命观。封建社会历史观反映了地主土地所有制的经济基础和人身依附的社会关系,封建统治者及其附庸群体所理解的使命观就是维护血缘关系、宗教意识的纯粹性,不惜以名教纲常和极端暴力维持既有的封建政治经济秩序,期冀着万世一系的永久统治。资本主义历史观则反映了生产资料私有制和社会化大生产的需求,资产阶级一方面"负有为新世界创造物质基础的使命"①,以私人的目的推动人类社会的普遍交往和财富积累,另一方面则不得不将这种历史进展建立于对工人阶级的剥削和对自然界的奴役之上。相比之下,社会主义的历史观,即历史唯物主义,提供了前所未有的科学与人道、现实与理想相结合的使命观。这一使命观有别于一切阶级社会的使命观,一方面摆脱了抽象的宗教迷信和"普世价值"的束缚,从而能够在实践和真知中大踏步地探索历史;另一方面则摆脱了阶级社会的狭隘性,从而能够以人类命运共同体的维度去思索最有利于公共福祉的事业。早在巴黎公社时期,马克思就指出工人阶级之所以能够始终笑对"那些摇笔杆子的文明人中之文明人的粗野谩骂,笑对好心肠的资产阶级空论家的训诫",就是因为工人阶级能够"充分认识到自己的历史使命"——推翻旧社会和解放全人类,这一历史使命的科学性和必然性让工人积极充满了"完成这种使命的英勇决心"。② 习近平总书记十分重视历史观与使命观的统一。只有"全面掌握辩证唯物主义和历史唯物主义的世界观和方法论"③才能够深刻认识共产主义远大理想和中国特色社会主义、"我们正在做的事情"之间的高度统一,才能够"坚守共产党人的理想信念"并最终担负起走好中国特色社会主义道路和实现共产主义的历史使命。因此,在历史唯物主义的理论前提下

---

① 马克思:《不列颠在印度统治的未来结果》//《马克思恩格斯文集》(第 2 卷),北京:人民出版社,2009 年,第 691 页。

② 马克思:《法兰西内战》//《马克思恩格斯文集》(第 3 卷),北京:人民出版社,2009 年,第 159页。

③ 习近平:《在纪念马克思诞辰 200 周年大会上的讲话》,北京:人民出版社,2018 年,第 16 页。

和新时代的语境下,当代中国青年的历史使命呈现出三个方面的基本内涵。

第一,主体特征和时代特征的统一。习近平总书记对当代中国青年的主体特征有着明确的界定。首先,今天的中国青年是来自中国人民、为了中国人民、依靠中国人民的生机勃勃的群体,他们的成长和发展,直接体现了当代中国的发展水平和精神面貌,深刻影响着未来中国发展的高度和活力。"新时代中国青年的历史使命"是涵纳"历史使命"三大特性的完整表述,具有特定的指涉,即特指"中国青年"(特定主体)在"中国特色社会主义新时代"(特定历史阶段)所承担的"历史使命"。2019 年 4 月,习近平总书记在纪念五四运动 100 周年大会上发表了重要讲话,首次运用了"新时代中国青年"这一表达,鲜明地指出了新时代中国青年历史使命的总体内容:"新时代中国青年的使命,就是坚持中国共产党领导,同人民一道,为实现'两个一百年'奋斗目标、实现中华民族伟大复兴的中国梦而奋斗。"①具体地讲,习近平总书记对新时代中国青年践行历史使命提出了六大方面的要求,即"树立远大理想""热爱伟大祖国""担当时代责任""勇于砥砺奋斗""练就过硬本领""锤炼品德修为"。习近平总书记对新时代中国青年历史使命的表述高屋建瓴、鞭辟入里,将青年的历史责任与中国发展趋向、社会变革指向及时代走向紧密结合,具有深刻的现实性与时代性,是新时代中国青年践行历史使命的行动指南。

第二,现实性和理想性的统一。对新时代中国青年而言,"树立远大理想""勇于砥砺奋斗""练就过硬本领"是实践的科学指向。列宁曾指出:"历史上从来没有过一种革命,在取得胜利以后就可万事大吉,安享清福。"②新时代中国青年是新民主主义革命的继承者,为共产主义奋斗终身是其最高理想,不惧牺牲的革命先辈是其学习榜样,永不懈怠的共产党人风范是其精神路标。改革开放四十多年以来的发展成就,为青年成长、学习、工作提供了前所未有的丰沛条件,但是这并不意味着青年可以空谈冥想、不再奋斗,更不意味着当代青年已经可以娱乐至上、肆意挥霍。当代中国人民所投身的建设现代化社会主义强国的伟大斗争和伟大工程,需要新时代中国青年和中国人民一起直面历史交给我们的挑战和问题。革命的形态和内容虽然发生了变化,但是革命的目标和初心却是始终如一的,需要一代又一代青年以砥砺奋斗的勇气,通过学习不断"练就过硬本领",最终为实现中国人民共同的理想而做出应有的贡献。

---

① 习近平:《在纪念五四运动 100 周年大会上的讲话》,人民日报,2019 年 5 月 1 日。

② 列宁:《苏维埃政权的成就和困难》//《列宁全集》(第 36 卷),北京:人民出版社,2017 年,第 45—46 页。

习近平总书记在十九大报告中指出了一对逻辑关系,"广大青年要坚定理想信念",一方面要"志存高远",另一方面又要"脚踏实地"。总之,只有理想坚定的实干者,才能够成为"时代的弄潮儿"①。

第三,社会价值和个人价值的统一。对新时代中国青年而言,"热爱伟大祖国""锤炼品德修为""担当时代责任"是奋斗的价值旨归。在资本主义意识形态中,个人主义是其自由观、历史观和权利观的基础。近年来,在这种意识形态的影响下,我国的青年群体中也出现了个人主义的倾向,其中不仅包括"巨婴"为代表的极端自我中心主义的行为,还包括割裂个人与社会、公民与国家、当下与历史之间有机联系的观点。但是,"人的本质不是单个人所固有的抽象,在其现实性上,它是一切社会关系的总和"②。不论在任何政治制度和历史条件下,青年的成长需要依靠国家、社会、家庭所创造的物质文化条件,青年能否有伟大的作为又需要紧紧依靠历史提供给他们的契机和要求。完全只顾及个人好恶、利益和偏见的习惯,不仅无助于青年和其他社会成员保持良性的互动,而且会助推脱离现实乃至有害公共利益的价值观。因此,新时代中国青年要从三个方向牢牢把握奋斗的价值旨归。一是"热爱伟大祖国"——要以中国人民这个大集体作为奋斗的落脚点,把自己视为人民群众中充满活力的一员,为实现人民群众的美好生活充分发挥创造力。二是"担当时代责任"——要以新时代中国特色社会主义的历史条件作为出发点,把个人的学习、发展与中国的发展机遇期结合起来,在社会主义现代化强国的伟大征程中贡献自己的力量,同时印证自己的价值。三是要"锤炼品德修为"——要积极践行社会主义核心价值体系,把德才兼备视为检验远大理想和过硬本领的标准。总之,新时代中国青年要"深刻了解近代以来中国人民和中华民族不懈奋斗的光荣历史和伟大历程,坚定不移跟着中国共产党走,勇做走在时代前列的奋进者、开拓者、奉献者,让青春在为祖国、为人民、为民族的奉献中焕发出绚丽光彩!"③

───────────────

① 习近平:《决胜全面建成小康社会　夺取新时代中国特色社会主义伟大胜利——在中国共产党第十九次全国代表大会上的报告》,北京:人民出版社,2017年,第70页。

② 马克思:《关于费尔巴哈的提纲》//《马克思恩格斯文集》(第1卷),北京:人民出版社,2009年,第501页。

③ 习近平:《在庆祝中国共产党成立95周年大会上的讲话》,北京:人民出版社,2016年,第27页。

二、新时代中国青年历史使命的生成逻辑

每一个时代的青年都有其使命。这一应然的实践指向和价值旨归是具有历史客观性的,不以主观意志为转移。不同历史阶段的根本区别"不在于生产什么,而在于怎样生产,用什么劳动资料生产"①。在旧民主主义革命时期,半殖民地半封建社会的中国青年,如李大钊,不得不拾起救亡图存的历史使命,求自由、求独立、求生存是这一时期青年历史使命的逻辑起点。正如中学时期的李大钊所说:"感于国势之危迫,急思深研政理,求得挽救民族、振奋国群之良策。"②相比之下,新时代中国特色社会主义的经济基础既体现了社会主义制度在中国的最新样态——与资本主义或一般意义上的社会主义制度相区别,又代表着近代至今中国生产力发展的最高水平——与前工业时代的中国相区别。故而,新时代中国青年的历史使命有别于近代中国青年和当代其他国家的青年,是现阶段人类文明自我革新不可替代的重要力量。新时代中国青年的历史使命的生成具有鲜明的、深刻的历史逻辑、现实逻辑、发展逻辑,体现了鲜明的传承性与时代性。

(一)历史逻辑:"中国共产党""中国青年""时代主题"同频共振的历史图景

马克思主义青年思想是新时代中国青年历史使命的理论基础。马克思虽然没有直接提及"青年历史使命"这一论语,但从马克思自身实践以及散见于其著作中的思想来看,马克思鲜明地揭示了青年的时代定位与重要价值。首先,马克思在自身的青少年时代便形成了关于青年使命追求的思想。他指出,"在选择职业时,我们应该遵循的主要指针是人类的幸福和我们自身的完美。不应认为,这两种利益会彼此敌对、互相冲突,一种利益必定消灭另一种利益;相反,人的本性是这样的:人只有为同时代人的完美、为他们的幸福而工作,自己才能达到完美。"③"历史把那些为共同目标工作因而自己变得高尚的人称

---

①　马克思:《资本论》(第1卷)//《马克思恩格斯文集》(第5卷),北京:人民出版社,2009年,第210页。

②　李大钊:《狱中自述》//《李大钊全集》(第4卷),石家庄:河北教育出版社,1999年,第713—714页。

③　马克思:《关于费尔巴哈的提纲》//《马克思恩格斯文集》(第1卷),北京:人民出版社,2009年,第7页。

为最伟大的人物；经常赞美那些为大多数人带来幸福的人是最幸福的人。"①
在这里，马克思认为青年在确定自身目标时，要将人类幸福与自身完美相结合，这从一般性意义上揭示了青年个人价值与时代价值的辩证统一关系。其次，马克思在其著作中提出，"工人阶级中比较先进的那部分人则完全懂得，他们阶级的未来，因而也是人类的未来，完全取决于新一代工人的成长"②。在这里，马克思强调了青年群体在社会中（革命中）的巨大作用，是中国共产党赋予青年为民族和时代而奋斗的思想根据。

从诞生之刻起，中国共产党就将青年视作无产阶级的先进代表与主体力量。党的历代领导集体在各个历史阶段都紧紧依靠青年力量，赢得青年支持，凝聚青年智慧，调动青年投身国家与民族的主要事业当中。在抗日战争时期，实现民族独立、人民解放成为时代主题，中国共产党在带领人民群众抗日救亡的过程中特别注意发挥广大青年的力量，毛泽东曾强调"现在的抗日战争，是中国革命的一个新阶段，……青年们在这个阶段里，是负担了重大的责任的"③。"带着新鲜血液与朝气加入革命队伍的青年们，无论他们是共产党员或非党员，都是可贵的。没有他们，革命就不能发展，革命就不能胜利。"④新中国成立初期，国家百废待兴，探索符合中国国情的社会主义建设之路成为时代主题，毛泽东对青年在社会主义建设中的作用非常重视："青年是整个社会力量中的一部分最积极最有生气的力量。他们最肯学习，最少保守思想，在社会主义时期尤其是这样。"⑤改革开放初期，党和国家结束"以阶级斗争为纲"的错误路线，以快速发展经济建设。邓小平意识到科学技术在生产力中的巨大作用以及培育科技人才的重要性，提出"科学技术是第一生产力"的科学论断，并将青年群体视作未来发展科学技术的主力，"科学的未来在于青年。青年一代的成长，正是我们事业必定要兴旺发达的希望所在"⑥。在改革开放新阶段，与时俱进地发展中国特色社会主义成为历史主题，江泽民与胡锦涛立足国家和社会的发展现实，进一步强调青年群体对于国家与社会的重大意义。

① 马克思：《关于费尔巴哈的提纲》//《马克思恩格斯文集》（第 1 卷），北京：人民出版社，2009年，第 7 页。

② 马克思：《给临时中央委员会代表的关于若干问题的指示》//《马克思恩格斯全集》（第 21 卷），北京：人民出版社，2003 年，第 270 页。

③ 毛泽东：《必须制裁反动派》//《毛泽东选集》（第 2 卷），北京：人民出版社，1991 年，第 576 页。

④ 中共中央文献研究室：《毛泽东著作专题摘编》（下），北京：人民出版社，2003 年，第 353 页。

⑤ 毛泽东：《必须制裁反动派》//《毛泽东选集》（第 2 卷），北京：人民出版社，1991 年，第 215 页。

⑥ 邓小平：《在全国科学大会开幕式上的讲话》//《邓小平文选》（第 2 卷），北京：人民出版社，1994 年，第 95 页。

江泽民指出："一大批青年人才的迅速成长，是科技进步、技术创新的希望所在。"①随着改革开放与市场经济的深入发展，暴露了越来越多的社会问题，胡锦涛提出了构建"和谐社会"的重要思想，强调青年在社会建设中的引领作用："青年从来都是开社会风气之先的力量，应该为开创社会新风发挥积极作用"②"青年是整个社会中一部分最积极最有生气的力量是创新的希望所在"③。

党的十八大以来，以习近平同志为核心的党中央基于"坚持和发展中国特色社会主义"的时代主题，立足世情、国情、党情，响应人民群众对"美好生活"的向往，直面党和国家重大理论难题与现实困境，推进党政军民学全方位、深层次变革，稳固经济、政治、文化、社会、国防、外交等领域的"四梁八柱"，成功推动中国特色社会主义进入新时代。习近平总书记继承和发展中国共产党领导青年与时代主题同频共振的优良传统，高度概括了中国青年的时代特征以及在中华民族伟大复兴中的地位与作用："实践充分证明，无论过去，现在还是未来，中国青年始终是实现中华民族伟大复兴的先锋力量"④。

"时代主题""中国共产党""中国青年"同频共振的历史图景，深刻地表明将青年工作与时代主题紧密结合是党工作的优良传统，彰显了中国青年是中华民族伟大复兴的生力军。展望未来，中国青年也必将是"新时代"的奋进者和开拓者，正如习近平总书记在十九大报告中所强调的："中华民族伟大复兴的中国梦终将在一代代青年的接力奋斗中变为现实。"⑤

(二)实践逻辑："个人梦"与"中国梦"相融相通的现实境遇

从历史维度看，"中国共产党"与"中国青年"始终在同一历史主题中同频共振；从现实实践看，新时代中国青年所肩负的"中国梦"，即实现中华民族伟大复兴的历史使命与青年个人追求美好生活、实现人生抱负的"个人梦"亦表征出相融相通的逻辑理路。

---

① 江泽民：《加强技术创新》//《江泽民文选》(第2卷)，北京：人民出版社，2006年，第399页。
② 胡锦涛：《在纪念中国共产主义青年团成立90周年大会上的讲话》，《人民日报(海外版)》，2012年5月5日。
③ 胡锦涛：《在纪念中国共产主义青年团成立90周年大会上的讲话》，《人民日报(海外版)》，2012年5月5日。
④ 习近平：《在纪念五四运动100周年大会上的讲话》，《人民日报》，2019年5月1日。
⑤ 习近平：《决胜全面建成小康社会 夺取新时代中国特色社会主义伟大胜利——在中国共产党第十九次全国代表大会上的报告》，北京：人民出版社，2017年，第11页。

首先,新时代中国青年的"个人梦"与实现中华民族伟大复兴的"中国梦"在时空上高度契合。国家发布的《中长期青年发展规划(2016—2025年)》中将青年的年龄界定在14～35周岁,也就是当前少部分80后与大部分90后、00后。也就是说,中国共产党"两个一百年"奋斗目标的实现过程,恰好也是新时代中国青年逐渐走上岗位并逐渐成长为各行各业领导力量的过程。有学者指出,中华民族伟大复兴的历史使命将在"国家黄金时期"与"青年黄金时期"的高度结合中逐步实现:"从国家发展的生命周期来看,中国先后站起来、富起来,正在进入强起来的黄金时代,从人的生命周期来看,当今青年的人生黄金时期与'两个一百年'奋斗目标的实现高度吻合,是这一历史进程的见证者,更是参与者和创造者"[①]。习近平总书记指出:"现在在高校学习的大学生都是20岁左右,到2020年全面建成小康社会时,很多人还不到30岁;到21世纪中叶基本实现现代化时,很多人还不到60岁。"这就意味着在实现"两个一百年"进程中,"千千万万青年将全过程参与"[②]。进一步讲,新时代中国青年是实现"第一个一百年"战略目标的重要力量,更是实现"第二个一百年"战略目标的后备军。

其次,新时代中国青年只有将"个人梦"融入"中国梦"之中,才能最大限度地发挥人生价值。根据马克思主义理论,人与社会是相互创造、相互生成的辩证关系。一方面,社会是个体的集合,社会发展变化离不开个体的实践活动,社会中个体的生存与发展是社会进步的前提与动力。另一方面,社会中个体的生存与发展不可能超越或者脱离一定的社会关系。正如马克思所强调的,"如果使这个我脱离他的全部经验生活关系,脱离他的活动,脱离他的生存条件,脱离作为他的基础世界,脱离他自己的肉体,那么他当然就不会有其他职责和其他使命"[③]。失去了社会梦想的平台,个人梦想的实现也就失去了基础与条件,也只有将个人梦想融入社会梦想当中,才能实现个人的最大价值。"中国梦"是近代以来中华民族最伟大的社会理想,也是一代代青年群体"个人梦想"的终极归宿。当前,我国处于历史上最接近中华民族伟大复兴的历史阶段,新时代中国青年建功立业,将个人梦融入中国梦有了更契合的时空条件,有了空前广阔的舞台。回顾历史,一代又一代有志青年不断传承使命、接力梦

---

① 张国:《"强国一代"有我在》,《中国青年报》,2017年12月27日。

② 中共中央文献研究室:《习近平关于青少年和共青团工作论述摘编》,北京:中央文献出版社,2017年,第17页。

③ 马克思:《资本论》//《马克思恩格斯选集》(第2卷),北京:人民出版社,2012年,第106页。

想,开辟中华民族走向复兴的光辉道路。展望未来,新时代的中国青年,也必将大有作为。这是长江后浪推前浪的历史规律,也是一代更比一代强的青春责任。

(三)发展逻辑:培育担当民族复兴大任的时代新人

新时代中国青年肩负"实现中华民族伟大复兴"的历史使命,这既是历史与现实赋予的,也是中国特色的社会主义教育事业致力于培育"社会主义接班人"的题中应有之义。"社会主义接班人"具体涵摄随着时代的发展而发展,在新时代,培育"社会主义接班人"的具体内涵便是将新时代中国青年培育成为能够担当民族复兴大任的时代新人。

其一,将青年培育成能够担当民族复兴大任的时代新人是中国特色社会主义的本质要求。社会主义的本质是"解放生产力、发展生产力,最终实现共同富裕"。历史证明,社会的巨大进步往往是由先进青年发起并带领人民完成的,青年领导在解放和发展社会生产力中起到关键的作用。马克思主义理论认为人民群众创造历史,历史进步的主体因素是从事实践活动的现实的人,在变革历史的过程中,人民群众中的领导人才起着关键的作用。马克思曾指出:"相信现代的命运不取决于畏惧斗争的瞻前顾后,不取决于老年人习以为常的平庸迟钝,而取决于年轻人崇高奔放的激情。"[1]列宁在《青年团的任务》中强调:"从某种意义上可以说,真正建立共产主义社会的任务正是要由青年来担负。"[2]新时代中国青年在中国共产党领导下开展青年运动,对中国特色社会主义有着强烈认同,他们是实现中华民族伟大复兴、赢得国际竞争主动权的战略资源,是未来领导新时代中国特色社会主义不断开创新局面的重要后备资源。中国特色社会主义教育应更加突显新时代中国青年"未来领导者"导向。

其二,新时代中国社会主要矛盾的转换对中华民族未来的发展提出了更艰巨的任务,呼唤担当民族复兴大任的青年人才、时代新人。中国特色社会主义新时代是我国新的历史方位,新时代我国社会主要矛盾已经转化为人民日益增长的美好生活需要和不平衡不充分的发展之间的矛盾。主要矛盾的转换呈现了新时代的基本特征。一方面,通过几代人的努力,我国基本改变了社会生产力落后的局面。但城乡差距大、区域发展不平衡,社会保障、国家创新等不充分问题仍制约着人民对美好生活的追求。面向未来,中华民族面临的机

---

① 马克思:《资本论》//《马克思恩格斯选集》(第2卷),北京:人民出版社,2012年,第176页。

② 列宁:《青年团的任务》//《列宁选集》(第4卷),北京:人民出版社,1972年,第344页。

遇空前巨大,需要应对的挑战也空前艰难,新时代主要矛盾昭示着中华民族未来的发展任务更加艰巨,需要中国共产党领导中国人民不断化解矛盾,使区域经济发展更均衡,使就业更充分、使医疗保障更健全、使教育体制更完善。展望未来,新时代中国青年必将是担当中国特色社会主义事业大任的主力军。新时代中国青年出生在中华民族由富变强的大好时代,成长在改革开放深入发展的历史阶段。相对于社会上其他年龄群体,新时代中国青年对民主、法治、公平正义的体验更加真切,对"美好生活"的向往更加强烈。有香港学者专门调查了香港青年对"中国梦"的理解,调查结果显示追求一个民富国强、公平民主、保障人权、幸福快乐的中国是青年心目中较为一致的中国梦①。新时代中国青年更加关注与追求优美的生活环境、良好的教育以及公平公正的社会秩序,而这些正是新时代中国特色社会主义需要不断优化的事业。新时代中国青年所展现出来的时代特点更能够满足新时代中国特色社会主义事业发展的新要求。因此,让更多的新时代中国青年在中国特色社会主义各项事业中挑大梁、扛重任是引导青年实现历史使命自觉的重要前提。

其三,我国日益走向国际舞台的中心,呼唤引领时代发展的国际化青年人才、时代新人。全球化深入发展是 21 世纪不可阻挡的时代潮流,中华民族是全球化坚定的参与者与推动者。中国特色社会主义新时代是中华民族通过全面深化改革而全面崛起的时代,也是中华民族全面参与国际事务,展现负责任大国形象的时代。在这样的背景下,树立全球视野,增强参与全球人才竞争的本领,日益成为新时代中国青年践行"实现中华民族伟大复兴"历史使命的重要维度,培育引领时代的国际化青年人才日益突显重大战略意义。当今世界正经历百年未有之大变局,世界新的科技革命正在孕育突破,新一轮产业革命蓄势待发,建立在互联网、新技术、新材料、新能源等基础上的第四次工业革命正在叩响人类的大门。与此同时,中华民族伟大复兴并不是封闭式的复兴,而是不断通过自身的发展带动人类的发展。中国共产党是以马克思主义理论为指导思想的政党,自诞生起,就将"实现全人类解放"作为最终目标。无论处于哪一个阶段,中国共产党都始终不忘思考如何为"人类事业"做出贡献。因此,新时代中国青年的历史使命体现为国际化青年人才培育的两个坚定方向,就是既能够引领新技术革命的培育,又能够为"人类事业"贡献力量。正如习近平总书记强调:"青年是国家的未来,也是世界的未来。中国梦与世界梦息息相通,中华民族应该对人类社会做出更大贡献。新时代中国青年,要有家国情

---

① 魏雁滨:《中国梦与青年担当:追寻一个正义社会》,《青年探索》,2013 年第 6 期。

怀,也要有人类关怀,发扬中华文化崇尚的四海一家、天下为公精神,为实现中华民族伟大复兴而奋斗,为推动共建'一带一路'、推动构建人类命运共同体而努力。"①

三、新时代中国青年践行历史使命的基本遵循

历史使命并不是一个抽象口号或精神方向,而是科学遵从历史客观规律、努力创造客观条件、积极转化发展矛盾的实践品质。每一个时代的青年,如果不想成为在嬉娱中消磨人生的庸碌之辈,就必须通过学习和实践,不断提高履行历史使命的本领。为了提高这一本领,首先应该学会把握历史使命的基本要素和科学方法。马克思指出:"人创造环境,同样,环境也创造人。"②新时代中国青年所拥有的基本历史环境,一方面是新中国成立以来无数有志青年辛勤付出创造出来的新时代中国特色社会主义发展道路,另一方面则是改革开放以来积累的生产力、技术、环境、机遇和挑战。既不应该洋洋自得,以为到了新时代就不需要再艰苦奋斗了,也不应该妄自菲薄,觉得社会主义现代化强国是一个遥不可及的目标。而应该实事求是地认真学习前人积累下来的宝贵经验和科学知识,以"钉钉子"的精神不断创造当代中国发展活力。正如李大钊对少年中国学会的青年成员提出的要求,必须"本科学的精神,为社会的活动,以创造少年中国"③。因此,新时代中国青年紧跟时代步伐,践行实现中华民族伟大复兴的历史使命,最重要的是要树立正确的、基本的价值理念。党的十八大以来,习近平总书记在将青年成长成才置于实现中华民族伟大复兴的历史使命视域下,发表了一系列重要论述。这些重要论述思想深邃,内蕴丰富,是新时代中国青年践行历史使命的基本遵循,可系统地总结为"十二字箴言":爱国、立志、勤学、修德、创新、笃实。

一是爱国。爱国主义是实现中国梦的基石,也是新时代中国践行历史使命的基本要求。习近平总书记指出:"一个人不爱国,甚至欺骗祖国、背叛祖国,那在自己的国家、在世界上都是很丢脸的,也是没有立足之地的。对每一个中国人来说,爱国是本分,也是职责,是心之所系、情之所归。对新时代中国

①　习近平:《在纪念五四运动 100 周年大会上的讲话》,《人民日报》,2019 年 5 月 1 日。

②　马克思:《关于费尔巴哈的提纲》//《马克思恩格斯文集》(第 1 卷),北京:人民出版社,2009年,第 544 页。

③　中央编译局:《五四时期期刊介绍》(第 1 集),北京:生活·读书·新知三联书店,1978 年,第239 页。

青年来说,热爱祖国是立身之本、成才之基。"①其一,厚植爱国主义情怀。在当代中国,爱国主义的本质就是坚持爱国和爱党、爱社会主义高度统一。新时代中国青年要听党话、跟党走,胸怀忧国忧民之心、爱国爱民之情,不断奉献祖国、奉献人民,以一生的真情投入、一辈子的顽强奋斗来体现爱国主义情怀,让爱国主义的伟大旗帜始终在心中高高飘扬。其二,树立民族自信。新时代中国青年作为中华儿女,要了解中华民族的历史,树立民族自豪感和文化自信,在任何时间任何场合都要维护民族尊严,作中华文化的积极弘扬者,传承者、践行者。其三,要甘于奉献。不能把爱国主义仅仅当成一句响亮的口号,而是要切切实实将爱国行、强国志、报国心履行到实际行动中与精诚的奉献中,要将个人理想同祖国的前途,同民族的命运紧紧地联系在一起,扎根中国大地,深入基层锻炼,在新时代广阔的舞台上为祖国、为人民奉献智慧与力量。

二是立志。立志是成就事业的基础,也是新时代中国青年接力中华民族伟大复兴历史使命的第一步。要立做大事之志。2017年,习近平总书记在中国政法大学考察时强调,广大青年"不要立志做大官,要立志做大事"。立志做大事就是要扛起新时代的责任,争做"时代先锋"的角色,勇做走在时代前列的开拓者、奋进者、奉献者。要立坚定恒久之志。"古今之成大事业者,不惟有超世之才,亦必有坚韧不拔之志。"([宋]苏轼《晁错论》)无志之人常立志,有志之人立长志。习近平总书记强调,"青年时代树立正确的理想、坚定的信念十分紧要,不仅要树立,而且要在心中扎根,一辈子都能坚持为之奋斗"②。当代青年要在新时代的风雨中接力民族复兴大业,必须树立坚定的理想信念。新时代中国青年最基本的理想信念便是对马克思主义的信仰、对中国特色社会主义的信念以及对中华民族伟大复兴的信心。要立扎根中国大地之志。坚定恒久之志需要扎实的根基。习近平总书记强调:"广大青年要把理想信念建立在对科学理论的理性认同上,建立在对历史规律的正确认识上,建立在对基本国情的准确把握上,筑牢理想信念的根基。"③新时代中国青年要将个人志向融入中华民族伟大复兴的中国梦当中。这种"融入"的前提与基础是对科学理论、基本国情、历史规律的真切认同与深刻理解。首先要真切认同中国共产党在革命、建设、改革开放各个历史时期所创造的科学理论体系;其次,要深刻理

---

① 习近平:《在纪念五四运动100周年大会上的讲话》,《人民日报》,2019年5月1日。

② 中共中央文献研究室编:《习近平关于青少年和共青团工作论述摘编》,北京:中央文献出版社,2017年,第23页。

③ 习近平:《在同各界优秀青年代表座谈时的讲话》,《人民日报》,2013年5月5日。

解当前我国正处于社会主义初级阶段和中国特色社会主义新时代的历史方位;再次,要以马克思历史唯物主义的基本观点、基本立场、基本方法科学分析、准确把握历史发展的规律与走向。

三是勤学。非志无以成学,非学无以广才,勤学是新时代中国青年践行历史使命的重要基础。习近平总书记指出:"人生的黄金时期在青年,青年时期的学识基础厚不厚实,影响甚至决定自己的一生,广大青年要如饥似渴、孜孜不倦地学习。"①当今世界正在经历百年未有之大变局,当代中国正在经历我国历史上最广泛而深刻的变革,国际大变局和国内大变革相互激荡,中华民族在新时代必然会迎遇许多具有新的历史特点的重大挑战,这就要求新时代中国青年强化同这些挑战斗争的本领,而强化斗争本领关键在于勤学求知。首先,要通过勤学掌握适应社会发展的专业技能。其次,要通过勤学丰富自身的知识结构和知识体系,形成独立思考的能力。再次,要将所学应用到社会实践中,并在社会实践中升华所学。正如习近平总书记所强调的,青年"既要多读有字之书,也要多读无字之书,注重学习人生经验和社会知识""纸上得来终觉浅,绝知此事要躬行。'所有知识要转化为能力,都必须躬身实践。要坚持知行合一,注重在实践中学真知、悟真谛,加强磨炼、增长本领"②。

四是修德。德才兼备才能担当时代大任,修德是新时代中国青年践行历史使命需要具备的根本素养。习近平总书记强调"人而无德,行之不远。没有良好的道德品质和思想修养,即使有丰富的知识、高深的学问,也难成大器。要引导家长改变重知轻德的倾向"③。人无德不立,品德是为人之本。新时代中国青年如何修好德?习近平总书记给出的答案是:"修德,既要立意高远,又要立足平实,要立志报效祖国、服务人民。这是大德,养大德方可成大业,同时,还得从做好小事、管好小节开始起步"④,"作为一个大学生,最起码的价值取向就是要爱祖国、爱人民、爱共产党、爱社会主义;大学生要学会对自己负责、对亲人负责、对周围的人和更多的人负责,进而对民族、祖国、社会和人类负责,做一个有价值、负责任的人。"⑤这两段论述可谓高屋建瓴,底蕴深厚,品味之,受用无穷。其蕴含的正是儒家思想中"修身、齐家、治国、平天下"的成才

---

① 习近平:《在知识分子、劳动模范、青年代表座谈会上的讲话》,《人民日报》,2016 年 4 月 30 日。
② 习近平:《在北京大学师生座谈会上的讲话》,《人民日报》,2014 年 5 月 4 日。
③ 习近平:《成才必须先学做人》//习近平:《之江新语》,杭州:浙江人民出版社,2003 年,第 64 页。
④ 习近平:《青年要自觉践行社会主义核心价值观》,《人民日报》,2014 年 5 月 4 日。
⑤ 习近平:《青年要自觉践行社会主义核心价值观》,《人民日报》,2014 年 5 月 4 日。

路径。"对自己负责"是"修身"的必然要求,"对亲人负责"是"齐家"的必然要求,"对民族、祖国、社会和人类负责"是"平天下"的必然要求。当代青年要树立和实现为祖国、为人民服务的崇高目标,必须从自我的修德开始。

五是创新。创新是新时代新发展理念之首要,也是新时代中国青年践行历史使命的重要思维。习近平总书记强调:"青年是社会上最富活力、最具创造性的群体,理应走在创新创造前列。"①当代青年是基本接受过良好教育,学习过先进文化知识,思维活跃、富有智慧和创造力的一代,是新时代社会创新的主力军。新时代中国青年只有通过创新才能不断激发活力,紧扣时代脉搏,不被时代淘汰。只有具备创新的思维和创新的态度,才能赢得先机、赢得主动、赢得未来。首先,要解放思想、勇于创新。邓小平曾经说过:"没有闯的精神,没有一点'冒'的精神,没有一股气呀、劲呀,就走不出一条好路,走不出一条新路,就干不出新的事业。"②勇于创新就是要敢试敢为,突破自我、突破常规、突破权威,不唯书不唯上只唯实。其次,要与时俱进,善于创新。创新、创造是一个"从无到有""从小到大"的过程。因此,需要具备不断探索新思路、研究新情况,不断解决新问题,积累新经验的毅力;要在创新中坚持通过学习提高自身创新的能力;要将自身的专业特长融入新时代我国经济社会的发展大局之中,与时俱进地创新,久久为功,攻克难题,创造成绩。

六是笃实。空谈误国,实干兴邦,笃实是新时代中国青年践行历史使命的关键品质。在实现中华民族伟大复兴的新征程中,充满艰难险阻,青年个人成长成才的过程中,也会遇到一系列挫折,这就特别需要新时代中国青年以笃实的作风去攻克一个个人生与时代的挑战。首先,要日积月累,扎实地练就本领。习近平总书记强调,"青年有着大好机遇,关键是要迈稳步子、夯实根基、久久为功。心浮气躁,朝三暮四,学一门丢一门,干一行弃一行,无论为学还是创业,都是最忌讳的"③。过硬本领不是一天练成的,要从一件件小事,一项项具体任务做起。练就过硬本领也要坚持"目标导向",即要明确所在的领域、所在行业的最高水准,并以接近甚至超越最高水准为目标。其次,要顽强拼搏,艰苦奋斗。幸福都是奋斗出来的,奋斗的道路不会一帆风顺,往往荆棘丛生,充满坎坷,这就要求新时代中国青年始终保有奋斗的激情与干劲,正如习近平

---

① 习近平:《在实现中国梦的生动实践中放飞青春梦想》//习近平:《习近平谈治国理政》,北京:外文出版社,2014年,第51页。

② 邓小平:《在武昌、深圳、珠海、上海等地的谈话要点》//《邓小平文选》(第3卷),北京:人民出版社,1993年,第372页。

③ 习近平:《在同各界优秀青年代表座谈时的讲话》,《人民日报》,2013年5月5日。

总书记所强调的："青年时代，选择吃苦也就选择了收获，选择奉献也就选择了高尚。青年时期多经历一点摔打、挫折、考验，有利于走好一生的路。要历练宠辱不惊的心理素质，坚定百折不挠的进取意志，保持乐观向上的精神状态，变挫折为动力，用从挫折中吸取的教训启迪人生，使人生获得升华和超越"①。

---

① 习近平：《在同各界优秀青年代表座谈时的讲话》，《人民日报》，2013 年 5 月 5 日。

新时代大学生人类命运共同体意识培育的课堂教学路径研究

概论教研中心　桑建泉

【摘　要】　课堂教学是新时代大学生人类命运共同体意识培育的重要路径。在厘清人类命运共同体理念理论意涵、科学把握人类命运共同体理念理论特质的基础之上，需要进一步发挥专业课教师的积极性、主动性、创造性，从精心备课、驾驭课堂、反思教学三个维度有效提升人类命运共同体专题的课堂教学效果。

在庆祝中国共产党成立 100 周年大会上的讲话中，习近平总书记强调中华民族在迈向伟大复兴的新征程中"必须不断推动构建人类命运共同体"。毋庸置疑，具备人类命运共同体意识是相关主体合力推动构建人类命运共同体的基本前提。依此加以审视，新时代大学生人类命运共同体意识培育是关系人类命运共同体现实推进和长远发展的重大战略问题，而课堂教学无疑是新时代大学生人类命运共同体意识培育的重要路径。

一、厘清人类命运共同体作为全球治理范畴的理论意涵

全球治理范畴承载着诉说治理理念和表达治理主张的重要功能。自地理大发现拉开世界一体化的序幕以来，全球治理范畴在维系国际秩序稳定与推动国际秩序变革中扮演着重要角色。由于影响国际局势的巨大功用，世界多国尤其是各个大国极为重视全球治理话语的理论生产与思想阐释。以全人类立场提出新的全球治理话语既是冲破西方国际话语垄断的迫切要求，亦是完善全球治理话语体系的当务之急。由中国所倡导的人类命运共同体理念，正是改善全球治理话语生态与完善全球治理话语体系的时代性范畴创新。

首先，从范畴的理论出场看，人类命运共同体理念是中华民族关于"世界

怎么了，我们怎么办?"的智慧共享。世界现代化事业的吊诡之处在于，人类在生产力发展实现前所未有重大跃迁的同时亦面临着前所未有的深刻危机。共同性的人类危机意味着，贫富鸿沟、发展失衡、暴恐危机、环境恶化等问题从负面维度将人类命运紧密联合在一起，而应对全球性危机的不二法门则在于各国携手共建人类社会的美好未来。任何具有现实意识的人都不会否认，由近两百个主权国家所组成之世界的基本格局是：一球两制，资强社弱。人类命运共同体理念的提出基于资本主义与社会主义国家长期同处一个空间的事实，其理论初衷与现阶段目标并非是为了对抗或消灭资本主义。恰恰相反，人类命运共同体的现实构建为两种制度的合作与对话留下了充裕的战略空间。面对人类社会在当前遭遇的共同困局与危机，中国给出的方案是，抛弃意识形态偏见、超越社会制度的对抗，资本主义国家与社会主义国家携手"构建人类命运共同体，实现共赢共享"[1]。同时，人类命运共同体理念倡导并维护各国的主权平等，主张各个国家"都有权自主选择社会制度和发展道路"[2]，切实尊重各国的发展现实性、发展阶段性与发展过程性。

其次，从范畴的核心主张看，人类命运共同体理念是各国利益紧密相连的理论表达。当前，随着经济全球化的不断深入，各种资源在世界范围内的快速流通提高了人类生活的便捷与舒适度，使得"共同利益不是仅仅作为一种'普遍的东西'存在于观念之中，而首先是作为彼此有分工的个人之间的相互依存关系存在于现实之中"[3]。共同利益的现实性决定了以恰当话语表达其现实性存在的必要性，人类命运共同体即以共同利益联结共同命运的逻辑进行了相应叙事。当然，承认共同利益并不意味着回避不同国际主体之间的利益矛盾，但人类命运共同体理念倡导"以对话解争端、以协商化分歧"[4]，主张将利益冲突限定在可控范围内并通过平等竞争、贸易谈判等有序形式加以解决。人类命运共同体理念反对以维护自我利益为借口实施经济打压、资源掠夺等极端行为。近来贸易霸权主义的思潮在国际上暗流涌动，给世界经济局势稳定带来较大风险。个别霸权国用强权与经济恐吓而不是贸易规则维护自身地位，已经给世界经济发展带来了较大风险。人类命运共同体理念明确表述了各国如何处理本民族利益与其他民族国家利益、人类共同利益的关系，强调各

---

① 习近平：《论坚持推动构建人类命运共同体》，北京：中央文献出版社，2018年，第416页。
② 习近平：《论坚持推动构建人类命运共同体》，北京：中央文献出版社，2018年，第416页。
③ 《马克思恩格斯文集》(第1卷)，北京：人民出版社，2009年，第536页。
④ 习近平：《论坚持推动构建人类命运共同体》，北京：中央文献出版社，2018年，第254页。

国应该共同努力以增加共同利益的存量,将"本国利益同各国共同利益结合起来,努力扩大各方共同利益的汇合点"①。此外,人类共同利益的维护应以尊重各个国家的主权等核心利益为底线原则,中国的态度是"任何外国不要指望我们会拿自己的核心利益做交易,不要指望我们会吞下损害我国主权、安全、发展利益的苦果"②。中国一直以来都是维护人类共同利益的积极倡导者与坚定实践者,在对外交往过程中始终坚持和平发展模式,既实现了自身发展更为世界经济发展作出了巨大贡献。世界银行数据显示,中国"从 2006 年起就成为对全球经济增长贡献最高的国家,2006—2019 年的平均贡献率达到 28.84%,高出第二位国家 17.31 个百分点"③。

再次,从范畴的价值愿景看,人类命运共同体理念是各国人民希冀和平发展的价值诉求。第二次世界大战结束以来,在《联合国宪章》精神等相关理念的范导之下,虽有地区纷争但人类从总体而言已走过 70 余年的和平时光。然而,霸权主义、强权政治等冲击人类和平状态的消极力量在当今时代依然不可小觑。不同于个别政客希望主宰世界秩序的霸道欲望,人类命运共同体理念代表着世界人民对持久和平的美好希冀,反映出"中国对现行世界秩序的态度、立场和见解的概括性规定和表达"④。特别需要指出的是:面对中国的正当发展与和平崛起,某些超级大国时至今日仍固执地信奉"新冷战思维",将和平崛起的中国污蔑为"洪水猛兽",不惜动用各种非正常手段打压遏制中国。仔细分析不难发现,"霸主惯性"的定性思维是此类国家不断制造纷争与事端的真实动因。因此,只有摒弃零和博弈的对抗性旧式思维,才能真正实现人类的长久和平,"只要世界人民在心灵中坚定了和平理念、扬起了和平风帆,就能形成防止和反对战争的强大力量"⑤。和平不仅是战争的避免与消除,还是安全生存发展状态的获得与持续。近年来,各地频发的恐怖主义、欧洲的难民危机、中东的宗教争端、部分国家面临的分裂主义等已成为人类安全的现实威胁。安全秩序之所以失范,与全球地区发展失衡以及文明之间的歧见存在密切关联。因此,化解威胁人类安全的多种不利因素,应以人类命运共同体理念

---

① 习近平:《论坚持推动构建人类命运共同体》,北京:中央文献出版社,2018 年,第 132 页。

② 习近平:《在庆祝中国共产党成立 95 周年大会上的讲话》,《人民日报》,2016 年 7 月 2 日。

③ 马建堂、赵昌文:《更加自觉地用新发展格局理论指导新发展阶段经济工作》,《管理世界》,2020 年第 11 期。

④ 黄婷、王永贵:《人类命运共同体:一种世界秩序的话语表述》,《马克思主义与现实》,2017 年第 5 期。

⑤ 习近平:《论坚持推动构建人类命运共同体》,北京:中央文献出版社,2018 年,第 75 页。

凝聚起共同发展及文明平等的最广泛共识,努力实现多元文明的共同发展与进步。

二、科学把握人类命运共同体的理论特质

开放创新是人类命运共同体理念在思想基础维度的理论特质。第一,人类命运共同体理念是历史唯物主义话语的当代创新。众所周知,人类解放是历史唯物主义的核心话语,但人类解放旨在通过经济解放、政治解放、文化解放等实现人类发展的自主与自为,其本身是一个非常漫长的过程。当代人类的解放要务在于找到通向人类全面发展的现实道路,构建起通往自由人联合体的过渡型联合体。运用契合当今时代特征的话语即人类命运共同体理念,可以恰当地表述出历史唯物主义的当代使命。第二,人类命运共同体理念是中华优秀传统话语的创新性转化。经过漫长岁月积累并延续至今的中华文明,贡献了众多蕴含民族发展经验的智慧话语。譬如"天人合一""协和万邦""天下大同""和谐共生"等中华传统的治世智慧,在当今仍然因它们的广泛适用性、可转化性而备受推崇。由中国所提出的人类命运共同体理念无疑内蕴了"和合"的中华民族优秀传统文化精髓,表明了中国希望通过和睦合作内在理念的贯彻与执行,在人与人之间、人与自然之间、人与社会之间建立起良善交往秩序的世界梦。第三,人类命运共同体理念是广泛汲取人类有益文明成果的开放式创新。自古希腊以降,共同体一直成为西方学者关注的重点话题,他们探讨了城邦共同体、宗教共同体、世俗共同体、契约共同体,近现代西方学者如滕尼斯、涂尔干、鲍曼还探讨了现代化过程中的共同体问题。尽管西方学者的共同体理论与人类命运共同体存在着本质区别,但西方学者的相关探讨无疑为人类命运共同体理念提供了思想借鉴。由此可见,人类命运共同体理念成功融合了东西方的共同体智慧。紧密联系的共同体生活实践促进当代人类形成了"和平、发展、公平、正义、民主、自由"的共同价值,全人类共同价值正是人类命运共同体外溢正向价值的生动写照。

多维关怀是人类命运共同体理念在内容结构维度的理论特质。人类命运共同体理念是一个内涵丰富的理论体系,具有政治、安全、经济、文化、生态等多个维度的人类关怀。在人类命运共同体的实际建构过程中,中国将始终致力于"推动建设持久和平、普遍安全、共同繁荣、开放包容、清洁美丽的世界,让

人类命运共同体建设的阳光普照世界"①。其中,"持久和平"话语关涉的是国际政治层面。众所周知,主权国家是当今国际社会的基本组成单位,因此主权国家如何相处自然成为国际政治生活的最大主题。世界近代史以来的两次世界大战、两大阵营之间的冷战、局部热战争,皆与霸权争夺、国家结盟如影相随,国家之间要实现持久和平,应该真诚相待、相互尊重,建构对话平台解决矛盾分歧、建立超越结盟型的伙伴型相互关系。"普遍安全"话语关涉的是国际安全层面。当今世界,无论发达国家还是发展中国家,不论社会主义国家还是资本主义国家,皆面临全球性安全隐患的威胁。在恐怖主义、国际疫情等危机面前,没有哪个国家可以独善其身,各国应在危机预防、处理机制、舆论应对等方面充分沟通并相互合作。"共同繁荣"话语关涉的是世界经济层面。当前,世界经济发展处在新旧动能转化的关键期,各国应在人工智能、5G 等高科技产品上加快合作与交流的步伐。某些国家人为地设置全球经济发展的屏障,甚至公然利用经济与技术优势打压他国发展,不利于世界经济的动能转换与整体前行。"开放包容"话语关涉的是世界文明层面。人类历史的发展一再证明:"文明交流互鉴,是推动人类文明进步和世界和平发展的重要动力"②,文明的多样性促进人类的相互交流,最终推动了历史发展和人类进步。事实上,各种文明都是不同族群伟大的实践成果,它们之间理应相互平等。基于此,我们应倡导各种文明"共赏共鉴",而非灌输"文明对抗"。"清洁美丽"话语关涉的是世界生态问题。长期以来,以工业化模式为代表的西式现代化道路提高了人类的物质生活水平,同时资本在逐利性过程中对自然资源开发与利用的无节制也带来了各种难以估量的负面效应。最为严重的是,人类赖以生存的最基本要素如空气、水等在各地已经遭受不同程度的污染。因此,人类需要在共同呵护生存环境的基础上谋求长远型可持续发展,即在反思西式现代化道路弊端的体悟中探索出更加符合历史规律的人类命运共同体现代化之路。

　　解释性与建构性兼具则构成人类命运共同体理念在功能引领维度的理论特质。在 21 世纪的当代社会,人类处于怎样的生存发展样态?近代以来尤其是二战以来的经济社会发展启示着我们:全球化是不可逆的时代发展潮流,而资金、商品、人才在 21 世纪的快速与高频流动打破了传统意义的国家边界,彻底将人类发展利益糅合在一起。同时,人类大规模现代化实践创造的各种先

---

　　①　习近平:《在第十三届全国人民代表大会第一次会议上的讲话》,《人民日报》,2018 年 3 月21 日。

　　②　习近平:《论坚持推动构建人类命运共同体》,北京:中央文献出版社,2018 年,第 76 页。

进技术设备亦成为地区问题演变成全球问题的传导路径,在棘手的全球性问题面前人类已然成为彼此命运依存的整体。为此,习近平总书记颇有深意地强调"人类已经成为你中有我、我中有你的命运共同体,利益高度融合,彼此相互依存"①,用人类命运共同体对当代人类的生存发展样态进行了恰如其分的描述。马克思指出"问题在于改变世界"②,说明理论话语的伟大之处不仅在于其对世界的解释力,更在于其引领人类社会发展的建构力。人类命运共同体话语的建构力表现在其并不讳言"构建人类命运共同体是一个美好的目标,也是一个需要一代又一代人接力跑才能实现的目标"③。人类命运共同体的构建是在当代的时空场域中,全人类为解决南北发展不平衡、数字鸿沟等一系列共同难题从而实现更加美好生活目标追求的现实努力。人类命运共同体理念强调发展与共赢,一方面其通过"一带一路"倡议等项目增加共同利益供给,同时其还倡导"共赢、共享"的理念以实现利益分配端的公平合理,从而为实际构建不断打牢现实根基。

三、提升人类命运共同体专题教学效果的课堂教学环节分析

增强新时代大学生的人类命运共同体意识,既是中国实现和平崛起的现实需要,也是捍卫并增强 21 世纪马克思主义话语权的迫切要求。在厘清人类命运共同体理念理论意涵、科学把握人类命运共同体理念理论特质的基础之上,需进一步发挥专业课教师的积极性、主动性、创造性,从而有效提升人类命运共同体的课堂教学效果。

首先,打好教学环节基础,精心备课。在教学准备方面,一是明确教学目的。清晰而明确的教学目的,是实现课堂教学目标的首要前提。因此反复深入研读人类命运共同体专题的教学大纲和教材,才能充分理解其中的要求和明确教学目标、教学重点和教学难点。具体授课过程中,应预先想好学生在课堂教学过程中会出现哪些疑惑,教师该怎么处理和解答。这样才能更好地引导和帮助学生理解和学习知识,达到良好的教学效果。二是更新教学观念。面对思维活跃、通过手机等智能设备可以掌握大量知识储备的"00 后"学生群体,传统的解释教材方式已经无法适应新时代课堂教学的需求。因此在课堂

---

① 习近平:《论坚持推动构建人类命运共同体》,北京:中央文献出版社,2018 年,第 405 页。
② 《马克思恩格斯文集》(第 1 卷),北京:人民出版社,2009 年,第 502 页。
③ 习近平:《论坚持推动构建人类命运共同体》,北京:中央文献出版社,2018 年,第 426 页。

教学中需要以问题为导向,营造头脑风暴的氛围,使学生敢于交流、敢于讨论、敢于质疑,充分体现师生互动和生生互动,让学生能够接受知识、理解知识、能够运用知识分析相关问题。三是精心准备材料。在充分理解和挖掘人类命运共同体专题内容的基础上,通过网络搜集与课堂内容相关的案例、素材、图片、视频,拓展知识面,丰富教学内容。四是认真撰写教案。根据对教学目标、教学重点、教学难点、教学内容、教学过程的充分把握,认真而详细地撰写教案,这样不仅能够预先模拟一遍课堂教学过程、将所讲内容内化于心,而且为以后课堂教学内容的丰富、能力的提升提供可参考借鉴的科学依据。五是用心制作课件。课件作为课堂教学中的重要组成部分,是生动展示知识、让学生接受的重要手段。充分运用多媒体在课堂教学中的作用,让人类命运共同体专题的理论知识生动化、让课堂讲授形象化、让课堂教学智能化。六是积极向老教师请教。自己作为新教师,无论在教学准备、课堂教学还是教学水平等方面,都存在着一系列的问题。为了能够较好地做好课堂教学、提升教学水平,针对自身在思想政治理论课教学中存在的问题和不足,积极听课,积极向老教师学习、请教,不断完善自己、提升自己人类命运共同体专题和概论课程的教学水平。

其次,把控教学环节过程,驾驭课堂。在教学过程方面,一是重视课程导入。紧扣人类命运共同体专题的教学重点和难点,以设置思考问题、社会热点现象或热议的话题、影视作品、国内外相关的历史、寓言、故事、学生身边感兴趣的话题等作为课程导入内容,一方面能够将学生的注意力从课前分散状态进入到课堂学习的集中状态,使学生回归课堂;另一方面能够让学生了解本专题的主题,营造学习氛围,调动学生接触新知、学习新识的积极性。二是注意语言表达艺术。教育家苏霍姆斯基说过:"教师的语言修养在极大程度上决定着学生在课堂上的智力劳动效率。"[1]如果教师语言上枯燥无味,学生必然会失去对课堂教学内容的兴趣。因此在整个课堂教学过程中,要运用亲和性、生动性、形象性、风趣幽默性的语言,注重语音、语调的起承转合,形成有吸引力的教学语言风格,通过营造生动活泼的课堂氛围,使学生在潜移默化中将人类命运共同体的内涵入耳、入脑、入心。三是灵活运用方法。改革传统的教学方法,根据学生的认知规律和接受知识的特点,通过问题式、互动式、探究式、专题式教学,鼓励学生发现问题、提出问题、解决问题,提高学生辩证思维能力和主体性作用。四是科学布置作业和合理推荐阅读书目。根据人类命运共同体

---

① ［苏］苏霍姆斯基:《和青年校长的谈话》,赵玮,等译.上海:上海教育出版社,1983年,第78页。

专题的教学目标和教学内容的重难点,科学布置课后开放式思考题,以巩固知识、培养理论指导实践的能力。同时,推荐好的阅读书目供学生参考阅读,以开阔学生视野、拓展学生知识面,加深对教材知识的理解。

再次,注重教学环节效果提升,反思教学。无论在教学前的准备时间有多么长,无论教案写得有多么的详细,教学设计与教学实际总会存在不相适应的地方,总会出现问题、不足或改进之处,并且学生的学习能力、知识的接受能力和理解能力也有着差异,因此无论人类命运共同体专题课堂教学的效果是好是坏、课堂教学的实效性是强是弱,都需要教师在教学结束后进行教学反思,一是反思备课的环节是否完整,有没有需要改进的地方。二是反思课前准备的材料是否充分,是否在解释知识、解答问题上提供了有力的支撑。三是反思教学效果是否达到预期目标,学生对人类命运共同体专题相关知识的接受、理解和运用能力是否有预期的效果。四是反思自身教学过程中的相关肢体语言是否得当、语言表达是否具有艺术性。概而言之,通过以上手段来加强学生对教材相关内容的理解,以实现课堂的良好驾驭和教学实效的提升。在现实教学过程中,好的经验继续保持,不足之处要及时改进。总之,要在多学、多听、多看、多反思中不断完善和提升自己专题和整个概论课程的教学能力和授课水平。

新时期高校马原课教学模式探析

原理教研中心　吴旭平

随着互联网技术的发展,当今社会处在信息流通极为便捷的时代,可以说是信息爆炸的时代,大数据和云计算在影响人们的行为方式和思考机制。个人占有的信息量都很庞大,特别是"90后"群体能熟练运用各种搜索工具找到相应的知识点,所以高校的思政课教育如果还停留在纯粹的知识点灌输＋说教的传统模式中,肯定不能适应新时期大学生的需要,也不能产生良好效果。马克思主义基本原理概论课是思政教育的核心,马克思主义说不清楚,马克思主义中国化就无从谈起,中国特色社会主义道路就成了无源之水、无本之木。马原课堂教学模式的变革,应当从以下几个方面展开。

一、培养马克思主义信仰

马克思主义信仰不是对马克思论断词句的教条式背诵,也不是对革命领袖的人格崇拜,而是马克思恩格斯在《共产党宣言》中提到的远大的社会理想:"代替那存在着阶级和阶级对立的资产阶级旧社会的,将是这样一个联合体,在那里,每个人的自由发展是一切人的自由发展的条件"①。共产主义理想不同于法国空想社会主义者的未来筹划,这是马克思恩格斯找到的一条基于生产力发展而消灭旧体制的历史解放道路,也是一条科学合理地通往自由王国的现实路径。美国学者 L. J. 宾克莱高度评价了马克思恩格斯的共产主义理想,认为共产主义理想真正符合"人道主义",因为"他们认真地谋求一种生活方式,这种生活方式给予每个人的尊严感和价值感……"②共产主义理想是人类几千年来纷繁复杂的理想中最壮丽的表达,它给人提供归属感和现实奋斗

---

① 《马克思恩格斯文集》(第2卷),北京:人民出版社,2009年,第53页。
② [美]L. J. 宾克莱:《理想的冲突》,马元德等译,北京:商务印书馆,1986年,第60页。

的动力,一个看不见明天的人不会努力生活,一个没有未来规划的民族精神上必然"缺钙"。共产主义理想不仅仅是社会的现实过渡目标,更是作为一种信仰规范着人们的道德与行为。

抛弃了共产主义理想,只谈唯物主义,这种唯物主义只能是眼前局部利益的规划,只能是一种半截子唯物主义,只能是一种物质主义或享乐主义。如果马克思主义不能建立信仰,那么各种宗教就会打着各种旗号趁虚而入占据年轻人的头脑。没有信仰的马克思主义者都不能称为无神论者,因为无神论者也有对未来的信念。没有信仰,大学生只能在思想上沦为怀疑主义,在行动上沦为精致的利己主义。所以说,思政教育的首要任务是建立一套信仰机制。

二、逻辑优先,反对空话套话

马克思主义的说服力来源于理论的逻辑深刻性。马克思说:"批判的武器当然不能代替武器的批判,物质力量只能用物质力量来摧毁,但是理论一经掌握群众,也会变成物质力量。理论只要说服人,就能掌握群众;而理论只要彻底,就能说服人,所谓彻底,就是抓住事物的根本。但人的根本就是人本身。"[1]理论剖析得深刻,自然就有说服力。理论能抓住问题根本,才能深刻。我们需要认真研读马克思主义经典原著,回到马克思本人乃至他思考问题的时代背景去理解,而不是抱着一本教材把原理生搬硬套,结果变成了教条主义。新中国成立初期马克思主义理论教育主要依赖于苏联教科书,很少有我们独立反思的成果。20世纪80年代以后老一批马克思主义理论工作者如高清海先生等展开了对苏联教科书体系的批判,从此马克思主义理论逐渐走向了独立思考的道路。理论的逻辑深刻性要求从本国实际国情和最广大人民的实际境况出发,把握最一般的历史发展规律。

新中国成立以来逻辑学教育一直处于缺位状态,很多大学生没有系统学习过逻辑学,所以导致说话写文章颠三倒四,逻辑跳跃,更不用谈系统的表达观点和说理。马克思主义原理课有很多的原理规律,如果不进行适当的逻辑学教育,把这些原理说通说透,联系成一个整体,那么这些原理就成了大学生背诵的"公理",在现实情况面前生搬硬套,不仅丧失了马克思主义深入现实的精髓,更是让学生产生了抵触和厌恶情绪。

按照黑格尔的话说,所有的真理自有其深刻的逻辑本质。如不能杀人、不

---

① 《马克思恩格斯文集》(第1卷),北京:人民出版社,2009年,第11页。

能偷盗等古老戒律,背后反映的是保证一以贯之的普遍性。所以思政课教育不能停留在简单的道德说教上,特别是用案例来说明原理。比如说道德命题"不能当小三",只举例说明当小三过得惨,是无法让学生信服的。因为经验枚举法只能说明局部,总是会出现例外情况。所以要说明一个原理,背后的逻辑根据一定要加以说明。

三、培养辩证思维和历史理性

辩证法是马克思主义理论的思想方法,是马克思用来批判资本主义的重要武器,即使在晚年,马克思也公开承认他是黑格尔这个大思想家的学生,他继承了黑格尔的辩证法思想。在《资本论》第二版跋中马克思写出了他对辩证法的理解:"因为辩证法在对现存事物的肯定的理解中同时包含对现存事物的否定的理解,即对现存事物的必然灭亡的理解;辩证法对每一种既成的形式都是从不断的运动中,因而也是从它的暂时性方面去理解;辩证法不崇拜任何东西,按其本质来说,它是批判的和革命的。"[①]

培养学生的辩证思维,首先要打破"标签化"思考。随着网络用语的盛行,把某种特征打上标签,的确是快捷便利的了解方式。但由此带来的却是个人对"标签"内涵的无条件接受,意味着个体理性对某一概念未加判断反省即全盘接受,这种认知模式的危害是把"常识"当作真理,其错误是在苏格拉底时期就被批判过的。

培养学生的辩证思维,其次要建立平等自由的"对话渠道"。传统模式中的"教"与"学"体现了上下级关系,即使是对话也是"问"与"答"。建立一种平等自由的师生关系,意味着教师必须放弃高高在上的尊严和自以为学问高人一等的偏见,平等的交流甚至争辩。教师可以提问学生,学生也可以提问教师。培养出敏锐的问题意识,从矛盾中寻找真理,这是对话术的技巧,也是辩证法的应有之义。

培养学生的辩证思维,关键要培养学生的全面眼光和超越性思维。课堂上把一些重点理论基础问题,一些争议性很大的现实问题当成辩题,两队同学分成正反方对问题的肯定方面和否定方面进行激烈的对抗和辩驳,有助于深化学生对问题的理解,效果也比单纯组织学生上台针对某个问题发表见解要好得多。通过教师的引领,在一些重大问题上,学生能够从正反面同时进行利

---

① 马克思:《资本论》(第一卷),北京:人民出版社 2004 年,第 22 页。

弊思考，并能够对当前的困境作出合理预期，这就是既具备了全面眼光又能超越性思考。

历史理性是运用辩证法对社会历史的发展做出符合客观规律的预计和判断。不从历史角度分析，往往会陷入极端。某些经济学家认为共产主义的致命缺陷在于"人性自私"。人性自私所以按需分配绝对不可能实现，因为资源是有限的。此种"永恒人性"的僵化思维恰恰是走到了历史唯物主义原理的反面，是机械唯物主义和形而上学的思维模式。"人性自私"只是在生产力扩大后阶级社会中出现企图占有财产的欲望而已，随着阶级社会的消失"人性自私"必然会丧失其存在的依据。"自私"的内涵主要是社会性，并不能将人的生理需求定义为自私，而是应该将"企图占有财产并由此奴役他人的欲望"定义为自私。所以共产主义并不反对一般的人的自然欲望，并不反对一般的财产所有权，而是反对"利用投资剥削他人劳动成果"的财产所有权。一旦社会总生产力超越社会总需要时，按需分配的时代就会到来，占有财产的行为毫无意义，"人性自私"的信念也就不攻自破。强调"人性自私"无非是用僵化的思维惯性代替对社会历史的具体分析。这类自以为高明的个性论调我们就不一一列举了。培养学生的历史理性，是从社会生产的客观规律和人类进步的大方向上去看待现存一切事物。

习近平新时代中国特色社会主义思想
进马克思主义基本原理概论教学的思考

原理教研中心　潘于旭

【摘　要】　习近平新时代中国特色社会主义思想,对中国社会主义建设发展的阶段进行了历史定位,指出中国社会主义发展历史阶段的存在方式,作为中国化马克思主义发展的最新理论成果,是中国社会主义发展的时代精神的精华。这就需要在理论上用习近平新时代中国特色社会主义思想完善和改进马克思主义基本原理概论的教材,并贯穿于整个教学过程。

【关键词】　实事求是;时代意义;理想与现实的统一

《马克思主义基本原理概论》教材修订过程已经把习近平新时代中国特色社会主义思想融贯在教材的各个部分,体现新时代中国特色社会主义建设阶段教材的特色。但整个教材的体系构成及其基本知识的架构又有自身的特殊性,因此,如何在教学过程中体现习近平新时代中国特色社会主义思想是马克思主义基本原理(以下简称"原理")的创新发展,这就需要教学过程中具体落实习近平新时代中国特色社会主义思想,把这一时代的精神体现在"原理"构成各个环节中,突出理论创新的成果。围绕着这个核心思想和浙江大学学生在学习过程中的特点,总结出几个方面的要求:

第一,"原理"中体现马克思主义实事求是基本原则的精髓。新时代中国特色社会主义,是总结了中国特色社会主义建设的实践经验而上升到理论层面,改革开放三十年的实践经验,实现了中国特色社会主义从贫穷落后的国家走上了现代化发展的道路,汇融到全球现代发展的潮流中。正视并且突出这一实践成果,是马克思主义基本原理实事求是原则在教材体系中的表达,也需要在课堂教学中更加坚定和明确实事求是这一马克思主义的基本出发点。同时,对实事求是的阐述要建立在马克思主义的基本立场上。突出实事求是是人民在实践中的实事和求是的过程,这样,对实事求是的理解就进入到新的理论层次,即突出"求是"是"人民中心"这一伟大主体进行的"求",是中国共产党领导的人民在改革开放实践中的"求"是过程。实际上,在马克思主义基本原理概念的表述中,"实事"从来不是固定不变的对象世界,而是在实践中伴随着人的实践活动而不断变化和发展着的人类世界,与人民实践休戚相关。这样可以在教学过程中深刻而具体地体现马克思主义基本原理概论的立足点和出发点。

第二,体现出马克思主义基本原理中时间和空间观念在理论上和实践上的意义,构建马克思主义基本原理时空运动与辩证法思想的内在联系。通常,抽象地讨论时间和空间,把时间和空间仅仅放在一种物理时间和空间的意义上阐述,是传统课堂教学过程中突出的问题。这个问题长期存在,但并没有引起足够的重视。

无疑,教材中物理学意义上的时空观念长期影响着教师对时空问题的阐述和展开,而马克思在其著作和表达的思想中,一直把时空问题与人类实践相联系,从而突出了历史发展中的连续性与间断性的关系。但囿于教材的框架,缺乏马克思关于实践的时空构成及其变化的内在联系。通过习近平新时代中国特色社会主义思想对"新时代"的分析和阐述,融入课堂教学中,则可以从"新时代"的"新"和"时代"的特点中,具体展开新时代在时间特点上体现的联系和发展的意义。即在历史发展的阶段性特点中分析不同阶段的特点,从而凸现出马克思主义基本原理中的时间所具有的内在联系和发展变化的意义。从时间性揭示的联系,实现了中国特色社会主义的长期性和历史性。习近平总书记曾经专门指出的"阶段性"变化的意义;同样,在空间上,不但突出中国特色社会主义存在的自然空间意义,更是通过"跳出"、"发展"和"人类命运共同体"的时代意义体现出人文空间和全球空间观念及其建构的理论创新。这样,可以实现教材从传统的物理时空结构或者当下盛行的政治经济学的时空结构中奠定新时代马克思主义基本原理的时空观念,从而引导对当前全球社会发展变化中时空构成方式的变迁及其矛盾、冲突的现实思考。

第三,如果说习近平新时代中国特色社会主义思想突出了马克思主义基本原理的时代意义和创新意义,那么,这一伟大思想现实地揭示出我们时代的存在方式的变化,相应的思维方式和观念也应当随之转变。在马克思主义看来"是人们的社会存在方式决定人们的社会意识"。这一基本原理突出了存在方式决定思维方式。作为马克思主义的传播者,要自觉地实现这种思维方式变革的传播,并结合伟大实践的经验成果自觉地阐述和分析这种存在方式变化对思维方式带来的革命性意义。

习近平总书记在 2016 年全国哲学社会科学工作者座谈会上的讲话中指出,思维方式上的继承和创新同样是新时代的主题。继承,则是从马克思批判资本主义,创建具有时代特色的马克思主义哲学新世界观的意义上突出马克思主义基本原理在新旧思维方式上实现的革命性变革。在此基础上进一步运用新时代中国特色社会主义思想揭示出我们的时代正处于马克思主义基本原理所指引的社会主义时期,但社会主义是在复杂的全球环境中存在,其面临着的复杂性、环境的不确定性和发展的曲折性都是前所未有,这正是新世界观发展的特殊意义。习近平总书记指出:"只有引领时代才能走向世界。要立足时代特点,推进马克思主义时代化,更好运用马克思主义观察时代、解读时代,引领时代,真正搞懂面临的时代课题,深刻把握世界历史的脉络和走向。"①因此,把握习近平新时代中国特色社会主义思想形成的世界观基础并探析其内涵,在面对新时代的存在方式变化中形成与此相应的思维方式,是马克思主义基本原理概论在课堂上的应尽责任。

第四,坚持真理和价值的统一阐述马克思主义基本原理概论的完整结构。习近平新时代中国特色社会主义思想是建立在我国社会改革开放以来社会发展客观现实的基础上,它的目标指向"两个一百年"。按照思政课的不同课程对应的分工来说,马克思主义基本原理概论课程的目标,是在客观性的基础上面向未来新时代中国特色社会主义现代化建设目标的思维方式的养成。这就要坚持从马克思主义实事求是的根本观点出发,以人民主体的价值目标为导向,坚持从新时代中国特色社会主义建设实践这一现实出发,围绕着人民根本利益实现的价值目标,实现在思维方式养成中自觉的价值导向。对教师来说,自觉的价值导向引导着马克思主义基本原理概论课教学,对学生来说,既要让他们感受到理论的影响力,同时又要结合中国社会发展的现实,感受实践中社会主义核心价值观的基本规范产生的引导和规范的意义。真理和价值的统一,体现在实践上,就是在现实性的基础上实现人自身的解放和发展。

第五,坚持把人的全面自由发展这一共产主义理想目标具体化,即理想与现实的统一,把自我价值实现与社会发展目标相统一。要看到浙江大学学生有着强烈的自我价值实现的要求和动力,同时学校的机制也在促进学生自主性的发挥,但也存在自我价值实现中的社会际遇问题。在教学过程中,一方面要真正让学生掌握马克思主义的共产主义理想信念的时代性与人类发展方向的一致性特点,帮助学生分析和认识马克思主义与空想社会主义关于人的问

---

① 习近平:《习近平谈治国理政》(第二卷),北京:外文出版社,2017 年,第 66 页。

题的区别和根本差异,同时要结合中国特色社会主义发展的历史和现实的内在联系,说明中国特色社会主义的发展目标是马克思主义共产主义理想的具体表现和实现过程。同时,在充分激发学生自主性的基础上,鼓励学生养成科学的思维习惯,构建起符合自身现实和社会发展目标相一致的努力方向。

上述对习近平新时代中国特色社会主义思想融入马克思主义基本原理课堂教学的思考,是从教材、内涵和完整性意义上进行的,在具体的教学实践中,仍然要坚持以学生为中心,即以学生掌握马克思主义基本原理概论的基础性知识入手,循序渐进,从而理解习近平新时代中国特色社会主义思想作为马克思主义中国化和时代化的现实意义。

以马恩经典著作研读培育大学生的理论认同

原理教研中心　　汪建达

【摘　要】　当代大学生对理论著作的重视不够，开展马恩经典著作的研读很有必要性。我们在"原理"课的教学中，实施原原本本的原著诵读环节，反思研读活动可能遇到的挑战，为学生掌握较为抽象的马克思主义原理找到源头活水，并与培育大学生的理论认同密切结合起来，得到部分学生的较高认可。

【关键词】　马恩经典著作；研读；理论认同

为了提升"马克思主义基本原理概论"课（以下简称"原理"课）的实效性，让当代大学生接触更为鲜活的马克思主义经典文本，拥有更为扎实的马克思主义理论功底，我们尝试在"原理"课上推广马恩经典著作的研读。通过设计更为具体的课堂教学活动方案，开展实实在在的诵读活动，我们进一步梳理研读活动在培育大学生社会主义理论认同方面的作用，总结出可以推广的教学模式，切实提升学生对马克思主义理论的认同。

一、开展马恩经典著作研读的必要性

从中央到地方，全国上下都非常重视高校思想政治理论课的建设，教师们也在努力开展各类教改活动，比如开展专题教学、案例教学、情景式教学、视频教学等等，并积极探索集聚网上教育资源，推进线上线下教学模式，但由于"原理"课的理论性和抽象性强，与专业课的关联度弱，理论体系牵涉面广，其教学改革的实施难度也很大。部分学生对马克思主义理论认识模糊，对马恩经典著作一知半解，根本不了解其背后复杂的历史语境和理论交锋。社会大环境也在一定程度上助长了这种轻视理论著作阅读的风气。①

　　当今中国面临错综复杂的意识形态挑战,在文化软实力的竞争中,国外的众多势力想方设法来诋毁中国特色社会主义的实践,来否定马克思主义基本原理。他们攻击马克思主义已经教条化了,过时了,马恩著作也不值得重视。很多大学生直至毕业,可能都没有好好看过一篇马恩的经典文献。国内外不少非议马克思主义的人士,对马恩原著一知半解的居多。就像西方左翼学者大卫·哈维2016年在南京大学做主题演讲中提到的,很多人没有仔细阅读马克思的著作,就人云亦云,这不是一个学者和理论家该有的态度。

　　各种文化传统对经典论著都是相当重视的。像在西方哲学的研究传统中,一直重视对柏拉图、亚里士多德等人的经典论著的注释和研读,在政治理论的研究传统中,对近现代的霍布斯、洛克、卢梭等人的经典著作始终抱有高度的解读热情。在基督教、伊斯兰教、佛教、印度教等宗教传统中,对经典著作的诵读、研究一直绵延不绝。

　　好在党和国家领导人已经高度认识到学习理论和马恩经典的重要性,比如习近平总书记在2013年8月全国宣传思想工作会议上明确指出:"要把系统掌握马克思主义基本理论作为看家本领,老老实实、原原本本学习马克思列宁主义、毛泽东思想特别是邓小平理论、'三个代表'重要思想、科学发展观。"②要做到这个"老老实实、原原本本",其中不可或缺的根本环节是要学习马克思主义经典著作。正如恩格斯在致约瑟夫·布洛赫的信中所提出并反复强调的,"我请您根据原著来研究这个理论,而不要根据第二手的材料来进行研究。"③我国马克思主义理论界的学者也越来越重视对马恩原著的研读,不少教师也结合经典阅读开展相关的教改活动。④

----

　　①　2014年2月18日人民日报刊登了《看"经典"何以引来"好奇"目光》,其中作者提到在上下班路上的地铁里,多数年轻人都在把玩手机,而他拿出本《马列主义经典著作选编》翻看,不时有人在旁边指点点。
　　②　习近平:《习近平谈治国理政》,北京:外文出版社,2014年,第154页。
　　③　《马克思恩格斯选集》(第4卷),北京:人民出版社,2012年,第606页。
　　④　像王伟光、全华等学者都大力提倡原原本本地研读马恩经典著作。南方医科大学罗海滢介绍了以"经典著作阅读"为载体开展课内实践教学活动,广西大学元晋秋强调在"原理"课教学过程中引导学生阅读经典著作,华侨大学林怀艺探讨了如何从多维度加强马克思主义基本原理与马克思主义经典原著的结合,北京科技大学李晓光研究了把马克思主义经典著作的研习贯通到"原理"课教学中的有效实现路径,郑州大学谢海军探究了马克思主义经典著作"三位一体"教学方法,广东海洋大学周良武探析了如何运用经典著作提高"原理"课堂教学效果。这不少都是以结合马恩经典著作阅读展开教学改革的立项课题成果。2013年12月,教育部社科司在浙江举办了全国高校思政论课中青年骨干教师经典著作研读培训班,《思想理论教育导刊》出专辑选登了部分教师的心得体会。

二、踏踏实实开展马恩经典著作研读活动

马恩经典著作是我们进行理论研究和宣传的源头活水,通过扎实开展原著研读活动,活跃了具体的课堂教学环节,让同学们对马克思主义理论有更多的亲近感。

第一,通过在大学生中推进马恩经典原著的研读,加强了课堂教学与原著阅读的有机联系,为掌握较为抽象的马克思主义原理找到源头活水。

互联网时代的大学生有较为便捷的知识获取渠道,对世界现状和价值观的多元性有更为直观的了解,对世界的认识更趋图片化和碎片化,一定程度上会忽视理论,对马克思主义原理的认识既有畏难的情绪,也有轻视的倾向,容易视之为一种高大上的教条体系。而通过原著的研读,会发现看似简单的几条马克思主义基本原理,都是论出有据、阐述精微。探索马恩思想的源头,学生们会有知其所以然的精神满足。

在具体授课过程中,努力做好以马恩经典著作的研读配合相关基本原理的讲解。在绪论中,我们会结合恩格斯的《在马克思墓前的讲话》,彰显马克思的伟大人格魅力。通过对《共产党宣言》的写作背景的介绍,说明马克思主义产生的具体历史语境和阶级背景。在讲解"社会生活本质上是实践的"(第一章)"实践在认识过程中的决定作用"(第二章)这些基本观点时,可以结合《关于费尔巴哈的提纲》,阐释马克思与费尔巴哈的区别和联系,突出马克思在实践观上的重要突破。在第三章唯物史观的教学过程中,马克思的《政治经济学批判》序言是不可不读的,其篇幅虽然不长,但其中有马克思对自己研究政治经济学经过的介绍,更有其对唯物史观的经典表述。为了更具体展示马恩唯物史观的创立过程,还可结合《德意志意识形态》等论著的讲解。在讲授第四章资本主义的产生和基本矛盾时,可以选用《资本论》(第一卷)当中的某些章节作为学习资料。

第二,在教学环节中,建立起原原本本的原著诵读环节,让理论以具体鲜活的语言从学生的口中流出。

当代大学生对马克思主义基本观点有一定的认识,但他们普遍地缺乏对马克思主义思想背景的认识,缺乏直接阅读马恩经典的勇气。通过具体介绍经典著作的写作背景,特别是剖析其背后的思想交锋,可以彰显其问题意识,领会其思想的独特魅力,包括踏实严谨的学风,生动活泼的修辞风格。

我们在"原理"课上设立 5 分钟左右的马恩经典著作诵读环节。这里的诵

读不是简单地背诵一些段落,而是通过设计一定的历史场景和仪式场景,让学生感受经典的修辞的、思想的魅力,让马恩的话语体系作为一种朗朗上口的言语,同他们的学习成长和生活记忆关联起来。我们把学生的研究性学习、课程小论文、期末考试的论述题与马恩经典的研读密切结合起来,甄选其中优秀的读书报告,把他们汇编成集并编辑出版,这也是以不同方式反馈和强化经典阅读的效果。让学生在青年时代也有研读马恩著作的故事值得回忆。我们的理论认识固然重要,但如果学生能亲口来诵读经典段落,会让大学生有更大的感同身受,理论的话语不仅仅是干巴巴的词条,而是活生生的话语,这样深刻的认识就像是从人们的内心流出。①

从具体开展诵读的过程看,大学生对原著的诵读抱有较高的参与热情。学生们在原著诵读环节的设计上,也充分地发挥各自的能动性。有同学将原著的诵读与马克思的生活情节结合起来,编成供小组展示用的微型情景剧。有同学将中文、英文、德文的段落对比朗读,让人感受别有风味的语言魅力。有同学在参观义乌陈望道故居的时候,在庭院里诵读中文第一版《共产党宣言》,感受中国共产党人追求真理的味道。

从事后的部分学生反馈来看,对原著诵读也给予了很好的评价。这里简短选取几条,"我对于经典诵读环节十分感兴趣,觉得每组展示都有其新意,可以让我对原理著作产生焕然一新的感受。""我觉得以生动的短剧、诵读来调动课堂气氛这个模式是成功的,并且我很喜欢,因为在一定程度上可以看到同学们的创意和智慧之处,总有让你会心一笑的亮点存在。""经典原著诵读环节……使得想要了解马克思主义的同学节省了时间,因为同学上台朗诵的都是精心挑选过的;也使得课堂的内容更加丰富、有趣,还给了同学们展示自我的机会。"

第三,更加自觉地把原著研读与培育大学生理论认同密切结合起来。

在这个被称为"思想贫乏"的时代,我国大学生在未来要引领风气之先,必须在哲人之思的基础上训练理论思维,在马恩具体生动的理论创作和思想交锋的基础上建立理论思维的厚度,在马恩寻求人类解放、自由共享、全面发展的社会理想中建立理论思维的洞见。在此基础上培育学生的理论认同,并与中国特色社会主义实践密切结合,成长为优秀的富强民主文明和谐美丽的现代化国家的建设者。

---

① 当然我们在开展诵读的过程中也要注意不要陷入形式主义和情感主义。就像恩格斯《伍珀河谷来信》中提到虔信主义者竭力用动人的朗诵去麻痹工人。

　　在这个全球化和逆全球化并存的时代,大学生们思维更为活跃,个性更加鲜明,他们的自我认同也面临更为复杂的境遇,如果没有对马克思主义的理论认同,那么要真正建立起健康的自我认同还是困难重重。而要建立起理论认同,如果没有一定经典著作的研读为基础,那么这种理论认同也是虚弱短暂的。通过经典著作的研读,我们建立理论认同就会有更为深厚的文化基础。通过细致阅读马恩经典,可以让学生领会马克思主义是全球进步思想的源泉和旗帜,其文本中体现的对资本主义种种弊端的揭示,对其他小资产阶级温情、虚无主义思潮等无情批判,让学生认识到马克思主义才是先进文化的代表,也是我们文化认同的核心组成部分。另外,在这个互联互通的时代,我们要更多关心人类命运共同体的前途,我们学生也是全球公共生活的积极参与者,需要有更大的理论自信为全人类的未来做出贡献,这种理论自信需要建立在科学的理论认同之上。通过研读马恩经典,能更好更深刻地认识其中的微言大义,体会马恩的宏大视野,看到他们对德国古典哲学、经典政治经济学、空想社会主义等其他文化成果的批判继承,辨析有关平等、正义、人的全面发展等理念,建立起忠诚于社会主义事业的理论认同。

三、开展马恩经典著作研读面临的主要挑战

　　我们鼓励学生通过马恩经典诵读环节,引发其对其他哲学经典的兴趣,开阔学生的理论视野。我们鼓励学生运用马恩经典著作中所体现的分析社会问题的方法和洞见,来进一步剖析当今中国和世界所面临的挑战,对现代资本主义社会的现状和困境有更为清醒的认识,对马克思主义有更坚实的理论认同。当然在具体实践过程中,确实还有不少需要克服的挑战:

　　第一,如何为本科生选择合适的马恩经典著作文本。

　　马恩经典著作卷帙浩繁,不说动辄达到几十卷的全集,即便是《马克思恩格斯文集》也有 600 多万字。大多数学生都有自己繁重的专业课学习任务,太庞杂的经典著作阅读要求,只会使他们望而却步。我们将遵循邓小平相关论述的精神:"学马列要精,要管用的。长篇的东西是少数搞专业的人读的,群众怎么读? 要求都读大本子,那是形式主义的,办不到。"[①]从本科生的实际出发,为他们精选原著的篇目,主要是让青年学生通过接触经典著作,培养他们进一步学习的兴趣和爱好。我们初步规定的阅读书目有:《共产党宣言》、《关

---

① 《邓小平文选》(第 3 卷),北京:人民出版社,1993 年,第 282 页。

于费尔巴哈的提纲》《政治经济学批判（序言）》《资本论（第一卷）》《德意志意识形态》《在马克思墓前的讲话》《1844 年经济学哲学手稿》《反杜林论》等，并采取必读和选读相结合的模式，其中前 3 篇为必读，其他为选读。

第二，如何让经典走入不同学科背景学生的内心，让他们对马恩经典的阅读成为身心愉悦的认识之旅。

学生的专业背景有很大的区别，如何在原著研读的引导上给予区别，这也是教师所要面临的巨大挑战。比如对于理工科背景的学生，应该更多的展示马恩唯物主义的基本立场，辩证的思维方式等；对于人文社科背景的学生，更多地教给他们马恩深刻的历史意识，对社会、人性、历史发展趋势的独特洞见。如何通过正确引导，包括设计与原著阅读相关联的一些小型舞台剧、小型辩论会，让他们在原著的阅读中体会到乐趣，这里还有不少值得探索的地方。

第三，如何评估经典阅读对培养学生理论认同的有效性。

大学生研读马恩原著的成果在他们的作业、考试中都会有所体现，但如何评估研读活动对其世界观和方法论的改造，特别是其理论认同的培养，还是有不少困难之处。如何更好地度量，通过马恩经典著作的研读，他们提升了对马克思主义的信心，能更灵活有效地分析现实问题。我们还可以进一步关注，这些青年学子会不会把部分马恩经典书目列入自己私人藏书目录，会不会在朋友圈分享相关的理论文章。

从经济生活现象切入

——马克思主义基本原理概论课程教学的思考

原理教研中心　卢　江

【摘　要】　如何才能上好思政课是我国高等教育面临的重大问题,也是一个长期存在的难题。在思政课课程体系中,《马克思主义基本原理概论》课程内容是比较抽象的,但意义重大,它不仅涉及马克思恩格斯等经典作家和继承发展者的思想、理论和观点,而且也能够用来深刻分析社会现实。从经济生活现象切入来跟学生讲马克思主义基本原理可以在较快的时间里吸引学生的注意力,激发大家的学习兴趣,也可以打破学生长期以来对马克思主义理论的一些偏见。从实践教学效果也证明了这是思想政治理论课课程教育改革的一条可行路径。

马克思主义基本原理概论(以下简称"概论")是思想政治课程重要的组成部分,它包括马克思主义哲学、政治经济学和科学社会主义三个内容,在教学上,马克思主义哲学是首先要给同学们介绍的,因为这是培养学生思维方法和世界观所面临的第一要务。另外,教材一共8章内容,具体来看,导言1章,马克思主义哲学3章,政治经济学2章,科学社会主义2章。教学课时一共是54课时,显然不够用,据我的了解,全国大部分高校的马克思主义学院或者思政部在概论教学上都比较强调哲学部分,基本上要用掉27—30个课时,个别老师还会用时更多。不可否认,哲学部分难度大、内容多、意义重,确实应该多花工夫,但从该门课程的完整性角度来看,还是要尽量在不同部分上做到最大可能的平衡,而且据不少同学反映,哲学内容相对枯燥、晦涩,吸收性较弱,引起大家的兴趣不强,这很容易造成学生对概论课程的学习积极性减弱,从而不利于整个教学内容的持续推进,教学效果也不尽人意。因此,如何提升概论课程教学质量成为师生双方面对的较为头疼的问题,根据我的课堂教学经验,我认为有必要对以往的教学方式进行适当调整,从经济生活现象切入,能够较好地抓住学生,并增加课堂教学的活泼。

一、经济生活现象是身边的日常,既是秩序也是困惑

马克思曾经对人的本质进行论断,即人的本质不是单个人所固有的抽象物,在其现实性上,它是一切社会关系的总和,这话同样适用于在校大学生,而且在一定程度上更加适用。从实际情况来看,大学生中的绝大部分不是靠自己的劳动所得来维持学习和生活费用支出,基本上是得自父母的扶持,有一部分是国家贫困生资助等。有一种情况除外,就是大学生通过努力学习获得的各种带有奖学金性质的收入。因此,从商品循环角度看,大学生基本上是处于商品流通环节的经济行为主体,他们习惯于接受以货币为媒介的商品交换,其中,货币媒介既有传统的纸币,也有基于互联网的电子货币等。学生们都习以为常,因为这是被社会、国家法律所认可和接受的,也就是我们所说的"秩序"。但是,学生们往往也是知其然而不知其所以然,为什么身边会出现这些现象,怎么去思考和回答,却又成了学生们普遍面对的困惑。

总体来看,抛开情感、宗教信仰、文化等问题外,经济问题是大学生身边最常见的现象,包括他们每个月生活费多少钱,怎么去花生活费才能为学习提供最好保证,如何选择合宜的外出交通工具等等,无一不涉及经济学理论。同时,"概论"作为一门思政课,理所当然地承担要把学生培养成一个什么样的人任务,毫无疑问,在我国社会主义市场经济发展的现阶段,一名合格的大学生需要而且应该对政治经济学有所掌握,特别是涉及一些重大的理论命题,至少要有所了解。我在"概论"课堂教学中,比较喜欢引用身边的经济现象来启发学生思考,比如"是因为钱不值钱了物价才涨,还是物价涨了钱才不值钱?",对于这样的问题,学生积极性较高,不仅是每个人都会经历的事情,还可以促使学生从不同的角度来看问题。再比如"给的工资多一些,工人会更卖力干活"对老板和打工者来说都是成立的,但是他们却是站在不同的立场上考虑问题的,一个是想更多地赚取利润,一个是想更多地赚取养家糊口的收入。对于私有制经济而言,这就涉及马克思政治经济学的核心内容——剩余价值理论。上述两个例子都是看得到的秩序,也都是学理上的困惑,通过这样的引导式和启发式的教学,学生能够在较短的时间里适应政治经济学的理论背景和现实背景。诸如此类的问题还很多,比如如何看待美国从奥巴马执政开始至今的制造业复兴计划?如何分析政府主导的投资拉动经济增长向依靠百姓消费的内需经济增长转变?如何看待互联网经济、互联网科技、数字货币等新兴问题

等等。

　　为了充分调动学生的学习兴趣,我还购买了大量的通俗性读物,比如《安倍经济学》《比特币》《经济学原理》等课外阅读书目,并希望同学们能有所思、有所想。"概论"教学上有课程小论文的要求,建议学生必读《关于费尔巴哈的提纲》《政治经济学批判(序言)》《共产党宣言》等内容,我在课堂上放宽了要求,在此之外,允许并鼓励学生多看些与身边现实相关的著作文章,不少学生写了课外读物的感想,我认为还是比较好地进入了政治经济学的门槛,至少能够运用他们高中所学的政治经济学基础来进行自问自答,当然也还存在不少问题,很大部分正是能够通过"概论"政治经济学部分得到回答的,如此悬而未决的疑惑既能够激发学生自己先预习,也可以充分与学生展开讨论,有的问题还可以作为课堂或者中期辩论赛的形式。比如我在课堂上组织了一次期中讨论,主题就是"政府与市场哪个对经济增长更有效",学生们讨论非常热烈,取得了较好的成效。另外,针对同学们关心的中国住房改革问题,我邀请了上海财经大学马克思主义学院的住房问题研究青年专家龚剑博士进行了课堂报告,通过报告,大家对中国住房市场改革有了较为清晰的脉络和政策演变。

　　因此,通过身边不胜枚举的经济生活现象来切入,既有趣味性,又能启发学生对经济理论本身的思考,同时还可以为解决他们的困惑提供强有力的论证和说明,不妨作为"概论"课程教学的一种新的尝试。

二、经济生活现象比较容易抓住人,是对哲学最好的诠释与思考

　　哲学是马克思主义的基础,即便对马克思本人来说,他从大学毕业工作一直到去世,都在不断地思考、创立、应用其哲学体系来认识世界、改造世界。在校大学生还没有正式走上工作岗位,在经济学术语中被称为是劳动力人群,也可近似称为待就业者,他们这段时间最重要的是要培养自己的人生观、世界观和价值观。我认为,经济生活现象容易抓住人,也是探索哲学世界最好的诠释、思考的鲜活案例。

　　举例而言,马克思在《政治经济学批判》序言中提到:"我所得到的、并且一经得到就用于指导我的研究工作的总的结果,可以简要地表述如下:人们在自己生活的社会生产中发生一定的、必然的、不以他们的意志为转移的关系,即同他们的物质生产力的一定发展阶段相适合的生产关系。这些生产关系的总和构成社会的经济结构,即有法律的和政治的上层建筑竖立其上并有一定的社会意识形式与之相适应的现实基础。物质生活的生产方式制约着整个社

生活、政治生活和精神生活的过程。不是人们的意识决定人们的存在,相反,是人们的社会存在决定人们的意识。社会的物质生产力发展到一定阶段,便同它们一直在其中活动的现存生产关系或财产关系(这只是生产关系的法律用语)发生矛盾。于是这些关系便由生产力的发展形式变成生产力的桎梏。那时社会革命的时代就到来了。随着经济基础的变更,全部庞大的上层建筑也或慢或快地发生变革。在考察这些变革时,必须时刻把下面两者区别开来:一种是生产的经济条件方面所发生的物质的、可以用自然科学的精确性指明的变革,一种是人们借以意识到这个冲突并力求把它克服的那些法律的、政治的、宗教的、艺术的或哲学的,简言之,意识形态的形式。我们判断一个人不能以他对自己的看法为根据,同样,我们判断这样一个变革时代也不能以它的意识为根据,相反,这个意识必须从物质生活的矛盾中,从社会生产力和生产关系之间的现存冲突中去解释。无论哪一个社会形态,在它们所能容纳的全部生产力发挥出来以前,是决不会灭亡的;而新的更高的生产关系,在它存在的物质条件在旧社会的胎胞里成熟以前,是决不会出现的。所以人类始终只提出自己能够解决的任务,因为只要仔细考察就可以发现,任务本身,只有在解决它的物质条件已经存在或者至少是在形成过程中的时候,才会产生。大体说来,亚细亚的、古代的、封建的和现代资产阶级的生产方式可以看作是社会经济形态演进的几个时代。资产阶级的生产关系是社会生产过程的最后一个对抗形式,这里所说的对抗,不是指个人的对抗,而是指从个人的社会生活条件中生长出来的对抗;但是,在资产阶级社会的胎胞里发展的生产力,同时又创造着解决这种对抗的物质条件。因此,人类社会的史前时期就以这种社会形态而告终。"①这段话充分表达了马克思的唯物史观重要内容,对于思考现实生活有极为重要的指导意义。我在课堂上会讲到斯图亚特王朝复辟,并且向学生提问,为什么世界历史上的复辟基本上都是以失败告终?根据这段话的内容,可以清晰地得到答案。比如资产阶级取得政权后,表明生产力已经发展到了能够支撑资产阶级的社会生产关系,此时代表着封建社会生产关系的王朝要复辟,很显然是不符合生产力发展的,这就是"生产关系要适应生产力的发展"哲学要求。即便封建社会生产关系的王朝复辟成功了,也不具有可持续性,因此,失败是必然的。

生产力决定生产关系很好地解释了大学生身边的经济生活现象,比如基于互联网的电子货币支付成为常态,特别是杭州市基本上实现了零现金的支

①《马克思恩格斯选集》(第1卷),北京:人民出版社,1995年,第82—83页。

付网络,支付宝、微信支付等都非常方便,这样的货币支付、流通和结算系统对社会生产关系产生了非常重要的影响,没有生产力的发展,现有的生产关系是达不到的,这种生产力包括了计算机科学、制造业技术等,生产力无法凭空构造,生产关系也不是主观臆想,尽管有些学生还存在着非常大胆的想象,但是在既有的生产力条件下是难以实现的。这就很好地给学生解释了马克思在1872年《共产党宣言》德文版序里所说的"随时随地都要以现存历史条件为转移"①。

三、经济生活现象的"发生学",引发人与国家命运的启思

纵观马克思一生的学术研究和革命实践,我们不难发现,他创立的政治经济学理论并不是简单的高度抽象,不是放在案台上供后人奉养的玄学,相反,政治经济学理论体系对人类社会制度变迁具有重要的指导意义。马克思总结的生产方式对理解社会形态在今天依然没有过时,换句话来说,"共产主义"并不是乌托邦,相反,当前社会加快了迈向自由王国的步伐。所有的经济生活现象都是在特定的历史条件下发生,这些条件源自经济内部系统的发生与演变,每个生命个体是这些条件的产物,来自过去,走向未来。对应于社会形态的变迁,人经历了对自然的依赖、对人的依赖、对物的依赖和全面自由发展,国家是阶级统治的工具,它的发展和人的发展是分不开的。

那么人类命运往哪里去和经济生活现象有什么关系呢? 在课堂教学上,我经常用收入分配制度来进行说明社会形态的"发生学"。比如,在传统的农耕社会,尽管人们要靠天吃饭,但也离不开劳动,"人勤地不懒",在生产工具较为落后的情况下,多劳者多得、少劳者少得成为普遍的共识。除却阶级对立,在阶层内部的收入差距并不是十分明显,尤其是在以公有制经济为基础的社会中,按劳分配有效地化解了贫富悬殊。然而,不可否认的是在打破公有制经济的环境中,伴随着非公经济的扩张,社会阶层固化和贫富两极分化现象也日益显著,那么这到底符不符合社会主义制度的要求呢? 很显然按照马克思主义经典作家的思想是不符合的。经济基础决定上层建筑,生产资料所有制和两极分化所引发的生产关系以及经济结构都会引导上层建筑走向另一个层面,我们要谨防这样的现象,必须坚持社会主义方向,所以收入分配制度必须进行改革,使其符合社会主义市场经济的要求。而这又必然涉及如何看待社

---

① 马克思恩格斯:《共产党宣言》,北京:人民出版社,2018年,第3页。

会主义与市场经济相结合的问题,这些都是和国家发展密切相关的理论问题。

从人的自由发展来看,根据马斯洛需求层次理论,最基本的物质保障是迈向更高需求的前提,这和个人是否具有可支配的社会需求有关,等等。总之,我认为,在"概论"课程教学中,应该尝试着积极利用生活经济现象来引导学生、教育学生和感化学生。

学懂弄通做实习近平新时代中国特色社会主义思想的三维思考

概论教研中心　傅夏仙

【摘　要】　本文是作者在学习习近平新时代中国特色社会主义思想过程中的一点粗浅思考。按照学懂弄通做实的要求,首先,要找准站位,深刻把握这一理论的政治立场,这是前提条件;其次,要抓住习近平谈治国理政中两个最为鲜明的特点,即目标导向和问题导向,这是关键特征;第三,要系统理解这一理论,必须深刻把握产生这一理论的"三大逻辑",即历史逻辑、理论逻辑和现实逻辑。

【关键词】　政治站位;历史逻辑;理论逻辑;实践逻辑

学懂弄通做实是习近平总书记在宣传贯彻党的十九大报告精神以及习近平新时代中国特色社会主义思想中提出的明确要求。2018 年 8 月 21 日至 22 日召开的全国宣传思想工作会议上,习近平总书记进一步明确指出"要做好做强马克思主义宣传教育工作,特别是要在学懂弄通做实新时代中国特色社会主义思想上下功夫。"①怎样才能真正学懂弄通做实?笔者认为需要从三个维度来把握:一是找准定位——坚持以人民为中心;二是抓住特点——抓住习近平谈治国理政的两个鲜明特点,即问题导向和目标导向;三是系统理解——从"三大逻辑"即历史逻辑、理论逻辑和实践逻辑出发系统理解习近平新时代中国特色社会主义思想。

---

① 习近平:《举旗帜聚民心育新人兴文化展形象　更好完成新形势下宣传思想工作使命任务》,《人民日报》2018 年 8 月 23 日。

一、找准定位——坚持以人民为中心

　　学习习近平新时代中国特色社会主义思想首先要有正确的政治站位。习近平同志担任总书记伊始就明确宣示："人民对美好生活的向往，就是我们的奋斗目标。"①"我们一定要始终与人民心心相印、与人民同甘共苦、与人民团结奋斗，夙夜在公，勤勉工作，努力向历史、向人民交出一份合格的答卷。"②"我的执政理念，概括起来说就是：为人民服务，担当起该担当的责任。"③"人民立场是中国共产党的根本政治立场，是马克思主义政党区别于其他政党的显著标志。"④中国共产党自成立以来，坚信人民群众是历史的创造者，是推动历史前进的力量，广泛发动人民、紧紧依靠人民，始终坚持以人民的方向为自己的方向、以人民选择的目标为自己的目标，赢得了人民群众的真心拥护与支持，使自己始终保持着强大的创造力、凝聚力和战斗力，领导人民夺取了革命、建设和改革的一个又一个胜利。要实现中华民族伟大复兴的目标，必须始终坚持以人民为中心的立场，贯彻全心全意为人民服务的宗旨。这是习近平新时代中国特色社会主义思想的核心内容，也是我们党的执政之基，力量之源，立身之本。习近平新时代中国特色社会主义思想的全部理论和实践都是以此为出发点和落脚点，找准定位，站稳立场，是学懂弄通做实这一思想的前提条件。

二、抓住特点——抓住习近平谈治国理政的问题导向和目标导向

　　问题导向和目标导向是习近平谈治国理政的两个鲜明特点。习近平指出，"理论创新只能从问题开始。从某种意义上说，理论创新的过程就是发现问题、筛选问题、研究问题、解决问题的过程。"⑤"不忘初心、牢记使命"，中国共产党自诞生以来，一代代共产党人始终牢记自己的"初心"和"使命"，用自己的生命、青春和汗水践行使命担当。中国特色社会主义进入新时代，使久经磨难的中华民族实现了从站起来、富起来到强起来的伟大飞跃。

---

① 习近平：《习近平谈治国理政》（第一卷），北京：外文出版社，2018年，第3页。
② 习近平：《习近平谈治国理政》（第一卷），北京：外文出版社，2018年，第5页。
③ 习近平：《在俄罗斯索契接受俄罗斯电视台专访时的答问》，《人民日报》2014年2月9日。
④ 《2016年习近平同志在"七一"的重要讲话》，《人民日报》，2016年7月2日。
⑤ 习近平：《习近平谈治国理政》（第二卷），北京：外文出版社，2017年，第342页。

习近平新时代中国特色社会主义思想开宗明义提出现代化建设的总目标是到本世纪中叶把我国建设成为富强民主文明和谐美丽的社会主义现代化强国,即民族复兴、国家富强、人民富裕。为此,进一步规划了总体布局、战略布局、改革总目标、依法治国总目标、强军目标、大国外交等一系列目标;在此基础上,按照治国理政的具体内容详尽设置了经济、政治、文化、社会、生态、国防和军队、"一国两制"和祖国统一、外交、党建等各方面的战略目标和具体政策指导,同时,明确了具体的战略步骤。

找出问题,解决问题,补齐短板,实现目标是习近平谈治国理政的鲜明特征。习近平指出,"要有强烈的问题意识,以重大问题为导向,抓住关键问题进一步研究思考,着力推动解决我国发展面临的一系列突出矛盾和问题。我们中国共产党人干革命、搞建设、抓改革,从来都是为了解决中国的现实问题。可以说,改革是由问题倒逼而产生,又在不断解决问题中得以深化。"①党的十八大以来,在改革发展稳定、内政外交国防、治党治国治军等方方面面,以习近平同志为核心的党中央坚持问题导向,抓住深层次矛盾和重点难点问题持续发力、精准发力,以化解矛盾、解决问题为目标任务进行开拓性、创造性工作,解决了许多长期想解决而没有解决的难题,办成了许多过去想办而没有办成的大事,使党和国家事业发生历史性变革、中国特色社会主义取得重大成就。

中国特色社会主义进入新时代,我们比历史上任何时期都更接近、更有信心和能力实现中华民族伟大复兴的目标。前进道路上布满荆棘。我们党在提出伟大梦想的同时,就意识到要团结带领人民有效应对重大挑战、抵御重大风险、克服重大阻力、解决重大矛盾,必须进行具有许多新的历史特点的伟大斗争。当前,外部环境发生了明显变化,世界主要大国搞单边主义和贸易保护主义,用冷战思维、零和博弈处理国家关系,从经济、政治、军事、外交等领域对我国进行全面施压。在此背景下,我们一定要保持政治定力和战略定力,抓住我国社会主要矛盾,把顶层设计和基层创新相结合,以目标为导向,从问题出发,按照规划图和施工图,把自己的国家建设好。

---

① 习近平关于《中共中央关于全面深化改革若干重大问题的决定》的说明(2013 年 11 月 9 日),https://china.huanqiu.com/article/9CaKrnJDaOw。

三、系统理解——把握习近平新时代中国特色社会主义思想的"三大逻辑"

首先,把握习近平新时代中国特色社会主义思想的历史逻辑。从历史发展来看,习近平新时代中国特色社会主义思想深化了对共产党执政规律、社会主义建设规律、人类社会发展规律的认识,是对马克思列宁主义、毛泽东思想、邓小平理论、"三个代表"重要思想、科学发展观的继承和发展,他们在政治立场、理论指导、价值理念方面都是一致的。从理论的核心要义来看,中国特色社会主义是改革开放40多年来党的全部理论和实践的主题,是党和人民历尽千辛万苦、付出巨大代价取得的根本成就。新时代,党的理论和实践主题依然是坚持和发展中国特色社会主义,习近平新时代中国特色社会主义思想是中国特色社会主义理论体系的重要组成部分。从发展的目标来看,为了实现中华民族的伟大复兴,习近平新时代中国特色社会主义思想根据新时代社会发展面临的主要矛盾,发展阶段面临的发展环境、发展条件、发展目标、发展任务等的新变化,提出了一系列新理念新思想新战略,极大地丰富和发展了马克思主义,使科学社会主义在21世纪的中国焕发出强大的生机和活力。

其次,把握习近平新时代中国特色社会主义思想的理论逻辑。习近平新时代中国特色社会主义思想是"马克思主义基本原理同新时代中国具体实际相结合的产物"[①],是马克思主义中国化最新的理论成果。它以坚持和发展中国特色社会主义为核心,全面系统回答了新时代坚持和发展什么样的中国特色社会主义,怎样坚持和发展中国特色社会主义这一时代主题。它是一个系统完备的科学理论体系,既明确回答了坚持和发展中国特色社会主义的总目标、总任务、总体布局、战略布局和发展方向、发展方式、发展动力、战略步骤、外部条件、政治保证等各方面的基本问题,也根据新的实践对经济、政治、法治、科技、文化、教育、民生、民族、宗教、社会、生态文明、国家安全、国防和军队、"一国两制"和祖国统一、统一战线、外交、党的建设等各方面作出理论分析和政策指导。同时,从理论上明确回答了中国特色社会主义最本质的特征是中国共产党的领导,中国特色社会主义制度的最大优势是中国共产党的领导,要坚持党对一切工作的领导。

最后,把握习近平新时代中国特色社会主义思想的实践逻辑。时代是思

---

① 《习近平在纪念马克思诞辰200周年上的讲话》,《人民日报》,2018年5月5日。

想之母,实践是理论之源。实践的观点是马克思主义的基本观点。恩格斯说过:"我们的理论是发展着的理论,而不是必须背得烂熟并机械地加以重复的教条。"①习近平新时代中国特色社会主义思想作为当代中国马克思主义,坚持马克思主义的立场观点方法,立足时代之基、回答时代之问,展现出强大的实践逻辑。一方面,习近平新时代中国特色社会主义思想就是在中国特色社会主义的实践中得到确证并不断发展的,是党和人民实践经验和集体智慧的结晶;具体来讲,是在解决现代化进程中存在的各种问题中逐步发展完善的;是在不断为人民群众办实事、做好事、解难事的过程中发展完善的,是在朝着全面建成小康社会的目标进程中不断补齐短板而发展完善的;另一方面,习近平新时代中国特色社会主义思想是全党全国人民为实现中华民族伟大复兴而奋斗的行动指南。它是一个具有强大实践逻辑的科学理论体系,既有非常明确的总目标、主要任务,也有便于执行的分目标以及实现目标、完成任务的专项部署和举措;既明确完成不同目标的准确时间节点,也落实完成目标的部门机构;既强调理论创新,更重视实践成效,以人民满意不满意、人民答应不答应作为衡量一切理论成败以及政策得失的根本标准。

习近平新时代中国特色社会主义思想作为一个科学理论体系,内容丰富、思想深刻、意义深远。学懂弄通做实习近平新时代中国特色社会主义思想是全党全国当前和今后一个时期的首要政治任务。"做好新形势下宣传思想工作,必须自觉承担起举旗帜、聚民心、育新人、兴文化、展形象的使命任务。"②如何完成这一使命任务,需要广大理论工作者不断深入思考。

---

① 《恩格斯致弗·凯利—威士涅威茨基夫人的信》//《马克思恩格斯选集》(第4卷),北京:人民出版社,1972年,第460页。

② 习近平:《举旗帜聚民心育新人兴文化展形象　更好完成新形势下宣传思想工作使命任务》,《人民日报》2018年8月23日。

如何讲好"中美贸易战"，坚定"四个自信"？

概论教研中心　林小芳

【摘　要】 中美贸易不平衡是客观存在的，但将这种失衡归咎于中国则有失客观。更为重要的是，美国发起贸易战，根本的问题并不在贸易领域，而在于如何对待新兴大国的发展，维护美国霸权尤其是美元霸权。

【关键词】 美元霸权；贸易战；修昔底德陷阱

2018年初以来，美国政府一再指责中国"不公平"的贸易行为让美国经济利益损失严重，并持续加码对中国商品大规模征收关税，发起了贸易战。贸易战与舆论战、心理战携手并进，引起社会各界的深切关注，也在师生中引发了广泛的讨论及认识上的一些困惑。笔者拟结合前期教学和研究工作，粗浅探讨一下在"毛泽东思想和中国特色社会主义理论体系概论"课程"中国特色大国外交"这一专题的教学中，如何从美元霸权的角度讲授"中美贸易战"，帮助学生看清其虚虚实实，从而坚定"四个自信"。

中美贸易逆差是客观存在的，但将这种贸易不平衡归咎于中国则有失客观。更为重要的是，美国发起贸易战，根本的问题并不在贸易领域，而在于如何对待新兴大国的发展，维护美国霸权尤其是美元霸权。

美国的国际收支逆差从根本上说与美元霸权密不可分，即"特里芬悖论"所揭示的由于美元在国际金融体系和国际贸易体系中的首要储备货币地位，美国的贸易逆差是不可避免的。而美元霸权是美国霸权的核心，用美国学者自己的话说，美国基本上是利用美元的国际地位解决了全球霸权的经济负担，正因如此，美国向来不惮以各种手段维护美元霸权。因此，美元霸权是理解美国贸易逆差的基石，也是理解当前美国对外政策和对外行为的基石，要看清楚贸易战，就必须充分了解美元霸权。

一、美元霸权的界定

本文在界定美元霸权时借鉴华裔学者廖子光先生的研究[①]，在时间维度上改变对战后美元作为世界关键货币的历史进行笼统考察的传统路径，把1971年美元与黄金脱钩界定为美元霸权的考察起点；同时，从国际政治经济学的视角，改变对美元本位比较中性化的通常理解，使用"美元霸权"这一权力指向非常明显的术语，以此不仅表明美元的特权地位，更要体现出它是一种霸权护持战略，从而找回缺失的政治因素。

在布雷顿森林体系下，美元与黄金挂钩，美国需要承担维持宏观经济均衡和国际金融秩序稳定的义务，其他国家也可以通过抛售美元购买黄金对美国的货币政策进行约束。而在20世纪70年代布雷顿森林体系崩溃后，由于缺乏有效财政金融纪律的规范、国际制度的约束和其他国际货币的制衡，美元犹如脱缰的野马，美国政府开始不加节制地动用货币特权，以稀释对外债务、转移军费开支、承担国内消费和对外投资的成本，美元"霸权"由此形成。当此之时，美元独大的国际货币地位已偏离美国的经济实力，并非自发的市场选择，其实质是美国政府通过高度政治化的权力运作和制度安排，维护美元在全球金融体系和贸易体系中的首要储备货币地位，并借助美元的这种优势地位和主导作用，所引导和塑造的有利于其全球领导和支配地位，并对其他国家进行经济掠夺和政治胁迫的权力结构。

二、"特里芬悖论"

美国经济学家特里芬在其《黄金与美元危机》一书中提出：各国为了发展国际贸易，必须用美元作为结算与储备货币，这样就会导致流出美国的货币在海外不断沉淀，对美国国际收支来说就会发生长期逆差；而美国作为国际货币的前提是必须保持美元币值稳定，这又要求美国必须是一个国际贸易收支顺差国。上述两个要求相互矛盾，这就是著名的"特里芬悖论"[②]。"特里芬悖

---

① ［美］廖子光：《金融战争：中国如何突破美元霸权》，林小芳，查君红，等译，北京：中央编译出版社，2008年。

② ［美］罗伯特·特里芬：《黄金与美元危机——自由兑换的未来》，陈尚霖，雷达，译，北京：商务印书馆，1997年。

论"已为后来的事实所证明,从 20 世纪 50 年代后期开始,随着美国经济竞争力逐渐削弱,其国际收支开始趋向恶化,出现了全球性"美元过剩"情况,各国纷纷抛出美元兑换黄金,美国黄金大量外流,"特里芬悖论"凸显。为摆脱长期的黄金外流及财政困境,1971 年尼克松政府决定将美元与黄金脱钩。开始,这被视为美国力量衰退的征兆。但随后美国政府意识到,虽然美元与黄金相脱钩,但由于还不存在其他可运作为国际货币的通货,资本主义世界仍将不得不接受美元;也因为美元与黄金脱钩,美国的贸易赤字可以不受束缚地扩大,从而美国联邦预算也可以不受束缚地扩大。换言之,美国的对外投资和国内消费可以高度膨胀,而不用顾忌债务负担。此后,美国政府开始有意识地将美国的国际收支赤字作为美国在资本主义世界金融体系中"金融搭便车"的工具。此即美元霸权的缘起,也是美国由贸易顺差国完全转变为逆差国的开端。

在美元与黄金脱钩之后,美元汇率进入自由浮动时代,"特里芬悖论"中美国须保持贸易逆差以输出作为国际货币的美元的要求依然有效,而"特里芬悖论"中有关美元币值稳定的要求则大为松懈,美元供给量增加摆脱了黄金储备量的约束,获得了充足的上升空间,美国拥有了真正自行"印刷"国际支付手段的特权。国际贸易成为类似美国发行美元纸币,世界其他国家生产美元纸币购买的产品的游戏。自此,美国贸易逆差和财政赤字都在快速增长,在 1971 年首次出现贸易逆差之后,除 1973 年、1975 年出现过小额顺差外,其余年份均为逆差。渐渐地,各国包括美国自己对不断攀升的逆差总趋势的震撼感消失了,贸易逆差作为一种结构性因素嵌入美国经济和世界经济发展过程中,自1995 年起有史以来最强大的全球霸权国美国同时成为一个最大的全球债务国,整个经济活动依靠不断积累的负债完成。

因此,美国贸易逆差是美元霸权下的一种结构性现象,是单一主权国家货币充当国际货币必须面对的困境。美国精英们并非不明白这个道理,只是他们根本无意调整美元霸权,将问题甩锅给其贸易伙伴。美国尼克松时期的财长约翰·康纳利说过这样的名言:"美元是我们的货币,却是你们的难题。"[1]借贸易问题打击潜在对手并维护美元霸权,刚好一举两得!这是美国惯常的外部归因策略和霸权护持手段,不管是对当年的日本,还是对现在的中国,概莫能外。那么,为何美国在面对贸易逆差时治标不治本地"整"其他国家,却要不遗余力地维护美元霸权?只因独大的美元可以为美国带来巨大的霸权收

---

① Barry Eichengreen. *Globalizing, Globalizing Capital: A History of the International Monetary System*. Princeton: Princeton University Press, 1996, p. 136.

益，造就了美国"流入式"的富裕。

三、美国"流入式富裕"

布雷顿森林体系崩溃后，国际货币体系最重大的变化就是从贵金属本位向信用本位的转变，美国不再需要在提供流动性和维持币值稳定两难中抉择，美国货币政策的自由度大大提高。甚至有人形容摆脱了与黄金挂钩的约束之后的美元，进入了一种可以不加节制、不负责任的人神共嫉的"自由之境"。[①]

由此造成美元霸权下的国际分工格局和国际贸易模式是完全失衡的，其运作包括三个层次：（一）由于美元是世界储备货币，美国通过经常项目逆差向世界输出美元纸币，而世界其他国家则向美国输送实体性资源以获得作为世界货币的美元，以此满足美国国内消费；（二）美国贸易伙伴对美贸易顺差所积累的美元储备，又以购买美国国债的形式回流到美国，使美国得以为其经常项目逆差融资，从而避免经常项目逆差的不可持续，同时保持了美元汇率的稳定和美国利率的较低水平；（三）美国在通过贸易逆差积累外债的同时，也对外输出资本，其积累的外债以美元和国债这种无息和低息负债为主，而输出的资本以直接投资这种高收益资产为主，只要美元债券的利息支付额度小于美国在海外的直接投资和间接投资的利润和利息所得总和，那么，美国就可以继续以政府债券吸纳外国贸易盈余的做法。

正因如此，廖子光先生就一针见血地指出："在20世纪最后的20年，美国没有任何突出的生产力繁荣，但是有一种进口繁荣：这种繁荣不是由美国经济的惊人增长所推动，而是由生产这些财富的低收入国家借给美国的债务所推动。"[②]美国密苏里大学经济学家迈克尔·赫德森教授也认为："美国的富裕完全是一种'流入式'的富裕。外国资金、熟练工人和进口商品大量流入美国，而美国只需付出以美元纸币计价的债务。美国获得外国资源是如此之容易，以致其本国境内的生产已越来越少。"[③]历史上，债务缠身的国家不仅会失去其世界权力，还会因经济上依赖于人而失去其制定国内政策和处置公共资源的自主权；如今最大的债务国是全球霸权国，债权国因受制于美元霸权反而越来

① 李雪阳：《"美元全球霸权"：历史嬗变及重要表征》，《经济研究参考》，2018年7期。

② ［美］廖子光：《金融战争：中国如何突破美元霸权》，林小芳、查君红等译，北京：中央编译出版社，2008年，第21页。

③ 查林等编译：《通过主权信贷和土地资源租金税振兴俄罗斯》，《国外理论动态》，2006年第10期。

越多地失去其政策自主权。历史上，军事上野心勃勃的国家都变成高负债、高税收的经济体，最终难以为继；如今超级大国美国并不是维持现状的国家，它一直以攻为守，已进行多次局部战争，却没有在财政上陷入困境。美国之所以能够如此，其根本就在于美元霸权，美国利用美元的国际地位解决了全球霸权的经济负担。

四、"金融恐怖平衡"

国际体系中一直存在中心国家与外围国家之间因国际货币供给和需求产生的策略相互依存、相互影响的关系。以往的中心—外围结构更多体现的是贸易领域的不平等交换关系，但美元霸权下的中心—外围结构是一种金融国家对贸易国家的国际分工格局。在全球金融和贸易体系这关系各国国计民生的领域，美元霸权是结构性的，美国生产不被实物支持、不受纪律约束、只靠美国军事实力、地缘政治力量和话语权力支撑的美元纸币，而世界其他国家以廉价的劳动力和高昂的环境与资源代价生产美元纸币可以购买的产品。美国的贸易伙伴通过贸易顺差满足了美国国内的过度消费，同时以其手中结余的美元购买美国债券，为美国的国际收支赤字融资，也为美国政府的国内预算赤字融了资。简单地说，以中美为例，中国是廉价商品输出和贸易盈余低价返回美国的"双重输出"，而美国则是商品和资本的"双重输入"。这导致：一方面美国经济寄生化，以"债台高筑"维持对内福利和对外扩张，承担了美国全球霸权的经济成本；另一方面，世界其他国家经济增长或多或少地依赖于对美国的贸易尤其是出口，进而依附于美元霸权下的国际分工和贸易格局，不得不牺牲国内自主的内生式发展。

不仅如此，包括中国在内的许多国家持有数额巨大的美元储备，若他们突然将其资金从美国金融市场转走，由于美元价值的大跌，其自身也将遭受巨大的损失，所以都想不出办法解套，甚至在有些时候还不得不成为美元地位的被动守护者，即形成了美国前财长萨默斯所谓的全球"金融恐怖平衡"格局。

在这种格局中，美国表面上似乎是国际收支失衡的受害国，好像贸易逆差剥夺了其大量的就业机会，但实际上长期搭着包括中国在内的贸易伙伴向其商品输出和贸易盈余输出的"双重便车"，甚至可以说贸易逆差也是美元霸权红利之一，因为美国是通过发行美元"免费"获得外国商品。所以，多年来美国一直倡导"新自由主义"，推进自由贸易，并乐享其成。那么，现在为什么突然就从自由贸易转向"公平"贸易，心理感觉不平衡了呢？原因就在于中国的快速发展,带来中美战略态势的变化,让美国产生了"霸权焦虑"。甚至当拥有明显高于潜在对手的实力时,它仍然会继续寻求机会增加权力,因为很难估算必须具备多少高于对手的相对权力才是安全的。美国想要的是绝对优势。

五、美国的"霸权焦虑"

当前和未来中美关系的主要挑战是身份认同和身份认知的差异与冲突。根据奥卡姆剃刀原理,人们通常会倾向于把复杂问题简单化,寻求对现有信息的最简约解释。因此,人们对国家身份的认知倾向于采用简单的两分法,比如:中国是全球最大的社会主义国家、最大的发展中国家和日益崛起的新兴大国,美国则是全球最大的资本主义国家、最大的发达国家和掌握全球主导权的守成大国。在这种两分法之下,人们容易将"自我"与"他者"对立起来,将差异身份"污名化"和敌对化,很难看到身份互动的其他可能性。尤其是新兴大国与守成大国的关系"魔咒",更是成了美国挥之不去的"优势下的恐惧"。

对于中国来说,坚持中国特色社会主义制度、探索中国作为发展中国家走向现代化的发展道路、奋力实现民族复兴的中国梦,是从中国独特国情出发、基于中国自身发展需要的自主选择。尽管中国一再表明在未来很长时间里将会聚焦自身发展,无意也不会挑战任何国家,也无意取代他人。[①] 但美国在"霸权焦虑"作用下,倾向于赋予其对抗性的涵义:社会主义中国的存在始终是对美国制度上的威胁,中国发展模式的成就是对"美国优势论"的否定,而中华民族伟大复兴的中国梦更是对美国全球霸权的挑战,从而判定中国已形成对资本主义制度、西方发展模式和美国霸权的全面挑战。

在这样一种将中国视作"战略竞争对手"的认知下,美国人的心态变得焦虑、敏感,将中国的每一种举动都当做自证预言的机会:"一带一路"倡议是在对冲美国在亚太的地缘战略,亚投行的建立是要挑战美国在国际金融制度中的主导权,人民币的国际化是要改变美元在国际货币体系中独大的格局。特别是中国在进入新的历史发展时期后,因社会主要矛盾的转变和新的发展需要,提出"中国制造2025",走产业升级之路。但这对美国来说,是可忍,孰不可忍!一方面,2008年金融危机促进了美国经济向实体产业的回归和再工业化趋势,中国的"制造业升级"与美国的"制造业回归"可能形成对撞;另一方

---

① 《王毅在美智库演讲:中国外交要更加有效维护不断拓展的海外利益》,https://www.guancha.cn/strategy/2016_02_26_352164_2.shtml(2016-02-26)[2020-4-5].

面，也是更重要的，中国目前在国际分工中更具比较优势的是中低端制造业，不会影响到美国科技领先的优势，而一旦制造业提档升级成功，将威胁到美元霸权下中美"中心—外围"的利益格局，所以美国加征关税的对象精准指向《中国制造 2025》中拟发展的高科技产业，意图阻止中国产业的发展和提升。

　　因此，美国发动贸易战绝不仅仅是贸易逆差问题，而是在更广泛意义上对中国进行包括高科技产业打压、发展模式压制、社会制度抹黑在内的全面的战略遏制，其核心依然是霸权国家如何对待新兴国家的发展这个古老的问题。中美关系能否避免落入"修昔底德陷阱"，当前正是考验。中国倡导的构建人类命运共同体思想也许能够为之提供一种新的思考方向和新的可能性。

基于"90后"大学生思想特点的
"概论"课情境教学模式探索

概论教研中心　高　永

【摘　要】　受市场经济和互联网的影响,"90后"大学生表现出价值取向功利化、认知方式感性化的思想特点,这要求高校"概论"课有针对性地创新教学方法,提高教学实效。情境教学方法通过运用生动的形象来激发学生的学习兴趣,实践效果良好。针对"概论"课注重理论阐释的特点,情境教学法还可以探索原著、历史、思潮和论争等情境的创设。运用情境教学应当避免形式化、娱乐化倾向,避免扰乱"概论"课教学内容的整体性,而应把握课堂主导权,注重提高大学生的理论兴趣,增强大学生对中国特色社会主义的认同度。

【关键词】　毛泽东思想和中国特色社会主义理论体系概论;情境教学;"90后"大学生

目前在高校就读的本科生基本都是"90后",他们的思想、心理具有不同于以往的特点。思想政治理论课应当面对这一代学生的特点,有针对性地改革教学方法和教学体系,切实提高思政课教学效果。情境教学法以直观形象的优势,符合当代大学生的思想特点,近年来逐渐为人们所重视。我们在教学改革中将原著阅读、小组讨论、思潮评析、多媒体教学等教学方法和环节整合在一起,构筑一个全方位的情境教学模式,在"毛泽东思想和中国特色社会主义理论体系概论"(以下简称"概论")课教学中加以实施,取得了良好的效果。

一、结合"90后"大学生思想特点增强情境教学的理论深度

"90后"大学生成长的时代有两个基本特征,一是市场经济的全面发展,二是互联网的普及。这两个特征深刻地塑造着这一大学生群体。市场经济鼓励人们追求物质利益,关注实际效用,这使得"90后"大学生的"思想和价值观

更加趋于功利性，常常以自我为中心，趋利避害"①。互联网的普及和网络技术的发展使网络化生存嵌入到大学生的日常生活之中，他们利用网络购物、阅读、交友，对各种新兴网络媒体、移动终端、APP 的了解和运用十分娴熟。网络已对大学生的思想观念、政治倾向产生了深远的影响。如果说十年前学界还有学者对互联网是否会影响大学生的政治观点持怀疑态度②，那么现在几乎没有人再质疑这种影响的存在。有研究表明，不同上网频率的大学生在政治社会化方面存在显著差异。网络与大学生偏离主流政治价值观的相关度高，而且可能降低大学生对当前政府体制、政策和政治的认同。③ 受网络化阅读的影响，"90 后"大学生习惯于碎片化、即时性的阅读，这种阅读方式不利于进行持久深入的思考，也难以建立系统的知识结构，还使大学生的认知方式偏重感性化，更注重自身的感受和体验。因而"90 后"大学生的知识面常常较为庞杂，他们对舆论领域的各种观点都略知一二，却又常常不能进行深入细致的分析和批判。他们对有争议的问题愿意表达自己的观点，却又容易表现出立场和观点上的摇摆。

市场经济和互联网给高校思想政治教育带来了巨大的挑战。一方面，"90 后"大学生易于接受新事物、新观点，容易认同各种思潮提出的貌似言之有理实则似是而非的新奇观点，却又缺乏足够的辨别能力，政治敏锐性和政治鉴别力不强；另一方面，他们在一定程度上又存在着理想信念缺失和对主流意识形态的抵触情绪，对以灌输马克思主义为主要任务的思想政治理论课常常表现出反感情绪，心理上不认同，思想上不重视，行为上则表现为课堂上的散漫和消沉。

针对"90 后"大学生的心理、思想特点，思想政治理论课应当在教学内容、教学形式上做出改变。一般而言，情境教学法强调充分利用形象，创设具体生动的场景，激发学生的学习情绪。近年来许多思政课教师开始探索将情境教学法运用于高校的思想政治理论课教学，在增强课堂教学的情绪感染力，提高大学生对课程内容的兴趣，化解学生对"概论"课的刻板印象方面取得了良好的效果。情境教学法从创设特定的教学情境入手，运用多媒体或组织学生编排话剧、小品等方式来创设生动、形象的场景，符合"90 后"大学生的思想特

---

① 张宝君：《90 后大学生心理特点解析与对策》，《思想理论教育导刊》，2010 年第 4 期。

② 黄岭峻、徐浩然：《互联网与中国在校大学生政治意识关系的实证研究》，《高等教育研究》，2004 年第 3 期。

③ 陈炳、贝静红：《网络对大学生政治社会化的影响与调控策略——基于浙江省高校的问卷调查》，《中国青年研究》，2010 年第 4 期。

点,能够调动起学生参与教学活动的积极性,还可以使偏重于理论性的"概论"课用形象直观的方式表现出来,将教育意图隐藏在情境创设之中,使学生更容易接受。但传统的情境教学往往不能满足"概论"课对理论深度的要求,需要在情境创设方法上进行创新,使情境教学法适用于"概论"课系统的理论讲授。

二、"概论"课中多种教学情境的创设

传统的情境教学较为强调直观形象的情境创设,这类探索在其他教学论文中述及较多,笔者着重讨论有助于提高教学的理论深度的原著情境、历史情境、思潮情境和论争情境的创设。

1.原著情境

"概论"课的理论性和现实性都比较强,引导学生阅读原著有助于更好地理解教学内容,深刻认识中国共产党在将马克思主义与中国具体实践相结合的过程中所进行的理论探索。在中国革命、建设和改革的每一阶段,党的领导人和理论家都进行了艰辛地探索,留下了大量的著作。认真阅读这些著述,有助于我们还原当时的历史情境,把握理论探索的历史脉络,在此基础上才能更好地理解理论本身。目前采用的"概论"课新版教材中,每章都设有阅读书目,对这些书目的阅读应当成为课堂教学的有益补充。

在实际操作中,教师可以让学生课下阅读相关书目,撰写阅读笔记,并在课堂上进行汇报。这种汇报可以恰当地安排在教学过程中,在进行到某个环节、讲到某个问题时,让学生汇报与这个问题有关的原著的主要内容、阅读体会、现实意义等。原著情境的创设要求教师对相关的著作比较熟悉,在学生概述原著内容,交流阅读体会时能够做出积极的回应,最好能对学生的理解加以点评,对学生理解不正确的地方进行引导,深化学生的认识,通过师生对原著的共同学习、共同讨论,加深对教学内容的理解。

阅读原著能够引导学生对理论问题进行深入思考,可以有效地克服网络化阅读带来的知识碎片化、思考浮泛化的弊端。有些人在互联网上散布一些关于马克思主义的错误观点,例如"马克思等经典作家都是不学无术的骗子""他们的观点已经过时""马克思主义理论自相矛盾"等等,通过深入的原著阅读,有助于引导学生体会马克思主义的理论魅力、时代价值和学术严谨性,避免受到这些错误观点的影响。

2.历史情境

虽然"概论"课的教材偏重于介绍毛泽东思想和中国特色社会主义理论体

系的理论方面,对中国的革命、建设和改革的整个历史进程只是大略提及。历史方面的学习主要放在"中国近现代史纲要"课程中进行,但这种分别讲授的方式容易造成历史与理论的脱节,不利于对理论体系的理解。因此,在"概论"课教学中,虽然主要任务是讲授中国化马克思主义的两大理论成果,但在介绍每一章节之前,都应当讲清楚这一理论产生的历史背景,才能有助于学生理解理论的实践价值和现实意义,从而改变学生中普遍存在的认为"概论"课大而无当,没有实际用处的偏见。

历史情境的创设可以采用多种手段,可以借助丰富的视频、图片材料、历史资料或纪实性的文学作品等来展示某种理论成果所产生的社会条件,所要解决的主要问题,也可以通过教师介绍或由学生搜集的资料进行课堂展示,将特定时期的社会经济状况、政治形势、国际背景等情况加以描述。例如,在讲授第三章"社会主义改造理论"时,应当将新中国成立初期的历史情况交代清楚,为什么在当时会提出进行社会主义改造的问题?这不仅是从马克思主义理论和苏联的社会主义经验出发,也是由于过渡时期政治、经济上社会主义因素与资本主义因素之间矛盾的不断发展所必然导致的。把这样的历史背景讲清楚,学生就容易理解当时为什么要进行社会主义改造,为什么会采用"一化三改"的过渡时期总路线。

3. 思潮情境

随着改革的日益深化,各种社会思潮之间纷争不断,几乎在每一个热点问题上,都可以看到不同思潮的主张和诉求,每种思潮都从自己的角度来看待问题。加上互联网新媒体的兴起,社会思潮能够借助互联网迅速获得极为广泛的传播。"90后"大学生又习惯于网络化的阅读,处于思潮纷争的舆论环境中,受各种社会思潮的影响也比较大。这些社会思潮又总是和中国的现实问题紧密相连,都力图回答"中国向何处去"的问题,都试图推动改革开放向着自己所期望的方向发展。这些主张有些有积极和进步的意义,但大部分与"概论"课的教学内容相左,给"90后"大学生带来了思想上的困惑。因此,针对这些思潮进行辨析,对错误思潮进行旗帜鲜明地批判,是"概论"课的一项重要任务。

针对"概论"课的教学内容,可以在适当的时机介绍与课程内容有关的社会思潮及其引发的争论,讲清楚该种思潮的来龙去脉,主要观点和代表性人物等,并且要着重说明错误的思潮观点与中国特色社会主义理论体系相关内容的相异之处,揭示错误思潮的真正本质,批判其错误观点。例如在讲授第七章"社会主义改革开放理论"时,可以针对新自由主义思潮,讲清楚改革开放是社会主义制度的自我完善和发展,要时刻坚持和把握改革的社会主义方向,批判"改革开放就是要私有化,走向资本主义"的错误观点。在讲授第十二章"中国特色社会主义领导核心理论"时,可以介绍近年来"宪政主义"思潮的主要观点,揭露其借助"宪政"的名义,意图改变我国宪法规定的社会主义基本制度,颠覆中国共产党的领导的真实目的。通过思潮情境的创设,可以使学生在比较和鉴别中认清错误观点的实质,提高对马克思主义的理论兴趣,增强对中国特色社会主义道路的信心。我们的实践证明,思潮情境在"概论"课教学过程中的运用可以较好地提高大学生的政治鉴别力和政治敏锐性。

4. 论争情境

马克思主义总是在斗争中获得发展的,毛泽东思想和中国特色社会主义理论体系的每一个重要理论成果的形成都伴随着激烈的争论,都是在克服错误观点、错误思潮的过程中形成和确立起来的。在"概论"课教学中引入论争情境,也更符合理论的形成和传播规律。针对"概论"课理论色彩较强的特点,可以在教学过程中向学生介绍思想理论界相关争论的背景、争论的焦点。例如在确立过渡时期总路线之前,党内出现过关于"新民主主义社会"的讨论,对过渡时期持续时间长短的判断有很大分歧;在实行农业的社会主义改造之前,曾经有山西省委和华北局之间关于农业合作化的争论;在改革开放之初有关于"真理标准问题"的大讨论;2004年前后有关于国有企业改革的争论等等。"概论"课中有些内容至今仍争议不断,例如社会主义本质中有关于消灭剥削、实现共同富裕的论述,那么中国当前是否还存在剥削?共同富裕对中国特色社会主义究竟有何意义,是否像有人所说的"共同富裕就是亡国之道"?如何扭转持续拉大的收入差距,真正实现共同富裕?如何处理我国政治体制改革与加强党的领导、坚持社会主义制度之间的关系,等等。这些问题关系到我国改革开放的未来方向,也正是大学生长期面临的思想困惑。因此,在"概论"课教学过程中可以适当选取一些存在争议的问题,让学生进行讨论,发表自己的看法,甚至可以采用辩论赛的形式。在讨论中,教师应当加以恰当的点评和引导,使讨论不断深入。有些当前思想理论界争论不休的问题,作为高校教师,虽然未必能很好地回答这些问题,但也不应当回避,没有定论的问题常常正是大学生感到困惑的焦点问题。教师一方面应当加强对这些问题的研究,以教学促科研;另一方面也可以通过论争情境的创设,引导学生对这些问题进行更深入的思考,在讨论中学会分析问题的思路和方法。即使未必都能得出一致的意见,但这种讨论本身就可以加深学生对中国特色社会主义理论体系的理解,具有积极的作用。

三、运用情境教学方法需要注意的三个问题

情境教学法具有直观性强,易于调动学生参与教学的积极性等优点,但任何方法的运用都应当服务于教学内容本身,把握适当的尺度,否则会过犹不及。我们认为,实施情境教学法应当着重避免以下三个问题:

1.避免娱乐化倾向

情境教学应当充分利用各种现代教育技术来增强教学内容的吸引力、感染力,但教育技术的运用,不能以牺牲教学内容的理论深度为代价,不能为了抓住学生的吸引力,而降低对教学内容的理论要求,走入偏重形式化、娱乐化的误区。

"概论"课的理论性较强,课程的真正魅力不在于形式上的眼花缭乱,而在于理论的彻底性和说服力,在于让大学生真正体会到毛泽东思想和中国特色社会主义理论体系在分析当代中国现实问题时的解释力。因此,在教学过程中,视频播放、课堂展示、话剧表演等活动形式只能适当采用,不宜冲击正常的教学内容,更不宜喧宾夺主,使"概论"课形式化、娱乐化、空洞化,丧失实质性的内容。向大学生灌输马克思主义理论是思想政治理论课的主要任务,高校思政课改革应当围绕这个核心任务来进行。多种教学方法的运用,目的是增强马克思主义的吸引力和感染力,引起学生对马克思主义的兴趣,引导学生自觉主动地认同和掌握马克思主义,这才是采用情境式教学模式的真正目的。如果仅仅是让学生把"概论"课当成一种"有趣"的娱乐活动,把"概论"课上成电影欣赏课、话剧表演课,"概论"课的真正目的和教育价值就在这样的娱乐氛围中消失殆尽了。

2.避免破坏教学体系的整体性

"概论"课的大部分内容都可以采用情境教学法,但需要注意的是,情境教学法的运用不应当打乱教学内容的系统性、整体性。在教学过程中选择恰当的时机引入和创设情境,目的是引起学生的学习兴趣,深化教学的理论深度,而不是让各种情境充斥整个教学过程,导致真正应该讲授的内容支离破碎。

邓小平理论、"三个代表"重要思想、科学发展观之所以可以囊括在中国特色社会主义理论体系之内,就是因为"这几个重大理论成果在思想路线、理论主题和基本观点上具有内在的统一性"①,"同马克思列宁主义、毛泽东思想是

---

① 陈占安:《论中国特色社会主义理论体系的内在统一性》,《思想理论教育》,2008 年第 15 期。

坚持、发展和继承、创新的关系"①。对于毛泽东思想和中国特色社会主义理论体系的学习,必须着重把握这种内在统一性。只有让学生建立起关于中国特色社会主义理论体系的整体概念,才能增强学生对这一理论的认同。习近平指出,"只有学懂了马克思列宁主义、毛泽东思想、邓小平理论、'三个代表'重要思想、科学发展观,特别是领会了贯穿其中的马克思主义立场、观点、方法,才能心明眼亮,才能深刻认识和准确把握共产党执政规律、社会主义建设规律、人类社会发展规律,才能始终坚定理想信念"②。

3. 避免丢失课堂教学的主导权

"90后"大学生的参与意识、主体意识较强,许多教师在实施情境教学法时也强调要发挥大学生的积极性和主体作用。我们认为,课堂教学的确必须调动起学生参与的积极性,对于学习活动而言,学生无疑是主体,但对于课堂教学而言,教师应当居于主体地位,起到主导教学过程的作用,否则就背离了教育的本义。虽然"90后"大学生思想活跃、知识面广,在教学中进行引导的难度增加,给教师带来了极大的挑战,但不应因此就放弃对教学的主导权。有的教师让学生分工来讲授教材的内容,这在一定程度上可以加深学生对教材内容的理解,但不宜作为一种主要的教学方法,把讲台完全让给学生。而且受各种错误思潮的影响,学生中的思想状况是比较复杂的,他们对教材内容的理解容易出现偏差,深度也不够,即使让学生参与教学,也必须以加强教师的引导作用为前提。因此,我们认为,在课堂教学中应当调动学生参与教学活动的积极性,但作为一项原则,不应放弃教师对教学的主导权。

---

① 习近平:《紧紧围绕坚持和发展中国特色社会主义 学习宣传贯彻党的十八大精神——在十八届中共中央政治局第一次集体学习时的讲话》,北京:人民出版社,2012年,第5页。
② 习近平:《在中央党校建校80周年庆祝大会暨2013年春季学期开学典礼上的讲话》,北京:人民出版社,2013年,第7页。

通过搭建三个平台来用心设计每一堂课

概论教研中心　熊卫平

【摘　要】　教学中每个专题的设计都应该是通过搭建知识、智慧、情感三个平台来逐一展现的。知识平台是一个老师与学生分享资讯的过程；智慧平台是老师与学生进行思维共享的过程；情感平台是老师与学生进行心灵启迪的过程。这就要求老师在每次授课时都要做到人到、心到、情到。

从事教学工作几十年以来，最大的感受就是已经不知道怎么去总结自己的教学经验了。记得最初学开车的时候总是见一个司机就打听开车的技巧，就希望能够快一点入门，结果得到的答复几乎都是大同小异，没有什么技巧应该是凭感觉吧。因此我今天就根据教研室布置的任务作为一个老教师谈谈这么多年上课的感觉吧。

每一堂课其实都是由教师自己负责完成的一件作品，这个作品从前期的构想到最后的呈现都体现了教师个人的知识、智慧与情感的付出，因此每一次课如果作为一件作品来说也就是通过搭建知识、智慧、情感这三个平台来逐一展现的。

首先，第一个平台是知识平台，这是一个教师与学生分享资讯的过程。

毛泽东思想和中国特色社会主义理论体系概论这门课程有一个最大的特点就是与时俱进，因为它是和时代同一脉搏跳动的。因此每次上课前针对本次课堂与学生分享的信息都要注重它的时效性、针对性及代表性。时效性主要是指根据中国目前的发展趋势要不断地刷新资讯，能够让学生接收到与社会发展同步的信息；针对性一方面是指提供的信息必须与本次专题有契合点，同时也是为了对后续两个平台搭建提供思考的依据；代表性则是因为每次课时的有限无法提供全部的内容，必须挑选其中有代表性的信息呈现于课堂，尽管选择当下的最新信息更能够引起学生的兴趣，但是围绕专题的主线索寻找关键词应该是最符合要求的。这需要教师投入大量的时间通过各种渠道采取各种方式进行搜集与筛选。

那么在这个平台搭建上教师的作用会是什么呢？在一个网络如此发达的时代，各类信息的透明与公开会让学生与教师在信息的获取及掌握上有一定的趋同性，甚至教师以前所储存的知识都不再具有某种预设的优势，哪怕是历史的资料在当下网络时代也是可以轻松获得。因此作为一个负责任的教师必须让自己针对每一次课程先储存多倍的信息量以备教学使用。只有这样才能弥补教师在知识的前期储存上的优势不足，此时教师的真正优势应该是教师是有备而来的。同时，教师也只有通过课前的充分准备来保证更好地应对在课堂上可能会出现的师生间信息不对称的情况，毕竟面对上百个学生所拥有的信息量作为教师占有的可能并不是很完整，这是一个很正常的现象也是作为教师应该具备的课堂应变能力，因为课堂本身就应该是师生间及学生间信息交流的平台。

如在设计中国国情的专题时，围绕着什么是初级阶段的社会主义？如何建设初级阶段的社会主义？通过定性与定量两个角度先为学生提供较为详细的中国国情的最新资料，从经济的、政治的、文化的、社会的、历史的、社会性质的、全球化的、自然环境的、军事的等各个方面展现出一个宏观的场景。在这个宏大的背景之下如何进行选择性地讲解就需要教师寻找关键词作为切入点，如中国特色社会主义的总依据、总布局、总任务及"三个没有变"。建设中国特色社会主义，总依据是社会主义初级阶段，总布局是五位一体，总任务是实现社会主义现代化和中华民族伟大复兴。我国仍然处于并将长期处于社会主义初级阶段的基本国情没有变，人民日益增长的美好生活需要和不平衡不充分的发展之间的矛盾这一社会主要矛盾没有变，我国是世界最大发展中国家的国际地位没有变。

又如在设计"三农"问题与中国新型城镇化建设的专题时，先将中国的城乡二元结构进行直观的描述，可以从数据、图片等着手。关键词可以集中在农民收入增加，农业现代化及农村社会形态的发展，特别是注重当下精准扶贫与农民主体地位的关系分析。针对新型城镇化的建设可以提供可对比的资料，既体现中国传统城镇化的特点，又介绍西方国家城镇化的经验与教训，从而强化当下中国城镇化是与新的科学发展理念、绿色发展、现代互联网时代城市发展的全新布局相对应的。其目的是保证做到打破二元结构，形成优势互补、利益整合、共存共荣、良性互动的局面，全面拉动农村发展，决不能以牺牲农村的发展来谋求城镇的进步。

又如在设计和谐社会与中国社会治理创新的专题时，以中国发展到特定阶段的社会不和谐因素为导入,分析中国社会发展的滞后已经对社会全面发展产生了阻力,可以通过几个有代表性的案例来启发学生的思维。如医患矛盾、拆违中的纠纷、棚户区改造中各方利益的冲突等等。关键词可以放在和谐社会需要和谐的价值观,"一变五增"的社会结构变化以及社会管理向社会治理的转变。新中国成立以来,中国社会结构的大调整让社会治理变得复杂而多变,我国的社会管理面临着"一变五增"的新情况,即老体制下的职工逐步弱化了对单位的过分依赖,由"单位人"向"社会人"转变;新兴的多种所有制成分的"无主管"企业增多;外来人员、流动人员的比例增加;下岗、失业人员增多;老龄人口增多;贫困人群增多。社会组织形态的全面转变带来了政府与公众关系模式的深刻变化,迫切要求转变政府管理方式。因此一个顺势而变的社会如何能够真正确保人民安居乐业、社会安定有序、国家长治久安是一个需要社会共同参与的问题。

其次,第二个平台是智慧平台,这是一个教师与学生进行思维共享的过程。

在第一个信息平台的基础上进行论证、推理、分析并产生认知这是一个充满了思辨的过程,也是课程设计中最能体现教师引导性与提升学生兴趣的过程。无论是一般的因果推理或有分歧的辩论都需要引导学生积极地参与。因此在信息共享的基础上教师可以在这个环节开始设计一些课堂提问让学生自己对已经提供的信息进行分析与总结,哪怕这种讨论对于本次课堂并没有统一的结论,但其本身也是一次思想的交锋。学习的过程就是学习的内容,学习的方法就是学习内容,教师最后总是可以引导学生回归或捍卫常识,这恰恰也是思维本身的归宿。

那么在这个平台上教师的作用是什么呢?教师对信息的预设性及信息把握的较完整性上可以保证对接下来的分析先提供合理的路径。如在中国国情的专题设计中,如果第一平台是为了了解中国,那么现在就是一个开始理解与接受的过程了。其实只要在思考的角度上从静态思维转换到动态思维,很多问题就会豁然开朗。作为一个社会主义中国为什么会处于一个长期的初期阶段,这是一个自己主动抑或是被动的选择都受制于当时社会现实的判断。其实每个个体人生的成长经历同样也只能对现实作出判断与选择,因此这既是一个国家的思维模式,也是一个个体的思维模式,这也是教育所赋予的意义,那就是培养出学会思考的学生。其实,大学教育培养的已经不再是单纯的学生,而是为社会提供各个行业的管理者或从业者,教会一种思考方式才会陪伴其成长的每个阶段。无论是面对生活、事业或其他的挑战人类至今两大思考逻辑的矛盾一直存在，它在中国国情的理解上将会更具有说服力，那就是理论逻辑希望我们选择做应该做的，即社会主义应该是什么样的，但是实践逻辑却教会我们做能够做的，即社会主义社会应该是什么样的，这种在理论逻辑与实践逻辑的碰撞中感悟学习本身的价值会比课程内容本身更具有长期的意义。

如中国"三农"问题与新型城镇化建设的专题设计中，把改革开放初期的中国摆在国际化的背景进行分析就会发现，这种城乡及地区的差异确实与国内的一部分人、一部分地区先富起来的理念有关系，但同时也是由国际分工带来的必然结果。因为 20 世纪 80 年代国际产业结构的大调整，把大量的加工制造业往西太平洋地区转移，这就使我国的东部沿海地区赶上了一个参与国际分工的机会。作为沿海地区较发达的工业基础，以及较高水平的劳动力资源以及交通、通信等各方面的比较优势，使得参与国际分工的机遇更多地落在了东部沿海地区。而无论是中国的农业还是西部地区都没有机会及时融入这次世界产业的重新调整中。而同时并进的市场经济也对社会资源配置方式产生了改变，西部地区与农村的劳动力资源以及其他资源开始源源不断地向东部沿海地区转移，乡镇企业的发展也对农村的产业格局带来了深刻的影响。因此，这种二元（城乡及区域）的经济结构的现象如果能够从国际分工、市场经济、乡镇企业发展等合力作用的层面着手也许更能让学生感受到历史的必然。只有这种对于客观事实的充分接受才会让人们更专注于问题本身的解决，即已经这样了我们应该如何来解决问题。

如在和谐社会与社会治理创新的专题设计中也尽可能让学生进入情景模拟或社会角色扮演，以求解社会矛盾化解中的困境，即不同的利益主体对自身利益追求中与社会利益的冲突，以及在各种利益主体的协调中如何去寻求一种平衡。因为从社会管理转向社会治理的过程就是一个政社分离，充分调动全社会各种资源的过程，这种社会平台的构建恰恰体现了每一个社会成员的责任与义务，文明、理性的社会应该是社会问题由社会来解决。管理的智慧本身就是一个整合社会智力的过程，相信整个课堂的百名学生可以体现一定的社会综合智力水平，这种课堂内部的智力整合也是一个社会智力整合的缩影。

最后，第三个平台是情感平台，这是教师与学生之间进行心灵启迪的过程。

这是一个教师教学理念的最终体现。教学追求的是什么？有人说教育是为了震撼心灵、开启智慧和健全人格。鲁迅说教育是要立人；苏格拉底说教育不是灌输而是点燃火焰；康德认为教育是个体自我设计、自我选择、自我构建、自我评价的过程。康德认为人只有通过接受教育才能成其为人，人完全是教育的结果。人性的崇高和人类的伟大是由教育造成的,教育是养成人的一种活动。康德除了主张教育要培养人的一般本性(普遍理性)、以人类的大同理想为目的以外,他特别强调的是道德教育,认为最高的教育目的不是知识的传授和智力的发达,乃是道德的完善,因此在教学中追求道德的认同是每一堂课设计时都必须体现的目的。而作为毛泽东思想和中国特色社会主义理论体系概论的课程更能够在这个平台上展现它独特的魅力,那就是学生的个人前途与这个社会命运的息息相关。比如,当我们在面对这门课程的意义解读时,尽可能地引导学生关注历史总要往前发展的,当管理这个国家的责任摆在"60后""70后""80后""90后"以及目前的"00后"面前时(这是我经历过的或正在经历的学生),你能够做出怎样的判断与决策,这种情感上的代入会让学生体会到责任。因为这门课程的宏观性使得在政策层面上更多地关注全局的、长远的、战略性的问题,这可以让学生摆脱个别的、眼前的思维的局限性,从而更好地培养一种使命感,因为国家宏观层面的管理理念有着其他管理无法超越的思维高度。

那么在这个平台教师的作用是什么呢?课程的意义及老师的教学理念是支撑每个教师在这个平台上付出努力的基础。

如在中国国情专题的设计中,中国特色社会主义的宏伟愿景最终指向的是中华民族伟大复兴,是中国梦的实现。而中国梦的思想内涵是国家富强、民族振兴、人民幸福。说明这是一个民族的使命也是历史赋予每代人的责任。如何将中国特色社会主义的理想目标、中华民族的伟大复兴与每个个体的前途、命运建立关联这是对学生爱国主义、家国情怀培养的真正动力所在。

在"三农"问题与中国新型城镇化建设专题的设计时,面对中国农业、农村、农民几千年历史的沧桑,面对当下中国社会发展的成就,如何体现社会的良知这是一个需要注入感情的问题。无论是悲悯、同情、帮助与关怀或者是社会的公平与公正,这种点点滴滴的情感渗透都能够让学生感受到人之为人的情怀,特别符合浙江大学的定位,因为一流大学培养的学生要更多地体现对社会的关爱及奉献。

在和谐社会与中国社会治理创新专题的设计中,面对社会的分歧与矛盾,我们如何真正意义上从对自身的约束中体现对社会规则的尊重。在人与人、人与社会关系的处理中,"己所不欲勿施于人"讲究的是你想别人怎么对你就先这样去对待别人,你不想别人怎么对你就不要这样去对待别人。因此,你希望社会是有秩序的,那就不在于别人是否坚守规则而是你应该是坚守的人,这种来自内心的道德力量是能够突破大量的道德两难困境的。

如果第一个平台是摆问题的,那么第二个平台就是找方法,而第三个平台应该就是谈责任的。这是一个人成长所需要的完整内容,而每次课堂其实都可以作为这一成长过程的见证。

因此,每一次课程的设计都是一次教师与学生在三个平台上交流的过程,这是一次知识的分享、智慧的共享、情感的共鸣,每次课程的意义都取决于教师在课程引导中的准确介入。教师应该做到人到、心到、情到,在课程的设计中作为教师必须具有充分的职业自信,无论哪个专业哪个课程的教学都应该是教师将自己的知识与人生与学生进行分享,所以并不存在什么课好讲什么课不好讲的问题,因为人与人的互动过程是一个全方位整体性交流的过程,并不是一门课程的信息量这么简单。作为教师的语言魅力、形象设计以及表述过程中语言的前后排列都是让一门课产生吸引力的原因。哪怕有再多的代沟,最终都是归于人性、人格、人品的感悟,这应该是可以跨越任何沟通障碍的。如果真要说有什么困惑应该就是教师自身如何去追求言传身教的境界,一个无法说服自己相信自己所传授的信息的人是无法让学生产生共鸣的,也是很难进行有说服力的论证的,当然就更无法想象能够在精神层面上让学生有代入感,所以教师的职业自信是一门课程设计的根本。

同时,教学过程也是一个需要控制的过程。教师在教学中无论面对什么样的情景都需要做出有效的控制和管理,这种教学过程中的管理既是时间上的、内容上的,也是形式上的。如果在信息平台上学生表现得不是很有兴趣那就让学生进行适当的补充;如果在论证过程中学生对有些结论并不是很愿意接受那就将课堂还给学生,让他们进行适当的辩论,这是一个思维方式的碰撞也是一个趋于求同存异的过程;如果在情感上的交流并不能代入学生的情绪那就让学生与教师一起分享几个案例,因为讲故事是一个最能激活兴趣及产生代入感的方法。因此教师要做好随时将课堂还给学生的准备,这在时间点上就要求教师有更好的控制课堂节奏的能力。无论是情境的设计还是问题的引领都是教师在课程设计中的技巧。

总之,每次课程的设计都是教师编、导、演的三位一体,编就是课前的充分准备与精心设计;导就是如何与每个课堂不同的学生进行现场交流时的方法的运用过程;演就是教师在主角与配角中的准确切换,如果让学生成为主体教师就要懂得配合引领,如果是内容讲述的过程就得让自己充满情绪保证对学生产生吸引力。因此教师的每一次课都是体力与智力及情感的付出,虽然辛苦但却充实。

关于提高"中国近现代史纲要"

课程教学质量的思考

纲要教研中心　段治文

【摘　要】 在新时代思政课教学大环境日趋向好的背景下,思政课教师自身要将不断提高教学质量作为主攻方向,推动思政课供给侧结构性改革。"中国近现代史纲要"作为重要的思政课之一,要实现创造性教学成效,一是要坚持以内容为大,创建具有启发性的紧扣主题、围绕主线的课程教学体系;二是要立足课程实际,探索具有实效性的"三个通、两个结合"的教育教学方法;三是要夯实研究根基,推进具有创新性的"五个研究"并进的科研基础体系。

【关键词】 "中国近现代史纲要";课程教学体系;教育教学方法;科研基础体系

"中国近现代史纲要"课程(以下简称"纲要"课)的教学和研究,经过多年努力,取得了良好成效。但我们也要看到,"纲要"课在教学内容、教学方法等方面仍然存在一些比较突出的问题,需要进一步研究解决。笔者认为,在提高"纲要"课教学体系质量这篇供给侧结构性改革的大文章中,建构好系统完整的理论教学体系、探索好科学有效的教育教学方法、推进好创新性的学术研究和学科建设尤为重要。

一、紧扣主题、围绕主线,构建课程教学体系

当前,"纲要"课在对教学内容的把握上存在着两个特殊问题。第一,一些老师对课程性质的把握仍然不够准确,导致内容侧重点把握不准。有的老师

把它讲成了历史课,而不是思政理论课,侧重点放在历史事实和历史细节的过度描述上,而不是放在理论分析和价值引领上。第二,课程内容覆盖面不符合要求。由于过度讲授历史细节导致课时不够,加上担心与"毛泽东思想和中国特色社会主义理论体系概论"课内容重复,于是,一些老师把授课重点放在近代历史部分,有的只讲到 1956 年甚至只讲到 1949 年。这两个问题的产生都与教师对教学内容的把握不够有关,其结果是导致课程目标无法很好地落实,既未能达到政治理论教育的目的,又未能给学生一个完整系统的"纲要"课理论体系,也就无法实现"为学生一生的成长奠定思想基础"的目标要求。

面对以上问题,我们必须清醒地认识到,"纲要"课程不是纯粹的历史课,它是要通过历史的学习达到思想政治理论教育的目的。只有真正贯彻和落实好思政理论课的要求,第一个问题才能得到解决,才能真正回到思想政治理论课的轨道上来,而且第二个问题也才能随之而解,就不会停留在细枝末节的历史叙述和考证上,而是明确主题和主线,宏观把握史纲,充分利用有限的课时。为此,创建具有启发性的、紧扣主题、围绕主线的课程教学体系,显得极为重要。

为此,我们首先要深入领会中国近现代救亡图存背景下,实现民族独立、国家富强和人民幸福的这一主题,这是准确把握课程性质以及贯穿全部中国近现代历史进行思想政治理论教育的钥匙。中国近代历史不是从社会内部自然产生的,而是在西方列强坚船利炮侵略下被动开始的。各个阶级包括地主阶级、农民阶级、资产阶级都为救亡图存提出了自己的方案,做出了自己的尝试,力图找到一条道路走出历史的沼泽地,然而最后都以失败告终。历史的重任就这样落到有马克思主义理论指导的先进的中国共产党人身上。中国共产党明确提出民族独立、国家富强、人民幸福的初心使命,这也就成为中国近现代社会变革的主题。"纲要"课教学必须紧紧围绕这一主题展开。也只有建立在这一主题基础上的"纲要"课教学,才能起到价值引领的功效,才能真正把握好马克思主义这一中国社会变革的指导思想、中国共产党这一中国社会变革的领导力量、马克思主义中国化这一中国社会变革的途径、社会主义这一中国社会变革的方向以及改革开放这一中国社会变革"关键一招"等等重大理论问题。在把握好这个主题的前提下,准确把握中国近现代史演变的理论演进和实践演进这两条主线,这是贯穿"纲要"课全部内容的逻辑线索。围绕着追求民族独立、国家富强和人民幸福的主题,"纲要"课教学应该沿着两个主线逻辑展开,一是讲清楚中国人民为什么选择马克思主义、为什么选择中国共产党、为什么选择社会主义、为什么选择改革开放这一理论主线;二是讲清楚中国革命、建设和改革进程中,中国共产党从领导进行新民主主义革命实现中国人民"站起来"、领导进行社会主义建设和社会主义改革实现中国人民"富起来"、进一步到领导新时代中国特色社会主义现代化强国建设推进中国人民"强起来"的这一历史实践主线。在这其中做好理论与实践相结合,理论阐释和实践阐述同步推进,实现大学生对中国近现代史纲要作为政治理论课的全部内容和要求的把握。

在以上主题主线引领下,我们可以构建一个系统的专题理论教学体系:一、中国近代社会变革的发端——两个历史落差的转换与影响;二、中国社会变革的早期探索——近代先进人士寻求国家出路的尝试;三、中国社会变革指导思想的形成——历史选择了马克思主义;四、中国社会变革领导力量的产生——历史选择了中国共产党;五、中国社会变革根本途径的确立——马克思主义中国化的历史推进;六、中国新民主主义革命与社会变革——中国人民从此站起来了;七、中国社会变革的正确方向——历史选择了社会主义;八、中国社会变革的关键一招——历史选择了改革开放;九、中国特色社会主义建设与改革——中国人民从此富起来了;十、新时代、新思想与新变革——习近平新时代中国特色社会主义领导中国人民走向"强起来"的美好未来。教师只有充分把握好以上主题、主线和系统的专题理论教学体系,才能够真正落实教学要求,增强教学实效。

二、推进"三个通、两个结合",创新教育教学方法

要紧扣主题、围绕主线,把专题理论教学体系讲活讲透,真正实现"纲要"课教学目标,并取得创造性的教学成效,我们认为,教师自身不仅理念要新,而且视野要广,要做到古今通、中外通和多学科融通,还要做到理论与历史结合、历史与现实结合。

第一,"古今通、中外通和多学科融通",这是拓宽教学新视野、开辟教学新境界的重要方法。

首先,要做到"古今通"。所谓"古今通"就是要把握历史脉络,运用历史的大视野来讲清楚中国近现代历史演进和理论演进的逻辑,推动学生在宏观的历史把握中,感受历史意境,领会历史真谛,提升历史智慧。比如,要明确中国近现代历史的主题,必须要对"中国近现代历史是怎么开始的?"这一重要背景问题进行把握,而要把握好这一问题,必须对鸦片战争前的中外历史打通进行理解。这其中,需要把握好两个历史落差的转换,第一个历史落差是古老中国

的辉煌文明与西方的"望尘莫及";第二历史落差是清朝中期迅速衰落而西方迅速崛起。正是在这两个历史落差转换背景下,殖民地遍布全球的"日不落帝国"英国通过外交手段、经济手段、鸦片手段到武力手段四个阶段,最终打开了中国的大门,中国近现代历史由此展开。只有在"古今通"的大视野中感受中国近代历史开始的状况和特点,才能进一步理解中国近现代救亡图存的历史使命。又比如中国近现代历史中,通过宏观的历史把握去领会五个阶段道路的探索找到了一条中国特色社会主义道路,这就是,近代伊始照搬英美的道路导致资本主义道路探索的失败;中国共产党成立之初照搬俄国人的路导致大革命和第五次反"围剿"的失败;大革命失败后走自己的路实现了新民主主义革命的胜利;新中国成立以后一度照搬苏联的路导致社会主义建设的严重曲折;改革开放开始继续走自己的路实现了中国特色社会主义建设的成功实践。这种古今历史打通的教学能够让学生更清楚看到,什么时候从实际出发,实事求是,坚定地走自己的路什么时候就成功,什么时候照搬别人的路什么时候就失败,这有利于我们清醒认识到中国特色社会主义道路自信是历史的结论。

其次,要做到"中外通"。所谓"中外通"就是要打通中国与世界,进一步在更广阔的视域中来开拓历史新视野。比如,要深入领会马克思主义在中国是历史的必然选择,既要把握中国近代历史的思想演变,又要把它放到世界历史背景中进行分析。由此我们可以看到,中国近代探索资本主义道路失败促使历史指向社会主义;中国近代空想社会主义思潮演进内在导向社会主义;同时,第一次世界大战导致西方资本主义危机,进一步推进社会主义思潮在西方的兴起,这样,四股历史强力的同时趋进,再加上十月革命的样板,这样"中外通"的历史把握就能让我们清楚得出马克思主义在中国是唯一选择这一历史的必然结论。又比如要分析中国特色社会主义进入新时代,推进全面深化改革,就既要讲清楚中国内部从追求物质文化到追求美好生活带来的新要求,又要讲清楚"百年未有之大变局"下来自外部世界的各种风险挑战,这样内外结合的分析才能更好地看到"两个一百年"奋斗目标以及中华民族伟大复兴中国梦实现的使命要求。

再次,要做到"多学科融通"。所谓"多学科融通"就是要用多学科方法来打开学生的思维空间,拓展学科的视野。用多学科来思考中国近现代历史的演进,会让学生得到许多意想不到的启发,会带领学生用更广阔的学科视野分析历史,得到收获,使学生的学习真正有"获得感"。比如可以用文化学来思考近代开始的 80 年历史的逻辑演进。近代中国在西方列强轰开中国大门之后,中国人开始睁眼看世界,进一步寻找中国出路,由此经历了洋务运动器物的学习阶段,到戊戌变法和辛亥革命体制改良与革命阶段,再到新文化运动人的改造阶段,其中展现了文化学关于器物、制度、文化心理三个层次变革的演进。又比如用心理学分析近代改革者"十字街头与塔"的心灵处境。鲁迅说:假如一间铁屋子,是绝无窗户而万难破毁的,里面有许多熟睡的人们,不久都要闷死了,然而是从昏睡入死灰,并不感到就死的悲哀。现在你大嚷起来,惊起了较为清醒的几个人,使这不幸的少数者来受无可挽救的临终的苦楚,你倒以为对得起他们吗? 这"几个人"就是中国先进的知识分子,他们坚定地站到了历史的"十字街头",去呐喊去呼唤,要求变革,但是周围的人"昏睡将入死穴当中",没人响应,他们感到孤立无援,没有支持力量,于是退到了"象牙塔"里,但是毕竟他们是中国的知识分子,社会责任感和历史使命感迫使他们不可能在"塔"里面长久待下去,于是他们又一次坚定地走出"塔"来,站到"十字街头"去呼唤变革,然而"十字街头"的情境"依然如故",最终一部分知识分子又退到"塔"里去了,而另一些知识分子干脆把"塔"建到"十字街头",让自己永远处在"十字街头"对得起自己的良心,又永远处在"塔"里面不痛苦,这种孤立无援、身心憔悴、心灵分裂的状况,只有用心理学去分析和感受。另外还有很多可以用多学科进行分析,比如用社会学角色原理分析陈独秀既是中国共产党的总书记又是共产国际的支部书记的角色冲突导致的决策错位,成为大革命失败的原因之一;用军事学揭示毛泽东持久战、游击战战略在世界军事史上的地位;用经济学分析新中国成立初期解决金融危机的出色表现;用政治学分析毛泽东赴重庆谈判的高超决策和领袖风范;甚至用美学分析去展现近代中国人面对民族危亡不断进取、自强不息,表现出的悲壮而崇高的美学悲剧精神。

第二,"理论与历史结合、历史与现实结合",这是提升教学实效的必然要求。

首先,"理论与历史结合",让学生学得有"趣"。用历史来讲理论最有说服力,也最能激发学生的兴趣。通过讲故事讲历史,让历史说话,把历史讲"活",来推进学生理论素养的提升,增强学生的学习兴趣。比如通过回到历史源头揭示马克思主义是唯一的选择,来坚定对马克思主义理论的信念。通过对孙中山和袁世凯的较量也就是资本主义与封建主义的较量,揭示中国走资本主义共和道路行不通的道理。通过毛泽东青年时期坚定"读有字之小书",寻求救国救民的真理,又"读无字之大书","踏着人生和社会实际说话",说明理论与实际相结合的重要性。通过对毛泽东、陈独秀、王明学生时代展现出的学风比较,论述走马克思主义中国化道路的正确性。通过毛泽东"杀开一条血路"到农村去走农村包围城市的道路与邓小平"杀开一条血路"冲破姓"资"姓"社"

的束缚推进改革开放,论述走中国特色的民主革命道路和中国特色社会主义建设道路的正确性。

其次,"历史与现实结合",让学生学得有"用"。让历史面对现实,通过历史来启迪现实,提升历史智慧,最能激发学生学习历史,了解国情,把握现实和未来的动力。比如通过历史的把握特别是从"站起来""富起来""强起来"的历史成就,揭示今天坚持党的领导和坚持与完善中国特色社会主义制度的重要性,增进制度自信;通过两次国共合作的统一战线的分析比较,展望未来海峡两岸统一的重要性及趋势;通过中国近现代历史的变革展望国家治理体系和治理能力现代化的必然要求;通过中国特色的民主革命道路探索和中国特色社会主义道路探索,反思自我如何根据自身家庭出生、教育背景、兴趣爱好、知识结构等实际情况走自己的路的重要性;通过从社会主义建设、改革到全面深化改革的历史整体分析,帮助学生确立科学的历史观;通过毛泽东提出"两个务必",分析其中包含对我国几千年历史治乱规律的深刻借鉴、对我们党艰苦卓绝奋斗历程的深刻总结、对胜利了的政党永葆先进性和纯洁性、对即将诞生的人民政权实现长治久安的深刻忧思,揭示今天加强党的自身建设的深远意义等等。加强现实关切,是"纲要"课的活力之源。通过历史与现实的结合,引领学生透过历史表象,揭示历史真谛,并带领学生走出历史,带着历史智慧,既掌握了国情和现实,又把握住未来。由此才能让"纲要"课真正成为有趣又有用的课。

三、做好"五个研究",建构支撑教学的科研基础体系

要达到以上对主题和主线的准确把握,实现"三个通、两个结合"的教学方法要求,教师需要付出艰苦的努力。教师努力的根本途径之一是开展扎实的学术研究。我们坚信,有研究才有底气,有底气才有自信,有自信才有激情,有激情才有气场。思政理论课气场的形成根源于我们对马克思主义理论深刻的热爱和精深的研究,真正做到用研究说话,用学术讲政治。为此,我们认为,加强以下"五个研究",建构"纲要"课创造性教学的科研基础体系极为重要。

第一,加强对马克思主义理论课程的整体性研究。把握好马克思主义理论课程的整体性要求是我们"纲要"课教师开展研究的前提。也就是要把"纲要"课放到马克思主义理论课程体系中去做整体性思考。在各思政理论课的关系中,"马克思主义基本原理"是阐述马克思主义基本理论的课,它为所有思政理论课提供理论基础;马克思主义理论在中国的传播并与中国实际相结合

以解决中国革命、建设和改革问题的历程及其经验,就是"中国近现代史纲要"课的基本内容;而马克思主义基本理论与中国实际相结合过程中实现马克思主义中国化的理论成果就是"毛泽东思想与中国特色社会主义理论体系概论"课的要求;运用马克思主义理论及其中国化的理论成果解决大学生思想和德育等问题就成为"思想道德修养与法律基础"课的内容。只有对各门思政理论课的关系做整体把握,才能认清马克思主义理论是根本,是研究的基础;也只有在对马克思主义理论学科进行整体把握,特别是深入研究马克思主义基本理论的基础上,才能深刻认识中国近现代史基本问题的内涵要求,也才能把握好"纲要"课的方向。

第二,加强对马克思主义经典理论的研究。马克思主义基本理论以及马克思主义中国化的创新理论是指导"纲要"课教学的根本和灵魂,离开了这个根本和灵魂,"纲要"课就不成其为思政理论课,也就无法把握中国近现代史基本问题,要研究中国人民在中国共产党领导下选择社会主义、走中国特色社会主义道路的历史进程及其经验也就无从谈起。习近平早在 2013 年 3 月在中央党校建校 80 周年庆祝大会上指出:"只有学懂了马克思列宁主义、毛泽东思想、邓小平理论、'三个代表'重要思想、科学发展观,特别是领会了贯穿其中的马克思主义立场、观点、方法,才能心明眼亮,才能深刻认识和准确把握共产党执政规律、社会主义建设规律、人类社会发展规律。"①2019 年 10 月,习近平同志在《求是》上发表文章,再次强调:"要重温经典,感悟马克思主义的真理力量,坚定马克思主义信仰,追溯马克思主义政党保持先进性和纯洁性的理论源头,提高全党运用马克思主义基本原理解决当代中国实际问题的能力和水平。"②所有这一切都要求"纲要"课教师要读经典、学理论,打好扎实的马克思主义理论基础,这是"纲要"课实现创造性教学的根本保证。

第三,加强对中共党史特别是党的文献的研究。中国共产党是中国近现代历史演变的领导力量,因此,中国近现代史基本问题和中共党史学科是紧密相连和相通的,要把握中国近现代史基本问题和"纲要"课的重点、难点、热点理论问题,必须要加强对中共党史的研究。特别是要加强研读党在各个历史时期的文件选集和文献选编;要加强研读毛泽东、邓小平、江泽民、胡锦涛、习近平以及各个时期其他领导集体成员的基本著作和重要论述;要加强研读有关中国共产党的各类历史资料集。"认真研读和充分、恰当地利用这些文献,

---

① 习近平:《习近平谈治国理政》(第一卷),北京:外文出版社,2018 年,第 404-405 页。
② 习近平:《学习马克思主义基本理论是共产党人的必修课》,《求是》,2019 年第 22 期。

对坚实中国近现代史基本问题研究的学科建设的根基大有裨益。"①也将会大大促进"纲要"课的教学。2010 年 7 月 21 日,在全国党史工作会议上,习近平指出,要深入研究党的历史,"充分发挥党的历史以史鉴今、资政育人的作用,是党和国家工作大局中一项十分重要的工作。"②并且提出,要牢牢把握党的历史发展的主题和主线、主流和本质,旗帜鲜明地揭示中国共产党在中国的领导地位和核心作用形成的历史必然性;揭示党在革命、建设、改革各个历史时期领导人民所取得的伟大胜利和辉煌成就,揭示党在长期奋斗中积累的宝贵经验。这无疑是"纲要"课教师创造性教学实践的指导思想。

第四,加强对中国近现代史的研究。中国近现代史基本问题学科和"纲要"课程虽然不是从中国近现代史学科中分离出来的,它的学科性质与中国近现代史不同,但它毕竟是从中国近现代史研究基础上发展起来的。也就是说,"纲要"课程要讲清楚中国近现代史基本问题,要讲清楚中国近现代历史发展的规律和经验教训,要讲清楚中国人民在中国共产党领导下选择马克思主义、选择社会主义、走中国特色社会主义道路的历史进程和主要经验,坚定中国共产党领导下走中国特色社会主义道路的决心和信心,就必须加强对中国近现代史这个基础的研究。中国近现代史基本问题研究和"纲要"课的教学"是以历史学科中的中国近现代史研究为基础的,是中国近现代史研究深化的产物","是在全面汲取中国近现代史研究领域已有研究成果的基础上,从深化马克思主义理论研究特别是马克思主义中国化理论研究的需要出发,进一步从理论上研究中国近现代史的基本问题。"③因此,脱离了中国近现代史的研究,中国近现代史基本问题的研究以及"纲要"课的教学就会成为无源之水和无本之木。2014 年 10 月 13 日,中共中央政治局就我国历史上的国家治理进行集体学习时,习近平强调:"我们不是历史虚无主义者,也不是文化虚无主义者,不能数典忘祖、妄自菲薄。"只有加强对中国近现代史的研究,让历史史实说话,才能使中国近现代史基本问题研究和"纲要"课教学建立在翔实准确的史料支撑和史学研究基础上。

第五,加强对学生心智特点和思想状况的研究。"纲要"课作为对大学生进行思想政治教育的主渠道之一,它与一般的知识性、专业性课程不同,它不

---

① 仝华:《研读党的文献,坚实学科建设根基——关于"中国近现代史基本问题研究"学科建设》,《马克思主义理论学科研究》,2015 年第 1 期。

② 《全国党史工作会议在京举行》,《人民日报》,2010 年 7 月 22 日。

③ 宋俭:《关于中国近现代史基本问题研究学科属性的思考》,《思想理论教育导刊》,2010 年第 8期。

仅要有一般的专业知识传授,更重要的是要对学生进行思想启发和价值引导,因此,它必须遵循思政理论课教学规律和学生成长规律,增强思想性、理论性和针对性。这就要求加强对学生的心智特点和思想状况的把握。大学生正处在人生观、价值观和世界观养成的关键时期,他们对现实问题兴趣浓厚,对政治问题又非常关切,但因心智还不够成熟,理论功底还不够深厚,面对各种思想文化交流和交锋,往往很难有全面深刻的认识。这就要求我们用科学的理论去教育、去引导,打牢学生成长的科学思想基础。因此,关注大学生思想动态,把握大学生群体特点,开展有的放矢的教学,注重启发性教育,引导学生发现问题、思考问题、分析问题,进而解决问题,就显得极其重要。

总之,加强对马克思主义理论学科的整体性研究是学科发展和开展创造性教学的前提;加强对马克思主义基本理论和经典的研究是学科发展和开展创造性教学的根本;加强对中共党史以及党的文献研究是学科发展和开展创造性教学的核心;加强对中国近现代史的研究是学科发展和开展创造性教学的基础;加强对学生思想动态的研究是学科发展和开展创造性教学的要求。只有这样建构起支撑教学的综合全面的科研基础体系,夯实研究根基,才能真正开辟"纲要"课创造性教学新境界。

探寻历史原脉，坚定大学生"四个自信"

纲要教研中心　段治文

【摘　要】 坚定中国特色社会主义道路自信、理论自信、制度自信、文化自信，是新时代推进中国特色社会主义事业不断发展的根本要求。自信源于自觉，中国近现代史基本问题中深刻地蕴含着"四个自信"的历史线索。这些逻辑线索包括：五个阶段探索找到了中国特色社会主义道路；五大历史课题回答实现了马克思主义中国化的理论创新；四个时期发展奠定了中国特色社会主义政治制度；四次历史性转变推进了中国特色社会主义文化与现代化。探寻这些历史原脉和逻辑线索，是增进大学生的历史自觉，进一步实现大学生"四个自信"的重要途径，也是中国近现代史基本问题学科发展的历史责任和时代价值所在。

【关键词】 中国近现代史基本问题；逻辑线索；历史原脉；四个自信

习近平同志指出："要坚持中国特色社会主义道路自信、理论自信、制度自信、文化自信，坚持党的基本路线不动摇，不断把中国特色社会主义伟大事业推向前进。"①如何坚定这"四个自信"？ 我们认为，自信源于自觉！中国近现代史基本问题中蕴含着清晰的"四个自信"的历史线索，其中五个阶段探索找到了中国特色的社会主义发展道路；五大历史课题回答实现了马克思主义中国化的理论创新；四个时期发展奠定了中国特色社会主义政治制度的基础；四次历史性转变推进了中国特色社会主义文化与现代化。厘清这些历史逻辑线索，探寻历史原脉，实现历史自觉，是坚定大学生"四个自信"坚实的理论和认识基础。

---

① 习近平：《在庆祝中国共产党成立 95 周年大会上的讲话》，《人民日报》，2016 年 7 月 2 日。

一、道路自信：五个阶段探索找到中国特色社会主义发展道路

习近平同志指出："党员干部要坚定马克思主义、共产主义信仰，脚踏实地为实现党在现阶段的基本纲领而不懈努力，扎扎实实做好每一项工作，取得'接力赛'中我们这一棒的优异成绩。"①要坚定中国特色社会主义道路自信，要"把践行中国特色社会主义共同理想和坚定共产主义远大理想统一起来。"②道路自信源于道路自觉，中国特色社会主义道路是 170 多年来中国人民在前进道路上不断探索得来的。这 170 多年的道路探索可以分成五个阶段，其中深刻蕴涵着走中国特色社会主义发展道路是历史的必然的结论。

第一，走（照搬）英美道路与旧民主主义革命的失败。中国古代具有辉煌的文明，曾经很长时间走在世界的前列，中国人对中国古代文明和发展道路有充分的自信。但是曾经从自信到自满，进而走向自闭，从此衰落不可避免。1840 年，第一次鸦片战争轰开了中国的大门，把中国轰进了一片历史的"沼泽地"，在这一片半殖民地半封建的历史"沼泽地"里，是难以生存下去的，必须找到一条出路，走出历史"沼泽地"、实现中华民族独立与富强。中国道路的近代探索从此开始。然而，我们企图照搬一条英美的道路，从洋务运动、戊戌变法到辛亥革命，最终因为资产阶级共和国方案脱离中国国情，水土不服，而导致失败。

第二，走（照搬）俄国人的路与中国共产党早期的两次失败。"风从东方来"，西方资产阶级民主道路在中国行不通，十月革命一声炮响，给中国送来了马克思主义。在早期中国共产党人的努力下，开始把马克思主义基本理论与中国工人运动相结合，创建了中国共产党。中国共产党成立以后，开始了新民主主义革命道路的探索。由于力量弱小和经验不足，我们走了俄国人的路。其时，走俄国人的路是对的，俄国也是帮助我们搞革命的，但是，我们照搬了俄国人的路，"唯书唯上"，照搬马列本本和教条，出现了把马克思主义关于无产阶级社会主义革命的一般规律理论照搬和运用到半殖民地半封建的中国的错误做法，进而认为中国的新民主主义革命应该与西方一样必须由资产阶级领导，以陈独秀为代表，试图通过"二次革命"进入社会主义；"二次革命"论及其实践失败以后，党内又出现了照搬列宁主义和俄国革命的经验的做法，以王明

---

① 习近平：《习近平谈治国理政》（第一卷），北京：外文出版社，2018 年，第 153 页。
② 习近平：《习近平谈治国理政》（第一卷），北京：外文出版社，2018 年，第 11 页。

为代表，试图实现新民主主义革命和社会主义革命"毕其功于一役"，直接跨入社会主义。两次照搬导致了两次大失败。这两次失败，中国共产党都几乎"散伙"，其中根本原因就是没有走自己的路。

第三，走自己的路与新民主主义革命的胜利。1927年大革命失败后，中国共产党认识到，中国革命要想取得成功的话，必须走出一条自己的路，换言之，必须把马克思主义理论与中国革命实践相结合，将共产国际的指挥与中国革命的实际情况以及国情相结合。这其中考验着共产党人的智慧。为此，毛泽东坚定地上井冈山，到农村去，发动群众、壮大力量、巩固政权、准备起义，而不是盲目地在城市里暴动，由此从客观上冲破了当时的体制，创造了走自己的路的条件。中国革命的最终胜利就是这条农村包围城市道路的胜利。

第四，走（照搬）苏联人的路与社会主义建设道路探索的曲折。1949年新中国成立后，我们开始探索由新民主主义向社会主义社会过渡和社会主义建设的道路。在这一过程中，我们走了苏联人的路。可以说，当时走苏联的路是对的，苏联人也是帮助我们搞建设的，但是，我们照搬了苏联人的路，再次表现出"唯书唯上"的做法，一方面照搬马克思、恩格斯关于在发达国家建设社会主义的本本和教条，不顾中国生产力发展落后的实际，直接进入建设高级社会主义的阶段；另一方面又照搬苏联的计划经济体制，甚至照搬中国革命时期的经验，大搞阶级斗争和群众运动，从而使得中国社会主义建设出现严重挫折。可以说，把马克思主义对未来高级社会主义的设想以及高度计划的苏联模式照搬到落后的中国实际当中来建设，势必导致脱离实际、超越阶段、跑步进入共产主义的严重后果，在生产力还不发展、物质财富极其匮乏的情况下实行按需分配，其结果只能是贫穷的社会主义。

第五，走自己的路与中国特色社会主义道路的成功实践。1978年，邓小平再次回到现实，重新认识社会主义本质，深刻阐述了社会主义本质首先是要发展生产力；同时重新认识我国社会主义发展阶段，深刻揭示出我国仍然处在社会主义初级阶段。在此基础上，坚定地从实际出发，实事求是，通过40多年的改革开放，推动了中国特色社会主义道路的全面形成，进一步取得了中国特色社会主义实践的伟大成就。

总之，中国特色社会主义道路是中国人民在前进的道路上不断探索得来的，它是中国革命、建设、改革发展的历史的结论。五个阶段的道路探索给我们以深刻的历史启示，那就是，什么时候从实际出发，实事求是，走自己的路，什么时候就成功，什么时候不这么做，什么时候就失败，这是历史的结论，也是中国革命、建设、改革道路探索的规律所在。这无疑是我们今天坚定中国特色社会主义道路自信的坚实的历史基础。

二、理论自信：五大课题回答实现中国特色社会主义理论创新

习近平同志指出："只有学懂了马克思列宁主义、毛泽东思想、邓小平理论、'三个代表'重要思想、科学发展观，特别是领会了贯穿其中的马克思主义立场、观点、方法，才能心明眼亮，才能深刻认识和准确把握共产党执政规律、社会主义建设规律、人类社会发展规律，才能始终坚定理想信念，才能在纷繁复杂的形势下坚持科学指导思想和正确前进方向。"①毛泽东思想、邓小平理论、"三个代表"重要思想、科学发展观以及习近平新时代中国特色社会主义思想是马克思主义中国化进程中对五大历史课题的回答产生的五大理论创新，是真正在解决中国的历史课题中形成的，这是坚定中国特色社会主义理论自信坚实的理论基础。

第一，在回答"什么是马克思主义，怎样对待马克思主义"这一历史性课题中，创造性地形成了马克思主义中国化的第一个理论成果——毛泽东思想。马克思主义传入中国并成为中国共产党人的指导思想时，中国共产党人就必须回答"什么是马克思主义，怎样对待马克思主义"这一课题，因为如果这个课题不回答的话，那么，这个马克思主义就是西方的马克思主义，就是苏联的马克思主义。为了探索中国革命的客观规律，实现民族解放和民主革命的胜利，以毛泽东同志为代表的中国共产党人坚定地高举起了把马克思主义中国化的大旗，创造性地提出了马克思主义中国化的第一个理论成果就是毛泽东思想。正如毛泽东在《反对本本主义》一文中就鲜明地指出的："马克思主义的'本本'是要学习的，但是必须同我国的实际相结合。我们需要'本本'，但是一定要纠正脱离实际情况的本本主义。"②正是从实际出发，实事求是，坚决反对本本主义，实现了马克思主义中国化的第一个理论创新。

第二，在回答"什么是社会主义，怎样建设社会主义"这一历史课题中，创造性地形成了马克思主义中国化的又一理论成果——邓小平理论。新中国成立以后，百废待兴，特别是社会主义制度建立后，在落后的中国究竟怎样建设社会主义，成为摆在中国共产党面前的新的时代课题。在回答这一课题过程

---

① 习近平：《在中央党校建校 80 周年庆祝大会暨 2013 年春季学期开学典礼上的讲话》，《人民日报》，2013 年 3 月 3 日。

② 《毛泽东选集》（第 1 卷），北京：人民出版社，1991 年，第 111－112 页。

中,我们曾走了弯路。"文化大革命"结束后,以邓小平同志为代表的中国共产党人提出"实事求是,一切从实际出发,理论联系实际,坚持实践是检验真理的标准,这就是我们党的思想路线。"[①]从而在进一步弄清楚"什么是马克思主义,怎样对待马克思主义"的基础上,回答了在中国这个经济文化落后国家"什么是社会主义,怎样建设社会主义"的这一世纪性难题,实现了马克思主义中国化的再次理论创新。

第三,在回答"建设什么样的党,怎样建设党"这一历史课题中,形成了马克思主义中国化的第三个理论成果——"三个代表"重要思想。党的十三届四中全会以后特别是20世纪90年代,新阶段新形势把我们党推到了一个新的历史方位,摆在党面前的新的时代课题,就是要进一步探索党的执政规律和执政党的建设规律,巩固党的执政地位,也即要回答好"建设什么样的党,怎样建设党"这一新的时代课题。以江泽民同志为核心的党中央进行了长期的深入思考,系统而科学地揭示了在对外开放和社会主义市场经济发展后,世情、国情、党情发生重大变化情况下,如何保持党的先进性、巩固党的执政地位、推动执政党现代化等一系列重大课题,创造性地提出了"三个代表"重要思想,实现了马克思主义中国化的又一理论创新。

第四,在回答"实现什么样的发展,怎样发展"这一历史课题中,形成了马克思主义中国化的第四个理论成果——科学发展观。党的十六大以来,摆在中国共产党面前的新的时代课题就是要回答"实现什么样的发展,怎样发展"。以胡锦涛为总书记的中国共产党人在深入思考这一时代课题,在解决我国社会经济建设、政治建设、文化建设、社会建设的一系列重大问题过程中,提出了以人为本为核心的科学发展观这一重大的创新理论,对新时期我国社会的发展目的、发展动力、发展模式、发展理念、发展思路、发展主体等一系列问题作了详细解答,从而矫正历史,明确方向,开创了马克思主义中国化的新局面。

第五,在回答"新时代坚持和发展什么样的中国特色社会主义,怎样坚持和发展中国特色社会主义"这一新的历史课题中,形成了马克思主义中国化的最新理论成果——习近平新时代中国特色社会主义思想。党的十八大以来,国内外形势变化和我国各项事业发展都给我们提出了一个重大时代课题,这就是必须从理论和实践结合上系统回答新时代坚持和发展什么样的中国特色社会主义、怎样坚持和发展中国特色社会主义,包括新时代坚持和发展中国特色社会主义的总目标、总任务、总体布局、战略布局和发展方向、发展方式、发

---

① 《邓小平文选》(第3卷),北京:人民出版社,1993年,第278页。

展动力、战略步骤、外部条件、政治保证等重大问题,并且要根据新的实践对新时代发展各领域各方面作出理论分析和政策指导,以利于更好坚持和发展中国特色社会主义。围绕这个重大时代课题,以习近平同志为核心的党中央坚持辩证唯物主义和历史唯物主义,紧密结合新的时代条件和实践要求,以全新的视野深化对共产党执政规律、社会主义建设规律、人类社会发展规律的认识,进行艰辛理论探索,形成了习近平新时代中国特色社会主义思想的重大理论创新,并实现了向中国特色社会主义现代化强国的推进。

总之,毛泽东思想、邓小平理论、"三个代表"重要思想、科学发展观、习近平新时代中国特色社会主义思想是中国共产党人运用马克思主义观点、方法,不断解决中国革命、建设、改革过程中出现的历史课题过程中产生出来的,是真正中国化的马克思主义,是指导我们中国未来发展方向的根本,是马克思主义中国化不断推进的理论成果。可以说,在中国,坚持了马克思主义中国化的理论成果,就是坚持了马克思主义。这正是我们坚定中国特色社会主义理论自信的坚实的理论基础。

三、制度自信:四个阶段发展奠定中国特色社会主义政治制度

习近平同志指出:"设计和发展国家政治制度,必须注重历史和现实、理论和实践、形式和内容有机统一。要坚持从国情出发、从实际出发,既要把握长期形成的历史传承,又要把握走过的发展道路、积累的政治经验、形成的政治原则,还要把握现实要求、着眼解决现实问题,不能割断历史,不能想象突然就搬来一座政治制度上的'飞来峰'。"①中国共产党成立一百多年来,坚持从中国的历史、国情出发,通过新民主主义革命、社会主义建设和社会主义改革的不断实践,创造性地探索到了符合国情的中国特色社会主义政治制度,其中展现出了深刻的不断演进的逻辑进程。

第一,中国共产党早期对民主政治制度的选择与开启。1840 年鸦片战争打开中国的国门,从此,中国的先进人士就开始睁眼看世界,并在实践中探索救亡图存和中国现代化的出路,最早形成了对西方资产阶级民主政治的诉求,然而,这些尝试或失败或幻灭。十月革命后,经过五四新文化运动洗礼的一批进步知识分子开始关注苏俄,关注社会主义运动,关注马克思主义理论,建立

---

① 习近平:《在庆祝全国人民代表大会成立六十周年大会上的讲话》,《人民日报》,2014 年 9 月 6 日。

一个犹如苏维埃俄国般劳动群众当家做主人的政治和社会制度，成为先进分子的理想。早期中国共产党人初步探讨了民主政治的具体内涵和奋斗目标。中共一大党纲提出"承认无产阶级专政"。① 中国共产党成立后，在中国革命的实践中，中国共产党人逐渐对中国的民主政治进行了自己的思考。1922年9月，《向导》发刊词曾明确指出："近代民主政治，若不建设在最大多数人的真正民意之上，是没有不崩坏的。"② 党发布的《中国共产党对时局的主张》公开提出要以"民主政治"代替"军阀政治"。③ 早期中国共产党人认识到了国家民主和基层民主关系，并且首次实践了人民民主的第一个模式。党在1922年就发出了"各民主派举行联席会议并建立民主主义联合战线"的呼吁。1925年，在党的主张下，中国共产党和中国国民党共同发起了"国民议会促成会"。中国共产党人探索的民主模式从此有了它的萌芽形态。

第二，中国共产党局部执政时期对民主政治制度的探索与培育。土地革命时期，党领导根据地人民开辟了工农革命根据地，建立了中华苏维埃共和国，中国共产党第一次在局部地区执政，进行了新民主主义民主制度建设。工农民主专政的中华苏维埃共和国实际上是新中国政权的雏形。正如毛泽东所说，"苏维埃政权的民主发展到了这样的程度，实在是历史上任何政治制度不曾有的。"④抗日战争时期，党的民主制度实践由"工农民主专政的苏维埃共和国"发展为"各革命阶级联合专政的新民主主义共和国"。苏维埃区域的政权建设进入了新的历史阶段——抗日民主政权的阶段，苏维埃工农民主演变为抗日人民民主。中国共产党领导人民在抗日根据地建立了三三制政权的国家民主。正如邓小平指出的"三三制政权的实质是民主问题"，"这不仅是今天敌后抗战的最好政权形式，而且是将来新民主主义共和国所应采取的政权形式"。⑤ 中国共产党领导下的抗日根据地建立了真正的民主模式，成为当时中国的"民主高地"。

第三，社会主义过渡和建设时期对民主政治制度的奠基与实践。中国共产党人及时总结新民主主义革命实践的经验教训，适时将实践经验升华为相应的制度加以实施。从而在新民主主义的实践中，确立了新民主主义的各项民主制度。新中国实现了人民民主专政，这是我国社会主义民主制度的根本

---

① 《建党以来重要文献选编》（第1册），北京：人民出版社，2011年，第1页。
② 《中共中央文件选集》（第1册），北京：中共中央党校出版社，1989年，第568页。
③ 《建党以来重要文献选编》（第1册），北京：人民出版社，2011年，第91页。
④ 《中央革命根据地史料选编》（下册），南昌：江西人民出版社，1982年，第309页。
⑤ 《邓小平文选》（第1卷），北京：人民出版社，1994年，第8页。

表现和组织形式,也成为中国特色社会主义民主制度的根本基础。在人民民主专政的基础上,具体形成了我国的人民代表大会制度,这是我国的根本政治制度。同时又创造性地建立了中国共产党领导的多党合作和政治协商制度、形成了广泛的基层民主自治制度,两者共同成为我国的基本政治制度。与此同时,在民族问题上,实行了民族区域自治制度,既使所有少数民族都能享受自治权利,维护本民族的民主权益,真正使各族人民群众都实现当家作主,都能广泛参与国家和本民族内部事务的管理,又保证了中华民族的大团结和国家政治的统一,成为民主实现形式的伟大创造,被称为"史无前例的创举"。

第四,改革开放新时期中国特色社会主义政治制度的成型与创新。十一届三中全会以后,民主运行恢复了正常秩序,党的十三大提出不断推进政治体制改革、发展社会主义民主政治的基本思路。① 党的十四大进一步完善人民代表大会制度,提出"逐步形成深入了解民情、充分反映民意、广泛集中民智的决策机制";党的十五大把"建设有中国特色社会主义的政治"作为社会主义初级阶段基本纲领的重要组成部分;党的十六大提出了"实现社会主义民主政治的制度化、规范化和程序化"的要求,并首次提出建设"社会主义政治文明";党的十七大第一次完整地阐述了"中国特色社会主义政治发展道路"。党的十八大对中国特色社会主义民主进行了崭新的布局,并首次提出"社会主义协商民主制度"。特别是党的十八大以来,以习近平同志为核心的党中央紧紧围绕坚持党的领导、人民当家作主、依法治国有机统一,加快推进社会主义民主政治制度化、规范化、程序化,建设社会主义法治国家,发展更加广泛、更加充分、更加健全的人民民主。党的十九届四中全会通过了《中共中央关于坚持和完善中国特色社会主义制度,推进国家治理体系和治理能力现代化若干重大问题的决定》,进一步实现了中国特色社会主义制度的成熟和定型。这一切标志着中国特色社会主义政治制度的全面形成和重要创新。

总之,中国共产党成立近百年来,通过不屈探索,中国特色社会主义政治道路内涵越来越清晰,目标也越来越坚定。四个阶段不断探索和实践奠定了中国特色社会主义政治制度。这正是今天我们对于中国特色社会主义制度自信坚实的历史基础。

---

① 《十三大以来重要文献选编》(上),北京:人民出版社,2011年,第39页。

四、文化自信：四次历史转变推进中国特色社会主义文化现代化

习近平同志指出："中国产生了共产党，这是开天辟地的大事变。这一开天辟地的大事变，深刻改变了近代以后中华民族发展的方向和进程，深刻改变了中国人民和中华民族的前途和命运，深刻改变了世界发展的趋势和格局。"①中国共产党领导完成了四次历史性转变，"这是中国共产党人认识世界、改造世界的伟大创举，是根本改变中华民族命运、深刻影响人类历史进程的伟大变革。"②推进了中国特色社会主义文化现代化的发展。

第一，20世纪40年代末实现了社会转折，即从原来的半殖民地半封建的动荡的社会到民族独立、主权确立并实现人民当家作主的新社会的历史性转变。1949年新中国的成立，这是中国近代以来的重大变化，是20世纪以来自辛亥革命实现的第一次历史性巨变之后第二次历史性巨变的开端，它结束了中国近百年来半殖民地半封建的历史。从此，中国人民改变了半殖民地半封建的历史状况，民族独立了，人民当家作主了，这无疑是一个巨大的社会转折。换言之，帝国主义殖民中国的历史从此结束了，中国人民从此站立起来了；帝国主义、封建主义、官僚资本主义三座大山压迫中国人民的历史从此结束了，人民当家作主的共和国从此建立起来了；军阀割据、战乱频仍的历史从此结束了，中国集中力量从事现代化建设的机遇从此开始到来了。从此，中国社会发生着根本性的改变，中国人民正式开始向社会主义的社会文明进发。

第二，20世纪50年代完成了制度转变，即从新民主主义革命到社会主义革命和建设的历史性转变。1956年党的八大的召开，标志着社会主义制度在中国的确立，这是20世纪以来第二次历史性巨变的又一表现。如果说1949年开始完成了前所未有的社会转折，实现了民族独立和人民当家作主，那么，1956年社会主义制度的建立则是明确了社会主义现代化发展的方向，为中华民族的富强奠定了制度基础，也形成了社会主义社会的制度文明。

第三，20世纪70年代末开始的经济体制转轨，即"从高度集中的计划经济体制到充满活力的社会主义市场经济体制、从封闭半封闭到全方位开放的

---

① 习近平：《在庆祝中国共产党成立95周年大会上的讲话》，《人民日报》，2016年7月2日。

② 《中共中央关于加强和改进新形势下党的建设若干重大问题的决定》，《人民日报》，2009年9月28日。

历史性转变。"①20 世纪 70 年代末,以邓小平同志为核心的中国共产党人毅然决然地领导了改革开放,从此开始了 20 世纪来中国第三次历史性巨变。通过改革开放和社会主义现代化建设,充满活力的社会主义市场经济体制开始确立,从而改变了原来封闭半封闭的政治经济格局,形成了全方位开放的新格局。中国人民从此富裕起来了,由此奠定了中华民族伟大复兴的坚实的物质基础,也形成了社会主义社会发展的强大的物质文明。

第四,21 世纪初开始的经济社会发展模式转换,即从主要重视经济发展到全面建设小康社会的历史性转变。2002 年党的十六大第一次确立全面建设小康社会的目标,这是一个理想社会的目标,是一场以人为本的文化变革,进一步推进了以人为本为核心的科学发展观的形成与实践;2012 年党的十八大全面推进"五位一体"的建设,进一步开始了协调推进"四个全面"的战略布局,从此开启了中国特色社会主义现代化建设的新征程;2015 年党的十八届五中全会制定了在"创新、协调、绿色、开放、共享"五大发展理念指导下的全面建成小康社会的战略部署。2017 年党的十九大对我国社会主要矛盾进行了深刻认识,进一步实现了从追求"物质文化"到追求"美好生活"的转变。这是一场涉及经济社会发展模式转换的第四次历史性转变,是一场涉及全面深化改革的文化变革,最终要实现的是现代化的社会整合与社会和谐。

总之,中国共产党成立近百年来领导完成的社会转折、制度转变、经济体制转轨、发展模式转换,这四次历史性转变体现了中国特色社会主义文化现代化发展的历史进程和发展规律,展现的是全方位的文化变革,是对社会主义现代化建设规律认识的深化,是对富强、民主、文明、和谐、美丽的社会主义现代化的追求,体现的是对社会主义文化现代化的充分自信。

综前所述,中国共产党成立近百年来,领导中国人民通过五个阶段探索找到了中国特色社会主义道路,这是我们实现道路自信的坚实基础;通过五大历史课题回答形成了中国化马克思主义理论体系的创新,这是我们实现理论自信的坚实基础;通过四个阶段探索形成了中国特色社会主义政治制度,这是我们实现制度自信的坚实基础;通过四次历史性转变推进了中国特色社会主义文化现代化,这是我们实现文化自信的坚实基础。进一步推进中国特色社会主义伟大事业,必须在这样的历史基础上进行,也只有在这样的实现对中国特色社会主义道路自信、理论自信、制度自信、文化自信基础上,才能坚定信念、

---

① 《中共中央关于加强和改进新形势下党的建设若干重大问题的决定》,《人民日报》,2009 年 9 月 28 日。

明确方向、不忘初心、继续前进。中国近现代史基本问题的教学和研究，就是要通过把握这样的历史逻辑线索、探寻历史的原脉、揭示其中的历史规律，使大学生的"四个自信"建立在深厚的历史基础上。也只有这样，才能真正肩负起中国近现代史基本问题教学与研究工作的使命，也才能真正体现中国近现代史基本问题研究学科的历史责任和时代价值。

培养学生"对其本国已往历史之温情与敬意"

——关于"中国近现代史纲要"教学的一点思考

纲要教研中心　董海樱

【摘　要】 "中国近现代史纲要"课程既是一门思想政治理论课,也是一门历史课,培养学生对历史保持"温情与敬意"非常重要。教师在传道授业解惑之外,还要向学生传递一种情怀,即对国家的热爱和对本民族历史文化的认同。历史研究需要治史者理性客观,而好的授史者还需力求"心灵的沟通"和"情感的共鸣"。

【关键词】 中国近现代史纲要;"温情与敬意";文化认同

"中国近现代史纲要"课程(下文简称"纲要")作为一门思想政治理论课,承担着对大学生进行马克思主义理论教育的任务。同时,"纲要"课也是一门历史课,不仅让学生了解中国近现代历史的基本史实,更为重要的是提高学生"运用科学的历史观和方法论分析和评价历史问题、辨别历史是非和社会发展方向的能力"。[①] 除此之外,"纲要"课程还要培养学生对历史保持"温情与敬意",增强学生对国家、民族历史文化的认同和热爱,深刻理解中华民族生生不息背后的历史文化精神。

一、"对其本国以往历史之温情与敬意"的涵义

"对其本国以往历史之温情与敬意",是钱穆(1895—1990)最早在《国史大纲》[②]一书开篇所言。他在该书卷首郑重其事地提出了对待历史的四条信念:

---

① 《中国近现代史纲要》(2018年版),北京:高等教育出版社,2018年,第3页。

② 《国史大纲》是钱穆在西南联大期间完成的一部中国通史,1940年6月由商务印书馆出版,出版后成为当时各个大学通用的历史教科书。

"凡读本书请先具下列诸信念：

一、当信任何一国之国民，尤其是自称知识在水平线以上之国民，对其本国已往历史，应该略有所知。否则最多只算一有知识的人，不能算一有知识的国民。

二、所谓对其本国已往历史略有所知者，尤必附随一种对其本国已往历史之温情与敬意。否则只算知道了一些外国史，不得云对本国史有知识。

三、所谓对其本国已往历史有一种温情与敬意者，至少不会对其本国历史抱一种偏激的虚无主义，【即视本国已往历史为无一点有价值，亦无一处足以使彼满意。】亦至少不会感到现在我们是站在已往历史最高之顶点，【此乃一种浅薄狂妄的进化观。】而将我们当身种种罪恶与弱点，一切诿卸于古人。【此乃一种似是而非之文化自谴。】

四、当信每一国家必待其国民具备上列诸条件者比数渐多，其国家乃再有向前发展之希望。否则其所改进，等于一个被征服国或次殖民地之改进，对其国家自身不发生关系。换言之，此种改进，无异是一种变相的文化征服，乃其文化自身之萎缩与消灭，并非其文化自身之转变与发皇。"[1]

钱穆对待历史的这四条信念，因《国史大纲》一书的《引论》[2]提前发表而始为人知、引起关注，之后随着《国史大纲》于 1940 年 6 年由商务印书馆出版，更是受到学界普遍好评。其中的第三点，即"对其本国已往历史有一种温情与敬意"，蕴含了他对国家民族前途命运的深刻思考。

在战乱频仍、国难当头之际，国家的希望何在？这个厚重的问题一直盘桓在钱穆心头。于是，他撰写《国史大纲》，试图通过展示中国从上古到 20 世纪中叶的历史演变，寻求中国历史治乱盛衰的原因和民族之精神。正如该书所言："治国史之第一任务，在能于国家民族之内部自身，求得其独特精神之所在"。[3] 这种"独特精神"就是以儒家为主导的优秀文化传统。

五四之后，在文化激进主义思潮的影响下，传统文化受到猛烈冲击。国难当头、民族危亡之际，钱穆先生提出对历史保持"温情与敬意"，事实上是向世人呼吁：重新认识和评估传统文化，增强对传统文化的认同感。正基于此，这部著作在当时知识分子与青年学子中间起到了很好的文化聚力作用，也使得

---

① 钱穆：《国史大纲》(再版)，北京：商务印书馆，1997 年。

② 在《国史大纲》出版前，钱穆这篇"引论"约 2 万字，已发表在《中央日报》(昆明版)上，一时引起学界的极大关注。

③ 钱穆：《国史大纲·引论》，北京：商务印书馆，1997 年，第 11 页。

抗战中流亡精英分子能够从该著作中汲取力量,不畏强敌,继续抗争。

钱穆还特别强调"对其本国已往历史有一种温情与敬意",可以使我们避免出现三种错误的思想倾向,即"偏激的历史虚无主义"、"浅薄狂妄的历史进化观"和"似是而非的文化自谴论"。这些表述,今日读来,仍有振聋发聩之感。虽然钱穆生活的时代与我们现在的时代已截然不同,但是如何看待本民族的历史文化,增强对本民族历史文化的认同感,依然是非常重要的命题。

对于"纲要"授课老师来说,向学生传递对历史的"温情与敬意",使学生确立正确的历史观也就成为教学的一个非常重要目标。

二、"纲要"课如何向学生传递对历史的"温情与敬意"?

钱穆所言"对其本国已往历史有一种温情与敬意者",包含两重内涵,即"温情"与"敬意"。所谓"温情",即对本民族国家历史有着深厚情感。所谓"敬意",即对本民族国家历史有恭敬之情。

首先,"纲要"课教师要向学生传递对历史的"温情",即要使学生对民族国家产生深厚的情感,须先使学生对本民族国家的历史有深入的认识。

钱穆在《国史大纲·引论》中写道:"且人类常情,必先'认识'乃生'情感'。""若一民族对其已往历史无所了解,此必为无文化之民族。此民族中之分子,对其民族,必无甚深之爱"。[1] "故欲其国民对国家有深厚之爱情,必先使其国民对国家已往历史有深厚的认识。欲其国民对国家当前有真实之改进,必先使其国民对国家已往历史有真实之了解。我人今日所需之历史知识,其要在此。"[2] 在钱穆看来,要使国民爱国,必先使国民真正了解本国家(民族)的历史。

历史的过程是客观存在,而客观性是历史的存在形式之一,也是历史的本质特性之一。那么,如何使学生对历史有深入的认识?

第一,"纲要"课教师自己必须对历史有一个全面、整体、客观的认识。唯有如此,学生通过教师的传授才有可能避免片面、局部和主观地看待历史。

"纲要"课教师一般都是学历史出身,有自己专攻的研究领域,然而,中国近现代历史所涉及的人物、事件、问题非常多。如果教师仅仅掌握自己本研究领域的专题,是不足以上好这门课的。除了"专",授课教师还要"博",不仅知

---

① 钱穆:《国史大纲·引论》,北京:商务印书馆,1997 年,第 2 页。
② 钱穆:《国史大纲·引论》,北京:商务印书馆,1997 年,第 3 页。

识储备要深厚,而且还要时时追踪学界相关领域的最新研究动态,具有广阔的研究视域。

在课堂上,教师授课的内容既"博"又"专":"博",可以从宏观上把握历史发展大势、来龙去脉;"专",可以透过某一历史细节,让历史鲜活起来。这样才能令学生"折服"。

第二,"纲要"课教师要善于运用"了解之同情"的方法"还原"历史,为学生深入认识历史提供一种视角和思路。

"了解之同情"这一说法,最先出自陈寅恪的《冯友兰中国哲学史上册审查报告》(下文简称《报告》)。陈寅恪在报告中说:"凡著中国古代哲学史者,其对于古人之学说,应具了解之同情,方可下笔。盖古人著书里说,皆有所为而发。故其所处之环境,所受之背景,非完全明了,则其学说不易评论,而古代哲学家去今数千年,其时代之真相,极难推知。吾人今日可依据之材料,仅为当时所遗存最小之一部,欲藉此残余断片,以窥测其全部结构,必须备艺术家欣赏古代绘画雕刻之眼光及精神,然后古人立说之用意与对象,始可以真了解。所谓真了解者,必神游冥想,与立说之古人,处于同一境界,而对于其持论所以不得不如是之苦心孤诣,表一种之同情,始能批评其学说之是非得失,而无隔阂肤廓之论。否则数千年前之陈言旧说,与今日之情势迥殊,何一不可以可笑可怪目之乎?"[1]

从上述这段文字可知,陈寅恪提出对历史"了解之同情"的关键在于要"设身处地"地了解古人所处的环境,"神游冥想",与古人处于同一境界,如此这般才能"对于其持论所以不得不如是之苦心孤诣,表一种之同情。"

此外,陈寅恪还提醒大家"了解之同情"也很容易带来危险,因为"此种同情之态度最易流于穿凿附会之恶习"。正如他在《报告》所言:"但此种同情之态度,最易流于穿凿傅会之恶习。因今日所得见之古代材料,或散佚而仅存,或晦涩而难解,非经过解释及排比之程序,绝无哲学史之可言。然若加以联贯综合之搜集及统系条理之整理,则著者有意无意之间,往往依其自身所遭际之时代,所居处之环境,所熏染之学说,以推测解释古人之意志。由此之故,今日之谈中国古代哲学者,大抵即谈其今日自身之哲学者也。所著之中国哲学史者,即其今日自身之哲学史者也。其言论愈有条理统系,则去古人学说之真相

---

① 陈寅恪:《冯友兰中国哲学史上册审查报告》。该报告于 1931 年 3 月先期发表于《学衡》杂志第 74 期。参阅桑兵:《"了解之同情"与陈寅恪的治史方法》,载《社会科学战线》2008 年第 10 期,第 98—109 页。

愈远。"①

其次，"纲要"课教师要通过自己的教学使学生对历史除了有"温情"还需心怀"敬意"。

"敬意"一词最早出自《汉书·礼乐志》，基本含义是恭敬的心意。② 由此可知，钱穆先生在此要表达的是对历史的一种恭敬之情、一种敬畏之心。在他看来，只有对历史保持"温情与敬意"，才有可能避免出现"偏激的历史虚无主义"、"浅薄狂妄的历史进化观"和"似是而非的文化自谴论"这三种错误的思想倾向。

当下，有些教师为了抓住学生的眼球，玩"穿越"，不惜把自己装扮成古人。虽然这种做法没有推广的意义，但是我们可以在课堂上引导学生"穿越历史"，通过各种巧妙的教学设计让学生置身于波澜壮阔的中国近现代历史场景中，使得学生能够设身处地对古人产生"了解之同情"，加深对历史的认识。但是，同时我们也要提醒同学，要对古人产生"了解之同情"，必须以确凿的史料为基础，切忌主观臆想、天马行空，随意"戏说"历史。

最后，"纲要"课教师向学生传递对历史的"温情与敬意"，最终的目的是使得学生对本民族的历史文化产生认同感，深刻理解中华民族生生不息背后的历史文化独特之精神，从而对我们自身文化生命力确立更加坚定的信念。

在20世纪30年代抗战最为艰难的时期，钱穆先生意识到此时的中国人需要一种共同的精神，而这种精神源于文化的认同。因此，在国难当头，史学家的责任不仅仅是做好历史研究，而且还要通过治史，为国人找到一种共同的精神，唤起国人对民族文化的认同感。这是作为史学家的钱穆所体现出来的一种担当意识和强烈的社会责任感。

回到当下，我们国家已处在"从站起来、富起来到强起来的历史性飞跃"。然而，增进国人的"文化的认同"和"坚定文化自信"仍旧是我们现今进行文化建设中的两个重大命题。文化认同是文化自信的基础和源泉。文化认同过程之中产生文化自信，文化的自信又带来更高层面的文化认同。

那么，"纲要"课教学如何传递这种照应现实而又源自历史的情怀？在我看来，教师在组织教学时，通过从内容到形式的创新和辅助媒介的运用，形成

---

① 陈寅恪：《冯友兰中国哲学史上册审查报告》。该报告于1931年3月先期发表于《学衡》杂志第74期。参阅桑兵：《"了解之同情"与陈寅恪的治史方法》，载《社会科学战线》2008年第10期，第98—109页。

② 《汉书·礼乐志》："盖嘉其敬意而不及其财贿，美其欢心而不流其声音。"

"三个层面的呼应",即教师授课与学生理解的呼应、今人对古人"了解之同情"的呼应、现实问题与历史追根溯源的呼应,从而实现从"情感的共鸣"到"认知的升华"。

三、小　结

钱穆先生在《国史大纲.引论》中提出"对其本国已往历史之温情与敬意",对于我们推进"纲要"课程的教改,有着非常重要的启迪。概言之,就是教师在传道授业解惑之外,还要传递一种情怀,即对国家民族历史文化的认同与热爱。钱穆还提到:"一民族文化之传统,皆由其民族自身递传数世、数十世、数百世血液所浇灌,精肉所培壅,而始得开此民族文化之花,结此民族文化之果,非可以自外巧取偷窃而得。"①

历史研究需要治史者力求理性客观,而好的授史者还需力求"心灵的沟通"和"情感的共鸣"。

以上是笔者关于如何在"纲要"课教学使学生"对其本国已往历史"保持"温情与敬意"的一点点思考,求教大方。

---

① 钱穆:《国史大纲·引论》,北京:商务印书馆,1997 年,第 32 页。

论历史情境教学在"中国近现代史纲要"课教改中的应用

纲要教研中心　董海樱

【摘　要】　历史情境教学是历史教学中运用十分普遍的一种有效方法。在"中国近现代史纲要"课(下文简称"纲要"课)的教学改革中,我们需要厘清"史与论"的关系,充分运用历史情境教学法,引导学生全课程主动参与演绎历史,建构高效的课堂互动学习模式,进一步提升"纲要"课教学的实效性。

【关键词】　历史情境;中国近现代史纲要

历史情境教学是历史教学中运用十分普遍的一种有效方法。在"中国近现代史纲要"课(下文简称"纲要"课)的教学改革中,为何以及如何进行历史情境教学,尤其是如何引导学生参与演绎历史,建构有效课堂互动学习模式? 在这些方面,笔者近年进行了一些积极的探讨,求教大方。

一、历史情境教学在"纲要"课教学改革中的必要性

"纲要"课程自 2005 年 2 月首次列入高校本科生思想政治理论必修课。这十多年来,为了提高课程的教学实效性,对"纲要"课的教学研究工作一直逐步展开。围绕着"纲要"课的学科定位、教材体例、教学内容、教学方法、考核模式以及师资队伍建设等方面,学界都进行了多方面、多层次的研讨,取得了不少研究成果。然而,"纲要"课教学依然面临一些问题,最为突出的有两个问题:

第一个问题,如何把握"纲要"课教学中"历史与理论"的关系。

从学科定位来看,"纲要"课与当前高校其他三门思想政治理论课最为明显的不同在于:"纲要"课具有明显的"历史学"特性,并承担思想政治理论教育功能,不是要对马克思主义中国化展开理论论述,而是要"于序(叙)事中寓论

断",即用史实去阐明中国近现代历史的基本问题和相关的理论观点。

由此可见,"纲要"课的基本属性是历史学科,也就是说,"纲要"课的理论阐述一定要依托历史学的基本方法和逻辑,建立在叙述史实的基础上。

对教师而言,在教学过程中一个比较难处理的问题就是如何把握"历史与理论"的关系:既不能过多叙述史实,不然就会使得"纲要"课成为一门纯粹历史专业。同时也不能过多阐述理论问题,不然就会使得"纲要"课成为脱离历史情境的一门宏观理论课。

因此,处理好历史专业课与思想政治理论课中"史与论"的关系,对"纲要"课教学改革至关重要。这就要求"纲要"课教师兼具历史与理论的双重功底:一方面要储备比较渊博的中国近现代史知识,充分吸收历史教学中解读史料、铺陈史实、再现历史情境的史家技巧;另一方面又要善于从纷繁复杂的历史表象中抓住本质、总结历史经验、探究理论问题。

此外,"纲要"课与历史学科中相关的"中国近代史"和"中国现代史"等专业课既有区别又有联系。显然,同样是阐述历史,具有思想政治课属性的"纲要"课显然更偏向于中国近现代政治史、革命史、党史等方面的内容。

第二个问题,如何做好与中学历史教学的衔接,进一步提升"纲要"课教学的实效性。

通常在校大学生在中学阶段已经系统地学习了相关的历史课程。譬如人教版初中历史新编教材有 6 本,其中中国历史 4 本;人教版高中历史必修课教材 3 本,选修课教材 5 本。由此可见,高校学生对中国近代、现代历史发展的基本线索、重要人物和重大事件已有基本的了解,尤其是文科考生对基本史实的把握和认识还是相当清晰。这既是在大学阶段开设"纲要"课的优势,同时也在无形中增大了"纲要"授课的难度。

高校学生虽然已有一定的历史知识储备的,但是对于在大历史框架下的历史脉络、发展规律的把握,达到所谓"六通四解,犁然曲当"的境界,显然还是非常欠缺的。至于通过教学使得学生完善个人"不抱偏见,不作武断,不凭主观,不求速达"[①]的心智与修养,这是对"纲要"教师提出了更高的要求。

对于"纲要"教师来说,做好与中学历史衔接的同时,在教学过程中还要让学生深刻体会到"纲要"课的历史教学与中学阶段历史教学的区别与超越。

根据教学大纲,"纲要"课所讲授的中国近现代历史,有两大主题,即为实现"民族独立和人民解放"与"国家繁荣富强和人民共同富裕"两大历史任务而

---

① 钱穆:《中国历史研究法》,北京:生活.读书.新知三联书店,2001 年,第 12 页。

斗争。因此,"纲要"课教学内容跨越 170 多年,从中国近代历史的开端即 1840 年鸦片战争爆发,一直到当前建设中国特色社会主义的理论与实践。

面对海量的历史资料和研究成果,在仅有的 32 学时(浙大"纲要"课有 48 学时)课堂教学中,教师需要依据每一章节教学的重点难点,精心安排教学内容,更新教学手段,密切关注学界相关的最新研究成果,力求让学生了解新的历史研究动态,更为重要的是培养学生的史才、史识和史德,树立科学的历史观,把握历史发展的大方向。

为了解决"纲要"课所面临的上述两个突出问题,笔者尝试在课堂教学中建构和完善以学生为参与主体的历史情境教学模式,力求以重大理论问题为导向,再现鲜活的中国近现代历史,在演绎历史的过程中,激发思考、加深认识。

二、如何建构以学生为参与主体的历史情境教学模式

历史情境教学是围绕某一主题或问题,运用多种教学媒体和手段创建历史情景,帮助学生通过具体形象的感知,开展丰富的想象,移情共景,以达到对历史事件或人物乃至对历史进程的深层次认识。

如何在历史课堂教学中运用历史情景教学法,学界已有不少研究。譬如借助实物、图片、音乐、视频等建构实物情境、音乐情境、表演情境、生活情境、语言情境等等,把教材内容形象化、具体化。

在笔者看来,大学阶段"纲要"课的历史情景教学立足于培养学生自主性学习、研究性学习、合作性学习的意识和能力,在具体做法上应该有别于中学阶段的历史教学和历史专业课的教学。为此,在前人研究成果的基础上,结合个人近几年的教学实践,笔者总结了如下三个方面的要点。

第一,历史情境教学每个主题的设置都应该以重大理论问题为导向。

围绕着让学生了解"国史、国情"和"四个选择"的教学目的,笔者从"纲要"课教材出发设置了多个历史情境研讨的主题,并在开学第二或第三周向学生公布。

在这些主题中,有的是重要的历史人物,有的是重大历史事件,有的是提出历史假设或问题。譬如:"外国人视域下的晚清中国""近代中英关系演变与鸦片战争""假如我是李鸿章,还会是个'裱糊匠'吗?""寻找'不一样'的孙中山""五四运动与五四精神""中共一大历史再现""毛泽东与中国革命新道路的探索""西安事变及其历史意义研讨""长征与长征精神""如何客观认识和评价

正面战场与敌后战场在抗日战争中的地位与作用?""邓小平与改革开放"等等。

在设置主题时,笔者通常还会根据重大历史事件发生或重要历史人物诞辰"逢五"或"逢十"的周年纪念,择其三、四为该学期开展历史情境教学的重点。譬如 2017 年 5 月 21 日是浙江大学建校 120 周年,于是在 2016—2017 学年的春夏学期,特意增加"浙大 120 周年'浙里秀'"的课堂展示。2019 年是很多重大历史事件的周年,例如五四运动一百周年,中华人民共和国创立 70 周年、澳门回归 20 周年,等等。在设计历史情境教学时,有意识地结合历史事件或人物的周年来进行,有时会取得意想不到的教学效果。

第二,历史情境教学要激发每个学生的参与意识,使他们真正成为课堂学习的主角。

为了调动学生主动参与历史情境教学的积极性,笔者采取了一些做法。

首先,以团队而不是个人作为历史情境教学的研讨单位。在开学初,即把每个教学班所有学生分成 10 个小组(团队),每组人数约为十人左右。每个小组推选出一、两个组长(负责人)。

接着,在课堂上公布历史情境研讨的主题,供十个小组挑选,每个小组从中选择一个各自组员都感兴趣的主题。之后,每个小组根据各项要求在课后自行组织展开学习研讨,为最后的展示做好准备。

每个小组在课堂上有 15 到 20 分钟的展示。小组展示的内容包括:陈述相关的历史背景、历史情景再现、总结陈词(涉及主要观点、研究心得)。历史情景再现的形式没有固定模式,可以采取一人唱独角、"两人转"、辩论、"新闻联播"、现场访谈、集体表演、播放"微电影"等等。

每个小组在 15 至 20 分钟的展示结束后,进入自由问答环节。在这一环节中,展示小组的所有组员都站在讲台上,接受台下同学的各种提问,然后做出回答。

最后还有一个点评环节,即由老师围绕小组展示和自由问答环节中的同学们的表现,以及同学们争论比较激烈的问题,结合史学界最新的相关研究成果,做重点分析和总结陈词。这样就构成一个完成的历史情境教学的整个过程。

第三,将历史情境教学纳入对学生课程学习考核的体系中,成为评定总成绩的一个重要组成部分。

为了体现"多劳多得"和"公平公正"的原则,笔者对小组历史情境展示的评分还做了如下安排:小组历史情境展示的分数通常占每个同学总分的

20％,即满分为 20 分。

　　一个小组展示,其他 9 个小组成员以小组为单位进行评分(事先设置好评分表,分发给每个小组的组长,由组长做好每次评分的统计工作)。然后根据9 个小组的评分,去掉最低分、最高分,取平均分。最后,再参考和综合统计几位课代表和我的评分,最终评定出每个学习小组最后原始分。再根据原始分,把 10 个小组,按照分数从高到低排列,且分成三个档次。第一档次 3 个小组,第二档次 4 个小组,第三档次 3 个小组。每个档次再对应一个统一的分数。按照满分为 20 分的标准,设定第一档次的 3 个组则都为 18 分,第二档次 4 个组都为 16 分,第三档次 3 个组都为 15 分。按照如上操作可以避免在不同教学班,因各自小组评分尺度宽严不同,而造成分数差距过大的状况。不过,这个分数仅仅是每个小组获得的平均分。组长拿到这个平均分,还需要在组内成员中进行研讨,根据每个人贡献率的多少,二次分配。在已设计好的一个成绩分配表上,每个同学都认可了各自的成绩,并在表格中对应栏目签字。

三、小　结

　　这几年,笔者在课堂上不断探索和完善以学生为参与主体的历史情景教学模式,精心设计教学的每个环节,做到每个专题设置一个历史情景的主题,激励学生全课程参与演绎历史,教师从理论上进行引导和提升。在这个过程中,在一定程度上解决了"纲要"课中"历史与理论"的关系、内容多而课时少等问题。而同学们在参与小组研讨以及在课堂上进行展示的过程中,通过自主学习、积极研讨、开展团队合作,各方面的能力得到了提升,"纲要"课的教学实效性也得到了充分的体现。

思政理论课"硬核"教学模式初探

——以"中国近现代史纲要"课程教学为中心

纲要教研中心　赵　晖

【摘　要】　以往的思政课程教学改革更多注重于启发学生的学习兴趣，在教学方法的具体形式改革上关注较多，但作为一门在学生学习和人生修养中起到重要作用的课程，思政理论课程的教学改革应该在以往的基础上更为注重课程教学内涵的深化，打造"硬核"课程应成为下一步思政课教学改革的重点之一，本文以"中国近现代史纲要"课程为中心，对于思政理论课程如何推进"硬核"教学模式展开相关的研讨与分析。

【关键词】　思政课程教学改革；硬核教学模式

一、当前思政课程教学改革的成效与存在的问题

在以往的思政教学课程改革中，怎样让传统认知中较为枯燥的思政课变得有趣，激发学生的学习主动性是教学改革的核心与重点，为了让学生们对思政课感兴趣，思政老师们在教学方式方法的改革调整上绞尽脑汁，尝试了各种各样的教改模式，也确实取得了一定的教学效果。近些年来，学生对于思政课的满意程度，对于思政老师授课效果的好评度都有所上升。

但应该看到，现在的教改模式探索中，在如何进一步深化教学改革，提升思政课教学的理论内涵和学习质量方面仍存在一定的缺陷，当前各高校普遍采用"学评教"的教学考核评价体系，在这一体系下，如果老师在某门课程教学中给予学生较大的学习压力，也容易引发学生的不满反弹。以匿名提交的浙大"查老师"APP为例，所谓"事情少、给分好"的老师往往能在该APP上得到不错的评价分数。而如果某位老师进行的课程教学改革中给予学生较多学习任务和压力，甚至因此导致学生的课程得分大幅下降的话，学生对老师的评分也会有相应的下跌。加上当前各高校在教学和科研评价体系方面的复杂性，

许多老师在教学改革的构想、教改模式设计和实施中也较多的会选择"趋易避难"。由此造成的结果是,课程教学改革更多只是改善了课堂气氛和师生关系,在提升学生的学习能力和真正掌握运用知识等方面所获不多,对于思政教学如何实现由教材体系向教学体系和信仰体系的转换这一大目标的实现则更有些力不从心。

实际上,学生们对于课程教学改革的看法也相当复杂。从"查老师"APP中收录的大量学生匿名提交的评价信息中可以发现,一方面,他们会对事少分好的老师表示感激,但同时又因为从该门课程学习中所获甚少而感觉遗憾,喜欢称此类课程为"水课";对于那些教学要求严格,但通过学习确实能有所获的课程,他们则以一种复杂的心态称之为"硬核"课程。对于学习"硬核"课程能够获得的学业收获学生们自然心向往之,正如有同学对某门"硬核"课程写下这样的评论,"课程的难度首先是来自深厚的底蕴要求,如果在之前的学习阶段没有什么历史知识储备的话,在上课的时候听不懂老师玩的梗倒是小事,没法厘清事件的前因后果,只能记住一个个单独孤立的事件就是大事了。其次是对阅读和整理能力的要求。老师每次都会给我们提供一大堆参考文献,对于阅读能力不强的人来说真的非常苦。经常就是上次的书还没读完,新的文献又出现了。然后读完如果不整理就会晕晕乎乎的,过了一段时间就不知道自己读了什么了。但是真的全部坚持下来之后,我觉得虽然很吃力,但收获还是很多的!"但在"绩点"影响巨大的背景下,他们又往往会担忧在"硬核"课程学习中难以获得较为优良的学习成绩,从而影响到其总体的平均学习绩点,给他们未来的学业深造如保研、出国留学等等造成不良影响。所以我们经常能在"查老师"APP上看到这样的学生评论,"某门课,如果想水的同学建议选择旁听。"

从当前学生的学习状况和思政课程教学改革的目标追求和既有成效来看,下一步更深层次的思政课教学改革应是在之前取得的教改成果基础上继续加以扩展和深化,打造较为"硬核化"的思政课程教学,让已经产生学习兴趣的学生在思政课程学习和课业考核中付出更多的思考与努力,从而有效提升课程教学的内涵质量和学生的学业收获。笔者以为,这样的教学改革思路不仅可以让学生在各门思政课程学习中获得更多的启发与提高,也更能加快思政教学体系的顺利转换。

二、打造思政硬核课程教学尝试——以"纲要"课程教学为例

笔者从事"中国近现代史纲要"(以下简称"纲要")课程教学多年,在"纲要"课程的教学改革中围绕教学内容和方法进行了多方面的尝试,结合这些来的教学改革效果和历届学生对于教改的反应,对于"纲要"课程教学如何打造"硬核"教学内涵提出个人的一些浅见,供大家参考。

(一)讨论课类型的课程教学方式施行时应对考核标准细化并在实施过程中注重实效性、合理性、公平性

当前的课程教学中,师生互动、生生互动的互动教学模式已获得全面推广,在一定程度上减少或取代了原来传统的老师"满堂灌"教学模式。而像小班讨论,以小组方式进行课堂展示、个人或小组上台进行心得分享等"讨论课"模式的教学方式在思政课程教学中占有越来越大的比例,这些方式在激发同学的参与兴趣,活跃课堂氛围等方面都取得了不错的效果。

但对于思政课程普遍存在的大班化教学而言,讨论课模式中学生的参与度问题,对学生学习督促的有效程度等方面依然存在不少问题。小班讨论中经常有这样的现象发生,两个讨论小组二三十名同学,在1~2小时的讨论课上发言的比例不到1/3甚至更少,那些属于"沉默的大多数"类别的同学在讨论课期间大多处于一种游离状态。课堂展示、心得分享等教学方式也存在类似情况,小组中"划水""搭便车"者不仅自己在学业上无所获,也对小组或教学班的学习氛围多有不良影响。而有的学生则纯粹为得分而发言,在讨论课上乱说一气、给小组讨论帮倒忙的现象也屡见不鲜。

在以往的教学改革中,引入分数包的分数分配机制,确实对于减少"划水"现象有一定效果,但小组组长或课代表在成绩分配时或碍于情面,或因为缺少明确的评判机制标准,在分数包分配中采取皆大欢喜的"分猪肉"模式为多,这也在很大程度上减弱了分数包机制本应起到的促进学习之效果。

因此,建立较为严格的讨论课评价考核制度,在学生讨论课成绩的评定、分数包的分配细则上尽可能细化、量化,制定较为合理的讨论课成绩评定指标和相应的反馈—修改机制,有助于真正发挥讨论课模式教学的效果,更好的激发学生们的学习热情。

另外讨论课模式的教学能否取得较好的效果,老师的课前指导、课中引领、课后点评总结十分重要。由于中学应试教育的影响,造成学生在课程学习

时往往缺乏足够的知识储备,在讨论课教学模式的相关内容准备时容易存在许多误区和盲点,老师在这方面提供指导帮助就非常必要,而课中的即时纠错和课后启发式的总结也都能让学生从该次讨论课中获得更多的收获。

(二)读书考核"口试化"

在"纲要"课程教学中,阅读与课程相关的资料、论著,撰写读书报告是平时教学考核中的重要一环。但在此前的教学实践中我们发现,写作读书报告学生很容易"水水过"。很多同学借助于豆瓣等网站收录的大量网络书评、读书心得资料,在文字、段落上加以修改调整,改头换面成自己的读书报告。以这类方式提交的读书论文,当然无助于提升学生的学习能力和他们对知识的切实掌握。

采用口试环节对学生的读书成效进行考核,有利于教师考查学生读书的真实状况,现场作答有效地消除了学生舞弊的可能性,更有助于提高学生的口头表达能力、逻辑思维能力和应变能力。也在一定程度上提升了学生的读书兴趣和读书压力。从而让学生在读书时能自我加压,有效提升了学习强度和读书成效,这对于学生综合素质的培养提高都颇有裨益。

(三)论文写作"精品化"

"纲要"课程中的论文写作一直是课程平时教学考核中的重点之一,从学生的评教反馈看,他们多喜欢老师对论文字数上限加以限制,避免所谓"恶竞"的发生。尤其是很多理工科同学在中学时因文理分科等原因不喜欢甚至害怕写作文,对于写课程论文更是感觉"压力山大"。一些同学部分或大量抄袭学术论文或网络文章的事情也时有发生。

针对当前学生文科知识储备相对不足的情况,在"纲要"课程教学中安排"精品化"论文写作,对于提升他们在资料收集、辨别分析历史文献、论文写作等方面的综合能力有着重要的意义,也是构建"硬核"思政课程教学的重要组成部分。老师在论文字数方面可以适当放宽,也允许同学们以研究小组这样的团队合作方式完成课程论文,对于学生的论文写作亦可以在文献资料提供、写作指导等方面提供各种帮助,但对于论文的质量考核则不能放松。教师必须在论文内容、学术规范等方面对学生提出严格要求,如论文内容中必须包含对以往学者研究成果总结的学术史回顾部分,在资料引用方面应严格遵循通行的学术规范,严禁抄袭等。在学生课程论文的产出数量上,也要"宁可少些,但要好些"。通过这样的严格考核,才可能让学生在收集、检索文献,对文献进行初步的鉴别、研究分析及学术论文写作等方面的综合能力获得相应的提高。

　　(四)构建严格的线上教学考核体系,实现线上教学与线下教学的有机融合

　　在互联网时代,Mocs 课程、同步、异步或独立 spoc 课程等依托网络平台构建的线上教学体系对于课程教学的深入及多样化颇有助益,尤其是在智能手机时代,开展线上教学可便于学生利用小段的课外闲暇时间开展碎片化学习,大大拓展了学习方式的时空界限。

　　从"纲要"课程线近几年开展线上教学的实践中我们发现,如果不建立较为完善的线上教学考核体系,缺乏压力与督促之下,学生的线上学习积极性往往不高,线上学习也容易流于形式化。所以应逐步完善线上教学考核体系,扩大线上教学考核成绩在平时成绩乃至总成绩中的比重,在线上学习各板块中设立相应的考核模块,包括各章节对应的知识点测试、讨论区互动交流等项目,对于线上学习时间亦应设立相应的合理考察方式等。通过考核体系的完善,让学生们重视线上学习,使线上互动学习项目真正成为学生课程学习的重要组成部分,达到线上线下教学有机融合的目标。

　　三、结　语

　　当前的思政课程教学改革在取得一定成效之后也已进入到了"深水区",如何进一步深入推进教学改革,令学生在相关思政课程学习中获得更大的收获,让思政课程成为学生们终身受益的课程,在尝试更多样化的思政教学方式变革的同时,不断提高思政教学的内涵质量,打造更多的"硬核"化思政课程,应该是我们下一步思政教学改革的最佳选择。

校史校训文化资源融入"中国近现代史纲要"教学中的路径探索

——以浙江大学为例

纲要教研中心　尤云弟

【摘　要】 深入挖掘高校校史校训文化资源的思想政治教育功能是当前提升大学生思想政治教育工作成效的一条新路径。以浙江大学为例,在本科生思想政治理论课"中国近现代史纲要"教学中,引入与教学内容相关的校史校训文化资源,穿插讲授,既能激发大学生爱国爱校的个人情感和奋斗意识,又能深化本科生对中国近现代史内涵的理解。新路径的实现可采用开展现场实践教学、课堂活动课和征集学生作品等教学手段,全面实行立体化教学,增强"纲要"教学的针对性、实效性和说服力、感染力,提升思想政治教育功效。

【关键词】 校史校训;红色教育;中国近现代史纲要;思想政治教育

近年来,党和国家根据国内外形势的变化和发展,对思想政治理论课教学提出越来越高的要求。2019年3月,习近平总书记在学校思想政治理论课教师座谈会上发表重要讲话,针对推动思想政治理论课改革创新,提到"要坚持统一性和多样性相统一,落实教学目标、课程设置、教材使用、教学管理等方面的统一要求,又因地制宜、因时制宜、因材施教"。那么"中国近现代史纲要"(以下简称"纲要")作为全国高校本科生思政理论教育的一门必修课。内容覆盖面非常广,时间跨度大,统编教材编撰写多为宏观叙事,内容精炼,细节较少。再加上在校大学生"00后"和"05后"的成长环境、人生阅历、思维方式与父辈祖辈大不相同。为增强教学实效性,授课教师需要根据"因地制宜",在教学内容和方式上拓展一条适合学生的新路径。

各个高校具备各自独特的校史校训文化资源。其承载的丰富史料,是一

本文刊发于《高教学刊》2021年第2期。

笔对师生有着巨大感染力和亲和力的德育财富,是激发大学生爱国情怀、培养历史思维的绝好素材。作为一所海内外卓有声誉的百年名校,浙江大学在长达一个多世纪的创建、变革到崛起发展的办学路上,出现诸多著名的浙大人和关键的浙大事,积累了深厚的校史校训文化资源。可歌可泣、感天动地的校友人物,气势恢宏、彪炳史册的重大历史事件,具有穿越时空的生命力、感召力和影响力,能够对大学生思想和灵魂进行多方位的熏陶。这些丰富确凿的史料,是浙大得天独厚的教育资源。应当加以深入挖掘和提炼,纳入"纲要"备课视野范围,教师积极搭建更为广阔的思政课堂,进行德育输送。

从校史校训文化资源和"纲要"统编教材有机结合的角度,创建具有独特"浙里"魅力的"纲要"校本文化体系,探索校史校训文化资源融入"纲要"课程教学的新路径。鼓励学生自觉加强对校史校训文化资源的学习,强化对爱国荣校的价值认同,自觉置身其中去体会校园文化的历史厚重,去汲取前辈的精神滋养。此举不仅可以激发学生兴趣,增强大学生爱国荣校意识,而且提升思想政治理论课教育工作的现实成效。

一、校训文化与"纲要"课教学

"纲要"授课教师需要梳理校训文化背后深藏着历史渊源和内涵演变过程,深度挖掘其思想政治教育功能。以浙江大学为例,将浙大校训文化融入教学,启发学生认知求是与创新的重要性及辩证关系,让学生真正理解校训文化所蕴含的历史思想。再以历史人物的具体案例,进行爱国主义教育和理想信念教育,牢固树立正确的人生观、价值观和世界观,进而对学生的思想和行为方式产生影响。

浙江大学的校训是"求是创新",其渊源可追溯至浙大的前身——求是书院。求是书院是近代中国人自己创办的最早的新式高等学堂之一。办学宗旨为:"居今日而图治,以培养人才为第一义。居今日而育材,以讲求实学为第一义"。[①] 提倡"务求实学,存是去非",形成"求是"校风。抗战期间,竺可桢校长艰苦卓绝地带领浙大师生,西迁流亡办学,正式确定"求是"校训[②]。竺可桢担任浙大校长期间,回顾求是书院成立经浙江高等学堂到浙江大学的办学历史,

---

① 浙江大学校史编写组编:《浙江大学简史》(第1卷),杭州:浙江大学出版社,1996年,第6页。

② 张彬、付东升、林辉:《论竺可桢的教育思想与"求是"精神》,《浙江大学学报(人文社会科学版)》,2005年6期。

提出以"求是"为校训,继承和发扬求是书院的优良传统。为使"求是精神"真正内化于浙大人的思想与行为中,他撰写多篇文章,系统阐述其基本涵义。比如竺可桢在《求是精神与牺牲精神》中,解释道"所谓求是,不仅限为埋头读书或是实验室做实验。求是的路径,中庸说得最好,就是'博学之、审问之、慎思之、明辨之、笃行之。'"竺可桢将"求是"的涵义拓广为科学精神、牺牲精神、革命精神、奋斗精神和开拓创新精神。他在《科学之方法与精神》①还指明"求是"的具体方法。其所提倡的求是精神,一直为浙大学子所遵从,为科学家所称颂。

新中国成立以来,浙大在继承和发扬求是精神的基础上,强调开拓创新精神。1989 年,浙江大学提出"实事求是,严谨踏实,奋发进取,开拓创新"的口号,并将其校训拓展为"求是创新"②。这是浙江大学为适应迅猛发展的现代化科技和国家建设需求做出的正确决定。"求是创新"成为新时期浙大人的行为准则和奋斗目标。此后,浙江大学继续提出浙大人的共同价值观为:"勤学""修德""明辨""笃实"。浙大精神提炼为:海纳江河、启真厚德、开物前民、树我邦国。这与新时代中国特色社会主义核心价值观"爱国、敬业、诚信、友善"的内涵互通互融。譬如"树我邦国"即爱国,"勤学"即"敬业","笃实"即诚信,"修德"和"启真厚德"即友善。浙大精神的"求是"二字与"实事求是"如出一辙。"是"即当守之初心、当担之使命、当解之问题和当兴之作风,是真理之"是",品德之"是",笃实之"是"。"求是创新"校训不仅发扬了浙大百年办学理念,而且一直延续到如今的浙大校园,警示浙大人不忘初心、担当使命。

浙江大学校训、共同价值观内涵和浙大精神,蕴含着丰富的价值观和方法论,伴随着浙江大学的百年风雨而历久弥新。它凝聚着百年来浙大人为国家富强和民族振兴的不懈追求与崇高理想,传承了中华民族近代以来为强国富民而奋斗和振兴的爱国主义历史传统,反映了中国人不屈不挠、生生不息的奋斗精神。从这个意义上讲,浙江大学的百年沧桑,是中华民族从饱受屈辱中崛起的一个缩影;浙江大学的百年成就,体现中华民族实现"科教兴国"的伟大宏愿。将校训文化融入"纲要"课程的授课过程,扩充思想政治教育的内涵和外延,能够对大学生的思想观念产生深刻、持久的影响,可提升思想政治理论教学的感染力和实效性。

---

① 竺可桢著,樊洪业主编:《科学之方法与精神》//《竺可桢全集》(第 2 卷),上海:上海科技教育出版社,2004 年,第 539 页。

② 王建梁主编:《世界著名大学校训》,长春:长春出版社,2013 年,第 10 页。

二、校史故事与"纲要"课教学

将历史上浙大人的爱国主义故事和革命传统,融入"纲要"课教学,既能丰富思想政治理论课的教学内容,还能宣讲校史文化精神;既能促进学生了解中国近现代史发展的基本脉络和规律,还能通过学生的切身感受和自身实践,感知校史人物与中国近现代史变迁的命运联系。使学生的思想情感在吸收知识的过程中得到升华,真正做到内化于心,知情意行有机统一。

"纲要"课讲述中国近现代史开端,往往从 1840 年鸦片战争开始。鸦片战争后,清政府先后与西方帝国主义列强签订了一系列丧权辱国的不平等条约,海关自主权完全丧失。根据中英《南京条约》,浙江宁波被辟为"五口通商"口岸,并设立浙海关。1876 年,中英《烟台条约》将温州辟为通商口岸,建立起由英籍税务司控管的瓯海关。1895 年,中日《马关条约》将杭州辟为通商口岸,设立杭州关及嘉兴分关①。浙江各海关均实行外籍税务司制度及海关管理制度,洋人帮办税务,独揽关政,成为西方列强对浙江实行经济侵略的重要工具。在"纲要"第一章"反对外国侵略的斗争",可以提及当时杭州的地方官员具有强烈的民族意识,不让日本侵略者进入杭州主城区,仅让日本在拱宸桥区域建立租界地。学生由此认知杭州市的反帝斗争活动。

"纲要"第二章"对国家出路的早期探索",提及中国教育近代化。甲午战争大败、维新思潮进而风起云涌的时代,全国兴起效法西方学制的办学热潮,开启教育救国、人才兴国的探索历程。各种新式高等学堂涌现。1897 年,在浙江巡抚廖寿丰、杭州知府林启等人的努力下,浙江大学的前身——求是书院创立。5 月 21 日,求是书院正式开学。② 拯救国家、民族于危难之际,以教育人才来寻求出路,正是浙江大学创办的初心。求是书院教学卓越,闻名遐迩。当时鲁迅择校读书,特地提及"功课较为别致的,还有杭州的求是书院,然而学费贵。无须学费的学校在南京,自然只好往南京去"③。可见求是书院当时的办学条件和教学理念是诸个高校中属于先进一列。青年才俊,他们在书院汲取新学,还获得了出国留学的机会。求是书院是当时全国最早实行选送高材

---

① 中华人民共和国杭州海关译编:《近代浙江通商口岸经济社会概况:浙海关、瓯海关、杭州关贸易报告集成》,杭州:浙江人民出版社,2002 年,第 13—14 页。

② 王玉芝、罗卫东主编:《图说浙大:浙江大学校史简本》,杭州:浙江大学出版社,2010 年,第 3 页。

③ 鲁迅:《琐记》//《朝花夕拾》,长春:时代文艺出版社,2016 年,第 68 页。

生赴日深造的学校①，培养了何燏时、钱家治、蒋尊簋、蒋百里、许寿裳等诸多名人。从求是书院办校诞生的历史背景，可以折射出志士仁人通过教育渠道实践救国救民道路的不懈努力。

"纲要"第三章"举起近代民族民主革命的旗帜"，提及革命思想的传播。当时先进知识分子非常热衷办报纸传播革命思想。求是书院教师孙翼中主笔《杭州白话报》，宣传革命思想，报道国内外新闻，产生较大社会影响力。学生筹资买报，或送茶馆、酒楼赠送给杭州市民阅览，或轮流派人上街宣读；把板儿巷旧私塾改为新民小学，学生筹资给老师发薪水，编辑传播新思想的白话教材，取代旧教材。②白话报馆还是革命党人的一个秘密联络点，光复会重要成员如陶成章、魏兰等来杭州，都曾在这里下榻。孙翼中因"罪辫文案"避祸日本时，与浙江留日学生一起创办《浙江潮》。《浙江潮》为月刊，共出 12 期，每期 60 余页。宣传反清的民族革命思想，揭露帝国主义对中国的侵略，积极传播西方社会政治学说，在留日学生中产生重大影响。

"纲要"第四章"开天辟地的大事变"，着重讲授"五四"新文化运动和早期马克思主义在中国的传播。浙江省立第一师范学校，是五四运动南方新思潮新文化的重要发源地。"一师风潮"及浙江"五四"新文化运动的发展，给正处于困惑之中并正在苦苦追寻探索救国救民和改革改造现实社会的青年知识分子提供了观察社会的新视角，提供了改造社会的锐利的科学思想武器。马克思主义的传入及被先进知识分子接受，以杭州为中心的浙江地区出现了不少新气象，为杭州乃至浙江地区中国共产党地方党组织的建立提供了比较坚实的思想基础和理论条件。这些虽然没有与浙大直接相关，但是同样地处杭州的浙江高等学堂（浙江大学的前身），得到较大的思想冲击和风气感染。各种新思想新文化在浙江的知识分子和青年学生中产生很大的影响，新旧思想间的冲突成为了一种不可避免的趋势。浙江学界风潮迭起。

"纲要"第六章"中华民族的抗日战争"，重点结合抗战期间浙大艰苦卓绝的西迁办学事迹。1937 年 9 月至 1940 年 2 月，浙大师生在竺可桢校长的带领下，行程五千余公里，谱写了一部可歌可泣的"文军"长征。浙大西迁办学，保存高等教育的根基和人才，形成良好的学风、教风；它在西迁沿途开民智、促生产，推动我国西部地区经济和文化的发展。面对恶劣的环境，浙江大学艰苦

① 王玉芝、罗卫东主编：《图说浙大：浙江大学校史简本》，杭州：浙江大学出版社，2010 年，第 7 页。

② 杨达寿等著：《浙大的校长们》，北京：中国经济出版社，2007 年，第 13 页。

奋斗,成为在艰难困苦中崛起的"东方剑桥"。浙江大学千难万险、万里迁徙(杭州—天目山禅源寺—建德—江西泰和—广西宜山—贵州湄潭、遵义)依然屹立不倒不屈服于日寇的骨气,而且还体现在如此恶劣环境下,浙大依然培养了李政道、谷超豪、腾维藻等杰出的人才。浙大西迁是抗战期间中国整个高校教育界西迁运动的一个缩影,反映我国知识分子不屈不挠、奋发图强、服务抗战、振兴后方的高尚品格。可以说,以浙大西迁为代表的中国高校西迁风潮是中国人民抗日战争史中不可缺少的一页,是我国高等教育发展的一个重要时期,是我国西部大开发的重要先行军,也是科教兴国、人才强国的典型案例。此外,与极其艰苦的抗日战争时期相比较,现在的社会环境和办学条件已完全不同。跟学生穿插讲述抗日战争时期浙江大学的优秀传统和办学经验,引发学生对当前国家建设一流大学的共鸣与共情。

"纲要"第七章"为新中国而奋斗"里面关于"国民党当局对进步人士的迫害"部分,可结合浙大学生于子三的事迹进行授课。1944年,于子三抱着"农业救国"的理想考上迁到贵州的浙江大学农艺系。受浙大"求是"学风熏陶和革命传统启迪,于子三毅然投身学生爱国民主运动。在中共杭州地下组织领导下,于子三带领浙大同学积极参加"反内战、反饥饿、反迫害"运动,成为一名学生运动领袖。于子三的行为引起敌特的注意和憎恨。1947年10月,23岁于子三被国民党特务抓捕,在狱中英勇牺牲。于子三在民族危亡的关键时刻挺身而出、壮烈牺牲的典型故事,触动当代青年学生铭记先烈,心中以家国观念为重。这是珍贵的爱国主义教育的素材,是激励浙大人砥砺前行的精神动力和宝贵财富。

以历史上的浙大人、浙大事为切入点,多层次、多视角地在"纲要"课程相关主题教学中进行讲授。既能切合"纲要"课程教学的主题和爱国主义教育的要求,又能对全校本科生进行校史文化教育,增强大学生爱校荣校意识,提高大学生对学校的荣誉感、认同感和归属感。

三、开拓校史校训文化资源融入"纲要"教学的路径

除了课内章节讲授外,教师应当开拓多种教学方式,通过浙大人和浙大事的探寻,寓校史校训文化资源于"纲要"课程教育之中。使学生由"教学活动的被动者"变成"教学活动的主动者",由"历史知识的接受者"变成"历史知识的探寻者"。开辟课堂讲授之外的多种教学途径,有助于提高学生思想政治素质和观察分析社会现象的能力,深化思想政治理论教育的培养效果。

(一)走出教室,开展现场教学活动

充分利用如纪念馆、烈士建筑物、革命遗址等爱国主义教育基地,对学生进行爱国主义教育。譬如带领学生去浙江大学党建馆、浙江大学校史馆、浙江大学档案馆、于子三烈士墓等,开展现场实践教学,通过实地参观与讲演员的解说,让学生对浙大人的史迹有进一步了解。特别值得一提的是浙江大学新近建成的党建馆。浙江大学党建馆分为"红船精神"和"浙江大学党建工作"两个主题展厅。"红船精神"是中国革命精神之源,对于它的学习与理解,是理解我们党的成长发展史的重要环节。有助于学生理解第一代中国共产党人是以何等敢为人先的革命气魄,才实现了改天换地的历史巨变,才使中国革命在山重水复疑无路的境地中开辟出一条通向光明彼岸的道路。"浙江大学党建工作"展厅全面地展现了浙江大学的历史以及近年来在党的领导下所取得的一系列成果。把课堂搬到现场教学,师生互动更贴近。比课堂讲授更为生动、具体、真实,学生易于感知接受,易于引起情感共鸣。如此一来,形成学生与历史对话、学生与现实沟通的双面互动,同时是学生与学生之间、教师与学生之间、学生与中国近现代史学习资源素材进行多面立体化交流过程,达到"纲要"课程的教学内容"花式"进入头脑。

(二)"史学浙里秀"带学生穿越回到历史现场

如何回到历史现场?关键是学生能够展开想象的翅膀,穿越时空,潜心体验。教师要做到积极科学的引导,促进纲要教学的深入开展。教师提供史料、设置问题、创设情境,让学生激发思维,主动思考,回到历史现场体会那个时代的人和事,从而加深对历史问题的理解。学生以小组合作为单位,去实地调查和收集中国近现代史上的浙大人的资料,采用 PPT 演示、小戏剧、微视频、模拟辩论赛、穿越剧等多种形式,活灵活现地呈现浙大故事,据此认知浙大在中国近现代史上的重要角色、地位及影响力。"史学浙里秀"活动课,给学生提供展示才华的舞台,挖掘学生潜能,引导学生自主参与学习,达到"纲要"课程的教学内容"花式进教室",更加深入人心。

(三)征集优秀学生作品展出

围绕思政课课程中的有关章节或专题,结合重要历史时刻或重大事件特定主题譬如"五四新文化运动中的浙大人""浙大校庆日""抗战中的高校西迁"等,征集优秀学生作品包括诗歌、散文、论文、配乐诗朗诵、微视频及演讲作品

等,把部分优秀作品在校园文化广场等场合展出。从浙大小处着眼,理解中国大历史,让学生全面了解浙大校史校训文化资源所富含的爱国爱校内涵,达到"纲要"教学的"花式进头脑",深刻领会"四个选择",牢固树立"四个意识",坚定"四个自信",打牢成长成才的科学思想基础具有重要意义。最后在此基础上,选送优秀作品到市里、省里全国参加比赛,赢得荣誉。

以上三种新路径,在更新教学内容、优化教学方法和教学手段等方面进行了有益探索。改变原来传统的教师"满堂灌",鼓励学生用自己的语言和思考来讲思政课。增强学生学习思政课的积极性、主动性和参与度,变学生被动学习的单向教育模式为以学生为中心、培养学生独立思考、师生与教学资源立体化互动教与学模式。

四、结束语

师生共同处于高校的同一时空,对于校史校训文化资源自然熟悉不过。这些素材贴近学生,才可能发挥其实践性,充分调动学生的学习主动性和积极性,才能走近大学生,才有生命力,才能提高增强思想政治理论课教学的针对性、实效性和感染力。往往更能容易引起的情感体验和共鸣思考。深层挖掘校史校训文化资源的思想政治教育的功能,是当前提升思政教育效果的一条新路径。

在"纲要"课中,因时制宜、因地制宜地融入校史和校训文化资源是可行有效的。教师应当把握做到重视统编教材和教学内容的有机统一,课堂教学与社会实践的有机统一。以浙江大学为例,浙江大学 120 多年跌宕起伏的办学历程,与中国近现代史变迁的曲线相差无几。浙大的百年沧桑,是近现代中国人民不屈不挠争取民族独立和国家富强的一个缩影。这些校史校训文化资源,从不同层面和角度为学生提供了学习和理解学校历史的生动素材。

"纲要"课教学有计划、巧妙地结合校史校训文化资源,让学生在潜移默化中感知在国家历史大背景与地方小历史的鲜活关系,国家命运与地方社会命运本质上的休戚与共。不断增强对校史校训文化的情感认同和理性认知,使革命传统逐渐内化于心、外化于行,使爱国荣校的情感基因成为一代新人优良品质和健康人格的重要文化标识。教师着力构建寓教于思、寓教于悟、寓教于行的思政课堂模式,让学生在回味一件件历史文物、体验一幕幕历史场景、聆听一个个感人故事中。如此一来,既能增加学生的知识体量,又能对学生启迪心智和精神引领,让学生领悟、接受信服并进而内化为自己的思想和认识,达到思想、观念、精神的提升,坚定理想信念。这既能增强高校学生的爱校、荣校意识,同时有利于建设高校校园文化建设,还能深化本科生对中国近现代历史的认识,增强"纲要"课程教学的实效性,更好地发挥思想政治教育功能。

习近平新时代中国特色社会主义思想融入"中国近现代史纲要"课程的"四问法"教学研究

纲要教研中心　尤云弟

【摘　要】　推动习近平新时代中国特色社会主义思想进教材、进课堂、进头脑,是"中国近现代史纲要"课程重要的教学内容和教学任务。高校思政课教师需要在正确理解和把握习近平新时代中国特色社会主义思想的深刻内涵的基础上,明白"为什么要融入""融入什么内容""如何融入""融入的效果评价"四个问题。既要保证中国近现代历史主线的系统连贯性上,又要确保逐个章节侧重拓展。尤其是处理"如何融入"环节,要以统编的纲要教材的基本逻辑和既定内容为框架,采取"章节细致化融入"和"手段多样化融入",遵循相应的教学规律原理,创新教学手段方法,推动习近平新时代中国特色社会主义思想进讲义、进课堂、进头脑,史实与理论结合,加强思想引领,提升高校"纲要"课教学实效性。

【关键词】　习近平新时代中国特色社会主义思想;中国近现代史纲要;"三进"

党的十八大以来,习近平总书记围绕改革发展稳定、内政外交国防、治党治国治军发表一系列重要讲话,深刻回答新形势下党和国家事业发展的一系列重大理论和实践问题,在此基础上形成"习近平新时代中国特色社会主义思想"。这是中国共产党理论创新的最新理论成果,亦是马克思主义中国化的最新成果。其系统回答"新时代坚持和发展什么样的中国特色社会主义、怎样坚持和发展中国特色社会主义"。围绕这一思想主线,形成了深刻而丰富的内涵体系。作为高校四门思想政治理论课程之一,"中国近现代史纲要"课程(以下简称"纲要"课程)承担着帮助大学生树立正确历史观、民族观、国家观的任务,承担着对学生进行思想政治教育和爱国主义教育的重要功能。在新形势下,"纲要"课程如何帮助大学生理解习近平新时代中国特色社会主义思想深刻内涵、增进大学生对中国特色社会主义道路的坚定信念？关键之一在于推进习近平新时代中国特色社会主义思想精准融入"纲要"课教学。

根据一般的教学规律来讲，课堂上师生教与学的过程一般可以分为"为什么学、学什么、如何学、学得怎么样"的四个步骤。根据普遍性与特殊性相统一的基本原理，在坚守思政课教学规律原则的基础上，中国近现代史纲要课程在融入习近平新时代中国特色社会主义思想内容的教学上，应当分四个步骤，逐步深入推进。分别回答"为什么要融入""融入什么内容""如何融入""融入的效果评价"四个问题，理解融入习近平新时代中国特色社会主义思想的必要性、把握其科学内涵、开拓融入的路径、反思融入的效果评价，以"四问法"逐步推进习近平新时代中国特色社会主义思想融入"纲要"教学的建构和探索，从而达到历史知识传授与思想政治教育需要的有机统一。

一、理解习近平新时代中国特色社会主义思想融入"纲要"课程的必要性：回答"为什么要融入"

回答习近平新时代中国特色社会主义思想"为什么要融入""纲要"课程的问题，首先需要阐明融入的必要性，明确马克思主义理论与思政课程融合的现实基础。这需要从宣讲习近平新时代中国特色社会主义思想的需要、纲要课自身的思想政治理论课定位、青年大学生的学习需要、新时代思想政治课教师职业使命的四个方面出发，检视融入的必要性和可能性。

第一，就习近平新时代中国特色社会主义思想的推广宣传而言，需要牢牢把握高校思政课堂的话语输出权。新的思想理论一旦经过精心的宣讲输出，会变成一种强大的精神力量。习近平新时代中国特色社会主义思想作为中华民族伟大复兴的行动指南，也是马克思主义中国化的最新理论成果[①]，必须进行广泛的宣传和推广，才能促进当代马克思主义理论焕发强大的活力。高校思想政治理论课堂是青年大学生接触党的最新理论的重要渠道，要"用好课堂教学这个主渠道"[②]。"纲要"课作为四门高校思政理论课之一，是思想政治教育的重要阵地，必须牢牢抓住话语权。将习近平新时代中国特色社会主义思

---

① 《党的十九大报告辅导读本》编写组：《党的十九大报告辅导读本》，北京：人民出版社，2017年，第 422 页。

② 《习近平总书记在全国高校思想政治工作会议上的重要讲话》，《人民日报》，2016 年 12 月 9 日。

想融于教学内容之中,推动其在高校思想政治课堂的普及宣讲,这有利于增强高校思想政治理论课的科学性、前瞻性、时效性和权威性。

第二,就"纲要"课程自身而言,"纲要"课与马克思主义理论的联系非常密切。中国近现代史纲课从历史的角度溯源马克思主义基础理论在中国的探索与最初实践以及后来在中国的具体展开和运用。他的落脚点在于带领学生完成历史和人民的四大追问:为什么选择中国共产党、选择马克思主义、选择社会主义道路、选择改革开放四个选择。习近平新时代中国特色社会主义思想与此前的马克思主义中国化发展一系列的思想成果既一脉相承又与时俱进的逻辑关系,正好解答"纲要"课的"四个选择"问题。首先是为什么选择中国共产党。这是领导核心的问题。中国共产党作为新时代中国特色社会主义发展的领导核心,自1921年成立以来带领人民群众进行筚路蓝缕的革命、建设和改革。党的十九大指出"中国特色社会主义制度的最大优势是中国共产党领导"①。中国共产党成立99年、执政71年以来,始终与人民站在一起,既历经困难又辉煌迭出。坚持中国共产党的领导,是中国人民的正确的历史选择。其次是为什么选择马克思主义,这是指导思想的问题。党的十九大报告明确指出"十月革命一声炮响,给中国送来了马克思列宁主义。中国先进分子从马克思列宁主义的科学真理中看到了解决中国问题的出路"②。马克思主义和中国革命、建设、改革的具体实际相结合,先后形成毛泽东思想、邓小平理论、"三个代表"重要思想、科学发展观、习近平新时代中国特色社会主义思想等在内的中国特色社会主义理论体系,也即马克思主义中国化。"马克思主义哲学深刻揭示了客观世界特别是人类社会发展一般规律,在当今时代依然有着强大生命力,依然是指导我们共产党人前进的强大思想武器"③。坚持马克思主义,是中国人民的正确的历史选择。第三是为什么选择社会主义。这是建设道路的问题。近代以来,无数的仁人志士进行了对中国出路的改革与探索。新中国成立后,中国从1953年开始有计划地建设社会主义。社会主义改造的伟大胜利给中国全面进行社会主义建设开辟了前进道路。改革开放取得社会主义建设的伟大胜利。中国特色社会主义发展的总任务是"实现社会主义现

---

① 习近平:《决胜全面建成小康社会　夺取新时代中国特色社会主义伟大胜利——在中国共产党第十九次全国代表大会上的报告》,北京:人民出版社,2017年,第20页。

② 《中国共产党第十九次全国代表大会文件汇编》,北京:人民出版社,2017年,第10页。

③ 中共浙江省委党校编写组:《学习习近平总书记系列讲话精神干部读本》,杭州:浙江人民出版社,2014年,第1页。

代化和中华民族伟大复兴"①。这也是近代以来中国人民不懈的追求和伟大的梦想。所以坚持社会主义,是中国人民的正确的历史选择。最后是为什么选择改革开放。这是动力来源的问题。习近平总书记对中国近代以来中国人民的探索进行了总结、分析,提出中国进入了新时代这一重大判断和伟大命题②。改革开放是新时代中国特色社会主义发展的动力来源。"只有改革开放才能发展中国、发展社会主义、发展马克思主义。"③改革开放是党在新的历史条件下带领全国各族人民进行的伟大革命,是实现中国梦的关键。中国共产党敢于通过全面深化改革为党和国家的发展注入新活力和新动力。所以坚持改革开放,是中国人民的正确的历史选择。"四个选择"的解答,明确了习近平新时代中国特色社会主义发展的领导核心、指导思想、建设道路、动力来源的问题。因此将习近平新时代中国特色社会主义思想融入"纲要"课程,助力学生更为深刻理解四个选择的答案,提升"纲要"课教学的实效性。

第三,对青年大学生而言,帮助大学生更好认识世情、国情、党史,辩证性思考中国的过去和现实。马克思主义理论作为党的指导思想,其真理性、科学性和权威性毋庸置疑。但是"纲要"课程侧重在沉重的历史过往中抽茧剥丝得出理论知识,无形中拉开了与当代大学生的时空距离感,缺少了些亲切感和现实感。习近平新时代中国特色社会主义思想是基于当前每一个中国人包括当代大学生所处的社会现实提炼而来的当代理论。他们对于整个时代背景和国内外大环境有着切身的感知和体会。从而理解枯燥的理论知识更加容易、身临其境,更有获得感,塑造正确的情感、态度、价值观。

第四,对"纲要"课教师而言,增强思政课教师对党的最新思想理论的敏锐感知度,更好完成思想政治理论的宣讲责任和实践使命。2020 年 1 月教育部发布的《新时代高等学校思想政治理论课教师队伍建设规定》指出高校思政课教师的首要岗位职责是讲好思政课。思想政治理论课教师应当同以习近平同志为核心的党中央保持高度一致,模范践行高等学校教师师德规范。做到信仰坚定、学识渊博、理论功底深厚,努力做到政治强、情怀深、思维新、视野广、自律严、人格正,自觉用习近平新时代中国特色社会主义思想武装头脑,做学

---

① 中共中央组织部党员教育中心组织编写:《走自己的路:中国特色社会主义八讲》,北京:人民出版社,2013 年,第 135 页。

② 习近平:《决胜全面建成小康社会　夺取新时代中国特色社会主义伟大胜利——在中国共产党第十九次全国代表大会上的报告》,北京:人民出版社,2017 年,第 10 页。

③ 习近平:《决胜全面建成小康社会　夺取新时代中国特色社会主义伟大胜利——在中国共产党第十九次全国代表大会上的报告》,北京:人民出版社,2017 年,第 21 页。

习和实践马克思主义的典范,作为学为人的表率①。因此,将习近平新时代中国特色社会主义思想融入"纲要"课程教学传输给学生的同时,教师及时跟进解读党和国家的最新理论政策及马克思主义的最新理论成果。思政课堂上,师生教学相长,共同精进理论学习。

综上而言,从理论的宣讲必要、课程的思政定位、学生的学习需要和教师的职业使命四个角度,明确习近平新时代中国特色社会主义思想"为什么要融入""纲要"课程,更好地阐释"四个选择"的问题答案,为实践"进教材、进课堂、进头脑"奠定思想准备,为学习习近平新时代中国特色社会主义思想创造良好氛围。

二、把握习近平新时代中国特色社会主义思想的科学内涵:回答"融入什么内容"的问题

将习近平新时代中国特色社会主义思想融入"纲要"课程教学,需要回答"融入什么内容"的问题。绝不仅仅是空泛教条化"填鸭式"塞进去理论条目,而是应当注意将之思想精髓巧妙地整体融入教学,让青年学生掌握习近平新时代中国特色社会主义思想的形成背景、基本内容、历史地位、深远影响等内容。可在教学内容基调、教学语言体系、教学价值取向、历史内容主线上加以贯彻和宣讲。

在教学内容基调中,强调坚持和发展中国特色社会主义这个总主题。从近代以来,中国人民一直探索求强求富的国家出路。最终历史和人民选择了社会主义道路。中国特色社会主义,是科学社会主义理论逻辑和中国社会发展历史逻辑的辩证统一,是根植于中国大地、反映中国人民意愿、适应中国和时代发展进步要求的科学社会主义,是全面建成小康社会、加快推进社会主义现代化、实现中华民族伟大复兴的必由之路。历史和现实都告诉我们,只有社会主义才能救中国,只有中国特色社会主义才能发展中国,这是历史的结论、人民的选择②。这条道路来之不易,它是在改革开放的伟大实践中走出来的,是在新中国成立以来的持续探索中走出来的,是在对近代中华民族探索国家

---

① 中华人民共和国教育部令第 46 号:《新时代高等学校思想政治理论课教师队伍建设规定》,2020 年 1 月 16 日。

② 中共中央宣传部:《习近平总书记系列重要讲话读本(2016 年版)》,北京:人民出版社,2016年,第 24 页。

民族出路历程的深刻总结走出来的,是在对中华民族五千多年悠久文明的传承中走出来的,具有深厚的历史渊源和广泛的现实基础。[1] 因此,以习近平新时代中国特色社会主义思想武装头脑,首要职责是在教学内容基调上贯彻坚持和发展中国特色社会主义的总主题。

在教学语言体系中,融入中国梦和中国精神的积极信念。习近平总书记提出"中国梦"的总体理念,通过中国梦这一高度凝练的象征性理念激励全国人民团结一心、发奋图强实现中华民族伟大复兴的未来梦想。"实现中国梦必须弘扬中国精神,这就是以爱国主义为核心的民族精神,以改革创新为核心的时代精神"[2]。当代中国正处于飞速发展之中,中国人民比以往任何一个时代,都更强烈感受到对民族复兴、国家富强、人民幸福的渴望,比历史上任何时期都更有信心、有能力实现中华民族伟大复兴和中国梦。当代青年大学生是实现中国梦、践行中国精神的主力,是国家、民族的未来。因此从党史、国情教育的角度,非常有必要在"纲要"课教学中融入中国梦和中国精神的话语。

在教学价值观上,强调历史唯物主义,解决历史虚无主义的现实迷思。习近平总书记反复强调要反对历史虚无主义,"'灭人之国,必先去其史。'国内外敌对势力往往就是拿中国革命史、新中国历史来做文章,竭尽攻击、丑化、污蔑之能事,根本目的就是要搞乱人心"[3]。"要警惕和抵制历史虚无主义的影响,坚决抵制、反对党史问题上存在的错误观点和错误倾向"[4]。"树立唯物主义历史观,坚持从历史本身出发理解历史,把握历史发展的客观规律,承认历史,敬畏历史,才能深刻认识和把握中国革命、建设和改革各个历史时期的丰富经验,升华思想境界、提高工作本领,站在历史的深厚基础上走向未来,做时代发展的弄潮儿"[5]。青年大学生正处于塑造价值观、历史观、国家观等的关键时期。思政课教师有责任有必要指导大学生学会正确认识历史、客观评价历史、科学研究历史,引导学生把历史结论建立在翔实准确的史料支撑和深入细致研究分析的基础上,用唯物史观认知历史。

---

① 中共中央宣传部:《习近平总书记系列重要讲话读本(2016年版)》,北京:人民出版社,2016年,第26页。

② 中共中央宣传部:《习近平总书记系列重要讲话读本(2016年版)》,北京:人民出版社,2016年,第11页。

③ 中共中央宣传部:《习近平总书记系列重要讲话读本(2016年版)》,北京:人民出版社,2016年,第32页。

④ 《习近平总书记系列讲话精神学习问答》课题组:《习近平总书记系列讲话精神学习问答》,北京:中共中央党校出版社,2013年,第116—117页。

⑤ 董振华等著:《治国理政思想方法十讲》,北京:人民出版社,2017年,第108页。

在历史内容主线上,全程贯穿站起来、富起来、强起来的飞跃历程。中国近现代史是一部中国人民为摆脱帝国主义侵略和殖民而不断斗争的革命史;是中国人民不断寻求民族独立和国家富强、寻求现代化出路的探索史;也是中国人民开创社会主义现代化新局面、实现中华民族伟大复兴的奋斗史。在中国共产党的领导下建立了新中国,中国人民从此站起来了;十一届三中全会的召开,确立了改革开放的新思想,经过几代中国人的努力,中国人民富起来了;十八大以后,在以习近平同志为领导的新一代领导集体的带领下,进行了卓绝的改革探索,取得伟大成就,中国人民强起来了[①]。近代以来,中国人在寻求民族独立和人民解放、实现国家繁荣富强和人民共同富裕的进程中不断前进。这条线索辅助学生理解中国近现代史变迁的内在逻辑。

因此,在"纲要"教学中,将"习近平新时代中国特色社会主义思想"的形成背景、基本内容、历史地位、重大影响等融会贯通,回答"融入什么内容"的问题。在教学内容基调中加强贯彻坚持和发展中国特色社会主义总主题;总体教学语言中融入中国梦和中国精神的积极信念;教学价值取向强调历史唯物主义、解决历史虚无主义的现实迷思;历史内容主线进度上融入站起来、富起来、强起来的变迁,把习近平新时代中国特色社会主义思想深入贯彻到教学过程,或铿锵宣讲、或春风化雨、或潜移默化,引导学生塑造正确的情感态度与价值观,取得思政教育效果。

三、开拓习近平新时代中国特色社会主义思想融入"纲要"课程的路径:回答"如何融入"的问题

中国近现代史纲要讲授 19 世纪中叶中国封建社会解体至今 180 年的历史。历史线索长,内容庞杂。如何在 180 年的历史知识的讲述中精准融入习近平新时代中国特色社会主义思想的内容,完成"纲要"课程的育人目标。这需要精心设计"如何融入"教学环节,巧妙、精准地融入习近平新时代中国特色社会主义思想。根据平时教学的实践经验,本文提出"章节细致化融入"和"手段多样化融入"的两个策略,以提升习近平新时代中国特色社会主义思想融入思政课教学的实效性。

在章节细致化融入部分,需要诸个章节梳理重难点,挑选与统编教材相关

---

① 中共中央宣传部:《习近平新时代中国特色社会主义思想三十讲》,北京:学习出版社,2018年,第 59 页。

的习近平新时代中国特色社会主义思想的重要理论知识点,两者融汇贯融,向学生解读习近平总书记的重要讲话、重要思想、重要观点、重大判断、重大举措等,进行教本设计。

上编部分的"风云变幻的八十年",这段历史属于近代社会变革时期,与其他三门思政课教材内容几乎没有重叠的部分。可挖掘的融入点比较多,需要逐一融入理论。教师在讲授这第一、二章两章时,可参考习近平总书记《在中共十八届三中全会第二次全体会议上的讲话》(2013 年 11 月 12 日)指出"从18 世纪中叶到 19 世纪中叶,大概是 100 年时间,是工业革命发轫和蓬勃发展的时期,而当时清朝统治者闭关锁国,夜郎自大,失去了工业革命带来的发展机遇,导致我国经济技术进步大大落后于世界发展步伐"。[①] 近代仁人志士在探索国家民族出路的历程非常艰辛。直到辛亥革命的胜利,迎来了历史的转机。讲授第三章辛亥革命的时候,可以融入习近平总书记《在纪念孙中山先生诞辰 150 周年大会上的讲话》(2016 年 11 月 11 日)[②]。这篇讲话深切缅怀孙中山先生为民族独立、社会进步、人民幸福而不懈奋斗的光辉一生,阐明中华儿女共同致力实现中华民族伟大复兴的历史使命。并创新论述中国共产党与孙中山革命事业的关系。授课教师应当在讲授这一章,指导学生全新认知辛亥革命的伟大影响。

中编部分的"从五四运动到新中国成立"总共有四章。第四章一开篇是从五四运动到新文化运动。这场传播新思想新文化的伟大思想启蒙运动的主体力量是先进青年。习近平总书记《在纪念五四运动 100 周年大会上的讲话》[③]表明,五四运动以全民族的力量高举起爱国主义的伟大旗帜,鼓舞青年人在为祖国、为人民、为人类的奉献中焕发出更加绚丽的光彩。经过五四运动洗礼,越来越多中国先进分子集合在马克思主义旗帜下。一批坚信马克思主义未来的先进分子汇聚上海后又转移嘉兴红船,完成开天辟地的大事变。1921 年中国共产党宣告成立,中国历史掀开了崭新一页。这一部分内容应当融入不忘初心、牢记使命的红船精神。习近平在 2005 年首次提出"红船精神"并科学阐述红船精神的内涵为"开天辟地、敢为人先的首创精神;坚定理想、百折不挠的奋斗精神;立党为公、忠诚为民的奉献精神"[④],指出这是中国共产党革命精神

---

①　人民日报评论部:《习近平讲故事》,北京:人民出版社,2017 年,第 166 页。

②　习近平:《在纪念孙中山先生诞辰 150 周年大会上的讲话》,北京:人民出版社,2016 年。

③　习近平:《在纪念五四运动 100 周年大会上的讲话》(2019 年 4 月 30 日)http://www.ccps.gov.cn/xxssxk/zyls/201906/t20190604_132081.shtml

④　习近平:《弘扬红船精神 走在时代前列》,《光明日报》,2005 年 6 月 21 日。

之源,是中国共产党先进性之源。第五章中国革命的新道路,可以结合习近平总书记《在庆祝中国人民解放军建军 90 周年大会上的讲话》(2017 年 8 月 1 日)①和《在纪念红军长征胜利 80 周年大会上的讲话》(2016 年 10 月 21 日)②阐释建军伟业和长征精神。第六章抗日战争的部分,是本课爱国主义教育的重要章节。融入习近平在《在纪念中国人民抗日战争暨世界反法西斯战争胜利 70 周年大会上的讲话》(2015 年 9 月 3 日)③。宣传中国人民抗日战争胜利的重大意义,进行重温历史、勿忘国耻的爱国主义教育和民族精神教育。引导学生树立正确的价值观、不断增强民族自豪感和自信心。

下编部分"新中国成立到社会主义现代化建设新时期",全面突出"新",贯彻站起来、富起来、强起来的历史演进。1949 年新中国成立以来,中国人民成功应对了西方国家全面封锁、抗美援朝战争、三年困难时期、中苏决裂和边境冲突、"文革"、国际国内政治风波、1998 年特大洪水、"非典"疫情、汶川特大地震、2008 年国际金融危机、反腐扫黑、新冠肺炎疫情等诸多重大风浪考验。对于改革开放之前的年代,如何进行正确客观评价是个关键问题。可以融入习近平总书记《在纪念毛泽东同志诞辰 120 周年座谈会上的讲话》(2013 年 12 月 26 日)④。这篇讲话具有极强的理论指导性和现实针对性。全面回顾和高度评价了毛泽东同志为中国新民主主义革命的胜利、社会主义革命的成功、社会主义建设的全面展开,为实现民族独立和振兴、人民解放和幸福所作出的不可磨灭的历史贡献,进一步阐明了毛泽东思想活的灵魂的基本内涵和时代要求。引导学生认知坚持马克思主义历史观和方法论,科学评价党的历史与领袖人物。改革开放之后的年代,可以结合习近平总书记《在庆祝改革开放 40 周年大会上的讲话》(2018 年 12 月 18 日)⑤,加强讲授改革开放五大建设统筹演变和"四个全面"协调发展进程。

除了课堂教学中"章节细致化融入"理论讲授习近平新时代中国特色社会主义思想外,应当根据学生个性和专业背景,精心设计和组织,采取手段多样化向学生输出教学内容。总结笔者平时的教学实践和教改研究,发现"答疑解惑式"课堂研讨、"互联网＋智慧"课外自学和"行走的思政课"实践教学等方

---

① 习近平.《在庆祝中国人民解放军建军 90 周年大会上的讲话》,北京:人民出版社,2017 年。

② 习近平.《在纪念红军长征胜利 80 周年大会上的讲话》,北京:人民出版社,2016 年。

③ 习近平.《习近平在纪念中国人民抗日战争暨世界反法西斯战争胜利 70 周年系列活动上的讲话》,北京:人民出版社,2015 年,第 1 页。

④ 习近平.《在纪念毛泽东同志诞辰 120 周年座谈会上的讲话》,北京:人民出版社,2013 年。

⑤ 习近平.《在庆祝改革开放 40 周年大会上的讲话》,北京:人民出版社,2018 年。

式,可以帮助实现融入渠道的多元化,从而提升思政课对于青年学生的吸引力和针对性。

(一)"答疑解惑式"课堂研讨。刚入学的大学生尤其是一些理工科背景专业的学生在大一修读"纲要"课程,以其既有的知识理论储备,难以轻松理解及马克思主义中国化理论尤其是习近平新时代中国特色社会主义思想,不清楚中国近百年来站起来富起来强起来的历史进程。教师主动将教学重难点里面容易产生困惑的问题列出来;学生将难以理解、容易误解的问题主动提出来。教师整理出一份有价值的研讨问题列表,针对性提供相关的史料文献,供学生进行研讨课前的预习准备。专门组织几场"解疑答惑"式课堂研讨,要么个体学生畅所欲言,要么组队合作探究成果。教师在现场进行合理引导思考,有利于培养学生的自主学习、独立思考、合作创新的能力,真正实现对学生的思想启迪。

(二)"互联网＋智慧"课外自学。新冠疫情以来,高校普遍采取线上线下混合式的教学手段。"互联网＋智慧"教学手段在思政课堂广泛使用。在后疫情时代,仍然需要保留和加强网络手段的课外自学。众所周知"纲要"纸本教材编写受课时、篇幅、学时、更新能力的制约,不可能详尽地把习近平新时代中国特色社会主义思想写入教材。因此借用网络平台及时补充拓展和更新知识理论、增加课外学习资料包括视频、照片、案例、文献、测验、互动等。提升教学输出容量,有助于加深读者对理论知识的学习。任课教师引导学生在网络教学平台课外自学,分享心得,并制定答疑环节,适时给以加分鼓励,或者课堂进行表扬,激发学生的学习热情和兴趣,促进大学生对习近平新时代中国特色社会主义思想学习的实效性和实践性。

(三)"有体验的思政课"实践教学。实践教学是重要手段,也是推进"进教材、进课堂、进头脑"工作的有效手段。结合习近平新时代中国特色社会主义思想,挖掘地方红色文化历史资源元素,组织学生参观爱国主义教育基地和文史馆藏地;组织学生观看十八大以来的纪录片或电影如《将改革进行到底》《永远在路上》《打铁还需自身硬》《厉害了,我的国》《我和我的祖国》等。以生动的事件、鲜活的案例,将理论教学带入现实、现场、案例,彰显马克思主义中国化最新成果的实践性,

习近平新时代中国特色社会主义思想博大精深,"纲要"课程可以结合的内容和手段远不止上述这些。在教学过程中,以《中国近现代史纲要》统编教材为基础框架,引入习近平新时代中国特色社会主义思想,向学生解答中国历史和中国人民的四个选择问题,实现理论与现实的紧密结合,更好地认知理

论、感受思想理论的伟大魅力,大大提高师生的思想水平和政治理论水平。

四、反思习近平新时代中国特色社会主义思想融入"纲要"课程的学生获得感和归感感:回答"融入的效果评价"的问题

教学中最后一个环节是教学反思。反思,即对整个教学环节进行回溯、对教学效果进行全面评价。根据评价的结果对教学目标、教学难点、教学方法的环节进行修改,以确保促进学生的学习,增强获得感和归属感。思政课教学亦要遵循教学规律。为了验证融入习近平新时代中国特色社会主义思想融入"纲要"课程教学的学生获得感和归属感,有必要进行反思,评价教学效果。教学效果的评价采取形成性评价和终结性评价相结合的方式①。

形成性评价是对教学过程的每一步进行评价,看是否符合学生学习的规律,以提高教学过程的科学性与可行性。形成性评价主要针对学生。尤其是思政课,教学效果的评价非常注重学生"抬头率"。思政课是不允许教师忽视学生的存在而按原先的教学流程一成不变地"走"下来。学生有获得感和归属感是教学效果评价的重点方向。所以思政课教师要善于观察和分析台下的学生的反应。首先是观察学生个体。观察学生在整个"纲要课"教学过程中是否有全程身心参与。特别是融入习近平新时代中国特色社会主义思想的部分,要让每个学生都有主动参与评述的意愿和机会。学生敢于对老师输出的知识点提出反馈性问题,尤其是对习近平新时代中国特色社会主义思想,能够发表独立的见解。其次是学生与学生之间。整个教学要让学生学会课堂"小组社交"。小组内部和小组之间要有良好的合作氛围。观察学生们是否针对知识点进行信息讨论和合作探索。围绕融入的重难点部分,设计问题,学生组队合作讨论,迸发思想火花。第三是师生之间。回答学生是否对老师的教学过程产生兴趣和信心,对这门课的教学课堂有了获得感和归属感。因此融入习近平新时代中国特色社会主义思想的过程中,教师能够将理论知识和正能量传递到学生,塑造学生正面的情感、态度、价值观。真正让学生爱上思政课,对思政课欲罢不能。这些形成性评价反馈到教师手里,教师根据学生的反应进行

---

① 相关理论观点参考(美)韦伯(Weber. E.)著:《怎样评价学生才有效——促进学习的多元化评价策略》,陶志琼译,北京:中国轻工业出版社,2016年,第46页。吴志宏:《教育行政学》,北京:人民教育出版社,2014年,第313页。除这两种评价外,还有学者提出一种诊断性评价(diagnostic evaluation)概念。这类评价目的是找出导致教学偏差的原因,并提出解决的方案。参见 T. J. Sergiovanni, The Principalship: A Reflective Practice Perspective, Newton, Mass. : Allyn and Bacon, 1987.

及时的调整教学环节,看看哪些部分有欠缺不足的,要进行剔除和调整;哪些部分有成效的,要进行升华和推广。终结性评价是教师在教学结束后收集教学效果证据并加以分析,以便于查找教学环节的不足,利于今后的教学设计修正,促进教学质量的提高。教师可以向台下的学生及旁听老师等作期末的教学问卷调查。对照学生实际的反馈,进行理性反思与剖析,查找教学过程中的亮点特色之处和可待提升之处。此外结合习近平新时代中国特色社会主义思想的内容出测试卷来考核评判学生的学习效果和理论知识水平,从而分析教学实效。同时让学生对自己的思政课学习效果有更为清晰的认识,增强对新时代中国特色社会主义的认同感和自觉自信,从而更加积极地参与到课程学习中去。

总之,"中国近现代史纲要"课在推进习近平新时代中国特色社会主义思想进教材、进课堂、进头脑"三进"过程中,承担着重要宣讲使命。要真正实现推进习近平新时代中国特色社会主义思想融入"中国近现代史纲要"课程教学入脑入心,在学生中发挥思想的引领作用,必须发挥高校思政课教师的主观能动性,发挥主导、主动出击、学习领会,做到学深悟透最新成果。在正确理解和把握习近平新时代中国特色社会主义思想的深刻内涵的基础上,牢牢把握课堂教学的主渠道主阵地作用。采取"四问法"从"为什么要融入""融入什么内容""如何融入""融入的效果评价"四个问题,将习近平新时代中国特色社会主义思想精准、巧妙融入"纲要"教学过程之中。明确融入"纲要"课程的必要性,理解融入的内容,开拓融入"纲要"课程的多重路径,在教学环节完成后,及时地进行融入的效果评价,反思习近平新时代中国特色社会主义思想融入"纲要"课程的学生获得感和归属感。整个教学过程遵循相应的教学逻辑原理,创新教学手段方法,提升思政课程的理论深度,发散马克思主义中国化理论的浓厚魅力,扎扎实实地提升高校思政课教学实效性。

习近平"七一"讲话融入中国共产党历史课程教学的路径分析

纲要教研中心　陈　丹

【摘　要】 习近平在庆祝中国共产党成立100周年大会上的讲话回顾了党的百年奋斗历程。中国共产党历史课程教学中,应充分吸收习近平"七一"讲话的精神,以中华民族伟大复兴为主题阐释历史使命,以四个历史阶段为主线标定历史方位,以"能""好""行"为理路揭示历史逻辑,进一步提升课程教学的深刻性、系统性和逻辑性。

【关键词】 "七一"讲话;中国共产党历史;中华民族伟大复兴;四个历史阶段;"能""好""行"

习近平在庆祝中国共产党成立100周年大会上的讲话,回顾了中国共产党百年来的艰辛奋斗历史,指出:"我们要用历史映照现实、远观未来,从中国共产党的百年奋斗中看清楚过去我们为什么能够成功、弄明白未来我们怎样才能继续成功,从而在新的征程上更加坚定、更加自觉地牢记初心使命、开创美好未来。"[①]党史是"四史"之一,开设中国共产党历史(后简称"党史")课程是高校在大学生中开展"四史"学习教育的重要途径。党史课程的教学应充分吸收习近平总书记"七一"讲话的精神,以中华民族伟大复兴为主题阐释党的历史使命,以四个历史阶段为主线标定党的百年历史方位,以"能""好""行"为逻辑揭示百年党史的历史逻辑,进一步提升党史课程教学的深刻性、系统性和逻辑性。

---

① 习近平:《在庆祝中国共产党成立100周年大会上的讲话(2021年7月1日)》,《人民日报》,2021年7月2日。

一、以中华民族伟大复兴为主题阐释历史使命

习近平"七一"讲话中指出,"一百年来,中国共产党团结带领中国人民进行的一切奋斗、一切牺牲、一切创造,归结起来就是一个主题:实现中华民族伟大复兴。"①因此,党史课程应以中国共产党带领中国人民实现中华民族伟大复兴为主题,阐释党的历史使命,在学生心目中培养实现中华民族伟大复兴的历史使命感。

中国进入近代以来,逐步沦为半殖民地半封建国家,中华民族从古代的辉煌走向没落,而中国人民从蒙昧中逐渐走向觉醒。毛泽东曾经这样形容中华民族近代以来的历史,"我国从十九世纪四十年代起,到二十世纪四十年代中期,共计一百零五年的时间,全世界几乎一切大中小帝国主义国家都侵略过我国,都打过我们,除了最后一次,即抗日战争,由于国内外各种原因以日本帝国主义投降告终以外,没有一次战争不是以我国失败、签订丧权辱国条约而告终。"②同时,在旧民主主义革命时期,中国人民对国家的出路有过多种探索,从太平天国运动、洋务运动、维新变法到辛亥革命,各阶级为寻求中华民族的复兴做出了艰苦努力,但均以失败告终。"多次奋斗,包括辛亥革命那样全国规模的运动,都失败了。国家的情况一天一天坏,环境迫使人们活不下去。怀疑产生了,增长了,发展了。"③

中国共产党正是在各阶级纷纷探索失败的历史背景之下成立的。中国共产党代表着一个新的社会阶级——无产阶级,代表着一种新兴的社会力量。与以往各阶级所不同的是,中国共产党有坚定而明确的斗争目标,"中国共产党一经成立,就把实现共产主义作为党的最高理想和最终目标,义无反顾肩负起实现中华民族伟大复兴的历史使命。"④中国共产党建党之时召开的中共一大,就旗帜鲜明地提出了消灭社会的阶级区分,建立无产阶级政权,最终实现共产主义的奋斗目标。中共二大则结合了中国国情,更加明确地提出了中国共产党奋斗的最高纲领和最低纲领,为实现中华民族伟大复兴指明了阶段性

---

① 习近平:《在庆祝中国共产党成立100周年大会上的讲话(2021年7月1日)》,《人民日报》,2021年7月2日。

② 《毛泽东文集》(第8卷),北京:人民出版社,1999年,第340页。

③ 《毛泽东选集》(第4卷),北京:人民出版社,1991年,第1470页。

④ 习近平:《决胜全面建成小康社会　夺取新时代中国特色社会主义伟大胜利:在中国共产党第十九次全国代表大会上的报告》,《人民日报》,2017年10月28日。

任务与最高理想相结合的奋斗方向。自中国共产党成立以来,一直沿着最初的奋斗目标不断前进,不忘初心,牢记使命,"创造了新民主主义革命的伟大成就""创造了社会主义革命和建设的伟大成就""创造了改革开放和社会主义现代化建设的伟大成就""创造了新时代中国特色社会主义的伟大成就"①。党在百年奋斗历程中所创造的这四个伟大成就,都以实现中华民族伟大复兴为根本目标。

将中华民族伟大复兴作为党史课程的主题,阐释党的历史使命,培养学生的历史使命感,就要讲透彻中国共产党在中华民族伟大复兴过程中所发挥的"开天辟地"的作用,提升课程的深刻性。中国共产党的成立改变了中国近代历史的走向。"中华民族近代以来180多年的历史、中国共产党成立以来100年的历史、中华人民共和国成立以来70多年的历史都充分证明,没有中国共产党,就没有新中国,就没有中华民族伟大复兴。"②可以说,中国共产党带领中国人民为了"争取民族独立、人民解放和实现国家富强、人民富裕"这两大历史任务不懈奋斗,归根结底就是为了实现中华民族伟大复兴。习近平在2018年教师节的全国教育大会上讲话指出,要在坚定理想信念上下功夫,教育引导学生树立共产主义远大理想和中国特色社会主义共同理想,增强学生的中国特色社会主义道路自信、理论自信、制度自信、文化自信,立志肩负起民族复兴的时代重任。因此,党史课应以中华民族伟大复兴这一主题为贯穿,以近代中国各社会阶级进行救亡图存探索的失败为背景,从逻辑上印证中国共产党成立的历史必然性,以及中国共产党成立以后为中国的革命、建设和改革所带来的根本性变化,使学生从根本上理解历史和人民是"怎样选择了中国共产党"这一重大问题,增强对中国共产党的认同感,做到有能力识别并自觉抵制历史虚无主义,培养起中华民族伟大复兴的使命担当。

二、以四个历史阶段为主线标定历史方位

习近平"七一"讲话中所阐述的"四个伟大成就"对应了百年党史的"四个历史阶段",明确了百年党史的分期问题,为百年党史的不同时期标定了明确

---

① 习近平:《在庆祝中国共产党成立100周年大会上的讲话(2021年7月1日)》,《人民日报》,2021年7月2日。

② 习近平:《在庆祝中国共产党成立100周年大会上的讲话(2021年7月1日)》,《人民日报》,2021年7月2日。

的历史方位,为党史课程提供了明晰的主线。

习近平在"七一"讲话中高度凝练地概括了中国共产党在四个历史阶段为实现中华民族伟大复兴所发挥的重要作用。"四个历史阶段"分别为:第一阶段,新民主主义革命时期,从 1921 年 7 月中国共产党成立到 1949 年 10 月中华人民共和国成立。中国共产党从根本上改变了中国革命的面貌,带领中华民族结束了任人宰割、饱受欺凌的时代,建立起人民民主专政的新中国。"新民主主义革命的胜利和中华人民共和国的建立,成为继十月革命和反法西斯战争胜利之后世界历史中最重大的事件,深刻地影响了世界。"①第二阶段,社会主义革命和建设时期,从 1949 年 10 月到 1978 年 12 月党的十一届三中全会召开。中国共产党带领中国人民完成社会主义革命,确立起社会主义制度,同时建立起了我国独立的工业体系,实现了从农业国向工业国的转变,开始探索适合中国国情的社会主义建设道路,其间虽经历曲折发展,但仍取得了巨大的成就。第三阶段,改革开放和社会主义现代化建设时期,从 1978 年 12 月到 2012 年 11 月党的十八大召开。邓小平曾强调指出,"我们要赶上时代,这是改革要达到的目的。"②改革开放是中国共产党历史上的一次重大转折。十一届三中全会之后,党开创并发展了中国特色社会主义,科学回答了什么是社会主义,怎样建设社会主义,建设什么样的党,怎样建设党,实现什么样的发展,怎样实现发展等一系列重大问题。第四阶段,中国特色社会主义新时代,从 2012 年 11 月党的十八大召开至今。进入中国特色社会主义新时代,"意味着近代以来久经磨难的中华民族迎来了从站起来、富起来到强起来的伟大飞跃"③。习近平新时代中国特色社会主义思想,从理论和实践结合系统地回答了新时代坚持和发展什么样的中国特色社会主义、怎样坚持和发展中国特色社会主义这个重大时代课题。中华民族前所未有的接近实现中华民族伟大复兴的目标。

四个历史阶段明确标定了百年党史的历史主线,为党史课程的讲授提供了清晰的纵向线索,使课程具有更强的系统性。首先,党史课程要将党的百年大历史以四个历史阶段作为切入,以从解构到重构的逻辑,讲清楚党在各个历史阶段的重大贡献。同时,要从逻辑上理顺四个历史阶段的依次递进关系,从

---

① 曲青山:《中国共产党百年与百年大变局》,《中共党史研究》,2021 年第 3 期。

② 邓小平:《改革的步子要加快》(1987 年 6 月 12 日)//《邓小平文选》第 3 卷,北京:人民出版社,1993 年,第 242 页。

③ 习近平:《决胜全面建成小康社会　夺取新时代中国特色社会主义伟大胜利:在中国共产党第十九次全国代表大会上的报告》,《人民日报》,2017 年 10 月 28 日。

大历史观的视角,串联起党在革命、建设和改革过程中的发展逻辑,深刻领会中国共产党领导中国人民如何逐步实现了从"站起来""富起来"到"强起来"的伟大飞跃。其次,党史课程不仅要讲清楚党过往的历史,更要让学生明白我们当前所处的历史时期。也就是,我们已经实现了第一个百年奋斗目标,全面建成了小康社会,正向着全面建成社会主义现代化强国的第二个百年奋斗目标迈进。以史明鉴,党史课程应让学生理解中华民族从哪里来、要到哪里去,明白我们党和国家的事业所处的历史阶段,进而增强学生实现中华民族伟大复兴的参与感、责任感和使命感。

三、以"能""好""行"为理路揭示历史逻辑

"中国共产党为什么能,中国特色社会主义为什么好,归根到底是因为马克思主义行!"①习近平这一论断明确揭示了中国共产党、中国特色社会主义与马克思主义三者之间紧扣的逻辑关系,揭示了党史发展的内在历史规律,也就为党史课程提供了严密的逻辑理路。

马克思主义是中国共产党建党的根本依据,也是中国共产党一百年来奋斗的理论根基。毛泽东曾说,"领导我们事业的核心力量是中国共产党。指导我们思想的理论基础是马克思列宁主义。"②中国共产党自成立之日起,就旗帜鲜明地以马克思主义理论为指导。正如毛泽东所说,"主义譬如一面旗子,旗子立起了,大家才有所指望,才知所趋赴。"③中国共产党和中国特色社会主义道路之所以能够引领中华民族实现伟大复兴,正是因为中国共产党将马克思主义理论与中国具体实际相结合。"马克思主义经典著作不可能为解决我国社会主义事业中的各种问题提供现成答案,建设社会主义新中国呼唤马克思主义同建设社会主义新中国实际的新结合。"④中国共产党正是在这样的认识之下,开始逐步探索符合中国国情的发展道路,形成中国特色社会主义道路,不断完善中国特色社会主义理论体系,形成了邓小平理论、"三个代表"重要思想、科学发展观和习近平新时代中国特色社会主义思想,我们党也不断走

---

①　习近平:《在庆祝中国共产党成立 100 周年大会上的讲话(2021 年 7 月 1 日)》,《人民日报》,2021 年 7 月 2 日。

②　《毛泽东文集》(第 6 卷),北京:人民出版社,1999 年,第 350 页。

③　中共中央文献研究室、中共湖南省委《毛泽东早期文稿》编辑组:《毛泽东早期文稿(1912.6－1920.11)》,长沙:湖南出版社,1990 年,第 554 页。

④　吴德刚:《中国共产党百年历史经验研究》,《中共党史研究》,2021 年第 3 期。

向成熟。十八大强调："中国特色社会主义道路,中国特色社会主义理论体系,中国特色社会主义制度,是党和人民九十多年奋斗、创造、积累的根本成就,必须倍加珍惜、始终坚持、不断发展"。①

党史课程应理顺"能""好""行"三者之间深层的逻辑理路,揭示党的百年历史发展的深刻内在规律。党史课程要回答为什么历史和人民选择了马克思主义,而不是别的主义,马克思主义如何从近代众多主义中脱颖而出,成为指引中国人民实现民族复兴的制胜法宝;回答马克思主义又是如何在党领导中国进行革命、建设和改革的过程中,持续发挥着它的活力,不断指引中国走向富强;回答为什么在马克思主义指导下的中国共产党能,为什么马克思主义发展出来的中国特色社会主义好。党史课程的教学重点虽不是马克思主义理论本身,但马克思主义之于中国共产党、之于中国特色社会主义道路的作用及三者之间的逻辑关系,是党史课程基于史实应讲清楚的重要问题。基于这样的逻辑,学生才能深刻领会历史和人民为什么做出"四个选择",即为什么选择了马克思主义,为什么选择了中国共产党,为什么选择了社会主义道路,为什么选择了改革开放。

四、结　语

习近平在"七一"讲话中,对青年寄予殷切期望,"新时代的中国青年要以实现中华民族伟大复兴为己任,增强做中国人的志气、骨气、底气,不负时代,不负韶华,不负党和人民的殷切期望"②。从五四运动以来,一代又一代中国青年为实现国家富强、民族复兴、人民幸福而不懈奋斗。新时代的中国青年应以前辈为榜样,接过中华民族伟大复兴的历史重任,为第二个百年奋斗目标的实现而努力奋斗,真正做到"强国有我"。

大学教育应培养我们的青年心怀国之大者,而党史课作为"四史"学习教育的课程之一,应发挥其以史明鉴的教育作用。通过党史课的学习,青年应当深刻认识中国共产党百年奋斗的历程,深刻认识近代以来中国青年的历史使命。从党的百年奋斗历程中汲取力量,培养对党、国家和民族的强烈认同感,增强民族自信心和自豪感,勇于担负起中华民族伟大复兴的历史使命。

---

① 《十八大以来重要文献选编》(上),北京:中央文献出版社,2014年,第9页。

② 习近平:《在庆祝中国共产党成立100周年大会上的讲话(2021年7月1日)》,《人民日报》,2021年7月2日。

将浙江红色档案资源融入"纲要"课的教学路径新探

纲要教研中心　李　洁

【摘　要】　浙江红色档案资源承载着红色革命记忆、蕴藏着红色革命基因、孕育着丰富红色文化。对于"中国近现代史纲要"课程教学而言,将浙江红色档案资源中的有关内容与课程教学进行有机结合,探寻新的教学模式和路径,不断提高教学效果,对培育时代新人具有极其深远的意义。

【关键词】　浙江红色档案;中国近现代史纲要;教学路径

红色基因是一种革命精神的传承,鼓舞着一代又一代中华儿女为了中华民族的伟大复兴而坚强自立、坚持梦想、勇往直前。我们要利用好红色资源,发扬好红色传统,传承好红色基因。浙江红色档案资源作为红色文化的一部分,我们需充分认识其价值,并将之融入"中国近现代史纲要"课(以下简称"纲要"课)教学,探寻新的教学模式和路径,把弘扬革命传统和推进育人工作相结合,这对培育时代新人具有深远和显著的思想政治教育意义。

一、浙江红色档案资源的价值

浙江红色档案资源承载着红色革命记忆、蕴藏着红色革命基因、孕育着丰富红色文化,由此诞生的"红船精神""浙西南革命精神""浙东革命精神"等一系列红色革命精神,穿越时空,历久弥新,在新时代依然熠熠生辉,闪耀光芒。浙江红色档案资源具有深刻的历史凭证价值、教育价值和传承价值。

1.浙江红色档案资源具有历史凭证价值

档案是指"国家机构、社会组织或个人在社会活动中直接形成的有价值的各种形式的历史记录"①。原始记录性是档案的本质属性,因此档案可以被称之为"未掺过水的史料",具有"今世赖之以知古"的历史价值。浙江红色档案作为中国共产党在抗战革命、国家建设过程中所生成的史料中的一部分,其属于原始资料,真切地记载、反映了共产党抗战革命与国家建设中所经历的事情与种种不易,是还原我国红色革命历程的重要历史凭证,其具有"存凭、留史、资政、育人"的重要作用。通过对浙江红色档案有效整理开发,可以使其在重要历史问题的探讨与论证中充分发挥凭证作用,准确还原历史全貌,在必要的时候帮助解决相应的历史争议问题;可以帮助实现"以史为鉴"的社会建设理念,让当代人民了解历史、牢记前史、积极奋发向上,为推动党、国家、社会的可持续发展贡献自己的力量。

2. 浙江红色档案资源具有教育价值

红色档案作为红色历史的"孪生兄弟",其凝聚着红色崇高精神,滋养着社会主义核心价值观。作为承载了正向精神与价值观的物质载体,其具有净化心灵、陶冶情操、振奋精神的价值功能,是进行思想政治教育的优质资源和生动教材。对于浙江党员群体,可以利用红色档案开展相应的红色主题教育。例如带领党员干部走进红色教育基地,进行党史学习教育,深化党员干部对党建立初衷的认识,强化其为人民服务、做好人民公仆的意识,践行党的初心使命,山东泰安、湖南孟良崮等地就依托于当地的红色档案资源,组织党员干部开展了红色党性教育,激励党员干部不忘初心、牢记使命。对于浙江老师群体,则可以开展相应的红色基因传承教育。通过组织学生群体近距离接触红色档案,有利于激发学生对红色历史的情感共鸣,深化其对党的认识,使其坚定拥护党的领导,追随党的脚步,成为建设祖国的核心力量。

3. 浙江红色档案资源具有传承价值

历史是从昨天走到今天再走向明天的,历史的联系不可割断。红色档案资源是革命历史的真实记录,是文化传承和发展的重要载体。浙江红色档案资源是党和国家的红色基因库,它告诉后人"红色政权是怎么来的、新中国是怎么来的、今天的幸福生活是怎么来的"②。这些红色文化基因是党的"传家宝",是中华民族优秀文化的重要组成部分,是中国共产党人一系列革命精神谱系的重要组成部分,是"红船精神""浙西南革命精神""浙东革命精神"等红色精神的物化承载。沉浸在浙江红色档案资源之中,缅怀革命烈士,能让人感

---

① 杨阳:《高效档案管理信息化建设》,长春:吉林文史出版社,2019 年,第 3 页。
② 习近平:《习近平谈治国理政》(第三卷),北京:外文出版社,2020 年,第 310 页。

悟到马克思主义的真理力量和实践力量。因此,通过这些独特载体,可以培育人们的爱国情怀,让广大人民群众用正确的历史观了解和把握党和国家历史上的重大事件和重要人物,弘扬革命精神,传承红色基因。

二、浙江红色档案资源在"纲要"课教学中存在的问题

档案史料有助于提高"纲要"课教学效果,浙江红色档案资源由于其深刻的历史凭证价值、教育价值和传承价值,对于提升"纲要"课教学效果更是具有极为重要的作用和意义。然而,从目前"纲要"课教学实践来看,浙江红色档案资源在"纲要"课教学中的运用还受到诸多因素制约,主要存在以下三个方面的具体问题:

1.对浙江红色档案资源的价值认识不到位

总体来说,浙江省高校对红色档案资源的态度不够重视。因此,高校也无法就此建立起统一完整的教育体系,目前主要是由高校的一些部门如团委、党委等组织开展浙江红色档案资源教育活动。而高校宣传及组织工作的不到位,也就决定了其所举办的相关活动无法积极有效地调动学生的积极性与参与度,最终致使活动的影响一般都相对有限或是根本无法达到预期效果。同时,因为高校对浙江红色档案资源的价值缺乏重视,也使得其对红色资源教育的经费投入不足,从而使得相关任课教师的教学实践活动无法全面有效地开展,这也是造成当今浙江高校红色资源教育仍是以传统课堂教学为主的一大原因。的确,缺乏必要的物质支持,任课教师的教学活动便会受到各种实际条件的限制,最终导致其教学的实施无法达到使被教育者内化与外化能得以统一的最佳教育效果。此外,随着信息技术的普及,网络学习无疑成了当代大学生学习中不可缺少的一部分。但可惜的是,高校未能将网络这一平台合理的利用起来,对浙江红色档案资源网络平台的建设亦缺乏足够的重视。

2."纲要"课教师对浙江红色档案资源的理解及掌握能力有待加强

在影响"纲要"课教学效果好坏的所有因素中,任课教师毫无疑问地居于主导地位。教师对浙江红色档案资源的掌握和分析处理能力将会直接影响档案资源实际运用的课堂教学效果。尽管近年来浙江省"纲要"课任课教师的专业化水平得到了极大的显著提高,高校思想政治理论课教师队伍亦逐渐向着年轻化和高学历化方向发展,但是依然存在很多问题。或有些任课老师对浙江红色档案资源的运用和处理仅限于学术研究,很少或根本没有意识在教学改革实践中运用它们;或有些任课教师的知识面过窄,不能结合课程要求搜寻

并结合相对合适的浙江红色档案资源进行授课；或有些任课教师对学术前沿关心不够，很少去了解学术界争论的新问题、提出的新观点以及开辟的新领域，亦无法结合学术前沿给学生提供一些更全面的红色档案资源等等。除此之外，部分高校的思想政治理论课教师队伍还一直存在非专业化的现象，有些非专业的教师承担着主要的教学任务，使"纲要"课教学缺乏相应的理论深度和教学难度。总之，在这种种因素的影响下，许多任课老师难以结合课程需求对浙江红色档案资源进行准确的解读、掌握和教学，从而严重影响"纲要"课的教学效果。

3. 数不胜数的浙江红色档案资源及纷繁复杂的史学研究成果需要审慎的辨别和严谨的考证

在当今网络信息时代的大背景下，利用网络查找相关资料和信息已经成为所有教师和研究工作者最常使用的途径和方式。为了搞好"纲要"课教学，任课教师必须学会和具备搜集、整理和考证浙江红色档案资源及其相关研究成果的能力。在对相关档案资源和史学研究成果进行整理和考证的过程中，任课教师必须坚持理论指导与实际考察相结合的原则，对收集到的所有材料进行历史和辩证的分析，并对它们进行"去粗取精、去伪存真、由此及彼、由表及里"的仔细辨别和严谨考证。尤其是对国外相关研究中的歪曲、不实以及没有权威史料支撑的研究观点，不能盲目地应用于教学过程中。只有在掌握真实、客观的浙江红色档案资源的基础上，才能在教学实践中给学生以正确的指导和介绍，并增强对学生的说服力和理解力。

需要注意的是，"纲要"课教学的目的不是把每个学生培养成历史学专业研究者，而是让学生及时了解最新的史学信息和研究动态。因此，保持教学的时代性与科学性，构建"纲要"课教学与史学研究的良性互动关系，即"纲要"课教学是对史学研究的应用和推广，史学研究则是"纲要"课教学的前提和基础。作为一名"纲要"课任课教师，要时刻以敏锐的目光关注档案材料和史学界最新研究成果，始终处于学术前沿，将"纲要"课教学建立在丰富的史学研究基础上。因为只有这样，我们在教学过程中对相关理论的阐述才有可靠的论据支持，并最终以此取得相对理想的教学效果。

三、浙江红色档案资源与"纲要"课教学相融合的新路径探析

深入挖掘浙江红色档案资源，弘扬革命传统，传承红色基因，将浙江红色档案资源融入"纲要"课教学，通过创新教学思路、充实教学内容、开展实地教

学实践等多种教学育人路径的探索,培养忠于祖国、励志奋斗、求真力行的时代新人,对增强学生勇担时代责任和历史使命的自觉性,构建高校思想育人模式具有深远意义和特殊价值。

1.以构建"纲要"课程优质高效教学体系为重点,充分发掘浙江红色档案资源

2008年9月,中宣部、教育部联合颁发的《关于进一步加强高等学校思想政治理论课教师队伍建设的意见》指出,思想政治理论课教师要"在教材体系向教学体系转化上下功夫,真正做到融会贯通、熟练驾驭、精辟讲解"①。根据文件精神,浙江省高校教师在讲授"中国近现代史纲要"这门思想政治理论课程的过程中,必须以教材为教学的基本遵循,把教学活动中的各种教学要素联结成一个有机整体,构建优质高效教学体系。其中,丰富以浙江红色档案资源为依据的特色化教学内容是推动"纲要"课教材体系向教学体系转化的关键环节,是优质高效教学体系得以构建的核心要素。

无疑,在"纲要"课教学中,浙江红色档案资源相较于教材体系,凭借其具体细致、详实可靠、史料系统的特点,在为"纲要"课教学提供更丰富的教学资源的同时,对相关历史问题的阐释亦更有说服力、吸引力,从而大大提升了"纲要"课的教学效果。因此,在"纲要"课教学中恰当地运用浙江红色档案资源,有助于使相关的教学实践更具系统性与针对性,有助于把教学内容、教学活动以及教学效果等不同环节连成一个有机整体,并最终有助于构建优质高效的"纲要"课教学体系。

2.以课堂教育为主阵地,利用浙江红色档案资源激发学生的学习兴趣

2013年6月25日,习近平总书记在中央政治局第七次集体学习时强调:"学习党史、国史,是坚持和发展中国特色社会主义、把党和国家各项事业继续推向前进的必修课。"②这揭示了高校开设"纲要"课的重要意义。然而,当前"纲要"课教学仍然存在一些亟待解决的问题。一方面,随着国家经济发展进入新常态,社会利益主体多元化趋势不断增强,历史虚无主义沉渣泛起,一些大学生的认知与思想被扰乱,不利于他们树立正确的历史观与价值观;另一方面,随着5G时代的来临,大学生获取知识的渠道大大拓宽,他们对传统的说

---

① 中共中央宣传部教育部关于进一步加强高等学校思想政治理论课教师队伍建设的意见:教社科[2008]5号[EB/OL]. http://www.moe.edu.cn/s78/A13/s7061/201410/t20141021_178938. html.

② 习近平:《在对历史的深入思考中更好走向未来交出中国特色社会主义合格答卷》,《人民日报》,2013年6月27日。

教式"纲要"课教学模式产生了倦怠情绪。针对上述情况,对于"纲要"课教师而言,为了帮助大学生塑造正确的历史观和价值观,要重点思考怎样创造切实有效的教学模式,增强说服力和有效性,提高他们的学习兴趣。为此,"纲要"课教师应当创新教学模式,充分意识到浙江红色档案资源的价值,将其与近代以来中国共产党领导中国人民为争取民族复兴、国家富强和人民幸福而不懈奋斗的历史进程有机地联系起来。

一般而言,大学生普遍认为,将书本知识简单被动地升华为思想情操会显得相当乏味。因此,学生对课程的积极性和接纳度并不是很高。但是,若任课教师利用实物史料、口述史料等史料资源包括在内的浙江红色档案资源对课堂内容进行阐释就比较容易被学生理解、领会和接受。事实亦证明,运用浙江红色档案资源开展"纲要"课教学,以实物史料、口述史料等红色史料资源串联历史细节来论证历史逻辑,更容易被学生感知、领悟和接受,进而引起情感共鸣,激发他们的乡土归属感、民族使命感和历史责任感,培养爱国主义精神。总之,将"纲要"课课堂教学内容与浙江红色档案资源进行有机结合,不仅有利于增加学生的学习兴趣,还有助于帮助大学生树立正确的历史观和价值观,增强他们对中国特色社会主义的道路自信、理论自信和制度自信。

3. 以主题实践为依托,利用浙江红色档案资源强化"纲要"课程教学的实际效果

以浙江红色档案资源开发与利用为基础的主题社会实践活动就是由高校及相关任课教师合理规划并在具体的教学实践过程中,按照"一年一主题"的实践教学思路,从课程的教学时数中划出相应的课时,围绕校内红色档案资源如校史馆等开展校内实践教学,实现思想政治理论课教学向第二课堂活动的延伸,打造思想政治理论课教学与校园文化建设结合的品牌;或利用周末、重大节假日以及寒暑假时段,依托浙江地方红色档案资源,推进思想政治理论课实践教学与大学生"三下乡"社会实践活动的对接,并积极搭建思想政治理论课网络实践教学平台,组织学生通过思想政治理论课网络实践教学平台,开展虚拟实践活动。通过现场教学和体验教学,使大学生将历史与现实连接起来,在接受革命精神和革命传统教育的过程中,实现思想"内化",通过亲身体验来感受革命文化的精神魅力和时空穿透力,并且逐步外化为实际行动。

"纲要"课旨在论证与阐释历史和人民为什么及怎么样选择了马克思主义、中国共产党和中国特色社会主义道路。在"纲要"课教学的过程中,如何通过主题实践教学增强学生对历史逻辑、历史选择和历史结论的理解与认同,直

接关系到课程教学质量的提高。由此,以浙江红色档案资源为依托开展"纲要"课教学,既有效地保证了教学活动的全员覆盖,且容易被大学生接受,从而大大提高了课程的教学效果。

如何提升学生在思政课堂上的获得感

——近五年基础课教学改革的回顾与展望

德法教研中心　梁清华

【摘　要】　本文全面回顾了近五年思修课免试试点班的教学改革举措，包括学习要有团队——小组合作学习模式的建立；研讨要有方法——六项思考帽法 & 布鲁姆教育分类学法在研究性学习中的应用；授课要接地气：专家进课堂和现场教学相结合的实践教学模式；考评要科学：以社区服务替代期末考试的创新考核方式；教学要有平台：全面无纸化教学模式的开启，方便了师生等；并在此基础上展望了未来教学改革的方向。

近五年做了不少教学改革，现在回顾一下，主要包括以下一些方面。

一、学习要有团队——小组合作学习模式的建立

合作学习是学生反馈收获最大的学习模式之一，跨专业、跨性别、跨文化区域的学习能够开拓学生的视野和思维，培养多元的价值观和宽容的合作精神。

现在，经过近五年的探索，小组合作学习模式渐趋成熟：有团队创建规则（人数、结构、角色及分工、联接、合作学习协议书等要求）、有小组讨论程序和礼仪，有小组成果评价规则（包括小组协作学习评价表 & 小组汇报评价表），有小组讨论方法（六项思考帽法）等。

二、研讨要有方法——六项思考帽法 & 布鲁姆教育分类学法在研究性学习中的应用

六项思考帽是爱德华·德·博诺博士创造的一种思维方法，就是把思维

中的信息、情感、批判、逻辑、创造性和控制性因素分别用白色、红色、黑色、黄色、绿色和蓝色六项帽子表示,只允许思考者在同一时间只戴一顶帽子,只用一种思维方式思考问题,将逻辑与情感、创造与信息等区分开来,如同抛球,同一时间只抛一个球,避免思维的混乱。六项思考帽的最大价值在于它们非常便于思考。在小组讨论中运用六项思考帽法可以提高讨论效率、节约时间和消除冲突,深入剖析一个问题,避免陷入无谓的论战。

布卢姆将认知教育目标分成两个维度:一个是知识维度,知识被分为四类:事实性知识、概念性知识、程序性知识和元认知知识。另一个是认知过程维度,即每一类知识的掌握都是从记忆、理解,到应用、分析、评价和创造逐级递进的过程。其中记忆是指从长时记忆中提取相关的知识,其关键词是识别或辨认,回忆或提取;理解是指从口头、书面和图像等多种形式的教学信息中构建意义,其关键词是解释或澄清,描述或转化,举例或示例,分类或归类,总结或概括,推断或预测,比较或对比;应用是指在给定的情景中执行或使用程序,其关键词是执行或实例,实施或使用;分析是指将材料分解为它的组成部分,确定部分之间的相互关系,以及各部分与总体结构或总目的之间的关系,其关键词是区别或辨别,组织或整合,归因或解构;评价是指基于准则和标准作出的判断,其关键词是检查或查明,评论或判断;创造是指将要素组成内在一致的整体或功能性整体,将要素重新组织成新的模型或结构,其关键词是产生或假设,计划或设计,生成或建构。①

在研究性学习中应用布鲁姆教育分类学方法:可以让学生更清楚地知道作业的目标是什么,怎么开展研究性学习,从而检测自己的研究成果是否与要求相符。

三、授课要接地气:专家进课堂 & 现场教学相结合的实践教学模式

普渡大学(Purdue University)人力资源管理学约瑟夫·拉罗帕(Joseph La Lopa)教授针对课程选修者所做的"你心目中理想的教师"的教学反馈调查发现,学生所概括的理想的大学教师有 5 大特征,其中一个是:"有在现实世

---

① 参见洛林·W.安德森等编著:《布卢姆教育目标分类学(修订版)》,蒋小平、张琴美、罗晶晶译,北京:外语教学与研究出版社,2009 年。

界中相关领域的工作经历,并且自身故事与主题相关,或者与学生的未来相关。"①这一点恰恰是多数教师所欠缺的。教授善于做研究,分析问题,但不一定善于解决实际问题;而且因为与社会隔了一层,对社会的认识也偏学院化,不接地气。这样教出来的知识可能并不是实用的。

美国名校如 MIT 某些学院已经做到课程的三分之一内容由社会各领域的名流或实干家如退休的银行家、退休的州长、资深的议员、大型医院院长、社会保障局局长、风险投资总经理、公共演说家、著名小说家等上课。而且他们的授课不是泛泛的一次讲座,而是实打实的几小时的授业,甚至连续上几周。② 一门课不是一个老师上到底,而是由各界专业人士搭个拼盘完成。对于思想道德修养与法律基础这门本身就具有拼盘特色的课程,更可以借鉴这种做法,给学生提供更专业的教学。

笔者目前已请过警察、法官、律师等进课堂,学生普遍反映收获很大,比教师一个人从头讲到尾的单一制的教学模式更有吸引力。

现场教学让学生有身临其境的感觉,尤其是讲相关知识的时候,这样会给学生留下深刻的印象。宪法部分的讲授就是把课堂放到五四宪法历史资料陈列馆,学生的感受非常丰富,这个模式可以通过建立教学基地的形式持续下去。

四、考评要科学:以社区服务替代期末考试的创新考核方式

目前浙江大学基础课学生成绩构成是平时 70%,期末考试 30%,期末书面试卷成绩占总成绩的比重逐年下降。另外,期末这 30 分的成本效益比是极低的:学校首先要安排考场、监考人员及车辆;学生要花时间突击复习才能在两个小时内完成 100 道闭卷题目获取分数;教师需要驱车或差人将六七百人的试卷(马院每位基础课教师差不多有 4 到 8 个教学班)搬到办公室批阅,大约要花三四天时间批完,等一张张试卷批阅完毕,还要分袋封装试卷,搬到院里的试卷库集中存放。

这些辛劳还不算,批卷的过程教师一点成就感都没有,学生的答卷就是重复性的背书,没有创造力,七百篇看下来,人的耐心到了极限。而这些工作做

① 《麦可思研究》2013 年 8 月刊。

② 浙大管院苗青:《MIT 行动学习教学模式见闻与启示》,浙江大学教师教学发展中心午间沙龙,2013 年 5 月 9 日。

完,学生能拿到的分数最多不超过 30 分。成本效益比太低了。未来取消考试是大势所趋。

那么,为什么选择以社区服务替代期末考试? 根据美国缅因州贝瑟尔国家实验室(National Training Laboratories,Bethel,Maine)做的学习金字塔实验:针对不同科目采取不同的方式学习 24 小时后,其信息留存率呈现出金字塔状的差异化结构,传统的听讲式教学方法信息存留率最低,而做中学即主动学习方式信息留存率最高。

根据情景认知理论,知识只有在真实情境中呈现才能为学习者习得。学生只有参与真实的研究和实践,才能检验自己的认知是否真实、正确。

就基础课而言,道德存在于生活,生活是道德存在的基本形态。生活就是教育,德育教学不能只说不做,鼓励学生参加志愿者服务等公益活动对其了解社会、拓展实际工作能力,提高其公民参与意识尤其是增强社会责任感有极大的帮助。公民参与是大学教育的重要使命,通过鼓励大学生参与校园、社会的志愿服务,不仅可以让基础课的教学更具相关性,还可让学生在为社会提供良好服务的同时增强技能,让自己在就业中更具竞争力。通过提供志愿服务,学生在品格、德性方面得到成长,社会也从中得到知识技能的有效运用,在校园和社会的互动中,学生跟他们服务的对象之间实现了双赢关系。

2015 年 3 月,教育部印发了《学生志愿服务管理暂行办法》,要求将志愿服务纳入实践学分管理。基础课考评方式改革应该朝着这个方向迈进,即将志愿服务作为长期机制纳入学生基础课考评体系,作为平时成绩的必要构成部分,同时将教师和学生在社会志愿服务中的表现纳入表彰和考核的指标。完善并加强基础课作为思想政治理论课所承担的公民教育功能。

五、教学要有平台:全面无纸化教学模式的开启,方便了师生

使用网络教学平台的初衷就是为了节约教学管理成本。没有教学平台的时代,要带着很多纸质的资料上课,由于班级大又多,经常为了这个请假条是哪个班的、这个小组名单是哪个班的、这袋作业是哪个班、这袋试卷该装哪个袋子、拿什么去提六个班的试卷伤脑筋。有了网络教学平台这些都迎刃而解。小组管理模块可以清楚地知道第一组都有谁,绝不会搞错,添加删除名单也很方便。作业可以设置截止日期,逾期系统拒收,有拖延症的同学,你给他个不满意的分数他也无话可说,因为这是公平的。对于课程相同的多个班级,还可以复制教学模块,节省了时间成本。总之,教学平台的使用等于解放了教师的

劳动力,很多工作可以委托给助教去做,只要做好教学设计和实施就可以了。

笔者 4 年来累计在网络平台开设了 3 门课,40 个教学班站点,根据教师个人体验和学生的反馈,网络平台的以下优点:(1)信息透明;(2)反馈及时;(3)管理便捷;(4)学习档案完整;(5)交互式学习;(6)无纸化,节约空间;(7)课堂教学体系清晰;(8)学习的积极性和参与性显著提高。

网络课程平台的全过程学习监测模式,也为教学研究学生的学习习惯和动机水平提供了大数据支撑。通过在线查阅教师的教学活动,也能提高教育部门督导的效率。无纸化教学模式必然是未来教学改革的方向,它符合生态、环保的主流价值导向,取消纸质考试校方不需要集中安排考场及监考人员,每人一台电脑即可,还能为办公室腾出试卷存放空间,节约管理成本。

总而言之,网络平台最大特点是它是活的,可以随时添加、更新信息。满足学生自主学习、生成化学习、交互式学习的需求。

六、展望:未来教学改革的深化

以上是我近五年所做的教学改革回顾,展望未来,在以下方面还需要拓展和加强:

1. 小组团队的优化

过去小组是根据个人的兴趣随机组建,以后应根据课程的要求更科学地组建团队,提高团队的合作能力和执行能力。比如思修课社区服务模式,团队即以拟开展的服务为单位组建,研究性学习即以研究项目为单位组建,读书小组则以共选书目为单位组建。

2. 进课堂专家的遴选

过去专家选择比较随机,根据个人的关系网和人脉资源来聘请,应建立经学院许可的专家库,稳定队伍,提高专家的质量。还可以拓展思维,延请优秀学长到课堂分享,并鼓励每个学生与优秀学长联接,聘请其做自己的 PAL (Peer Academic Leaders),指导自己的生活和学习。

3. 微课技术的应用

限于技术和时间成本,将课程教学与实景嵌入的微课教学模式一直没有启动,希望以后可以尝试一下。

4. 教学组织逻辑的强化

课堂内容的组织要体现相互之间的连接性和层次性,如下图诺瓦克概念图模型(Joseph D. Novak's concept map,1984)所示:

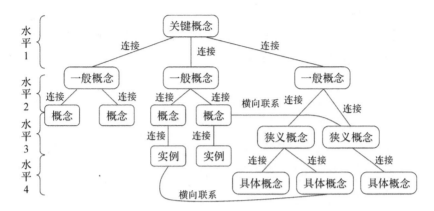

教学的重点可采取分类排序法,如下图(文字版权:Wiggins & McTighe,2005,p.71):

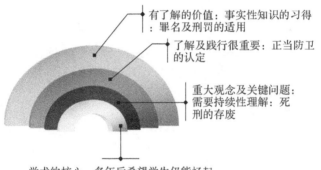

授课内容的层次:以刑法为例

有了解的价值:事实性知识的习得:罪名及刑罚的适用

了解及践行很重要:正当防卫的认定

重大观念及关键问题:需要持续性理解:死刑的存废

学术的核心:多年后希望学生仍能忆起的内容或具有的能力:罪刑法定

这两个方面都需要加强。

5.无纸化教学及以行代考模式的推广

尽管网络平台的使用给教学带来很多便利,但是因为各种各样的原因,目前在思修课中使用的人还是很少,毕竟前期需要投入时间成本,人的观念和习惯也需要改变。

以社区服务替代期末考试的考核方式改革已经试点了两年,学生强烈建议在全校所有教学班推广。希望在接下来的几年有越来越多的老师加入试点的行列,并在最后终结思修课的考试考核方式,全面推行行动学习。

6.相关章节理论研究的开展

教学方法、模式的探索,教学平台的搭建差不多了。下一步是研究各章节的具体问题。比如道德与法治的关系、传统文化如何融入当今核心价值观教育、传统优秀法律文化在社会主义法治建设中的传承等。因为提升学生在思政课中的获得感,内容为王是根本。

"基础"课团队专题教学的实践与思考

德法教研中心　　封丽萍

【摘　要】"思想道德修养与法律基础"课的教学改革是高校思政课教学改革的重要内容,本文以浙江大学 2018 级学生的 14 个教学班为例,就课程开展的团队教学和专题教学进行分析,探讨实施的效果和存在的问题,以期提高教学的实效性和吸引力。

【关键词】"基础"课;团队教学;专题教学

根据浙江大学"思想道德修养与法律基础"课(以下简称"基础"课)教学大纲与教学目标,我们在 2018－2019 学年秋冬学期,进行了团队教学＋专题教学试点,由三位专职老师和两位辅导员老师组成团队,分四大专题进行大班教学,在课程结束时进行了在线问卷调查。一学年下来,取得了一些成效,也存在着不少问题,试做简单的分析和阐述。

一、总体实施情况

三位专职老师分别讲授理想信念、中国精神和法治三大专题,两位辅导员老师讲授核心价值观专题,大班(两个教学班合上)专题教学共 8 次,另 8 次课由任课老师自己组织教学和讨论。实践教学全部打通,五位老师共同带队和指导,覆盖全体学生,但现场教学由于组织时间太晚,临近期末,最后真正出行的只有 190 位同学。五位老师共有 14 个教学班参与试点,涉及学生超过 1200 人。具体教学安排如下:

	秋学期	冬学期
第一周	绪论	核心价值观的认知与践行
第二周	人生的青春之问（一）	道德认知与吸收借鉴
第三周	国庆放假	道德准则与真知践行
第四周	人生的青春之问（二）	社会主义法律的本质特征和法律体系
第五周	理想信念的理论解读	法治体系与法治思维
第六周	理想信念的落地生根	法律权利与法律义务
第七周	中国精神与爱国主义	实践教学成果展示
第八周	创新的力量	实践教学成果展示

整个学期的 8 次专题课，根据教师的学科背景和教研专长，匹配合适的专题，增强专题讲授的针对性与理论深度。由思政学科背景的代老师负责第二章理想信念专题，管理学科背景的姚老师负责第三章中国精神专题，两位辅导员老师结合学工工作实际，负责第四章核心价值观专题，本人有法学学科背景，负责第六章法治专题，每个专题面向大班授课，覆盖 14 个班所有学生，也就是 14 个班所有学生都能听到这四位老师的讲授。对于教师来讲，在上专题课期间，工作强度比较大，要连续授课。我们整个团队的五位老师团结协作，圆满完成了教学任务。

二、实施效果

在期末，我们从教学情况、教学效果、存在问题、学生观点等方面进行了问卷调查，共回收有效问卷 773 份，从总体看，有近 80% 的同学对团队专题教学予以肯定。

具体数据有：77% 的学生喜欢多位老师授课，21% 的学生喜欢一位老师讲到底。

第 2 题　你觉得思修课采取如下哪种方式上课比较好　　　　[单选题]

选项	小计	比例
A.多位老师授课	598	77.36%
B.一个教师讲到底	164	21.22%
C.其他	11	1.42%
本题有效填写人次	773	

80％的学生认为专题教学能让其更好地掌握课程内容：

选项	小计	比例
A. 十分赞同	263	34.02％
B. 比较赞同	361	46.7％
C. 一般	130	16.82％
D. 不太赞同	12	1.55％
E. 很不赞同	7	0.91％
本题有效填写人次	773	

85％的学生认为专题教学能吸收不同老师的思想：

选项	小计	比例
A. 十分赞同	335	43.34％
B. 比较赞同	322	41.66％
C. 一般	84	10.87％
D. 不太赞同	25	3.23％
E. 很不赞同	7	0.91％
本题有效填写人次	773	

79％的学生认为专题教学能增强课堂趣味性：

选项	小计	比例
A. 十分赞同	321	41.53％
B. 比较赞同	290	37.52％
C. 一般	133	17.21％
D. 不太赞同	23	2.98％
E. 很不赞同	6	0.78％
本题有效填写人次	773	

78％的学生认为专题教学有助于实践教学的推进：

选项	小计	比例
A. 十分赞同	290	37.52％
B. 比较赞同	305	39.46％
C. 一般	148	19.15％
D. 不太赞同	23	2.98％
E. 很不赞同	7	0.91％

一个学期尝试下来,结合教师自身的体会,我们认为,团队专题教学有以下优势:

1. 教师可以集中精力备课,专题可以讲深讲透

"基础"课是一门涉及思想政治教育学、哲学、伦理学、法学、社会学等诸多学科的课程,其教材体系庞大、内容繁多。团队专题教学减轻了教师的备课工作量,教师也可以有时间、有精力在自己的专题研究领域不断深化,并结合自己的优势和个性特征,形成独具特色的教学风格,增强教学的吸引力和感染力。"还能使学生享受到旁征博引的知识盛宴,接受更加精深独到的学术滋养和博学敬业品格的感召,从而有利于培养学生的学习兴趣,调动其学习的积极性"。① 从学生反馈来看,整体效果明显,专题课给学生留下的印象比较深刻。

2. 学生可以领略不同教师风格

从接触一位教师到现在有五位老师参与教学,不同的学科背景、不同的教学方法,不同的人格魅力,学生可以感受不同教师的风格,也在一定程度上克服学生的审美疲劳,增加了课程的吸引力。

3. 整合资源,有利于实践教学展开

实践教学特别是现场教学,对任课老师来说任务重、压力大。实行团队专题教学,由原来的 1 位教师带 6 个班,变成 5 位教师带 14 个班,减轻了教师带队的压力,特别是辅导员老师有较多的校内外实践经历,有利于整合资源。去年学生总体对实践教学还是满意的。特别是志愿者服务、研究性学习、学长进课堂活动同学们认为收获最大。

4. 有利于专家大报告的开展

专家大报告的开展,除了邀请专家,课堂的组织也非常重要。大班专题授

---

① 荆钰婷、谭劲松:《高校思想政治理论课专题式教学模式新探》,《思想理论教育》,2010 年第 23 期。

课期间,安排专家大报告使得听讲的基础人数有了保证,去年我们请了北大专家做了"中国特色社会主义民主与法治"的报告,取得了较好的效果。

团队专题教学第一次尝试,也存在很多问题,主要有:

1. 教学内容的联系不够紧密

有学生认为"体系略散""老师风格不一,专题直接无过渡""专题老师间的协调还不是很充足",这也要求我们将专题之间的逻辑联系在一开始就和学生讲清楚,加强专题内容的衔接。

2. 风格迥异,学生难以适应

有学生认为"老师风格和授课方式变化较大","不同老师风格转化太快难以适应但是有意思",部分同学认为经常换老师,难以适应。

3. 大班课堂管理问题

大班专题授课时学生人数较多,一般有 250 人左右,会有部分班级学生需要走班,班级管理上存在问题,就像学生说的:"管理易混乱,教室教师不定,师生两不相知""大班教学更容易导致旷课""签到是个问题,有一些学生因为在大教室上课就逃课"。

4. 师生关系问题

和一位老师上到底相比,团队专题教学教师和学生见面次数少,师生联系不够紧密,学生提出来:"不认识老师,对老师不熟悉""和老师的交流反馈比较少""与老师不熟,风格迥异"。

三、本学期的设想

1. 优化团队队伍,人员 3＋3

东北师范大学"从思政课程整体性高度整合优化专题结构,形成架构精致、内容浑然一体的思想政治理论课教学专题群。同时,以优化教学队伍结构和深化教学方法改革为保障,把"讲什么"与"由谁讲""怎么讲"同步协调起来,夯实专题教学环节在教学全过程中的基础地位"[①]值得我们借鉴。我们虽然只是在基础课进行试点,但很多方面是相通的。本学期有 3 位专职老师和 3 位辅导员老师一起组成团队,继续进行团队＋专题教学试点,共涉及 17 个教学班。在开学初 6 位教师已经开会详细讨论,针对去年的情况,对本学期教

---

① 李忠军:《夯实专题教学环节在思政课教学中的基础地位》,《中国高等教育》,2015 年第21 期。

学的具体安排作出部署。

2. 现场教学增加次数,时间提前

初步商定在秋 5 周、秋 7 周、冬 4 周,组织三次现场教学,覆盖所有班级,每次由两位老师＋助教带队。

3. 加强大课堂管理

教师加强课堂管理,特别是大班,统一按照小组就坐。打算运用"学在浙大"系统,加强教学班管理,加强小组管理。我们要借鉴其他高校探索的专题教学管理的新方式,比如北京大学对同一门思政课设有几个不同的课堂,每个课堂设有主管教师、助教。① 助教协助主管教师,全程跟班上课,负责考勤及记录学生的课堂表现。主管教师可随时进入课堂了解学生,并负责网络课堂的交流互动以进一步了解学生。

4. 加强师生互动交流

采取主管教师与专题主讲教师相结合的方式,一个班级的专题主讲教师有几位,但主管教师只有一位,就是教务系统的任课老师。主管教师不仅要负责几个专题的讲授,还要负责本班学生作业、考试试卷的批改。课外答疑、网络交流等活动也主要由主管教师负责。这样能让学生在一定程度上感受到课程的连续性,同时也能让师生交流变得顺畅、可行。同时建立微群、QQ 群,运用"学在浙大"教学平台以及其他互动渠道,创造师生接触机会,以进一步增进因专题式教学见面少,而尚未建立起来的信息流和师生情谊。

5. 教学上加强衔接、增加集体备课

团队教师加强备课,所有 PPT 共享,加强教学上的衔接和逻辑性,减少内容特别是选用案例、资讯、影像资料的重复。相互听课评课,取长补短,加强对教学内容整体性的把握。及时沟通学生学习情况,加强对学生实践教学,特别是研究性学习的指导,使学生更有获得感。

---

① 侯丽君:《高校思想政治理论课专题式教学的反思与前瞻》,《黑龙江教育学院学报》,2016 年第 12 期。

"基础"课线上线下混合式教学的探索与思考

德法教研中心　马建青　代玉启

【摘　要】"互联网＋"正在深刻地影响包括思想政治理论课在内的学校教育教学。浙大"思想道德修养与法律基础"课积极探索线上线下混合式教学模式,走过了网络教学只是教学的一个补充的第一阶段,以及网络教学已成了教学的有机组成部分的第二阶段,最后发展到线上线下混合式教学成了一种教学模式的第三阶段。线上线下混合式教学模式注重操作性、融合性、应用性,整合了以案例教学为核心的课内课堂、以实践教学为核心的课外课堂、以研究性学习为核心的网络课堂这三方面的资源,使三者各安其位、各有侧重,收到了较好的效果。

"互联网＋"是时代性的高频热词,在推动经济社会发展的同时,也不断影响着教育教学改革。"思想道德修养与法律基础"(以下简称"基础"课)以提升大学生的思想、道德、法律、心理诸方面的素养,培养全面发展的大学生为目的,引导学生在思考、体验、参与、行动中追求真理、感悟人生、塑造品行、提高素质,创造更有价值的生命。"00后"的在校大学生是名副其实的网络一代,从思维方式到语言风格都受到网络的深度影响。无论从时代背景、课程特征还是教育对象而言,开展"基础"课线上线下混合式教学都是必然选择。

我校"基础"课一直高度重视教学方式方法的改革,近年来教研中心认真思考和不断推动利用互联网转变教学理念、丰富教学资源、扩展教学形式,探索线上线下混合式教学方式,以期进一步提高教学实效性。

一、网络教学资源建设

工欲善其事,必先利其器。互联网教学的前提是有网络课程资源,这些资源可以来自国内外他人的课程资源,也可以来源于自己的课程资源,也可以是综合的。基础教研中心主要立足于自己制作的资源,这得益于我们在建设国家精品课程和国家精品资源共享课过程中获得的系列成果。

2010年,本课程被评为国家精品课程。在建设国家精品课程的过程中,我们建立了一个既适合教师备课、教学使用,也适合学生自学、复习、交流的国家精品课程网站。该网站上挂在学校的服务器上,面向全社会开放。网站资源丰富,其中有文献导读43篇;法律法规44件;视频69个;哲理故事30个;法律故事20个;经典案例90个;名人名言443条。学生优秀PPT作业49份,调查报告10份。模拟试卷8套。另有心理咨询、法律咨询、学生信箱、疑难解答等栏目,每个栏目都有教师对学生中常见问题的解答。该网站成了我校本课程教学的重要辅助形式。

2013年,本课程获批国家精品资源共享课建设项目(2016年获全国首批"国家级精品资源共享课"荣誉称号)。在申报、建设国家精品资源共享课的过程中,教研中心根据教育部相关工作要求,群策群力、整合资源,重新建立了新的教学网站。通过不断修改完善,逐渐形成一个内容丰富、形式多样、互动性强、功能齐全的精品资源共享课网站(该网站设在全国"爱课程网"上),面向全国公众开放。该网站提供了大量可供学生自主学习的资源,包括全套教学视频(基于教育部统编教材内容,由教研中心骨干教师精心录制。因为教材不断变化,先后拍摄了三次教学录像)、PPT、电子教案、重点难点、教学设计、评价考核、模拟试卷等;提供了相关案例视频、教学案例选编、重要文献选编等,资料丰富、实用性强;设置了课堂互动、答疑解惑、学习笔记、资料分享等互动讨论区。

二、线上线下混合式教学的前期探索

为了更好地适应互联网发展的需要,进一步丰富教学形式,充分使用国家精品课程、国家精品资源共享课网站的资源,我们结合本课程以往教学改革的经验,开展了部分教学内容的线上线下混合式教学的探索,取得了一定的成效和经验。

第一阶段:小范围的网络教学运用

一部分老师结合课程教学,在课堂上使用课程网站资源,如布置学生观看教研中心老师的教学录像或教学视频、教学案例,然后组织课堂讨论,老师做点评分析;也有教师布置学生课后观看案例视频,阅读相关文献,然后完成作业。

第二阶段:将网络教学纳入教学计划

在上述探索的基础上,教研中心明确每个老师都要利用国家精品课程、国家精品资源共享课的网络资源进行教学,布置学生线上学习,线下则开展讨论,并统一纳入教学计划中,使网络教学落实到每一个班级、每一个学生身上。

为了推进网络教学改革,增强学生参与网络学习的主动性,我们实施了考核方式改革,将网络学习及其作业的完成情况作为考核的组成部分,占总成绩的 15%。

第三阶段:开展线上线下混合式教学模式

如果说第二阶段时网络教学还只是教学的一个组成部分,那么到第三阶段,我们开始探索线上线下混合式教学模式,互联网教学开始成为一种新的教学模式。

三、线上线下混合式教学的实施

线上线下混合式教学的实施经历了一个发展演进和逐步完善的过程。在前面两个阶段探索的基础上,我们基于本课程的特性,融入翻转课堂理念,以线上课程为基础和前提,以线下课程(课内研讨与课外社会实践)为深化和升华,开展线上线下混合式教学模式综合式、立体化改革,按混合式教学方式来调整原有教学计划,明确教学内容安排、教学活动课时、教学方式建议,保证网络教学、课内教学、实践教学的课时和质量。老师通过线上线下同步参与指引,在全过程中起组织、引导、点评、提升的作用。具体做法如下:

1.线上预备学习:提前布置学生观看"爱课程网"上的教学视频、PPT 或电子教案,阅读指定的参考文献,完成个人作业。参与小组网上讨论,完成小组合作作业。通过老师简明扼要的视频讲解和学生的自主学习,帮助学生在课外掌握课程基本知识点,为课堂讨论、互动、交流留出宝贵时间,提供前提保障。

2.小组课外研究:提前按教学小组(每个小组 5 到 8 人)布置讨论题目,一般一个小组会被安排 1~2 个必选题和 1 个自选题。选题来源主要分三类:一是与课程内容直接相关、容易产生困惑的理论问题;二是有一定争议性的比较经典的案例和同学们比较关心的热点案例(例如,"如何认识网络谩骂现象","如何看安乐死"等);三是提前收集学生的想法,从中选择有一定普遍性、代表性的讨论题、案例题。通过开展合作式、探究式学习,展开高质量研讨。

3.课内集体讨论:包括课内分组讨论、交流,以及各个小组基于课前的查找资料、面谈、微信、QQ交流和课内的小组讨论等,指派小组代表结合课件、视频等丰富多彩的形式进行课堂讨论或现场汇报展示(每组汇报一般在 5—8 分钟),全班师生就该问题进行广泛提问、展开辩论,深化认识,还可进行线上同步互动。

4. 期末讲台展示:为总结和提升以研究性学习、实践锻炼为核心的社会课堂实效,学期末,为各个小组提供展示成果、提出困惑、"集体诊断"的平台(如以"行动"为取向的"行动式实践教学"、围绕"我们的价值观、我们的中国梦"拍微电影、结合现实社会中的某个道德问题或法律问题撰写研究论文等),每组汇报 8 分钟左右。展示过程中,老师组织同学讨论,并做点评、总结。

5. 课外实地实践:根据教学内容,学生在线上学习、课堂讨论的基础上,以小组为单位,开展实践活动,包括社会调查、典型采访、特色考察、公益活动等,并形成实践报告。

6. 学习进程检测:为提高学生线上学习的动力,检测课外学习的成效,每次课内活动开始的十分钟,结合该章节的线上学习内容,用选择题、判断题、简答题等形式进行在线学习效果小测验,督促学生全程、自觉、用心参与线上学习活动。

7. 考核方式改革:为了适应混合式教学模式的改革,我们也同步改革考核方式,考核成绩由"四模块"构成:(1)线上学习模块(包括网络学习并完成作业,占 30%);(2)实践教学模块(包括调查、访谈、公益活动等,并完成研究报告,占 20%);(3)课内活动模块(包括讨论、演讲、课堂纪律等,占 30%);(4)期末考核模块(闭卷考试,占 20%)。"四模块"考核贯穿了线上线下混合式学习的全过程。

8. 教学效果调查:为了了解线上线下混合式教学模式的效果,我们采取三种方式进行效果检验:一是与历年教学效果比较;二是与没有实施混合式教学模式的平行班进行比较;三是同一个教学班前半学期(采用以往模式)与后半学期(采用线上线下混合式模式)进行比较。

学期结束时,进行了无记名调查(通过问卷星、纸质版),共抽样调查了500 余名学生,有效调查问卷 489 份。调查显示,学生对"教学中开展的线上(网络)线下(教室)混合式教学的看法"(可多选),认为:

①丰富了教学形式(占 69%);

②提高了教学效果(占 45%);

③拓展了知识面(占 42%);

④增加了阅读量(占 33%)。

可见大学生对线上线下混合式教学还是比较肯定的。但由于尚在探索阶段,所以还存在这样那样的不足,有部分学生评价"网络学习形式是好的,但还没有充分发挥其作用"(比例达 45%),还有少部分学生认为"增加了学生负担"(占 29%)。在后面的教学中我们不断在做新的改进。

四、思考与展望

为了及时总结线上线下混合式教学的经验,浙江省高校思想品德课程研究会、浙江大学马克思主义学院联合主办了全省"思想道德修养与法律基础"课"互联网+教学"专题研讨会。会上,浙大"基础"课线上线下混合式教学探索受到与会者的广泛关注。

为巩固马克思主义在高校意识形态领域的指导地位,落实立德树人的根本任务,推进社会主义核心价值观教育,中宣部、教育部于 2015 年印发的《普通高校思想政治理论课建设体系创新计划》中强调指出,"注重发挥教与学两个积极性,形成第一课堂与第二课堂、理论教学与实践教学、课堂教学与网络教学相互支撑,理念手段先进、方式方法多样、组织管理高效的思想政治理论课教学体系",我们的线上线下混合式教学模式正是契合了这一理念。

如果说我们第一阶段的网络教学只是教学的一个补充,第二阶段的网络教学已成了教学的有机组成部分,那么到第三阶段,线上线下混合式教学则成为一种教学模式。该模式注重操作性、融合性、应用性,整合了以案例教学为核心的课内课堂、以实践教学为核心的课外课堂、以研究性学习为核心的网络课堂资源,使三者各安其位、各有侧重;改变了"课堂为中心、教师为中心、授课为中心"的教学定势思维,优化了传统的教与学关系,敦促教师提高教学能力和综合素质,发挥教师的积极性和参与性;增加师生、生生的互动和对话,实现从灌输到启发、单向到多向、被动到主动、认知到行动的转变;促进学生探究性、合作性学习,引导学生关注社会热点,积极参与社会生活,在阅读、思考、讨论、实践中增加对教学内容的领悟和体验,从而更好地追求真理、感悟人生、塑造品行、提高素质。

致力于打造当代大学生"真心喜爱、终身受益、毕生难忘"的优秀课程,是我们始终不变的"初心"。我们将在总结课程改革经验的基础上,进一步重视调动教师和学生两个方面的积极性,热情拥抱互联网技术,推动教育内容、教学手段和教学方法的创新,深化线上线下混合式教学改革,有效整合教学资源,灵活掌握教学节奏,实现"基础"课教学的优质高效发展。

浅谈案例教学法在思想道德修养与法律基础课中的运用①

德法教研中心　蔡晓卫

【摘　要】　开展案例教学法是有效提高基础课质量的重要举措。在实践中,案例教学法存在缺乏典型的教学案例、把案例分析视为案例教学法、师生的关系错位、对案例教学法的性质理解不到位等问题,只有通过理论与案例结合式、研究讨论式、情景模拟式和辩论式等方式才能提高学生分析问题和解决问题的能力,提高交际表达能力和相互协作的能力,提高综合应用知识的能力,最终使学生在基础课的学习过程中养成积极的人生观、价值观、道德观和法治观。

【关键词】　基础课;案例教学法;运用

"思想道德修养与法律基础"(以下简称"基础"课)不仅具有鲜明的理论性和知识性,还具有较强的应用性和实践性,它通过思想、道德、法治等方面的教育,使大学生在接受教育的过程中,塑造完美的人格,陶冶高尚的情操。开展案例教学法是有效提高基础课质量的重要举措,它通过"启发式、探究式、讨论式、参与式"的教学形式,重视学生在学习中的主体地位,注重学思结合,强调学生获得知识技能的过程和方法,注重培养学生的实践能力和创新精神,进而培养学生分析问题和解决问题的能力。但在实践中案例教学法存在一定的认识误区和操作错位,对案例教学法的推广和发展产生了一定的影响。因此,需要厘清案例教学法在实践教学运用中存在的问题,转变教学思路,使其真正发挥应有的作用。

---

①　侯丽君:《高校思想政治理论课专题式教学的反思与前瞻》,《黑龙江教育学院学报》,2016年第12期。

一、何为案例教学法

案例教学法源于一百余年前兰德尔在哈佛大学法学院发起的法学教育改革。它是在教师的指导下,通过对典型案例的剖析,组织学生通过对案例的调查、阅读、思考、分析、讨论和交流等活动,教给他们分析问题和解决问题的方法或道理,进而提高他们分析问题和解决问题的能力,加深他们对基本原理和概念的理解的一种特定的教学方法。[①]

在案例教学法中,教师是案例的遴选者,教学过程的组织和引导者;而学生才是案例教学法的主体,案例法教学的目的不是告诉问题的答案,而是告诉学生解决问题的各种可能性和方法,并不是在课堂上简单引用几个案例来说明一个理论和观点,案例教学模式的实质是在于"情境化、互动式的问答",即教师通过精心准备和设计为学生提供具有"真实的"两难抉择情境的案例,让学生事先通过查阅相关资料和文献,厘清各种知识的关系,为解决案例的方案初步确立自己的论证和观点,而教师在课堂上则是引导学生积极探索深藏于案例中的基本精神和基本原则,引导学生通过角色互动、辩论反驳、交流讨论等活动,让学生在不同观点之间的"激情"碰撞中逐步从被动灌输转变为积极主动思考的主导者,使其粗浅的论证和解释变得越来越清晰,越来越明了。

二、案例教学法在"基础"课运用中存在的问题

1.缺乏典型的教学案例。案例教学法已经被很多高校在基础课中运用,也有很多关于案例教学的书出版,其案例主要来源于道德和法律实践中典型的事例,并对其进行加工整理而成,但是教师在选取案例的时候,教师过于注重"以知识传授为中心",忽视案例教学中对学生独立分析和解决问题能力的系统训练,其编写的思路是以教学为目标选定案例——组织讨论——公布答案,这样的案例存在选取简单化、教学注入式、问答表面化、反思空洞化的弊端[②],而真正的案例应该是案例例证性强,能够使学生触类旁通;应该典型性明显,新颖性和时效性强,最大限度地锻炼学生的独立思考能力、解决问题能力、口头表达能力、现场应变能力,因此,编写案例库必须改变传统课堂中案例

---

① 张家军、靳玉乐:《论案例教学的本质与特点》,《中国教育学刊》,2004 年第 1 期。

② 欧洁梅:《以培养法律思维能力为目标探索案例教学法》,《学术论坛》,2011 年第 2 期。

的讲授过于追求形式的现象,教师所要做的是精心选取和编排一系列的案例,通过它们体现某一道德和法律理念、原则是如何逐步形成的,所有案例在正式列入课堂之前,都要经过反复认真的讨论。只有高质量的案例才能保证良好的教学效果。

2.把案例分析视为案例教学法。教师经常会在课堂上即兴或者提前准备针对课堂讲授的一个理论,引用几个案例加以说明并提出问题让学生进行讨论,而学生知晓教师分析案例目的,自然就会运用刚讲的理论来解释案例,而且也会顺着教师的思路给出标准答案或结论,这样的案例分析教学虽然也运用案例,也能调动学生的兴趣,但易忽视学生学习的主动性和实践能力的培养,因此不是真正意义上的案例教学法,案例教学法的实质是在于教师力争做到道德与法律知识融会贯通,营造政治性、启发性、探究性、知识性和趣味性于一体的教学气氛,在于提供一个具有"真实的"两难抉择情境,以引发学生不同观点之间的冲突,并为这种冲突的讨论创造性地训练并运用其自身的能力,重在教授学生如何提高分析问题、解决问题的综合能力,而不是仅仅为了验证课堂所讲的理论。[①]

3.教师与学生之间的关系错位。在传统教学课堂中,教师的主导作用和学生的主体地位往往错位,教师始终是课堂的主角,教师在列举案例之后,马上讲解分析,即使有学生参与讨论发表看法,但学生始终处于被动的地位,大多随着老师的思维走,所谓的讨论不过是走过场而已,到最后往往变成学生聆听教师的精彩分析。这样的案例讨论,学生学到的往往是该案例个案的解决方法,而不是这一类案例的解决方案,更谈不上举一反三。[②] 而真正的案例教学法在教学过程中贯彻的是"启发式、探究式、讨论式、参与式"的教学理念,学生才是案例讨论的主角,教师只是课堂的引导者和组织者,把教学作为一种过程来进行,而不是作为一种结果来探讨,因为学生需要的是分析案例的思维过程,是解决问题的方法,而不是案例本身的答案,教师的任务是打开学生们的思路,让学生们相互辩论,让他们自己发现真理,激发学生学习的主动性和积极性,启迪学生的创造性思维,提高分析和解决实际问题的能力。

4.对案例教学法的性质理解不到位。案例教学法要求教师具有社会学、法学、伦理学、政治学和心理学方面的知识,对现实问题具有政治性和敏感性,

① 张颖:《美国案例教学对我国法学教育的启示》,《江苏警官学院学报》,2008 年第 11 期。
② 武俊山:《论案例教学法在法学教育中的运用》,《淮阴师范学院学报(教育科学)》,2011 年第 2 期。

要把握好方向,并将之体现在教学中,而现在一些教师对案例教学法的理解仅仅停留浅层的理解,以为只要给出个案例,让学生讨论即可,没有完整的案例讨论流程和步骤,学生没有提前准备只是在课堂上匆匆浏览案例,不能仔细地从案例材料中寻找和发现分析和解决问题的关键信息和核心材料并联系相关的理论知识点,到最后案例讨论成为形式。而案例教学法需要教师提前根据不同的教学目标和内容,仔细筛选案例,既要有经典案例也要结合社会热点问题,课前就要将案例布置给学生,让学生组成团队,由学生课前认真阅读案例,阅读相关书目,找到分析此案例的理论依据和相关材料,对案例进行分析整理,在课前各团队内部以及团队之间就应该进行充分的探讨与讨论,最后才是课堂的有针对性的讨论,同时教师掌握讨论方向和节奏,要有组织应变能力和驾驭课堂的能力,要善于启发、引导学生,对学生的表现进行评价,总结分析做到有理有据,最大限度地调动学生学习的积极性和创造性。

三、案例教学法的运用方法

案例教学法在教学中要取得好的效果,还必须根据所选不同的案例来决定运用方法。

1. 理论与案例结合式

根据基础课的不同章节不同内容和课时数,将理论讲授和案例讨论相结合,如基础课的学时是每周 3 学时,可采取"2+1"课堂教学法,其中 2 学时采取理论讲授方式,1 学时采取分组讨论方式。在 2 学时讲授过程中,教师主要讲授理论难点问题、实践中常常发生的热点问题,章节中的知识点留给学生自学,在 1 学时的讨论课上,学生被分成若干个小组,每组根据班级人数确定人数,同时每组指定一名组长。讨论的内容是提前布置与理论相关的案例,讨论从理论出发联系实际,最后又回归理论,深化认识课程体系。

2. 研究讨论式

教师事先布置若干具有典型性、综合性和难度大的案例,提供一系列背景资料和参考文献,学生必须以小组为单位集体讨论案例,提前做好案例的解决方案。上研讨课时,由学生介绍自己小组的观点和论证思路,然后其他小组同学发表意见,进行评论和提问,最后再由教师进行总结。因综合性案例涉及理论与知识点较多,需要学生花较多时间投入讨论的全过程,有利于学生全面理解基础课的精神,有助于学生道德与法律素质的提高。

3.情景模拟式

在法律的章节,教师就可以组织学生进行模拟法庭的演示,调动学生的积极性与创造性,要求学生提前认真准备,通过案情分析、角色划分、法律文书准备、开庭等环节模拟预先布置的案例审判的过程,使他们对法律知识、审判程序等都有更深刻的了解,使学生树立崇尚法治精神、追求公平正义和维护清正廉洁的责任感和使命感。

4.辩论式

辩论式注重学生学习的过程与方法,情感与价值观的形成。它以学生为主体,以反向思维和发散性思维为特征,由学生组成小组围绕特定的论题辩驳,为了论证自己的观点,学生要翻阅浏览大量的图书和资料,经过与同学的探讨、切磋形成清晰的思路,在课堂上与组员合作,互相学习,在辩论中主动获取知识,引发学生对社会现象之本质的追问,从而提高道德和法律素养。

总之,在案例教学法中,我们认为关键在于指导学生如何去思考,并不在于学生思考什么;在于帮助学生享受探求真知的过程,并不在于为了让学生得出一个简单的结论,其最终目的在于通过学生的主动学习,让他们掌握搜集文献的方法和途径,提高分析问题和解决问题的能力,提高交际表达能力和相互协作的能力,提高综合应用知识的能力,最终使学生在学习过程中养成积极的人生观、价值观、道德观和法治观。

以问题为导向开展"基础"课专题式教学的探索与思考

德法教研中心　董扣艳

在"思想道德修养与法律基础"课程(以下简称"基础"课)中引入以问题为导向的专题式教学对于提高教学质量具有重要意义。以问题为导向开展"基础"课专题式教学是指围绕教材知识体系和教学大纲要求,将主题相近、旨趣相连以及逻辑相通的教学内容提炼出来,重新建构知识讲授框架,巧妙创设问题情境,开展专题式教学。通过引导学生深入思考马克思主义重大理论问题、中国特色社会主义现实问题以及学生自身成长发展问题,激发学生学习兴趣,培养和锻炼学生解决实际问题的能力,有效提高学生在"基础"课教学中的参与感和获得感。

一、以问题为导向开展"基础"课专题式教学的依据

在高校思政课教学改革的背景下,以问题为导向开展"基础"课专题式教学既是一种教育理念,也是一种教育方法,有利于在根本上提升"基础"课的教学质量。坚持以问题为导向开展"基础"课专题式教学具有客观的理论和现实依据。

第一,坚持问题导向是马克思主义的鲜明特点。人类认识世界和改造世界的过程,在整体上就是一个发现问题和解决问题的过程。在马克思看来,"问题就是公开的、无畏的、左右一切个人的时代的声音。问题就是时代的口号,是它表现自己精神状态的最实际的呼声。"①"问题"集中体现了在特定社会发展阶段最尖锐的社会矛盾,表达了人们最关切的现实需要和利益诉求。为了有效解决这些社会矛盾,切实满足社会成员的利益诉求,必须正视客观存

---

① 《马克思恩格斯全集》(第40卷),北京:人民出版社,1982年,第289—290页。

在的各种问题,根据实际情况"对症下药",才能有效化解各类矛盾,破解各类难题。由此,坚持问题导向的核心思想就逐渐在方法论意义上显现出来。以问题为导向就是强调以解决问题为直接目标,在矛盾解决过程中,敢于直面问题,善于发现问题,不断深化对问题本质的理解,由此形成对问题的科学性、整体性以及创新性认识。

第二,以问题为导向是增强思想政治理论解释力的必然要求。和专业课程相比,一些学生习惯于将思想政治理论课视为混学时、凑学分的"水课"。究其原因,"基础"课教材中的内容与学生高中所学的思想政治品德课程内容或有重叠。例如,教材中"社会主义核心价值观的基本内容""社会公德、职业道德、家庭美德、个人品德""依法行使权利与履行义务"等内容,学生在高中阶段的思想政治品德课上均已有过了解。此时,若"基础"课教师还是完全根据教材知识体系照本宣科,势必会引起学生的反感与排斥。然而,尽管课程内容在一定程度上具有重叠性,但是大学阶段的"基础"课与高中阶段的思想政治品德课的教学目标和教学要求却存在显著差异。根据个体身心发展特点和认识水平规律,学生在高中阶段的思想政治理论学习更多偏向于知识了解性质的"是什么"层面,比如"社会主义核心价值观的基本内容"在国家维度包括富强、民主、文明、和谐,在社会维度包括自由、平等、公正、法治,在个人维度包括爱国、敬业、诚信、友善,但是对于为什么是这十二个词语,以及它们之间的内在逻辑关系则没有展开深入思考。而引导学生进行诸如此类的理论思考和逻辑思辨恰恰是大学"基础"课与高中思想政治品德课教学的主要差异。只有认识到这一点,才能找准"基础"课教学的着力点,在整体上改变泛泛而谈、照本宣科的教学困境。在大学阶段的"基础"课教学过程中,只有聚焦问题的重点、难点与分歧点,通过科学严密的理论论证在整体上揭示思想政治理论的成因、影响因素以及重大现实意义等,加强思想政治理论的解释力,才能满足学生对思想政治理论课的学习期待。

第三,大一新生的精神成长需求要求"基础"课必须以问题为导向。在我国,"基础"课主要面向刚刚进入大学校园的大一新生开设。必须充分认识到"大一新生"这一群体的特殊性,着力解决新生在由"高中生"向"大学生"身份转变过程中的困惑,当好他们大学生活的引路者和护航人。习近平总书记在学校思政课教师座谈会上指出,"思想政治理论课是落实立德树人根本任务的关键课程。青少年阶段是人生的'拔节孕穗期',最需要精心引导和栽培。"①
进入新的学习生活环境,新生们不仅要适应新的生活环境和学习节奏,完成更
高要求的学习任务,还要独自处理新的人际关系,进行更多有利于自身全面发
展的社会实践尝试。作为新生入学之后接触到的第一门思想政治理论课,"基
础"课必须着眼于"大一新生"身份转变的特殊阶段,围绕学生成长成才问题开
展专题式教学。与此同时,还要意识到,虽然大学生的世界观、人生观和价值
观尚未成熟,但是他们在中学阶段就已经形成了一定的独立判断能力。再加
上互联网时代知识的查询与获取更加便捷,仅限于"是什么"层面的照本宣科
式的课堂教学不仅不能满足他们深入理解思想政治理论的学习需求,甚至还
会打击他们对思想政治理论的学习热情与期待,并进一步降低他们的学习兴
趣。这就要求教师必须把教学重心放在理论解释上,结合自身的专业素养和
研究视野为学生搭建起清晰的理论脉络。

第四,以问题为导向是高校思政课教学改革的实践方向。为了有效破解
思政课教学中存在的学生抬头率不高、师生互动性不强、学生满意度不高等难
题,高校思政课教学改革正在实践中探索新的前进方向。习近平总书记在学
校思想政治理论课教师座谈会上强调,"推进思想政治理论课改革创新,要坚
持灌输性和启发性相统一,注重启发性教育,引导学生发现问题、分析问题、思
考问题,在不断启发中让学生水到渠成得出结论"。② 在这段论述中,总书记
不仅阐明了以问题为导向展开思政课教学活动的基本要求,还强调教师要充
分尊重学生在思政课教学中的主体地位。自思想政治教育学科成立至今,学
界关于教师与学生在思想政治教育过程中所处地位的讨论就从未停息过。从
最初的教师是主体、学生是客体的"单主体说",到后来的教师和学生都是主体
的"双主体说",再到现如今的坚持主导性和主体性相统一的"教师主导、学生
主体"观点,深刻体现了思想政治教育学界关于师生关系认识的转变。思政课
承担着培养"自由而全面发展的人"和"中国特色社会主义建设者和接班人"的
神圣使命,"基础"课教师必须结合学校、地方政府和国家人才培养的实际需求
发挥教学主导作用,不仅要对学生完成知识传递的显性教学目标,还要完成情
感、态度和价值观培育的隐性教学目标。

---

① 《习近平主持召开学校思想政治理论课教师座谈会强调 用新时代中国特色社会主义思想铸
魂育人 贯彻党的教育方针落实立德树人根本任务》,《人民日报》,2019 年 3 月 19 日。
② 《习近平主持召开学校思想政治理论课教师座谈会强调 用新时代中国特色社会主义思想铸
魂育人 贯彻党的教育方针落实立德树人根本任务》,《人民日报》,2019 年 3 月 19 日。

二、以问题为导向开展"基础"课专题式教学的原则

以问题为导向开展"基础"课专题式教学大致遵循着以下三个步骤:首先,发现与选择问题。作为高校思想政治理论课的有机组成部分,"基础"课教学的问题选择必须以马克思主义为指导,用马克思主义信仰引导学生坚定理想信念,用习近平新时代中国特色社会主义思想武装学生的头脑,培养学生用马克思主义立场、观点和方法分析与解决问题的能力。其次,设计与呈现问题。围绕着一个核心议题,需要设计一系列子议题启发学生思维,通过层层递进的理论分析与逻辑演绎,引导学生思考课堂的教学主题。教师在讲解教材体系中规定知识内容的同时,还要善于结合现实社会生活中的实例加以论证,促进学生进一步对课上讲授的知识内容形成深入思考。最后,分析与解决问题。"基础"课教学致力于引导学生形成科学的世界观、人生观和价值观,因此在教学过程中不能仅仅告诉学生如何分析解决某一个问题,而要教会他们如何独立自主地分析解决类似于这个问题的某一类问题。教师在此过程中更多的是发挥引导者的角色,在学生独立思考、分析和表达观点的基础上,及时澄清学生的思想政治理论学习困惑,纠正学生的思想认识误区,帮助学生更好地理解与掌握思想政治理论知识。

在上述三个步骤的具体实施过程中,需要注重把握以下几个原则:

第一,选取具有典型性的重点和难点问题加以讨论。由于课堂教学时间有限,教材涉及的知识信息量又比较丰富,不可能面面俱到地覆盖教材每一处内容。只有抓住学生普遍关注且具有代表性的重点和难点问题,才能在一个学期的课程学习时段内取得相对不错的教学效果。为此,教师要针对学生理解有难度、争议性比较大的问题有所侧重地进行授课专题设计,避免出现"贪多嚼不烂"的结果。通过选择具有典型性和代表性的问题,结合教学大纲要求的知识、情感和价值观目标,精心设计授课专题,建构起逻辑严密、内容翔实、结构严谨、具有特色的授课框架体系。

第二,实时回应学生在生活中不断出现的思想困惑。生活在网络时代,学生擅于利用电子设备关注时事政治、了解社会热点。作为具有一定判断能力的独立个体,学生会从自己的立场出发对这些问题形成一定的看法与认识。以问题为导向开展"基础"课专题式教学,不仅要讲好预先设定的授课内容,还要结合社会生活中公众关注度较高的热点问题,及时对学生进行正面的思想引导。对于那些分歧和争议较大的社会热点问题,不能避而不谈,而要以此为

契机培养学生理性思考和独立判断的能力。对于涉及价值、立场和态度的原则性问题，更要毫不犹豫地凸显政治性，在理论解释的过程中夯实学生的马克思主义信仰。

第三，明确教师在教学过程中的角色定位和具体职责。现阶段，学生获取知识的渠道多元且便捷，他们可以通过看网课、检索文献等方式获取相对完整的知识认知。教师不再是知识的绝对拥有者和唯一传授者，而是逐渐转变为学生学习的引导者、思想误区的澄清者和学生成长的促进者。正如前文所述，"基础"课教学与高中阶段的思想政治品德课教学存在显著不同。教师不仅要引导学生形成正确的世界观、人生观和价值观，还要促进提升学生的自主学习能力。在教学过程中，教师要充分发挥在课堂教学中的主导作用，认真阐释马克思主义理论和党的路线、方针、政策，积极传播社会主义意识形态和精神文明，主动担任学生健康成长的指导者和引路人。与此同时，教师在引导学生思考、分析与解决问题的过程中，也要避免过分迎合学生，不能完全被学生牵着鼻子走，而要始终控制好课堂气氛，正确践行教师主导性和学生主体性相统一原则。

三、以问题为导向开展"基础"课专题式教学的路径

在实践层面，以问题为导向开展"基础"课专题式教学既要确立科学的行动策略，也要使用先进的教学手段，还要使用有效的教学技巧。

第一，立足教学大纲要求，重构授课知识体系，合理设计教学专题。

教师在教学过程中发挥主导作用的一个重要表现是能够根据教学大纲规定的课程知识、情感、态度和价值观教学目标，按照教学任务要求，将那些内容相近、逻辑相同、观点相连的内容进行归类与调整，提炼出课程基本理论、社会热点问题以及学生成长发展问题中的重点与难点，将现有教材内容拓展为若干个独立的教学专题，建构起一个具有特色的新的授课知识体系。以问题为导向开展"基础"课专题式教学，能够满足大一新生精神成长发展的个性化需求，结合学校特色和学生的学科背景差异，在每一个教学专题下引导学生思考与解决不同的问题。

根据 2018 年使用的最新版《思想道德修养与法律基础》教材，在把握教材内容和教学要点的基础上，尝试将"基础"课设计为"适应大学生活""让人生之路更宽广""在实现中国梦的过程中放飞青春梦想""做社会主义核心价值观的践行者和引领者""崇德修身，向上向善""做一个知法、懂法、守法、用法的好公

民"六个专题。其中,前三个专题从大一新生的实际需求出发,以培育高尚的人生观和价值观为核心任务,引导学生思考人生追求、人生态度、人生价值、理想信念、爱国等问题;最后两个专题基于"法安天下,德润人心"的辩证关系,结合社会生活中的实际案例,以培养学生的道德素养和法制观念为核心任务,引导学生继承与发扬传统美德、树立正确的爱情观、培养法治思维等;第四个专题"做社会主义核心价值观的践行者和引领者"是贯穿这门课程始终的理论逻辑主线,虽然在教材第四章中单列出来,实际上却是整本教材以及这门课程的核心价值,贯穿于"基础"课教学始终,在整体上指导着这门课程的全部教学实践活动。每一个专题都包含着丰富的内容,需要在揭示课程基础理论的前提下,结合大一新生的思想实际,再拆分成环环相扣、逐层递进的多个问题,形成逻辑严密的授课框架体系。

第二,采用"教师讲授+师生研讨"的教学模式,有效提升学生的存在感、参与感与获得感。

高校思想政治理论课承担着对大学生进行系统的马克思主义理论教育的任务,是对大学生进行思想政治教育的"主渠道"。在"基础"课教学过程中,教师的口头讲授依然是课堂教学的主要方式。教师以前期设计的教学专题为依据,进行层层递进的剥洋葱式的分析,将问题的内在逻辑有理有据地呈现在学生面前,为学生梳理清楚理论的形成与发展脉络,帮助学生准确掌握理论实质。

同时,为了有效保证学生在课堂教学中的存在感和参与感,需要教师主动创造给他们提供表达个人见解的机会。一方面,结合课程教学任务安排,布置讨论题目,鼓励学生以个人或小组的形式进行主题展示;另一方面,在教学过程中,教师根据讨论需要随机发问,鼓励学生即兴表达观点,提升学生的参与积极性。在研讨过程中,教师要把握好学生讨论的总体节奏,及时总结学生交流的观点,评价学生在参与讨论过程中的表现。课后,还要给出拓展延伸的阅读资料和思考题目,进一步强化学生对课堂教学和讨论知识的认知体会。通过有深度、有互动、有反馈的理论教学,全面提升学生在"基础"课学习中的获得感。

第三,善于利用网络优质教学资源,根据不同专题的教学需要选择恰当的教学素材。

以问题为导向开展"基础"课教学,要求思政课教师不仅要会用更要善用网络优质教学资源,根据不同专题的教学需要选择恰当的教学素材,使之成为丰富课堂理论教学的支撑论据。在思政课教学改革背景下,越来越多的高校正在探索建设"基础"课慕课。慕课的基本模式主要包括线上教学和线下教学两个部分。线上教学以知识梳理和理论讲解为主。课程建设团队将教师的授课场景录制成视频片段放到共享课程的学习平台上,选修这门课程的学生根据学习进度安排自主学习。线下教学则以观点分享和理论释惑为主。在自主学习之后,学生们带着问题再重新回到课堂,有针对性地和老师、同学进行交流。教师也能够根据学生反馈的问题,有针对性地开展理论释惑与学习答疑,提高思想政治教育的实际效果。从长远角度来看,推动线上线下教学相结合正在成为高校思政课内涵建设的重要途径。这种新的教学模式也对思政课教师的理论素养和知识储备提出了更高的要求。

第四,既要注重理论解释的专业性,又要考虑学生理解的可接受性,实现从教材话语向教学话语的转变。

实现从教材话语向教学话语的转变,在本质上是为了使学生更好地理解和接受教材规定的教学内容。作为一本思政课的通用教材,《思想道德修养与法律基础》教材具有内容全面、结构严谨、表述准确等特点,通篇采用了概念范畴、方针政策、思想理论等书面式表达方式来呈现教学内容。在实际教学过程中,如果原封不动地把这些概念范畴、方针政策、思想理论"照搬"给学生,就容易陷入照本宣科的窠臼,不能激发学生的学习兴趣,出现学生抬头率不高的现象。因此,在设计教学专题时,既要以教材为基本遵循,又不能完全照搬教材。教师要在对教材内容了然于心的基础上融会贯通,结合史实、事实、典故、案例等素材将抽象的书面教材话语转化为学生易于理解和接受的口头教学话语。同时,还要注重结合学生的专业背景与实际需求,对教学内容做出相应的调整,实现教材系统性和教学针对性、教材规范性和教学灵活性的有机统一。教师在回答学生的思想理论困惑时,也要保证实现理论解释专业性、可读性和趣味性的有机统一。

讲好红色故事：
提升大学生思政课获得感的新路径

——以"讲好红岩故事"为例

德法教研中心　靳思远

【摘　要】 抗日战争和解放战争时期,大批大义凛然、高风亮节的共产党人及革命志士用鲜血、胆识与智慧书写了不朽的山城红岩故事。新时代传承红色基因,提升大学生思政课获得感需要以红色故事为抓手,讲好红色故事。以"讲好红岩故事"为例,讲事实才能说服人,讲好红岩故事,就要以生动的叙事还原客观历史,以全面的叙事有力描绘英雄镜像;讲形象才能打动人,讲好红岩故事,就要对红岩故事中的个体形象和群体形象进行真实、立体、全面的挖掘、塑造和展示;讲情感才能感染人,讲好红岩故事,既要尊重历史,以微观叙事还原历史情境下的一个个红岩故事,又要带着深厚的情感讲述红岩故事,使听众可以在历史的想象与共情之中营造出特殊的意义空间,从而既唤醒历史记忆,又厚植红色记忆;讲道理才能影响人。小故事蕴含大道理,故事的背后是"道"。讲好红岩故事,就要讲道理,特别是讲清楚"中国共产党为什么能"的道理。

【关键词】 红岩故事;事实;形象;情感;道理

"要讲好党的故事、革命的故事、根据地的故事、英雄和烈士的故事,把红色基因传承好,确保红色江山永不变色。"①习近平总书记深刻阐述了讲好红色故事、传承红色基因的伟大意义。抗日战争和解放战争时期,大批大义凛然、高风亮节的共产党人及革命志士曾在重庆这一块英雄的土地上抛洒热血,也曾在这里留下血泪嘱托,他们用鲜血、胆识与智慧书写了不朽的山城红岩故事。新时代传承红色基因,必须以红岩故事为抓手,讲好红岩故事。习近平总

---

① 习近平:《用好红色资源,传承好红色基因,把红色江山世世代代传下去》,《求是》,2021年第10期。

书记曾指出:"我们要学会'讲故事',因为讲事实才能说服人,讲形象才能打动人,讲情感才能感染人,讲道理才能影响人。"①这就启示我们,事实、形象、情感、道理是我们讲好红岩故事,提升大学生思政课获得感的四个关键要素。

一、讲好红岩故事,就要讲事实

客观事实是讲好红岩故事的基本前提。讲故事不是"编故事",以事实为理据,实事求是地叙事才能使红岩故事打动人、说服人,才能让红岩景点成为大学生心目中"打卡地",才能让红岩精神成为大学生心目中的"精神高地"。诚如习近平总书记所言:"烈士们的真实事迹远比艺术作品更加感人。"红岩故事是关于英雄烈士的真实故事,也是由英雄烈士真实书写的故事。其中有周恩来领导中共中央南方局同反动势力英勇斗争的生动故事,有渣滓洞、白公馆中历经种种酷刑磨难而不折不挠、宁死不屈的共产党人的感人故事,有江竹筠、刘国誌、陈然、王朴等革命志士出生入死、患难与共、同仇敌忾的温暖故事等等。讲好红岩故事,就要以生动的叙事还原客观历史,以全面的叙事有力描绘英雄镜像。以真实性原则讲清楚共产党人出场的历史逻辑,讲清楚险恶环境中共产党人的斗争事实,用一个个铁铮铮的红岩事实汇聚成生动的红岩叙事。讲好红岩故事,主要应该讲好五个方面的事实:一是讲好皖南事变中中共中央南方局刚柔并济的斗争智慧事实;二是讲好共产党人出淤泥而不染的"六月风荷"政治品格事实;三是讲好中国共产党人团结多数的宽广胸怀事实;四是讲好中共中央南方局在逆境之中不怕牺牲、宁难不苟的大无畏英雄事实;五是讲好中国共产党人及革命志士勇于追求革命理想的事实。

二、讲好红岩故事,就要"讲形象"

生动的形象易于引起共鸣,从而获得人们的认同。讲形象就是要求思想政治工作者与宣传思想工作者对红岩故事中的个体形象和群体形象进行真实、立体、全面的挖掘、塑造和展示。"讲形象"的关键是要真实、生动和鲜活,无论是个体形象的挖掘与塑造,抑或群体形象的刻画与展示都要有血有肉。同时要切忌无限拔高,避免形象夸张与形象变形。讲好红岩故事,应该主要讲

---

① 中共中央文献研究室编:《习近平关于社会主义文化建设论述摘编》,北京:中央文献出版社,2017年,第212页。

好三个方面的形象：一是讲好红岩故事中国共产党人及革命志士的个体形象。如只身赴会的叶剑英在面对国民党的百般刁难时勇于发扬斗争精神，舌战群儒展示共产党人的风采，既有力驳斥顽固派的错误言论，又巧妙揭示国民党的阴谋，体现了共产党人敢于斗争、善于斗争的英雄形象；被捕七次入狱却仍对革命存有坚定信仰的南方局委员廖承志，树立了对共产主义信仰和事业不屈不挠、坚如磐石的忠贞形象；面对反动势力威逼利诱发出"面对一切困难，高扬我们的旗帜"的川康特委书记罗世文，树立了不怕牺牲、宁死不屈的浩然正气形象；面对国民党反动派的拉拢，旗帜鲜明维护党的地位的南方局常委吴玉章，树立了始终忠诚党的事业的正气凛然形象等等；二是讲好浇灌出红岩精神的革命志士的群体形象。铿锵的誓言掷地有声，英勇的斗争直击人心，红岩英雄用血泪镌刻的形象令人动容。在艰难复杂的斗争环境中，战斗在"红色三岩"的革命同志"团结得像一个人一样"，他们先大家后小家，为大家舍小家，体现了南方局坚强堡垒的政党组织形象，树立了高尚的家国情怀形象；三是讲好共产党人敢于斗争，善于斗争的英雄形象。如在残酷的革命实践中，在周恩来、董必武、叶剑英带领下，南方局创造性地贯彻执行党中央正确路线、方针、政策，坚持原则性与灵活性相统一，公开斗争与秘密斗争相结合，充分体现了敢于斗争、善于斗争的智慧形象。此外，也要讲好爱国人士的形象，如华侨典范司徒美堂历经艰难始终不改，树立了拳拳赤子为国尽力的爱国形象。还要讲好反动势力的种种丑恶形象，从侧面烘托共产党人及革命志士的英雄形象。

三、讲好红岩故事，就要"讲情感"

列宁曾指出："没有人的感情，就从来没有也不可能有人对真理的追求。"[①]同样，没有人的感情也不可能有人对理想信念的坚定与追求。红岩故事蕴涵着共产党人的理想信念，彰显着共产党人的精神风貌，也蕴含着共产党人的深厚情感。讲好红岩故事，既要尊重历史，以微观叙事还原历史情境下的一个个红岩故事，又要带着深厚的情感讲述红岩故事，使听众可以在历史的想象与共情之中营造出特殊的意义空间，从而既唤醒历史记忆，又厚植红色记忆，既筑牢思想防线，又厚植精神家园。一方面，以准确的话语还原历史情境，将人们的思绪与记忆带回到战火纷飞、风雨飘摇的战斗年代，在共情中引导人们体悟共产党人及革命志士对党的情感，对家国的情感，对战友的情感。如红

---

① 《列宁全集》(第25卷)，北京：人民出版社，1988年，第117页。

岩家书中所流露出来的真挚情感令人动容。在残酷的战争年代，江竹筠书写的一封封家书寄托着她心中深沉的情感。丈夫牺牲后，从她留下的家书中，我们可以深切感受到她对儿子的惦念、对丈夫的深情，更能体会到她对革命的坚定意志以及慷慨赴死的决心。另一方面要以真挚、深厚的情感将红岩故事转换为生动感人、有血有肉的价值叙事，让革命的优良传统和爱国主义精神融入人们心间，教育引导人们将爱国情、强国志、报国行融入坚持和发展中国特色社会主义伟大事业之中。如在讲述两滴鱼肝油的故事时候就要以真挚的情感讲述狱中战友最质朴而深厚的情谊，展示共产党员在艰苦环境中对战友的挚爱和无私奉献的高风亮节。

四、讲好红岩故事，就要"讲道理"

小故事蕴含大道理，故事的背后是"道"。红岩故事为什么那么"红"？狱中绣红旗的故事为什么广为流传？那是因为狱中绣红旗不仅温暖了那段风雨如晦的日子，其内蕴对理想信念的坚守、对党的事业的热爱像明亮的灯塔一样照亮了前行的路。一个个红岩故事穿越历史的长廊历久弥新，往往不仅仅在于故事话语的魅力，而是在于其中所内蕴的深刻之"道"。讲好红岩故事重点还是在于讲"道"。讲好红岩故事，要着重讲好以下道理：一是中国共产党为什么能。革命理想高于天，抗日战争和解放战争时期，多少革命志士身陷囹圄却信仰不改，多少共产党人受尽磨难却毅然决然，这都源于他们的胸中燃起了信仰之火。透过刘国誌、王朴、陈然、江竹筠等革命烈士的群像，我们可以看到中国共产党之所以"能"的密码之一就在于信仰的力量，就在于对信仰的坚守与追求；二是要坚守人民的价值立场。在极其险恶的环境中，中共中央南方局丝毫不移为人民谋利益的初心。抗战后期，中国共产党顺应民心，主张建立民主联合政府，南方局为争取建立民主联合政府而积极斗争，推动并掀起了国民党统治区人民民主运动的高潮，从而推动国共两种力量发生极大变化，最终取得革命的胜利。历史昭示未来，新时代取得新的胜利依然必须坚守人民立场；三是要弘扬红岩精神，传承红色基因，赓续红色血脉。时过境迁，红岩故事内蕴之道不仅没有淹没在历史的洪流之中，反而历久弥新，成为我们走向新征程的强大精神动力。当前，我们正深入开展党史学习教育，我们讲好红岩故事的落脚点就在于传承红色基因，弘扬红岩精神，教育引导青年大学生厚植爱党、爱国、爱社会主义的深厚情怀，从而让红岩精神在新时代绽放出更加耀眼的光芒。

研究生课程教学的三点教学体会

研究生思政课教研中心　甘钧先

【摘　要】 研究生公共课程既需要传授理论知识,也需要讨论现实问题与探索解决方案。因此,在研究生公共课程教学中,需要坚持现实问题导向,集中厘清问题的谱系,以头脑风暴的形式强化对现实难题解决方案的设计。

过去五个学年,我主要讲授了博士生公共课程"马克思主义与当代"和硕士生公共课程"中国特色社会主义理论与实践"。研究生公共课教学呈现出不同于本科生的特点。由于绝大部分研究生已经形成自己稳定的世界观,这种情况一方面意味着他们只能选择性地接受一些内容,另一方面意味着必须跟他们进行深度思想交流才可能影响到他们。此外,这些学生具有不同的学科背景,基本上理工科居多,他们的科学思维丰富,可以跟文科思维形成良好的互鉴。文理科的多元思维方式容易在课堂上互相碰撞,激发出有意义的思想。以下是我对研究生公共课程讲授的三点体会。

1. 研究生公共课需要研究型授课和学习。研究生公共课尤其是博士生公共课,不能再仅仅以学习知识为主,而是应该以思维探索和寻求解决方案为主。之所以不能再延续知识型授课,是因为在当下信息社会时代,知识获取应该是学生自己的事情(更不用说博士生),他们在研究过程中多多少少都会接触到相关知识。另一个原因在于,知识型授课方式较为枯燥,不管是学生还是老师,都觉得乏味,都不会产生较大的成就感与获得感。研究生公共课程,基本上处理的也是一些公共知识,获取渠道广泛,不能带来学习过程中的陌生感与兴奋感,因此知识型授课不能带来良好的教学效果。我更愿意采用研究型授课方式,以讨论互动的方式去获取一些新的认识。如何才能更好地展开研究型学习?首先是必须找准问题,其次围绕着问题展开深入讨论。研究型学习的关键在于问题。

2. 厘清问题谱系。研究型学习必然是问题导向的。对于研究生来说,问题的深度和创造性,代表了其研究的深度和创造性。因此,如何让研究生提出问题,是研究生公共课教学的重要环节。我的方法是,在学习开始的时候,让学生针对专门的主题思考之后再提出问题,再将不同学生提出的问题整合成问题序列。一般来说,问题所覆盖的子领域,组成一个横向序列;同时回答一个问题,往往需要回答另一组关联问题,深入下去,将形成若干组问题,组成一个问题纵向序列。通过整合学生提出的问题,从而形成一个问题谱系。一个清晰的问题谱系,使得一些积极思考的学生产生探索的愿望,激发他们的学习动力和研究热情。比如,针对世界格局来说,从横的方向来看,世界格局形成关联到哪些领域的变动? 从纵的方向来看,推动形成世界格局的基本要素是什么? 这些因素背后的动力又是什么? 我使用了一个公式来分析世界格局的演变:世界格局=[(科技+扩张)—(竞争+抵抗)]÷偶然性。我通过这五个要素的解读,同时挖掘每一个要素背后的动力结构,通过一个问题谱系来解释当前的世界格局,学生就能更清楚地理解当前这个世界。当然,提出问题的过程中,也需要甄别是真问题还是假问题、浅问题还是深问题、思维型问题还是需要提供解决方案的现实问题。

3. 课堂学术争鸣。在厘清了问题谱系之后,就需要围绕着问题谱系展开教学。一般来说,我采取问题描述与集体研讨相结合的方式。处理方法是,讲述大约半个小时就设计一场小讨论。讨论环节的安排是,学生的挑战与反驳,让同学挑战或质疑讲述的观点,然后再组织进行讨论,不仅学生可以反驳,教师也加入到释疑和反驳的过程中。这个环节效果非常好,学生心中的一些问题被激发出来,学习的主动性大大增加。甚至一些他们之前没有想过的问题,也会在课堂上被提出来,或者得到部分地解释。更重要的是,一些关键问题也在争论中变得逻辑清晰起来。比如,探讨形成世界格局的动力,学生提出了若干种因素。那么,这些因素是如何推动世界格局形成的? 哪种因素是更重要的呢? 探讨世界格局的未来演变时,技术力量还会起到一样的作用吗? 相比之下,人口规模和政策选择在世界格局塑造中起到多大的作用? 师生在课堂探讨中分别按照自己的思路推演,既可以看到对方思维的局限,也可以帮助突破自己的思维定式,形成较好的教学相长局面。

以上三点想法是我在研究生公共课程讲授中的启发。总体而言,我认为研究生授课完全不必受制于PPT,更不必受制于教材的束缚,甚至不必受制于自己讲授内容的限制。教学的根本目的是,找到若干个有意义的问题,深入探讨一些问题,有几个算几个,哪怕仅仅深入探讨了一个问题,也是值得的。问题探讨之后,让学生的头脑中产生了更多的问题,那就证明课程产生了预期的效果。

研究生理想信念教育内容的
复合供给与教学自觉

研究生思政课教研中心　王雪楠

【摘　要】　在高校研究生培养的"立德树人"核心建设机制内,长期承担显性理想信念教育任务的研究生思政课却处于较弱势地位,教育内容供给问题常态存在。作为理想信念教育资源的中间供给方与必要转化方,研究生思政课需切实立足解决中国特色社会主义共同理想信念的"共同"内涵的建构与阐述,在党内政治文化输出、本硕理论教育、党群教育等三个关键衔接环节强化内容供给;研究生思政教师需培养树立在党的意识形态工作机制内的"跨体系的主动衔接者"教学自觉,主动完成多重角色整合,以期使主客观条件转化形成合力效用,完成教学内容的复合供给,稳定提升课堂育人效能。

【关键词】　立德树人;研究生理想信念教育;教育内容供给;教学自觉

一、显性教育弱势角色:研究生思政课内容供给困境及其生成机制

党的十八大以来,高校研究生教育"立德树人"中心意识的强化与多渠道贯彻,使研究生理想信念教育被提升至新的战略高度。① 然而,近年来高学历人才流失所形成的频繁教育拷问,也成为研究生理想信念教育改革的外生动力。高校研究生立德树人机制系以导师培养为中心的多渠道、显隐性教育并举的复合系统,理想信念作为其核心教育内容,需在导师、学校日常管理、班级

---

① 2013 年《教育部、国家发展改革委、财政部关于深化研究生教育改革的意见》指出:"把立德树人作为研究生教育的根本任务";2015 年《统筹推进世界一流大学和一流学科建设总体方案》指出:"坚持立德树人,突出人才培养的核心地位,着力培养具有历史使命感和社会责任心,富有创新精神和实践能力的各类创新型、应用型、复合型优秀人才"。2017 年《学位与研究生教育发展"十三五"规划》中提出:"坚持把立德树人作为研究生教育的中心环节,把思想政治工作贯穿研究生教育教学全过程"。

党支部、社会乃至家庭教育中以若干隐性方式加以落实与强化。相形之下,作为理想信念"显性教育"提供者甚至主渠道的研究生思政课,反而在研究生育人机制中处于较为弱势地位,突出表现为多元环境、多元思潮冲击下课堂教学效能不足。

如何将中国共产党对共产主义、社会主义的理想信念,通过制度化的高校思政教育系统注入当代青年,尤其是高学历研究生青年的头脑,形成逐代"接班"的坚实政治基础,是新中国成立以来,高校思政课发展改革的原生动力与根本政治要求。可以说,本来就为传承党的理想信念而存在的思政教育系统,自中国共产党实现全面执政之日起,即始终面临多元环境下的诠释性挑战,发展性挑战与社会性挑战。因此,目前"多元环境"与思政教学供给之间的真正压力或许在于,大量不同教育背景、不同政治面貌和拥有不同社会经历的学生对课堂供给内容及供给方式的不满。

具体而论,研究生思政课内容供给困境至少表现为两大显性问题:

(一)"文件体"教材难读难懂,课堂对"教材"与"教学"体系的转换仍缺乏深入思考与切实解决

从表面看,教材教学体系转换似乎只涉及从纸面到口头的一般转换过程,主要取决于教师对教材与大纲的理解把握或专业理论阐释水平。但自"10"方案实施以来,研究生教材建设与党内理论武装基本实现同步,重要理论"三进"效率远高于其他课程[①]。为保障重要理论进教材的科学性、权威性与完整性,往往直接转引党内文件。2019 年 8 月 14 日,中共中央、国务院办公厅印发《深化新时代学校思想政治理论课改革创新的若干意见》,正式确认研究生思政课的教学层次定位,即:应处于学校思政课程群顶端,必须在"坚持思政课程建设与党的创新理论武装同步推进"的课程建设轨道内,承接与深化本科"理论性学习",进而实现"探究性学习"目标。[②] 可是,在大多数学生(尤其大量非

---

① 自 2010 年版教学大纲实施至今,研究生教学内容先后经历 2013、2015、2018 年三次明显修订,教学重点随党内理论创新而逐年递补。依次增加中国梦、理想信念、经济体制改革与经济"新常态"、文化自信、四个全面、五位一体、四个自信、习近平新时代中国特色社会主义思想等等理论逻辑层次不尽相同的教学内容。参见顾海良:《中国特色社会主义理论与实践研究教学大纲修订说明》,《思想理论教育导刊》,2013 年第 9 期;顾海良:《中国特色社会主义理论与实践研究教学大纲修订说明》,《思想理论教育导刊》,2015 年第 10 期;本书编写组:《中国特色社会主义理论与实践研究(2018 年版)》后记,北京:高等教育出版社,2018 年,第 247—248 页。

② 《中共中央办公厅、国务院办公厅印发〈关于深化新时代学校思想政治课改革创新的若干意见〉》,新华社北京电,2019 年 8 月 14 日,转引自《国务院公报 2019·24》,第 9—14 页。

马学科学生)基本无法完成教材阅读与自学的普遍情况下,探究性学习又从何谈起?因此,研究生思政课必须首先具体解决党内政治文化输入课堂的层次调适与形式转换工作。这不仅涉及教师理论阐释水平,更需要教师仔细考虑,如何对大量未必具备基本政治常识的学生"科普"中国共产党的基本理论思维、政党意识乃至党内基本常识。①党内常识科普看似与课堂理论教学相距甚远,实际却是最贴近学生日常社会公共生活,最能引起学生一般兴趣的简单手段。

(二)如何满足多元研究生群体合理的差异化需求,实现课堂对研究生"中国特色社会主义理论与实践"学习的差异化供给

研究生所处思想政治教育阶段较为特殊,教育客体多元化情形最突出。一般而言,不同的研究生群体对课堂教学至少存在三层差异化需求:

其一,与本科相关课程内容,尤其与考研政治内容的差别。大多数研究生经历考研政治突击训练,刚好处于逐步脱离碎片化知识系统,但自身仍缺乏思考架构能力的过渡阶段。因此更需要通过思政课解决:从对社会主义历史理论实践的基本认知,到如何理解与解释社会主义与当代中国的总体社会、历史、理论关系。也即:课堂将如何解释"四个自信"生成的宏观历史逻辑,中国共产党何以谈"自信"。

其二,与触手可及的公共媒体内容(如新闻联播、人民网),或与党员学习内容的差别。面对信息时代不可避免的碎片化、选择性阅读趋势,党或非党研究生群体,往往苦于常年仅处于某种——只能看见若干"结果文件",天天看见"习大大"——却对党的基本运作,对党内理论生成机制、对党内理论创新发展方向一无所知的窘况。研究生中国特色社会主义课堂教育,已经明显区别于本科,即:通过理论教育层次提升,开始进入当代中国共产党意识形态内容核心层。这既是培育研究生对中国共产党政治认同的关键窗口期,也是对"门槛级"高学历人才进行集中政治教育的黄金时期。在爱国主义教育基础已比较扎实的研究生思政课堂上,教师如何继续引导学生打破"党与非党"的逻辑思

---

① 笔者每年开设《中国特色社会主义理论与实践研究》课程时,都会询问"习近平总书记,是中国共产党哪个机构的总书记"这一最基本且最日常化的问题。精确统计,自 2017 年 9 月开班至今,能不查询百度知乎,直接作答的学生仅 6 人。

考障碍（以"政治正确"名义拒绝思考问题），教师如何以"群众路线"①方式完成理论联系实际的教学任务，促成"党"从文件中、从电视里"接地气"，并进一步走入学生社会生活，这或许是新时代高校思政课教师可期培养锻炼的"拿手好戏"。

其三，与日常感知及产生困惑的"社会主义社会"的内容差别。思政课不可能活在真空或纯粹象牙塔内，研究生对"社会主义社会"的直接感知，往往体现在与个人前途、社会发展前景紧密相关的就业、房价、教育公平、体制改革，甚至贫富分化、阶层固化等现实问题上。因此，当学生面对课堂阐述的中国特色社会主义共同理想（信念）时，更容易导向"社会主义与我""中国共产党与我"的基本关系评判。一旦课堂讲授使上述两个关系评判中"与"字的思考空间窄化、或者泛化，那么，历史虚无、教条主义、渺茫论随时可能产生于学生头脑，再难接受更深层次的理论内容。

综上所述，研究生思政课的"弱势"供给困境，其现实生成机制如下：作为理想信念教育资源的中间供给方，研究生思政课堂面对多元化教育对象时，在党内理论进入课堂的层次调适、本硕思政学段、教育资源如何更贴近群众等三个关键的衔接环节，教育内容与教育手段皆严重供给不足。这种供给不足继而影响学生建立"社会主义与我""中国共产党与我"的基本关系认知，或将进一步产生认知窄化或者泛化趋势，难以建立师生之间的"灌输与启发相统一"的良性互动关系，最终导致教学效能受限。

二、实现三次"差异化供给"：研究生思政课内容的复合供给机制设计

通过对上述问题生成机制的反向分析应可逐步明确，研究生思政课堂并非单纯的理论讲坛，更不是党内最新的社会主义意识形态的无差别输出者。课堂教学介于党与非党之间，介于即将走入社会的高学历人才与社会主义社会之间，介于差异化认知需求，与多渠道教育内容供给不足的有利供求关系

---

① 20世纪50年代，教育部组织的各类教学培训班，反复出现强调思政课教员务必要学会走"群众路线"，顺利完成规模化、正规化思政课教学的记录。从教育部反复强调此方法的行为逻辑本身，一是可以窥见当年"党与非党"思想界限的顽固程度，二也可以看出，高校思政课初创时期，教育系统内部普遍存在是否应该，并且可以打破"党与非党"教学思维界限的分歧。见《教育部关于全国高等学校暑期政治课教学讨论会情况及下学期政治课应注意事项的通报》，转引自教育部社会科学司组编：《普通高校思想政治理论课文献选编（1949—2008）》，北京：中国人民大学出版社，2008年，第5—8页。

内。因此可以说，研究生思政课堂应该自觉成为，也能够成为研究生理想信念教育的复合资源供给方。

然而，从内容供给难度与供给顺序看，研究生思政课堂的首要挑战仍在于数十年常态化存在的"党与非党"认知隔膜。教学内容毕竟是党内高层次意识形态资源的集中输出，学生又早已习惯在"政治正确"表达与政治冷漠间频繁切换，两方理论层次、话语体系差异过大而几乎没有直接对话可能。所以，此时完全有必要让教师主动向后退一大步，首先深入了解"党""社会主义""中国特色社会主义"三个核心概念在学生认知体系中的平面化程度，确立"差异化供给"思路，然后再以若干具体教学设计，完成三者复归"立体化"和"接地气"的工作。

关于党内意识形态进入高校理想信念教育体系的"差异化"处理必要，自新中国成立至今，历代中央领导都特别注意使高校理想信念教育目标与党内理想信念教育要求做适当划分，在强调两者有机联系之外，注意区分宣教层次，以此提升高校理想信念教育的现实针对性与可实践性[①]。1978 年以来，特别是在十二届六中全会"社会主义精神文明建设"的总体布局下，党中央在深刻总结历史经验教训的基础上，对共产主义理想、马克思主义信仰和中国特色社会主义共同理想信念做出了适应时代发展与人民需求的必要理论调适，重新确立了社会主义、爱国主义、共产主义宣传教育的基本关系[②]，这进一步促使改革开放后高校青年理想信念教育的内涵与形式产生深刻变化，突出表现为两个方面。

一、从理想信念教育的目标导向看，一改 1950 年代以来强调阶级意识、意识形态分野与共产主义高远理想的教育要求，全面转向符合现代化发展需求与贴近现实生活的、结合青年发展理想与日常实践目标的理想信念教育体系。也可以说，改革开放至今高校思政工作的恢复、发展与育人方式的调整，高校思政课程体系的总体布局，始终围绕着理想信念教育的目标调适与内容建设而展开。

二、从高校理想信念教育资源供给情况看，改革开放以来，在中央直接领导与接力式布局下，虽然多次加入历史教育、国情教育，强化理论教育，融入多

---

① 《钱俊瑞在第一次全国教育工作会议上的总结报告》，转引自教育部社会科学司组编：《普通高校思想政治理论课文献选编（1949—2008）》，北京：中国人民大学出版社，2008 年，第 4 页，以下版本同。

② 杨德山：《中共对理想信念信仰问题认识的历史考察（1978.12—1992.2）》，《教学与研究》，2015 年第 12 期。

渠道爱国主义教育等不同层次的教育内容,但本硕理想信念教育资源分享的主从关系、强弱格局尤为突出。

鉴于原有 53、63 实施方案"具备一定马列主义理论基础"与"德智体全面发展"教育目标①的历史局限性,85 方案曾经尝试从多渠道补充提供研究生理想信念教育资源,强调转换更新教学手段,依次增加共产主义品德教育、国际共产主义运动历史与理论等若干新教育资源。但是在当时特殊的历史形势下,85 方案很快因现实环境变化而被调整替换。98、05 方案实施以来,本科思政课课程建设已形成包含中国特色社会主义历史、理论、实践的历史渊源与当代发展的全景式课程体系,研究生理论教育资源的窄化风险开始显现。

但是从本科 85、98、05 课程实施方案推进的情况看,学生理想信念教育的主渠道已逐渐调整落实至"思想道德修养与法律基础"课程,主要希望通过理想信念教育基础课程,回答当代大学生普遍关心的人生价值、理想追求、个人成长方面的现实生活问题,夯实价值观基础。面对改革开放与市场化改革的全面深入,学生个体需要与竞争压力、西方文化思潮的冲击、生活环境剧烈变化,都造成了青年学生信仰取向的多样性与复杂化趋势。从与青年人生发展关系最接近的层面切入理想信念教育,虽然其调适理念也算合理可行,但从长远看反而从一定程度上造成了更高层级的共产主义高远理想与信仰教育功能的弱化。②

研究生 10 方案实施以来,特别是党的十八大以来,围绕习近平总书记对高校思政工作的系列重要批示与重要工作机制的走实,通过 2013 年"中国梦"的全国宣传教育活动,2015 年《关于普通高校思想政治理论课建设体系创新计划》的贯彻落实,2016 年全国高校思政工作会议精神的贯彻活动,使高校青年学生一体树立在中国共产党领导下、走中国特色社会主义道路,实现"中国梦",实现中华民族伟大复兴的共同理想与坚定信念。

深入了解上述研究生理想信念教育资源供给的历史背景,明确知晓研究生理想信念教育内容供给的一般思路,85 方案以来本硕理想信念教育资源占有的基本关系,以及研究生历史教育资源的相对缺失等等隐性制约因素后,对接下来设计教学资源供给机制将产生助益。

---

① 田建军、卢黎歌:《论研究生思想政治理论课的沿革与创新》,《思想理论教育导刊》,2011 年第 10 期。

② 王仕民、郑永廷:《当代大学生理想信念形成的特点及原因分析》,《教学与研究》,2008 年第 5 期。

复合供给机制立足三个关键内容衔接阶段,即:从文化自信找回与爱国切入社会主义探索史;从宏观社会主义制度到"我与社会主义"复合研讨;从中国社会主义到世界社会主义发展比较,实现三次差异化设置。目的在于依次回应并解决研究生群体中"党与非党"认知隔膜,"社会主义与我"、"中国共产党与我"关系意识淡漠,社会主义社会的历史与现实发展过程不清等三大差异化需求。具体思路及流程设计如下:

首先,调整四个自信的讲述逻辑,以中国近代历史上"文化自信的失落与找回"为主线串联"社会主义与中国百年"历史讲述。基于多年来制度性爱国主义教育的显著成果,选择从研究生课堂上"最大公约数"顺利切入社会主义与党的革命建设教育。文化自信的找回过程,正与中国共产党探索并实践社会主义,领导革命、走向改革的全部历史进程相始终;传统文化自信范畴中,与社会主义价值追求密切相关的内容也较丰富,两相结合顺势进入"从社会主义价值追求到社会主义制度构建"的核心专题,强化制度建设过程,辨析讨论制度建设挫折,讨论与制度自信紧密相关的理论自信。

紧接上述宏观的社会主义制度建设,提供复合研讨架构,专门帮助学生树立并强化"我与社会主义"、"我与中国共产党"两大关系意识。经过上面补充中国近现代史与中国共产党、社会主义探索与建设史,学生已能从若干相互关联的历史阶段、价值追求阶段深入了解一代代中国人与社会主义探索,中国共产党领导社会主义探索的基本历史经验、制度成就、理论探索与挫折认识。此时进行第二次差异化设置,"我与社会主义"专题通过聚焦我与身边人和事,以课堂发言辩论、历史讲述、理论深化三个步骤,再次有机融入制度自信、道路自信与深化体制改革。

最后,通过第三次差异化设置,进行改革开放历史过程的纵向比较、横向国家政党比较,串联改革开放与中国共产党的伟大工程、伟大事业,融入道路自信、全面深化改革专题教育。

三、"跨体系的主动衔接者":复合供给机制内的教师自觉

"办好思想政治理论课关键在教师,关键在发挥教师的积极性、主动性、创造性。"[1]调整解决研究生理想信念教育内容供给不足问题,除了从现有教学内容体系中,创造若干必要转换条件,实现教育资源、教育思维的多方整合外,

---

① 习近平:《思政课是落实立德树人根本任务的关键课程》,《求实》,2020 年第 17 期。

教师自主性、能动性乃至创造性的发挥更是推动整个复合供给机制运转的原动力。这一原动力并非简单直接表达为"教学授课"意识加上"教书育人"信念,而是体现为一种能自觉整合多重教育资源空间,形成"跨体系的主动衔接者"的复合型教学自觉。

研究生思政课教师在日常教学中习惯扮演"照纲办事"甚至"照本宣科"角色,相对忽视(或选择性忽视)教学大纲常态调整压力对自身教学体系更新的有益作用。这固然是有限学时和有限教学资源配置的常规合理方式,但从长远看,教师整合教学资源的能力,或将产生一定固化风险,即:长期选择性忽略党内政治文化输出的内容变化,只管固定的大纲要求、只看课程体系内部"要我讲"什么,再结合自身专业,细微调整"怎么讲"策略。久而久之,教材教学体系的转换成为"任尔几路来,我只一路去"的单打独斗局面。

自思政工作者的角色演变历程而论,新中国高校思政教育体系与基本运作机制,虽然有苏联经验移植的显著痕迹,但始终还是脱胎于党内干部教育传统,有历史形成的独特教育理念与权力灌输关系的,必须服从于党内意识形态工作基本要求的历史角色属性。然而,改革开放以来这一关键的角色属性逐渐被淡化乃至淡忘,突出表现为在研究生备课过程中,简单考虑大纲而重点挖掘自身研究兴趣,简单考虑学生"反正不听"而重点展示自身理论素养的角色偏离。

上述"跨体系的主动衔接者"教学自觉,即基于研究生思政工作者历史与现实,党内与党外,研究者与诠释者,教育工作者与意识形态阵地捍卫者等多重角色的自我—他者意识觉醒。其核心理念是:在一般"研究者+教师"的自我认知基础上,综合考虑"我到底处在党的意识形态工作机制的哪个位置",由此逐步实现从被动的"要我讲""怎么讲",转换至主动考虑整合多个角色、接通多个教育资源供给方的跨体系衔接者。或者说,从长期纠结"怎么讲"的教学体系被动参与者,逐步转型至能多维度思考"以何服人"问题的,主动型研究生思政教育工作者。

首先,马学科教师本就长期置身于中国共产党意识形态体系的不同层级与研究领域内。作为研究者自然具备解释党的理论与历史,解释历史与社会发展的基本研究素质,这是研究生思政教学的基本保证。

其次,作为课堂上向多元研究生群体展示并诠释社会主义共同理想信念的党内研究者,自然需要考虑如何面对他者,如何立足不同视野与人对话,向大众递进解释社会主义共同理想信念的"共同"内涵,考虑共同理想信念所以产生的历史、理论、社会、政党演变规律。这是研究生思政课堂能够进一步产生共鸣的必要意识基础。

再次,作为承担特定理论灌输任务,进行必要社会主义意识形态教育工作的课堂主导方,在尊重学生主体性的教学思维下,必须确保思政课教学内容供给的必要基础与层次衔接。这不仅需要主动考虑学生的课堂需求,更需要综合审视探究学生知识储备、认知方式、政治生活参与方式等等,与课堂教学密切相关的隐性限制因素,最终使研究生课堂逐步成为真正愿意展开中国问题研讨,产生社会主义理想信念共鸣的关键场所。

最后,作为需要拓展衔接多个教学资源提供方的意识形态教育研究者,教学研究的基本方向,首先是解决自身从事意识形态工作的角色定位,进而深入研讨意识形态教育公共困惑,最终达到自我解惑及指导教学目的。因此,必须有意识地从党的意识形态战略、政策、体系的多维度历史演进与建设需求出发,研究下沉衔接课堂,研究"他者"需求,提供可行教学策略,完成教学解惑。

可以说,在日常教学中连续产生的若干实际困惑,如:文件化教材到底怎么用,怎么化解大纲反复修订的压力,研究生思政教育资源为何供给少,为何产生本硕衔接劣势、硕博衔接困难等等,都必然与党的意识形态教育政策供给、体系建设、工作机制、队伍建设、环境限制等互相关联的历史或现实机制产生耦合。主动探究并合理解释这种耦合关系,即可为整体教学自觉乃至课堂效果提供重要助力。

论研究生思想政治理论课教学的隐蔽性

——以"中国马克思主义与当代生态环境"专题为例

概论教研中心　　翟绪权

【摘　要】 相对于本科生思想政治理论课教学,由于研究生具有更加成熟的三观,因此更需要加强研究生思想政治理论课教学的隐蔽性。而"隐蔽性"则是文学性、理论性、知识性和政治性的统一。本文以《中国马克思主义与当代生态环境》专题的课程内容为例,通过第一部分"人与自然"彰显人与自然关系的文学性,通过第二部分"两山理论"彰显人与自然关系的理论性,通过第三部分"'双碳'发展"彰显人与自然关系的知识性,通过第四部分"体制改革"彰显人与自然关系的政治性。

【关键词】 隐蔽性;文学性;理论性;知识性;政治性

研究生相对于本科生,有着更加成熟的世界观、人生观和价值观,对社会环境中存在的社会思潮和现实问题有着更加独到且坚定的判断。为了全面贯彻党中央对思想政治理论课教学的各项要求,使研究生思想政治理论课的教学内容入耳入脑入心,相对于本科生思想政治理论课的教学而言,则需要加强其"隐蔽性"。

研究生思想政治理论课的隐蔽性,从课程内容安排的整体逻辑看,需要在导入部分注重文学性,以吸引研究生对于课程专题内容的关注;随后则需要在理论部分注重理论性,重点从理论层面对专题问题进行阐释甚至论证,向研究生植入思想政治理论课具有专业性的意识;然后在实践部分注重知识性,既能进一步体现思想政治理论课的专业性特点,又能将相对抽象的理论分析具现化地丰满并展现;最后还需要在政策部分注重政治性,即充分、全面地向研究生介绍国家关于专题问题所出台的一系列法律法规和制度政策,站在政治高度为专题教学的课程内容做结,以期能够深入人心。本文将以"中国马克思主义与当代生态环境"专题的课程内容为例,具体指出研究生思想政治理论课的隐蔽性如何体现在教学中。本文将此专题分为四个部分：第一部分为"人与自然"，所承担的职能是彰显文学性；第二部分为"两山理论"，所承担的职能是彰显理论性；第三部分是"'双碳'发展"，所承担的职能是彰显知识性；第四部分是"体制改革"，所承担的职能是彰显政治性。

在"中国马克思主义与当代生态环境"专题的导入中，类似于小说的写作手法，首先需要为学生建立一个"世界观"，由此，即从"时间"和"空间"两个维度审视自然，构建出本专题内容具有宏大格局的世界观，既指出人类本身也是自然的一部分，同时还向学生传达"作为独立的个体，我是且只是自己"的价值导向，将人类自身摆在自然界中相对谦卑的位置，再进一步向学生介绍人类文明在变迁过程中，人类对于自然态度的变化。人类的文明经历过四次变迁：在原始文明阶段，人类是靠天吃饭的，对于自然的态度是崇拜的，因此说原始文明是蓝色的；在农业文明阶段，人类开始了刀耕火种，具备了一定的改造自然的能力，因此说农业文明是红色的；在工业文明阶段，人类通过发展机器大工业在物质上获得了极大的丰富，以至于人类产生了能够征服自然的错觉，因此说工业文明是黑色的；在生态文明阶段，人类在透支了生态环境之后开始重新审视人与自然的关系，意识到了人与自然和谐共生的重要性，开始尊重自然、顺应自然、保护自然，因此说生态文明是绿色的。也由此引入到"尊重自然、顺应自然、保护自然"的课程内容。

一、"人与自然"：人与自然关系的文学性表达

（一）尊重自然

关于尊重自然，应首先从人与自然关系的投射出发。挪威作家乔斯坦·贾德在哲学科普著作《苏菲的世界》中提出了这样一个问题，即当一个婴儿看到一个人长出翅膀飞起来了会有什么反应呢？依常理而言，婴儿是不会有明确指向性的反应的，因为婴儿对于这个世界一切的认知普遍是不完整的。比较而言，我国著名作家毕淑敏女士在代表作《青虫之爱》中讲到孩子对于虫子的惧怕源于血亲有意识地传导。由此向学生说明，在人与自然的关系投射中，意识，或者说是态度，起到了极大的作用，特别是人在作为主动方的时候，自然给予人的反馈，往往是由人自己的行为决定的。随后，在探讨人与动物关系的时候，借由《青虫之爱》的现实反例，提出即便成年人依然害怕虫子，但害怕的原因在很大程度上是因为"不想伤害"和"未动杀心"。进一步地，在探讨人与

植物关系的时候,先由电影《大话西游》中唐僧叮嘱孙悟空不要乱扔金箍棒,以免砸到花花草草的桥段引入,接下来再以代表浪漫的99朵玫瑰花束由娇艳欲滴到枯萎干瘪的变化,提出一时的美好终将不可逆地归于尘土,破败才是最后的归宿,但过程中却消耗了许多的花朵,点明虽然花朵和花语具备浪漫的意义,但也不能轻贱了花朵作为生物的价值。

(二)顺应自然

在中国的传统文化中,关于自然规律的内容有很多,其中最具代表性的就是二十四节气,中国古人顺应二十四节气的变化规律,经营着日常的生产生活。而通过对二十四节气的简要介绍,将课程内容引导至新型冠状病毒肺炎疫情之上,即结合中医医理,进一步介绍瘟疫的传播规律,即瘟疫始于大雪、发于冬至、生于小寒、长于大寒、盛于立春、弱于雨水、衰于惊蛰、完于春分、灭于清明。由此,再介绍在抗击新型冠状病毒肺炎疫情实践中的"五将",也是顺应着抗疫的科学步骤,才使得我国取得了抗疫的成功,即钟南山院士首先提出了"人传人",呼吁全体人民戴口罩,之后李兰娟院士建言武汉封城,接下来在隔离环节王辰院士提议建设方舱医院,而在治疗环节张伯礼院士提出了行之有效的中医疗法,最后陈薇院士研发了疫苗。在抗疫取得了阶段性胜利之后,关于顺应自然,云南还出现了一件趣闻轶事,就是云南人民在经历了太久的居家隔离,在解封之后开启了报复性吃菌模式。由此,无论是官方还是社会组织,都在劝导云南人民理性吃菌,还以蜜雪冰城的主题曲的旋律,编了歌谣:"红伞伞白杆杆,吃完一起躺板板,躺板板埋山山,亲朋都来吃饭饭。饭饭里有红伞伞,吃完全村都埋山山,来年长满红伞伞。"

(三)保护自然

学生们如果平时看仙侠剧,可能听说过"洪荒之力""混沌之力"等,但国家提出以自然之力恢复自然,那么什么又是自然之力呢?自然之力有三种表现方式:一是如贝类实验所展示的,在浑浊的水中放置贝类,水会慢慢变得清澈;二是对于自然能量的摄取和生长的时间,像浙江大学紫金港校区的食堂里会出售两种大米,江苏米一年两熟,0.2元一两,东北米一年一熟,0.55元一两;三是生物资源自身的繁衍能力,比如长江十年的禁渔期,就是对于长江流域水生生物资源的保护。未来,我国保护自然的导向有二:一是恢复元气、多还旧账,典型代表是毛乌素沙漠从地球上的消失,通过经年不懈的努力,我国已经将毛乌素沙漠变成了一片绿洲;二是循环清洁、少欠新账,典型代表是石头造纸技术,其生产过程无需用水,比传统造纸工艺省去了蒸煮、洗涤、漂白等几个重要的污染环节,从根本上杜绝了造纸过程中因产生"三废"而造成的污染问题,并且成本还更低。

二、"两山理论":人与自然关系的理论性表达

(一)习近平生态文明思想的轨迹

首先,在陕西梁家河村,习近平关于生态文明建设的朴素想法开始萌芽,与群众一起开发、发展农村生态经济的生动实践,而在看到《人民日报》介绍有关四川省推广利用沼气的报道后,正担任大队支部书记的习近平向县里汇报、到四川"取经",带领梁家河村民大办沼气池,1974 年 7 月,沼气池顺利点火;然后,1983 年,在河北正定,习近平主持制订了《正定县经济、技术、社会发展总体规范》,强调"宁肯不要钱,也不要污染,严格防止污染搬家、污染下乡";随后,1985 年,在福建厦门,习近平刹住"乱砍、乱(滥)伐、乱采"风,在推动筼筜湖综合治理时讲到"能不能以局部的破坏来进行另一方面的建设? 我自己认为是很清楚的,厦门是不能以这种代价来换取其他方面的发展";最后,2005年,在浙江安吉余村,提出了著名的"两山理论"。

(二)"绿水青山就是金山银山"

2005 年 8 月 24 日,习近平在《浙江日报》撰文指出,既要金山银山,也要绿水青山。即"绿水青山可以带来金山银山,但金山银山却买不到绿水青山。绿水青山与金山银山既会产生矛盾,又可辩证统一。在鱼和熊掌不可兼得的情况下,我们必须懂得机会成本,善于选择,学会扬弃,做到有所为、有所不为,坚定不移地落实科学发展观,建设人与自然和谐相处的资源节约型、环境友好型社会。在选择之中,找准方向,创造条件,让绿水青山源源不断地带来金山银山。"[①]2006 年 3 月 23 日,习近平在《浙江日报》进一步撰文指出了"金山银山"与"绿水青山"之间关系的三个阶段[②]:第一个阶段是用绿水青山去换金山银山;第二个阶段是既要金山银山,但是也要保住绿水青山;第三个阶段是认识到绿水青山可以源源不断地带来金山银山,绿水青山本身就是金山银山。

---

① 习近平:《绿水青山也是金山银山》,《浙江日报》,2005 年 8 月 24 日。
② 习近平:《从"两座山"看生态环境》,《浙江日报》,2006 年 3 月 23 日。

由此,向学生解释,以上这三个阶段,是经济增长方式转变的过程,是发展观念不断进步的过程,也是人与自然关系不断调整、趋向和谐的过程。

(三)2020年习近平生态考察的足迹

2020年1月,习近平总书记在考察云南星海半岛时指出,滇池是镶嵌在昆明的一颗宝石,要拿出咬定青山不放松的劲头,按照山水林田湖草是一个生命共同体的理念,加强综合治理、系统治理、源头治理,再接再厉,把滇池治理工作做得更好;2020年4月初,习近平总书记再次来到浙江安吉余村,此时的余村已经在"两山理论"的指导下成为远近闻名的全面小康建设示范村,而习近平总书记则进一步指出,要在推动乡村全面振兴上下更大功夫,推动乡村经济、村村法治、乡村文化、乡村治理、乡村生态、乡村党建全面强起来,让乡亲们的生活芝麻开花节节高;2020年4月末,习近平总书记考察了秦岭牛脊梁国家级自然保护区,而此前,秦岭的自然生态因违建别墅问题而遭受破坏,一些人以所谓"文化旅游项目"的名义,在秦岭北麓违法违规搞房地产开发,修建商品房和别墅,将"国家公园"变为"私家花园",而习近平总书记则做出6次重要批示指示:"从政治纪律查起,彻底查处整而未治、阳奉阴违、禁而不绝的问题。"

三、"'双碳'发展":人与自然关系的知识性表达

(一)碳排放权交易

为了对抗石油美元对于本国发展带来的制约,欧洲谋划了碳排放体系,并游说美国,发达国家的二氧化碳将会越排越少,而发展中国家为了发展则会越排越多,如此利用碳排放概念,是有利可图的。由于美国尚未看出碳排放体系对于石油美元的威胁,还在一段时间内帮助欧洲研究如何利用碳排放体系剥削发展中国家,由此,碳排放权的概念就诞生了。随后,在1997年12月,便组织了84个国家在日本京都签订了《京都议定书》。《京都议定书》明确将二氧化碳的排放权变成了可交易的商品。举例而言,假如印度有100个碳排放指标,欧盟也有100个,但欧盟发展的都是AI、芯片等高端产业,只需要消耗20个指标,而印度主要发展的是工业,需要180个指标才够用,所以印度就要多买一些碳排放指标,因此,印度就要用真金白银向欧盟购买80个指标。由此看来,碳排放权从表面上看是环保问题,但其本质则是把国家的发展权变为可

以交易的商品。2009 年末,世界各国又在丹麦的哥本哈根开了一次会,会议的主题就是,在《京都议定书》的基础上深化了细节,其中最核心的议题就是,欧美在其他国家没有参与的情况下,给各国分配了碳排放指标,规定全世界碳排放量不能超过 8000 亿吨,27 个发达国家的 11 亿人口占有 44% 的碳排放配额,而其他国家的 55 亿人口只占有 56% 的碳排放配额。中国科学院丁仲礼院士分析,欧美制定的指标分配规则就是陷阱,一旦承认,那么自 2020 年后,每年都需要花 10000 亿美元购买二氧化碳的排放权。由此,我们提出的中国方案就是以人均历史排放为基础分配碳排放指标。

(二)中国的新能源体系

2020 年,我国依然有 70% 的原油和 40% 的天然气依赖进口,我国走新能源的路线迫在眉睫,而我国对此也具备了相应的优势,比如我国的光伏和风能行业遥遥领先于欧美,特别重要的是我国还解决了弃电率问题。弃电率就是发出来的电用不了,这既涉及电的传输问题,也涉及电的储存问题,但是随着我国特高压技术的成熟,多余的电就能够被合理分配到需要的地区。而且,今年是新能源汽车的爆发之年,各新能源汽车企业也都生产了令人印象深刻的车型。由此,我国的新能源体系就被勾勒了出来,即光伏风能负责发电,特高压负责能源分配,新能源汽车负责储备和消耗,而新能源体系最大的特点,就是摆脱了化石能源。在这种新体系下,不但可以倒逼低端产业升级,最关键的是可以向更高级的科技进阶,比如随时随地的虚拟现实和随处可见的太阳能无人机等,而这些应用又会推进万物互联、量子计算和无人驾驶等技术的进步。

(三)绿色金融工具

首先向学生介绍的第一个例子是绿色债券。绿色债券就是由平台定期定息发行债券,将募集的资金专门用于支持符合规定条件的绿色产业、绿色项目和绿色经济活动。如 2021 年 7 月 28 日,国家开发银行面向全球投资人成功发行 100 亿元"长江经济带发展"专题"债券通"绿色金融债券,所募资金将用于向长江经济带的节能环保产业和基础设施绿色升级等相关项目提供贷款。其后向学生介绍的第二个例子是极具浙江特色的两山银行。简单来说,两山银行就是相关政府部门通过整合辖区内相关的自然资源,之后按照规则和流程发放给有需要的商户经营生态产业。正如浙江省常山县,其森林覆盖率71.55%,空气质量常年在二级以上,2020 年 9 月,成立了常山县生态资源经营管理有限公司,即两山银行,对县域内碎片化资源进行摸底、确权、评估,统一收储打包变现,推出了林权贷、胡柚贷、奇石贷等 11 类金融产品,为全县212 户生态经营主体发放生态贷 1.3 亿元,撬动投资 1.1 亿元,转化资源总量11.3 亿元,让沉睡的资源变成资产、资金、资本,使全县人均可支配收入增长 7.7%。

四、"体制改革":人与自然关系的政治性表达

(一)着力解决突出环境问题

习近平指出,中国将承担气候变化国际合作的"中国责任",为探索全球治理模式带来启示,提出"作为全球治理的一个重要领域,应对气候变化的全球努力是一面镜子,给我们思考和探索未来全球治理模式、推动人类命运共同体带来宝贵启示"[①]。而中国的具体措施主要包括:"持续实施大气污染防治行动""强化土壤污染管控和修复""提高污染排放标准""加快水污染防治""加强固体废弃物和垃圾处置""构建政府为主导、企业为主体、社会组织和公众共同参与的环境治理体系""积极参与全球环境治理,落实减排承诺"。2018 年 7月,国务院也印发了《打赢蓝天保卫战三年行动计划》,2020 年,地级及以上城市空气质量优良天数比率达到 80%;重度及以上污染天数比率比 2015 年下降 25%以上;全国煤炭占能源消费总量比重下降到 58%以下;全国铁路货运量比 2017 年增长 30%,京津冀及周边增长 40%。

(二)加大生态系统保护力度

加大生态系统保护力度,就是要实施重要生态系统保护和修复重大工程,优化生态安全屏障体系,构建生态廊道和生物多样性保护网络,提升生态系统质量和稳定性。而自然保护区是推进生态文明、建设美丽中国的重要载体。强化自然保护区建设和管理,是贯彻落实新发展理念的具体行动,是落实生态保护红线、维护国家生态安全的重要保障,是保护生物多样性、确保各类自然生态系统安全稳定、改善生态环境质量的有效举措。我国所取得的标志性成果包括:2017 年 11 月,《蒙特利尔协定书》第二十九次缔约方大会上,中国生

---

①　习近平:《携手构建合作共赢　公平合理的气候变化治理机制——在气候变化巴黎大会开幕式上的讲话》,北京:人民出版社,2015 年。

态环境部被授予"保护臭氧层政策和实施领导奖",在该协定书框架下,中国已累计淘汰消耗臭氧层物质超过 27 万吨,为公约有效履行贡献重要力量;2017年 12 月,联合国环境规划署宣布,中国塞罕坝林场建设者荣获联合国环保最高荣誉——"地球卫士奖",从荒漠沙地到"天然氧吧",塞罕坝堪称世界奇迹;2018 年 3 月,联合国粮农组织在罗马总部发布报告,认为中国首都北京自2012 年启动其史上最大规模造林计划堪称"北京造林奇迹"。

(三)改革生态环境监管体制

改革生态环境监管体制的核心内容是加强对生态文明建设的总体设计和组织领导、设立国有自然资源资产管理和生态监管机构、完善生态环境管理制度,从而统一行使全民所有自然资源资产所有者职责,统一行使所有国土攻坚用途管制和生态保护修复职责,统一行使监管城乡各类污染排放和行政执法职责。同时,还要坚决制止和惩处破坏生态环境行为。自 2015 年启动河北环境保护督察试点以来,两年时间里分四批对全国各省区市实施督察。共受理群众信访举报 13.5 万件,累计立案处罚 2.9 万家,立案侦查 1518 件,拘留1527 人,约谈党政领导干部 18448 人,问责 18199 人。由此,环保问责风暴在各地掀起。

总　结

人与自然关系的变迁伴随着人对自然态度的转变,作为自然的一部分,人类本身也在和自然的相处中,以及自然法则的作用下,改变甚至超越着自我。从时间维度看,世界著名体操运动员丘索维金娜,就是在人与自然法则的磨合下,超越自我而造就的体育传奇。体操运动员的黄金年龄是 15—20 岁,随着训练保障水平的提升,也出现 30 岁左右年龄的运动员参加世界大赛的情况,但是能坚持到 40 多岁不退役的运动员,只有丘索维金娜。其实,丘索维金娜在 24 岁的时候就已经计划退役了,然而 3 岁的儿子阿里什确诊白血病,治疗费至少需要 12 万欧元,丘索维金娜唯一的办法就是继续参赛,因为一枚世锦赛金牌值 3000 欧元,40 枚能够凑足 12 万欧元。为了多赚钱,丘索维金娜开始兼项,从主攻跳马变成了练习所有项目的全能选手。而为了能够让阿里什获得更好的医疗资源,丘索维金娜入籍德国,为德国征战,而这一行为,也使丘索维金娜背上了叛徒之名。年龄越大,参赛的风险就越大,2008 年丘索维金娜的跟腱断裂,但是 1 年之后却依然奇迹般地重返赛场。丘索维金娜坚持不懈的努力和伟大的母爱,使他们母子赢到了最后,阿里什终于痊愈了,而丘索维金娜又将国籍改回了乌兹别克斯坦,她还坚持继续征战,之前是为了儿子,现在则是为了自己、为了祖国。2021 年东京,丘索维金娜第八次出现了奥运会的赛场上,虽然此时的她已经 46 岁,但是心中坚定的信念和昂扬的运动精神,依然令世界人民对她充满期待。从空间维度看,自然对于人类而言是具有治愈作用的,无论是山川峻岭的肃穆、江河湖海的壮阔,还是人文景观的巧致,都能给够给身心带来的抚慰。生命终究会回归自然,在人类尊重自然、顺应自然、保护自然的前提下,人类既能够在与自然的磨合中超越自我,又能够获得自然的回馈。

新时代高校思想政治理论课实践教学的三大追问

原理教研中心　张　彦

【摘　要】　培养时代新人是当前思想政治教育的重要使命。实践作为人的存在方式与对人的本质力量的确证，表达人之为人的价值诉求。这就决定了思想政治教育与实践的内在关联性。当前，高校思想政治理论课实践教学的现实之难主要表现为：对实践教学的价值和意义缺乏足够的普遍共识；实践教学的资源拓展和整体融入缺乏有效抓手；实践教学的顶层设计和评价方式缺乏实质性创新。为此，我们需还原思想政治理论课建设的实践性轨道、充实思想政治理论课程的实践内涵、完善思想政治理论课教师实践教学的管理机制和考评机制。

【关键词】　新时代；思想政治理论课；实践教学

2019 年 3 月 18 日，习近平总书记在学校思想政治理论课教师座谈会中指出："要坚持理论性和实践性相统一，用科学理论培养人，重视思政课的实践性，把思政小课堂同社会大课堂结合起来，教育引导学生立鸿鹄志，做奋斗者。"[①]由此可见，实践教学是思想政治理论课实现优质发展的必然要求。然而，当前实践教学作为高校思想政治理论课进一步深化发展、深度改革的重要手段，面临着多重问题。从思想政治理论课优质有序发展的角度看，当务之急是要反思与追问问题之源和解决之道：思想政治理论课实践教学何以需要？何以困难？何以实现？

---

① 《习近平主持召开学校思想政治理论课教师座谈会强调用新时代中国特色社会主义思想铸魂育人贯彻党的教育方针落实立德树人根本任务》，《人民日报》，2019 年 3 月 19 日。

一、高校思想政治理论课实践教学的现实之需

实践的观点是马克思主义哲学首要的和基本的观点。一方面,实践是人的存在方式。相对于思辨的理论体系来说,实践是一种适应人的存在发展规律、体现人对客观对象的自我预设、具有强大现实性力量的关系性存在,它扮演着联结作为主体的人与作为客体的对象的纽带角色。此在的个体正是通过实践这一感性的人的活动证明其区别于动物的本质特征,表达人之为人的价值诉求,搭建通往美好生活的桥梁。实践作为对人的本质力量的确证,旨在通过证成人的对象性属性,化解绝对的个体发展过程中的意义危机,使人免于生存的单一化与原子化束缚,进入一种"和合"的理想状态。马克思指出:"全部社会生活在本质上是实践的。凡是把理论诱入神秘主义的神秘东西,都能在人的实践中以及对这种实践的理解中得到合理的解决。"[①]因此,思想政治理论课教学没有借口对实践置若罔闻,更不可能跳过它来实现对人的德性教化、发挥思想政治教育引导功能。换言之,任何完全不涉及实践或贬抑实践的思想政治理论课教学,在很大程度上都会偏离它的方向与目的,难以完整准确地揭示思想政治理论课教学的主旨。另一方面,实践是检验真理的唯一标准。马克思指出:"人的思维是否具有客观的真理性,这不是一个理论的问题,而是一个实践的问题。人应该在实践中证明自己思维的真理性,即自己思维的现实性和力量,自己思维的此岸性。"[②]这样一种"当为"的规范性原则为人们突破思维的狭隘界限、获得现实规定性、实现理论与实践的内在结合提供了充分解答。高校思想政治理论课作为公共必修课,贯穿学生学业课程过程,是高校学生系统地学习马克思主义理论,确立观察时代、社会与自我的马克思主义立场、观点与方法,树立正确的世界观、人生观和价值观的主渠道。高校学生掌握的马克思主义哲学思维方式在实践教学中获得落地式发展,融入无时不在、无处不在的生活世界,废弃思维理想国的虚幻构想,实现向实践或对象性活动的有机转化。

思想政治理论课的发展使命呼吁实践教学。改革开放以来,大学生思想的多元化、差异性、多变性日益突出,这就使以大学生为主要教育对象的思想政治理论课面临前所未有的挑战,教学体系、教材体系和课程体系等亟需与时

---

① 《马克思恩格斯选集》(第1卷),北京:人民出版社,2012年,第139页。
② 《马克思恩格斯选集》(第1卷),北京:人民出版社,2012年,第137—138页。

俱进的改革,思想政治理论课所肩负的时代使命日益需要以超越传统知识灌输的方式重新出场。"哲学家们只是用不同的方式解释世界,而问题在于改变世界。"①高校思想政治理论课作为思想政治教育的主渠道,并不局限于回答"受教育者能够认识什么、理解什么、习得什么"等确定的知识性、描述性问题,而是致力于从行动者视角进一步回答与阐发"受教育者应当做什么、如何做"这一关涉到思想政治理论课发展方向的价值论和方法论问题。习近平总书记在"318"讲话中指出:"办好思想政治理论课,最根本的是要全面贯彻党的教育方针,解决好培养什么人、怎样培养人、为谁培养人这个根本问题。新时代贯彻党的教育方针,要坚持马克思主义指导地位,贯彻新时代中国特色社会主义思想,坚持社会主义办学方向,落实立德树人的根本任务,坚持教育为人民服务、为中国共产党治国理政服务、为巩固和发展中国特色社会主义制度服务、为改革开放和社会主义现代化建设服务。"②思想政治理论课的发展使命引发了受教育者为中国特色社会主义发展实践不懈奋斗的需要诉求,推动受教育者对社会主义核心价值观的自觉践行,激发受教育者改革创新、脚踏实地的实践勇气。实践活动的持续性锻造与实践品格的持久性锤炼是时代新人养成责任意识与担当意识的重要前提,而这正是思想政治理论课实践教学的核心要义所在。实质上,思想政治理论课本身是一种广义课堂,教学内容存在解释和改变世界的广泛性,教学活动存在空间上的开放性和"未完成性",囊括了实践教学的全部内涵,它关注的重点是受教育者的思想政治觉悟与行为,即在中国特色社会主义条件下,如何实现马克思主义世界观与方法论的内在融通,成为合格的社会主义建设者和接班人。可以说,受教育者的实践思维、实践能力与实践行为已经成为衡量思想政治理论课使命实现程度的重要标尺。

思想政治理论课实践教学自身的优势成为其推行的内在要求。2018 年 4 月,教育部颁发《新时代高校思想政治理论课教学工作基本要求》,明确要求从本科思想政治理论课现有学分中划出 2 个学分、从专科思想政治理论课现有学分中划出 1 个学分,开展本专科思想政治理论课实践教学。[6] 这主要建基于其对实践教学之于思想政治教育重要性的正确研判。实践教学主要分为课堂实践、校园实践与社会实践三个有机组成部分,不仅是传统思想政治理论课在新的时代境遇下的自然转换,也是对其更为人性化和具象化的演绎和表达。

①　《马克思恩格斯选集》(第 1 卷),北京:人民出版社,2012 年,第 140 页。
②　《习近平主持召开学校思想政治理论课教师座谈会强调用新时代中国特色社会主义思想铸魂育人贯彻党的教育方针落实立德树人根本任务》,《人民日报》,2019 年 3 月 19 日。

首先，从教学理念来看，实践教学坚持个体性与社会性的统一。"人的本质不是单个人所固有的抽象物，在其现实性上，它是一切社会关系的总和。"①实践教学始终将受教育者放到一定的社会关系中进行考察，促进个体在实现自身独立的价值理想的同时，积极承担自身作为社会人的使命与担当。此外，实践教学还坚持理解性与体验性的统一。实践教学是理论教学的延伸与拓展，使高校学生在实践中理解马克思主义的科学内涵与方法体系，感悟马克思主义理论的强大生命力与现实解释力。其次，从教学方法来看，实践教学本着教师与学生的互动互通原则，立足于高校学生的成长与生活逻辑，进而将受教育者对于客观世界的能动性探索、对于思想政治理论课重难点与社会热点问题的有效衔接进一步强化为重构思想政治理论课的核心要素，推动了教学方法由传统灌输式向现代情境式、体验式、问题式与启发式的创造性转化，具有鲜明的人本导向与问题导向。再次，从教学效果来看，思想政治理论课作为一个有意义的价值系统存在，在经历实践教学的多次改革后，思想政治理论课的发展理论走向清晰化与明朗化。受教育者对思想政治理论课的整体认同度大大提升，运用马克思主义立场、观点与方法解决社会实际问题、服务社会的能力不断增强。由此，实践教学凭借其开放性的教学理念、体验式教学方法与持续向好的教学效果赢得了思想政治理论课的青睐，成为思想政治教育教学改革的新载体与新常态。

二、高校思想政治理论课实践教学的现实之难

第一，对实践教学的价值和意义缺乏足够的普遍共识。一方面，对实践教学的态度呈现对立而非合作、排斥而非兼容的倾向。随着思想政治教育理论研究的不断深入，思想政治理论课的科学性与意识形态性一度成为学界热议的论题，而思想政治理论课的实践性特征则备受冷落。很多思想政治理论课教师仍热衷于指定书目的照本宣科式理论灌输，停留于理论教学与实践教学二元对立化的偏狭观点，始终把理论教学理解为单独行为过程，将实践教学看作是思想政治理论课额外考虑的内容，缺乏对二者有效融通思想的认知、承认、理解与认同。近年来，在各方对高校思想政治理论课理论教学和实践教学加强融合的重视和关注下，高校思想政治理论课教师逐渐培植起对思想政治理论课理论教学与实践教学互融互通的意识，但总体仍旧呈现出认知缺乏、关

---

① 《马克思恩格斯选集》（第 1 卷），北京：人民出版社，2012 年，第 139 页。

注不够的矛盾,"重课堂、轻课外""重理论、轻实践"的现象依然存在。另一方面,对不同的思想政治理论课都需要实践教学这一观点缺乏共识。"马克思主义基本原理概论""毛泽东思想和中国特色社会主义理论体系概论""中国近现代史纲要""思想道德修养与法律基础""形势与政策"等作为高校思想政治理论课的主要必修课程,有着不同的课程特点、理论特色与实践内涵。例如"马克思主义基本原理概论"旨在帮助学生学习和理解马克思主义的基本原理,具有很强的理论性、思辨性与逻辑性。这使得部分原理课教师存在实践教学主要是其他课程教师的职责、无关自身责任的认识误区。由此,思想政治理论课教师中存在这样一个现象:将思想政治理论课看作是可切割的"单独存在",而非是关联性强的"整体存在"。其实从思想政治理论课本质上看,理论教学与实践教学存在一体两面、彼此交融的关系。对实践教学的贬抑性价值态度、对理论教学与实践教学辩证相通的碎片化理解,阻碍了思想政治理论课的不同形态间共存共处的现实可能。

第二,实践教学的资源拓展和整体融入缺乏有效抓手。符合科学性、体现先进性、彰显时代性的实践教学理念唯有超出抽象的形而上的应然构想,走出"隔空喊"的恶性循环,发挥具体可感、精准到位、强而有力的"抓手效应",才能掷地有声、落地生根。在明确实践教学的意义与价值之后,如何推进实践教学理念现实化,实现实践教学的纵深发展,是高校思想政治理论课的又一难题。地方资源的开掘为实践教学提供了平台,第一课堂与第二课堂的共融共通更是实践教学实现跨越式发展的核心。具备良好的责任意识与担当意识的管理者是保障资源拓展的正确方向、积极承担实践教学使命的首要抓手。科学有效的实践策略与方法原则是推动第一课堂与第二课堂实现由"貌合神离"向"内在一致"过渡的关键抓手。然而,实践教学的发展现状难免让人担忧。在实践教学的具体运行过程中,管理主体不明确、管理路径与规则不健全、考核方式不明朗等问题依然存在。实践教学存在多头管理、职责不分的现象。实践教学管理者对于"谁负责推进实践资源的拓展事宜,实现地方资源与思想政治教育的价值契合与有效对接"问题存有相互扯皮、推诿的倾向。对于"如何在第一课堂与第二课堂互相承认的基础上,发挥二者的聚合效应、丰富思想政治理论课的完整性"问题的处理方式依然局限于"隔靴搔痒"阶段。较为分散的管理体系使得实践教学具有随意性和娱乐性,没有在制度与规则层面对其进行及时纠偏。以高校为主导的单一化的考核主体遭到同样拥有评价权与话语权的实践单位、社会大众的质疑。由此,实践教学难以实现自身的集中、有序和整体性发展,更无法保障与第一课堂这条逻辑主线的通力合作。学生在

"标准严格、管理松散"这一悖论的实践教学体系面前常会表现出迷茫、困惑与无奈,既无法实现与预期目标一致的实践诉求,又无力抗拒实践教学的硬性指标要求,对实践教学的发展前景持不乐观的态度。

第三,实践教学的顶层设计和评价方式缺乏实质性创新。"苟日新,日日新,又日新"的创新思维是高校思想政治理论课实践教学突破发展瓶颈的不竭动力。创新意识的缺乏是实践教学缺失思想引领力、精神凝聚力与持续吸引力的根本原因,是实践教学日益增进的重视程度与微乎其微的实际效果不成比例的重要源头。我们发现,目前实践教学的创新性缺失具体表现为:其一,高校思想政治理论课实践教学在教学计划、教学方案、教研报告的设计与撰写环节、在实践教学的可行性与可能性分析环节存在缺场或不全;其二,高校思想政治理论课实践教学发生变更或者取消的原因通常是鉴于场地、经费、时间、人员数量、组织难度以及安全性等客观和不可测因素;其三,高校思想政治理论课实践教学活动缺乏多样性与灵活性设计,往往沿用一套固有的实践方案,久而久之容易陷入单一化、模式化的形式主义窠臼。主要的实践形式为组织学生在教室收听收看多媒体音视频或者参观实践教学基地,并以要求学生撰写并上交实践报告的形式完成思想政治理论课实践教学过程。这种以完成学校规定动作、拿到学分为评价方式的"任务式实践教学"造成了一种简单直接的路径依赖,易背离思想政治理论课实践教学的真实价值。当然,随着国家对创新型实践教学的高度重视以及学生对创新型实践教学的强烈呼吁,高校也在逐步探索以"情境模拟""挂职锻炼""社会各界优秀典范走进校园"等为代表性的各类形式来塑造实践教学的新面貌。然而,这种"新"仍在总体上属于现象的、形式的创新,要达到本质意义上的创新仍任重道远。从总体上来看,目前的思想政治理论课实践教学刻意性、附加性、任务性较强,是一种被人为凸显出来、借创新之名掩盖内容陈旧的"实践热"。刻板僵化的实践方式与单调的评价内容无法从价值维度实现学生与社会实践的互动式发展。目前,实践教学的形式主义倾向严重制约了高校思想政治理论课教学质量的提升,也阻碍了思想政治理论课向思想政治教育本质的回归。

三、高校思想政治理论课实践教学的现实之行

"思想政治教育学是一门应用科学,具有强烈的实践性特征。从理论形态上看,它不是思辨的产物,也不是推理的结果,而是建立在对思想政治教育丰

富的实践经验材料分析研究基础之上的。"[1]面对高校思想政治理论课实践教学的现实之难,我们需还原思想政治理论课建设的实践性轨道,充实思想政治理论课程的实践内涵,完善思想政治理论课教师的人事管理机制和考评机制。

　　还原思想政治理论课建设的实践性轨道。思想政治理论课建设始终立足于社会实践与人的实践两条主线展开对思想政治教育的本质、规律、目的等的研究与探讨。围绕新时代出现的新问题、新挑战,思想政治理论课建设出现新要求,面临着"培养担当民族复兴大任的时代新人"的新使命。习近平总书记在"318"讲话中明确指出:"我们办中国特色社会主义教育,就是要理直气壮开好思政课,用新时代中国特色社会主义思想铸魂育人,引导学生增强中国特色社会主义道路自信、理论自信、制度自信、文化自信,厚植爱国主义情怀,把爱国情、强国志、报国行自觉融入坚持和发展中国特色社会主义事业、建设社会主义现代化强国、实现中华民族伟大复兴的奋斗之中。"[2]这就要求思想政治理论课建设肩负起时代重任,实现与时代发展的双向耦合。具体来说,首先,澄清思想政治理论课"重科学性与意识形态性、轻实践性"的错误观点,增强高校师生对"实现思想政治教育理论课的时代使命,需充分发挥实践教学的价值"这一基本观点的共识,给予实践教学应有的学科地位与价值重视。以科学的理论、严谨的逻辑、详实的案例证明实践性是联结思想政治理论课的科学性与意识形态性的重要纽带,给予思政课实践性充分的尊重与重视。其次,建立健全奖惩机制,以实践教学的正面典型与反面典型为抓手,发挥榜样效应与警示效应,明确正确的实践教学发展轨道,对思想政治教育理论课"完成任务式"的实践教学策略进行及时纠偏,形成对思想政治理论课实践教学的正确引领。这种机制既在肯定的意义上表现为对有效利用实践资源、注重实质性创新、赢得学生认可的实践教学的赞扬与推广,也在否定的意义上体现对以实践教学之名行游山玩水之实、忽视马克思主义理论指导性的行为的批判与纠正。再次,在理论教学与实践教学各自为承认而斗争的冲突基础上,探索二者实现融通的有效机制,既鼓励学生带着问题走出课堂,培养学生运用马克思主义理论解决实际问题的能力,又主张在坚守马克思主义理论阵地的前提下开展实践教学,保持整体意义上的理论教学与实践教学的同行同向,将二者由"一体化的多数"状态整合并提升为有机团结的共同体状态。

　　① 陈万柏、张耀灿:《思想政治教育学原理》,武汉:华中师范大学出版社,2009年。
　　② 《习近平主持召开学校思想政治理论课教师座谈会强调用新时代中国特色社会主义思想铸魂育人贯彻党的教育方针落实立德树人根本任务》,《人民日报》,2019年3月19日。

充实思想政治理论课程的实践内涵。感知性、思辨性的学习以及之后学以致用的活动使学生不再是思想政治理论课程的被动接受者。思想政治理论课程总是自觉或不自觉地内嵌于各种形式的社会实践之中。要想充分发挥思想政治理论课程的效用,思政工作者必须有对相关社会实践的充分了解和在理解基础上有序参与的实践能力。思想政治理论课程的实践内涵不断充实的过程,也是学生不断发挥自身主观能动性的过程。因此,高校思想政治理论课实践教学应当多样化、广泛化为校内、校外以及线上实践基地,构建"课堂实践＋校内实践＋社会实践"的实践教学模式,重新整合实践教学资源,鼓励任课教师丰富授课计划,这是思想政治理论课实践教学之题中应有之义。固定化、常态化当前校内实践基地实训演练活动,不断拓展和创新校外实践基地,同时抢占线上实践新阵地,扭转实践场地和内容单调贫乏的现状,落实思想政治理论课实践教学的价值。具体来说,可从以下三方面入手强化思想政治理论课程的实践意蕴。首先,深耕教材,以理服人。挖掘马克思主义经典著作的"原生态"信息,构建马克思主义理论的教研模式,展开对马克思主义中国化最新成果的现实运用是思政队伍应有的科研与教学态度。其次,强化地方特色,注重对地方性思想政治理论课教学内容的延展与应用。地方资源是一个基于且又超越物质性的存在方式的概念,涉及爱国、友善、孝顺等诸多价值元素。实践教学应合理利用民族资源、红色资源、家规家风资源等有思想政治教育内涵的地方性资源,并对这些资源的内在思想和精神价值进行提炼升华。最后,立足于学生成长成才的规律,满足学生对于实践教学的真实需要。习近平总书记在"318"讲话上强调:"要坚持主导性和主体性相统一,思政课教学离不开教师的主导,同时要加大对学生的认知规律和接受特点的研究,发挥学生主体性作用。"[①]由此,思想政治理论课要结合学生的现实需要创新课程内涵,以学生的满意度与参与度作为衡量思想政治理论课成效的重要指标,将"被动接受思想政治教育"转变为"我要参与思想政治教育",要突破传统的"我指导,你执行"的形式,实现向"我们一起探索"的创造性转化,拉近思想政治工作者与工作对象的情感距离,增强思想政治理论课程的吸引力。

完善人事管理机制和考评体系。其一,组织形成高校思想政治理论课实践教学领导小组,切实搭建起制度化、程序化的实践教学的管理支持与管理体系。习近平总书记在"318"讲话中强调:"要建立党委统一领导、党政齐抓共

---

① 《习近平主持召开学校思想政治理论课教师座谈会强调用新时代中国特色社会主义思想铸魂育人贯彻党的教育方针落实立德树人根本任务》,《人民日报》,2019 年 3 月 19 日。

管、有关部门各负其责、全社会协同配合的工作格局，推动形成全党全社会办好思政课、教师认真讲好思政课、学生积极学好思政课的良好氛围。"①具体来说，校党委牵头，各部门具体担责执行，着力构建起从校党委至各二级学院院长组成的思想政治理论课实践教学领导小组，明晰各级各部门职责，层层抓落实，级级促执行，巩固提升高校领导班子以及实践教学具体执行部门对思想政治理论课理论教学与实践教学互融互通的了解，重视和关注实践教学，从而以关注实践教学为契机积极探索并大胆创新两种教学的融合方式。领导部门负责教学方向的宏观把控，积极敦促各部门具体落实实践教学计划和大纲，为实践教学设立专项资金支持，专款专用，以更新实践教学设备，开展具有多样化、创新性，同时兼具理论向度的实践教学活动。其二，创新完善高校思想政治理论课实践教学考核评价机制，建立健全思想政治理论课实践教学考核评价体系。当前单一化、主观化的高校思想政治理论课考核评价方法越来越受到社会和学生的诟病，对此，完全有必要重新考量设置高校思想政治理论课实践教学的具体考评方式，将学生、校方甚至社会纳入考评过程中，实现多元化考评主体，力求考核评价结果的客观性、公正性；对实践教学内容和效果（学生反馈）采用定性评价与定量评价相结合的方式以及过程评价与结果评价相结合的评价方法，力求更加全面了解和客观评价实践教学效果。唯有如此，才能有效且高效地优化当前重形式、轻内容的考评体系和考评结构；才能建立具有针对性且灵活性和原则性相统一的激励机制，以充分调动教师和学生互动学习、教学相长的积极性；才能构建起师生之间、学生与学校间以及教师与学校间的良性互动和反馈机制，有利于及时发现、沟通和解决高校思想政治理论课实践教学中潜在的和已在的问题。

---

①　《习近平主持召开学校思想政治理论课教师座谈会强调用新时代中国特色社会主义思想铸魂育人贯彻党的教育方针落实立德树人根本任务》，《人民日报》，2019年3月19日。

线上教学得失纵横谈

——基于春夏学期"中国近现代史纲要"教学实践的几点思考与总结

纲要教研中心　　赵　晖

刚刚过去的 2020 年上半年,因受到新冠疫情的影响,国内的大中小学普遍开展了线上教学。以浙大为例,在整个春夏长学期,绝大多数课程都采取了线上教学为主体的教学模式。教师的课堂讲授、师生间的各种教学互动如课堂展示、课堂讨论、读书考核乃至于期末大考等均由线下转入线上,这种新教学模式运行半年来,较为充分地展现了线上教学的各种特色和长处,也有不少问题和经验教训值得我们去细心总结和思考。本文将主要依据春夏学期"中国近现代史纲要"(以下简称"纲要")课程开展线上教学的实际状况和近年来纲要 MOcs 课程教学运行的相关经验,对于线上教学的得与失进行较为深入全面的研讨,并对未来线上教学的改进提出自己的思考与想法,陋见不当之处,请各位方家多多批评指正。

一、线上教学的特点与优势

从线上教学进行的实际状况来看,其与线下教学相比,有这样几个方面的优势与长处:

1. 教学的方便灵活性与教学内容资源获取的便捷性

线上教学和学生以往线下学习的最大不同在于,这种教学模式打破了原来线下教学的时空限制。学生只需配备一台电脑、iPad 或者一部手机,选择一个便于学习的安静环境,连通网络就能顺利展开线上学习,通过各类线上学习平台,体验到各种不同的学习情景。线下教学同样给老师带来了便利,足不出户就可以进行教学讲授,至少省下了其往返校区的通勤时间。

线下学习时,老师在课堂讲授及与学生进行互动交流时,在学习资源的实时调动、使用等方面受到课堂教学场景的限制，一般只能使用事先准备好的某些教学资源，或者调用老师个人头脑中的教学储备。而在线上教学时，利用教师电脑和网络上的各种教学资源，可以为老师的讲课提供丰富的教学内容素材，答疑解惑也更加及时、生动。

2.学生参与教学互动的主动性有所上升，师生、生生互动交流的数量和质量均有所提高

因为种种复杂因素的影响，大学课堂教学中如何有效推动学生积极参与教学互动是个大难题。尤其是学生人数破百的教学班中，尽管老师会在课堂讲授中精心设计许多教学互动的小项目，但参与者仍较为有限，很多同学沦为"沉默的旁观者。"

在线上的教学互动中则出现了与线下教学有所差异的情况。根据笔者的教学实践，同学们在线下教学中的"害羞"状态在线上教学中也会有所表现，比如老师设立的直播教学模式一般都是允许学生连麦与老师交流的，但在实践中除非老师强制，愿意主动与老师连麦的同学为数寥寥，甚至有人在连麦时还会使用书本遮挡脸部，很多同学似乎很不习惯在网上"露脸"。但是从小就接触网络互动形式、长于使用各种即时通讯软件交互沟通的他们却乐于使用打字方式向老师进行线上的咨询提问，这种形式的线上互动在春夏学期的线上课程教学上出现的概率颇高，和以往的线下教学相比，教学互动性有一定提升，显示出线上教学模式在推动师生互动方面确实有相当的助益。

同样，线上教学也在某种程度上有利于生—生互动的展开。线下教学的时空限制下，当老师在课堂讲授内容的时候，两个或多个同学即使是在下面以窃窃私语的方式交流某个与课程教学有关的问题，对于课堂教学也容易形成干扰，但网络上较为平等化的交流模式和线上教学的多面交互特点在提升学生参与教学互动热情的同时也在很大程度上减少了这种交流可能对课程教学带来的不利影响，如果教师能对于这种互动作出较快的即时反应，因势利导，则更有助于在整个线上教学过程中保持较高水平的教学互动状态，有效提升教学质量。

3.线上教学内容便于学生的二次学习，查漏补缺

思政课程教学中，老师的课堂教授占不小的比重。虽然教学经验较为丰富的老师在讲课语速上会有一定的控制变化，不会一味求快。但学生在中学时接受的应试教育模式对很多学生的知识面和视野或多或少有所限制，而思政理论课程内容易懂难精的特点，加上大班化的授课安排，也使老师在讲课进度上"众口难调"。一些同学在听课时难免会出现听漏、听岔老师教课内容的

现象,甚至有的同学还会苦于跟不上老师的讲课进度。线上教学可以对老师的讲授内容进行全程录像、录音,学生课后可以点开线上保存的授课视频,重听、细听老师的授课内容,进行有效的二次学习。这样可以大大减少前述学生在听课时容易产生的问题,也可以令同学们更好、更深入地消化老师讲授的内容,得到更多的启发与提高。

4.线上教学提供了一些较为简便、高效的教学考核手段

以往的线下大班教学中,对于班中逾百名学生的进行考勤工作对老师而言是一个颇为耗时的工作。一百多人的点名签到在课上无疑会占用宝贵的课堂讲授时间,如果采取"抽点"的方式又有不公平之嫌。线上教学的考勤方式相比之下就简便得多,无论是大学 MOcs 课程的雨课堂签到,还是学在浙大平台的智慧点名,学生使用电子设备可以非常快捷方便地完成点名签到,线上教学系统则可以及时根据学生的反馈得出准确的考勤数据,不仅减轻了老师的工作量,也减少了对学生学习时间的占用。

5.线上教学更有利于推进优质教学资源共享

优质教学资源共享对于提高思政课教学质量有重要的意义和作用,但线下教学受制于教室等硬件资源限制,优质教学资源共享的班级数量较为有限,难以全面推广实施。而线上教学在网络带宽足够的前提下,可支持多个班级的网络教学联播,覆盖学生数百人甚至上千人,此外,课上录制的教学视频也可以供各班同学进行教学内容的一次或二次学习,令优质教学资源共享范围大幅度扩大,之前因选课造成的各教学班教学资源不均衡现象亦获得一定改善。

二、线上教学的局限与弱点

从目前的线上教学实践看,作为一种较为新颖的教学模式,其也不可避免地存在一些重要局限与不足。

1.在线教育在教育监管方面存在一定的困难与缺陷

虽然线下教育开展时也同样会存在学生"身在教室、心在远方"的状况,但老师和学生同处一个空间之内,老师对于学生动态的了解和掌握力较强。比如老师在课堂教学时可以经常在教室内走动,尤其是常常走到后排,并对后排同学随机抽人提问,这对于一些喜欢选择在后排听课、便于逃避老师课堂监督的同学是一种较为有效的学习监督方式。但在线上教学模式运行时,即使是采取全开摄像头的视频会议等线上教学方式,简单查看一遍上百名同学的摄

像头画面就要耗费老师的不少时间与精力,而学生在全程听课时有无走神、做其他事情等情况,老师很难了解,也难以进行有效监督。所以当大班模式的线上教学开展时,老师对其课堂的管控能力、对同学学习的监督能力不可避免地会有一定程度的削弱。

2. 削弱了师生、生生间的感情交流互动

老师与学生之间的许多教学互动并不只依靠语言与文字的交流,有时候一个眼神、表情或者动作都能拉近师生间的距离,学生在课堂上的投入感有很大一部分源自于这种与老师间的非语言交流,而老师对于课堂讲授进度的把握在很多时候也依赖于对学生神态表情的了解解读。在以往的线下互动教学实践中,只要老师能够精心设计各种合理的互动项目,师生、生生之间的交流在线下教学中还是能获得相当程度的开展。

但是线上教学在一定程度上割裂了线下教学中的团体氛围,令学生个体的学习孤独感增强,而老师在线上的大班教学中与同学的交流接触也不可避免受到现有条件的各种制约,甚至在讲授时常有对着一个"屏幕墙"自言自语的感受,工作的疲劳度和懈怠感会高于线下教学。而学生听课时由于缺失了这种非语言交流,其听课的注意力和集中度也会在某种程度上弱于线下教学。

3. 网络带宽、服务器资源不足引起的教学困难

线上教学摆脱了线下教学的空间资源限制,但却要受到目前网络带宽、网络服务器承载能力等网络技术资源的限定。在春夏学期的钉钉群直播中,由于使用者数量过大导致网络卡顿、延迟,老师授课声音完全"电音化"等网络教学问题的发生也不在少数,尤其是笔者周六开课的教学班,因为周末网络带宽的总体使用率较高,在直播过程中就多次发生网络严重卡顿等教学问题,迫使老师在授课时不得不频繁关闭和重启直播,有的内容讲授甚至要重复数遍,极大地影响了线上教学的质量。

4. 讨论课、展示课在线上教学中面临的问题与困难

小班讨论、分组展示,是近年来线下推动互动教学的重要一环。通过合理的规则设置和相应的分组安排,讨论课和展示课在推动学生自主学习、生—生互动交流方面取得了不错的效果。但在线上开展讨论课和展示课的教学实践时,一些问题和不足值得我们关注:

1) 监控力度减弱与学生参与度的下降

如前所述,线上教学存在的孤立感以及老师监控管理力度的下降直接影响了讨论课、展示课的参与度。很多同学在线下讨论、展示课上可能也不参与发言,但这些"沉默者"在线下课堂上至少还是较为认真、专注地去聆听。而线

上讨论课、展示课开展的时候,很多"沉默者"的参与性会进一步降低,老师、助教的鼓励、监督作用也很难像线下那样有效。

2)受到网络带宽不足、网络延迟等因素的限制,同学们在参与讨论、进行展示时较容易发生声音、图像不清晰等问题,对于讨论、展示课的正常进行多有不便。

3)老师、助教、主持人对于讨论、展示课进行过程的掌控力下降,降低了讨论课、展示课应有的效果。一节好的讨论或展示课,主持人在其中发挥了重要作用,尤其是讨论白热化或是发言者跑题的时候要及时纠正拉回正轨。线下讨论进行的时候,主持人、观察员、助教、老师同处一个空间内,相互沟通联系十分方便,但线上教学中彼此间的联系远不如线下方便迅捷,导致线下讨论中很容易实现的纠正错漏、引导讨论方向等工作在线上进行时容易"慢一拍",使得无效交流时间增多,降低了讨论课、展示课的教学质量。

5. 线上考试中存在的问题与困难

线上考核最大的困难是监管难度的提升,线下考试由于置身于一个封闭空间中,老师对于学生的很多小动作很容易监管,但参加线上考试的学生分别处于一个独立空间,老师很难全方位监控,如果沿用线下考试的各种安排,比如安排200~300人在一个钉钉群内以视频会议模式进行考试,老师和几位助教很难对上百名学生的各种动作进行有效监管。更不要说在科学技术发展的今天,各种"作弊"技术也日益现代化。如此一来,线上考试中防止作弊更多要依赖学生的自觉性,而这一点恰恰是不太靠得住的。

三、关于线上教学的几点改进意见

总结"纲要"课程线上教学的经验得失,笔者对于未来线上教学的开展有以下几点浅见。

1. 充分发挥授课老师的魅力与影响力,有效提升学生线上学习的兴趣与学习质量

正如本文第二部分所指出的,在线教学削弱了师生、生生间的感情交流互动,容易让学生在学习时产生孤立情绪和懈怠感,这对于线上教学和学习的质量肯定会有不良影响。如何较好地解决这一问题,从授课老师这一方面看,更好地展现老师的教学能力和魅力是重要的解决之道。

从当前的线上教学实践看,一门线上课程是否受到学生欢迎,授课老师的教学能力、吸引力是重要的影响因素。近年来MOcs课程教学兴起,不少公开

课广受学习者的追捧。一些教学名师通过发挥自己的教学魅力和各种教学技巧，通过线上教学也收获了不少粉丝，吸引了一大批已经工作的社会人自发自觉地学习这些课程，所以线上课程讲授的效果与老师的线上讲授能力与魅力是密不可分的。在这方面，除了持之以恒地提高老师的教学能力水平之外，还应注意一些重要的教学技巧在线上教学中的使用，比如，进行直播教学的老师最起码应该全程露脸，笔者注意到在春夏学期浙大诸多课程开展的网上教学中，实行"露脸"教学的老师并不占多数，而这对于线上教学效果是有明显影响的。在此引用"课否"（前身是查老师）平台上一位春夏学期修读"纲要"课程同学的评论："这学期因为疫情的缘故，上的是史纲的网课。这学期的课里，他（指笔者——引者注）和周黎明老师是唯二的保持露脸的老师。个人觉得露脸对于史纲和经济法这类偏重于"讲故事"的课有比较好的效果。"笔者也咨询过一些同学对于老师直播露脸的看法，他们都认为老师只发送声音然后配上PPT画面的授课模式会在相当程度上减低他们的学习兴趣和热情。另外在线上讲课时开展多样有趣的线上互动对于提升学生的线上学习积极性也有不小的帮助。

2.在课程教学中可以部分引入"碎片化"的教学模式

"00后"这一代年轻人是在网络科技、电子科技高度发展的时代成长起来的。所以他们非常习惯于使用智能手机、IPad等等电子产品随时随地、短时间、碎片化地了解、学习各种知识。在这个"微时代"，"微博""微信""微课程""微电影"等大行其道，各种碎片化的微课视频、短视频在网络上频频走红。在近些年逐步开展的线上教学实践中，碎片化的教学模式也多有应用。以大学MOcs课程为例，原来在课堂教学上要花费2～3节课完成较为系统的一讲授课内容，在MOcs线上教学中会往往根据教学内容中各个较为细分的知识点切割为多段的短教学视频。

碎片化教学模式的风行，也使得原来线下教学中那种老师长篇大论的讲授模式在线上教学中简单沿用时，会产生较之以往更多的不良效应。当老师的单方面讲授超过20～30分钟后，学生的线上听课热情和效果一般会出现明显的递减效应。要解决此一问题，一方面需要老师在讲课时多开展与学生间的互动，另一方面也应适度尊重学生的学习偏好，在课程教学中对于讲授内容进行合理的分割、组合，适度引入微视频、短视频等内容，并将其整合到课程的讲授中，尽可能减轻学生在线上学习时容易产生的枯燥感和疲劳感。

3.进一步加强线上学习的考核监督

线上教学中老师监管度的下降，会加剧线上学习者之间的两极分化，也会助长某些学生学习时的松懈和偷懒。所以加强学生线上学习的监督管理对于保障和提升线上学习质量十分重要,教师可以采取这样几种方式加强线上学习的考核监督,包括通过智慧点名等方式严格考勤、课后查阅学生的听课数据、线上教学时多使用视频会议方式进行教学并要求学生"露脸",增加线上教学中的随机提问环节等等。

在线上考试方面,笔者以为不应该简单搬用线下考试的各种监督手段。从春夏学期"纲要"课程的考试实践看,老师和助教在 2 个多小时的监考过程中主要精力都忙于处理学生手机掉线、失联等技术故障,对于视频会议模式中上百名同学在这 2 个多小时中的实际动态很难有较为全面、有效的监控。

单纯从技术角度而言,我们可以采取切屏、霸屏设置,防止学生在考试过程中搜寻答案,通过人脸识别防止替考等等。但这种技术手段亦有其局限性,而且也对于线上考试的模式选择设置亦有一定的消极影响。

笔者认为,线上考试不妨在考核模式设置上进行更为大胆的改革尝试。比如可以借鉴 MOcs 课程的考核模式,在建立内容较为充足的线上考试题库之后,随机抽题组卷。并放宽应试的时间间隔限制,可以划定几天或一周作为应试时间,学生在该时段内根据自己的实际情况,选择某一时间进入线上考试模版,进行包括客观题和主观题板块的相应测试。在考试的命题出卷上应更注重灵活性,期末考试以考核学生的理解、思维拓展和创新能力为主。这既有利于实现大学教育的培养目标,也有助于老师在这一方面教学能力和水平的相应提高。

四、结　语

线上教学在弥补线下教学一些弱点、问题的同时,也不可避免地产生了一些新的缺点和困难。总的来看,两种教学方式各有所长也各有所短。在老师与同学之间进行情感方面的各种微妙交流、开展现场情境教学、老师对学生进行个性化教学指导等方面,线下教学仍然有着线上教学难以代替的优势。所以将两种教学模式有机结合在一起的混合式教学方式之实践探索和理论研究,应是未来教学改革的主导方向。

"四史"学习的三重逻辑

纲要教研中心　张立程

【摘　要】 "四史"学习是习近平总书记重视学习历史理念的产物。"四史"在内容上逻辑贯通、内在统一、交相辉映;"四史"学习是贯彻党的教育方针的需要,思政课创新的需要以及引导青年坚定"四个自信"的需要;"四史"学习应遵循课内课外、线上线下、国内国外三个维度的相互融通,确立中国特色的学科话语体系,才能使党史、新中国史、改革开放史、社会主义发展史的学习教育真正做到内在融通又兼采中外之长、自成一家之言的学术高度。

【关键词】 "四史"学习;逻辑

习近平总书记一贯重视历史学习,党的十八大以来,习近平总书记在多种场合强调,领导干部一定要学习历史,学习历史一定要落实在提高历史文化素养上,最重要的是要具有历史意识。2019年中央"不忘初心、牢记使命"主题教育,要求把学习党史、新中国史作为主题教育重要内容,不断增强守初心、担使命的思想和行动自觉。[①] 2020年1月8日,在"不忘初心、牢记使命"主题教育总结大会的讲话中习近平总书记强调,全党要学习党史、新中国史、改革开放史、社会主义发展史。此后,他在给复旦大学《共产党宣言》展示馆党员志愿服务队全体队员的回信及多个场合,勉励广大青年党员要学习"四史",全国各地纷纷响应,"四史"学习教育开展得如火如荼。"四史"学习教育在高校学生中该如何开展,思政课中如何呈现,本文拟作一番探讨。

---

① 《中央"不忘初心、牢记使命"主题教育领导小组印发〈通知〉:认真学习党史、新中国史》,《人民日报》,2019年8月1日。

一、学什么:四史学习内容的逻辑性

党的十九大以来,中央对全党全国历史学习提出了明确要求。2019年中央"不忘初心、牢记使命"主题教育开展期间,明确要求把学习党史、新中国史作为主题教育重要内容,不断增强守初心、担使命的思想和行动自觉。2019年10月党的十九届四中全会审议通过《中共中央关于坚持和完善中国特色社会主义制度 推进国家治理体系和治理能力现代化若干重大问题的决定》,从坚持以社会主义核心价值观引领文化建设制度,推动理想信念教育常态化、制度化,弘扬民族精神和时代精神的角度,明确提出"加强党史、新中国史、改革开放史教育"。① 2020年1月8日,习近平总书记在"不忘初心、牢记使命"主题教育总结大会上的重要讲话进一步提出,要"学习党史、新中国史、改革开放史、社会主义发展史"。② 从学"两史"、"三史"再到"四史",体现的是以习近平同志为核心的党中央对加强历史学习,提高战略思维、历史思维、辩证思维、创新思维、法治思维、底线思维能力的深刻寓意。

把党史、新中国史、改革开放史、社会主义发展史贯通起来,体现的是习近平总书记"贯通马克思主义基本原理""用马克思主义中国化最新成果统一思想、统一意志、统一行动"的高度,又与"四个伟大"丰富实践紧密联系、相提并论,"四史"的内容存在各自独立又紧密联系的逻辑关系。

(一)中国共产党99年历史,是党领导人民实现伟大梦想的历史

中国共产党的诞生,是多个历史合力共同作用的结果。一战后帝国主义的衰落、国际共产主义的发展、俄国十月革命的示范、晚清民国的政治失序,使中国先进分子选择马克思主义成立中国共产党成为历史的必然。中国共产党一经产生,就坚定不移地带领人民争取民族独立、人民解放,从石库门到天安门,实现了经由新民主主义走向社会主义社会的历史性变革。在社会主义建设中,中国共产党继续领导人民努力实现国家富强、人民富裕,从兴业路到复兴路,找到了中国特色社会主义这条正确道路,迎来了站起来、富起来到强起

---

① 《中共中央关于坚持和完善中国特色社会主义制度 推进国家治理体系和治理能力现代化若干重大问题的决定》,《人民日报》,2019年11月6日。

② 习近平:《在"不忘初心,牢记使命"主题教育总结大会上的讲话》,《人民日报》,2020年1月9日。

来的历史性飞跃。实践证明,中国共产党是带领团结全国各族人民实现社会主义的核心力量,中国共产党 99 年光辉历史书写了人类发展中惊天动地的壮丽史诗。

(二)新中国 70 年历史,是开辟中国特色社会主义道路、建设社会主义现代化强国的历史

新中国 70 年的历史,是党领导亿万人民不断奋进的 70 年,是中国人民在奋斗中开创了中国特色社会主义道路的历史。新中国成立 70 年来,我们党领导人民开辟了社会主义道路,发展了中国特色社会主义,创造了前所未有的经济发展奇迹与社会长期稳定奇迹,迎来了站起来、富起来到强起来的伟大飞跃。无论是在中华民族历史上,还是在世界历史上,这都是一部感天动地的奋斗史诗。[①] 取得这些历史性成就的背后,是中国特色社会主义所独具的道路、理论、制度、文化优势,在人类文明发展史上,除了中国特色社会主义制度和治理体系外,没有哪国模式、哪国道路、哪国方案能在如此短的时期内创造出这样的奇迹,这是中国特色社会主义对世界文明和全人类所做出的巨大贡献。

(三)改革开放 40 多年历史,是中华民族几千年来变革和开放精神的必然结果

中国人民中华民族几千年的历史孕育着变革和开放精神。变革和开放总体上是中国的历史常态。十一届三中全会以来,党中央以巨大的勇气、魄力,做出了改革开放的决策,从此,我们党团结带领全国各族人民开辟了中国特色社会主义道路、理论、制度、文化,40 多年的实践充分证明,改革开放是党和人民大踏步赶上时代的重要法宝,是坚持和发展中国特色社会主义的必由之路,是决定当代中国命运的关键一招,也是决定实现"两个一百年"奋斗目标、实现中华民族伟大复兴的关键一招。

改革开放四十年来,我们党全部理论和实践的主题是坚持和发展中国特色社会主义。必须坚持以习近平新时代中国特色社会主义思想和党的十九大精神为指导,牢牢把握改革开放的前进方向。而"所谓'社会主义社会'不是一种一成不变的东西,而应当和任何其他社会制度一样,把它看成是经常变化和

---

① 习近平:《一个国家、一个民族不能没有灵魂》//《习近平谈治国理政》(第三卷),北京:外文出版社,2020 年。

改革的社会。"①"一切社会变迁和政治变革的终极原因,不应当到人们的头脑中,到人们对永恒的真理和正义的日益增进的人始终去寻找,而应当到生产方式和交换方式的变更中去寻找"②。改革开放的历史,就是中国共产党坚持理论联系实际,及时回答时代之问、人民之问,不断推进马克思主义中国化时代化大众化,不断开辟马克思主义发展新境界。以邓小平同志为核心的党中央开辟了中国特色社会主义道路,创造了中国特色社会主义事业的伟大奇迹,是对马克思主义指导地位的坚持,不断推进实践基础上的理论创新的必然结果。

(四)社会主义发展史与党史、新中国史、改革开放史逻辑贯通

500年社会主义发展史时间跨度长、涉及面大、内容非常复杂,但从"四史"内在统一的角度,可以概括为500年社会主义思想史、170年社会主义运动史、100年社会主义制度史、40年社会主义革新史,与党史、新中国史、改革开放史存在内在逻辑的统一。社会主义思想史来看,从社会主义、科学社会主义到中国特色社会主义,体现的是社会主义思想历史源流的发展,中国特色社会主义在理论上是对马克思主义基本原理的不断发展与飞跃。从社会主义运动来看,中国在革命胜利后选择走社会主义道路,在苏东剧变、世界社会主义进入低潮后,探索出了一条中国特色社会主义的成功道路,已从边缘开始成为事实上的"中心",成为世界社会主义复兴的新参照系和核心推动力量。从社会主义制度史来看,中国共产党在建立社会主义政权以来,实现了长期执政,确立并完善了有别于任何国家的制度体系,确保了国家始终沿着社会主义方向前进,既不走改旗易帜的邪路,也不走封闭僵化的老路,走的是科学的光明的中国特色社会主义道路。从社会主义革新史来看,无论是党史、新中国史还是改革开放史,中国共产党领导人民使近代以来久经磨难的中华民族迎来了从站起来、富起来到强起来的伟大飞跃,迎来了实现中华民族伟大复兴的光明前景,使科学社会主义在21世纪的中国焕发出强大生机活力,在世界上高高举起了中国特色社会主义伟大旗帜。因此,学社会主义发展史,在世界大历史和社会主义发展进程中融通党史、新中国史和改革开放史,将中国特色社会主义作为世界社会主义的一个组成部分,一种样式,中流砥柱,才能真正将"四史"有机结合、内在统一。

①　《马克思恩格斯文集》(第十卷),北京:人民出版社,2009年,第588页。
②　《马克思恩格斯选集》(第三卷),北京:人民出版社,2012年,第798页。

二、为何学：四史学习教育的必要性

（一）贯彻党的教育方针的需要

全面贯彻党的教育方针，解决好培养什么人、怎样培养人、为谁培养人这个根本问题，需要办好思想政治理论课。新时代贯彻党的教育方针，要坚持马克思主义指导地位，贯彻习近平新时代中国特色社会主义思想，坚持社会主义办学方向，落实立德树人的根本任务，坚持教育为人民服务、为中国共产党治国理政服务、为巩固和发展中国特色社会主义制度服务、为改革开放和社会主义现代化建设服务，扎根中国大地办教育，同生产劳动和社会实践相结合，加快推进教育现代化、建设教育强国、办好人民满意的教育，努力培养担当民族复兴大任的时代新人，培养德智体美劳全面发展的社会主义建设者和接班人。这对思政课守正创新提出了更高要求。

（二）思政课创新的需要

思政课"05方案"已经实施15年，在党和政府的重视下，各级领导关怀下，广大思政课教师努力将讲好思政课作为自己责无旁贷的天职，思政课改革取得了重要的进展，实效性不断增强，广大学生对思政课的改革成效表示满意。贯彻落实习近平总书记在学校思想政治理论课教师座谈会上的重要讲话精神，需要进一步将教材体系转化为教学体系。党的十九大以来，习近平新时代中国特色社会主义思想成为党的指导思想，回顾党史、新中国史、改革开放史，"历史在人民的探索和奋斗中造就了中国共产党，中国共产党领导人民又造就了新的历史辉煌。"[1]当今世界正经历着百年未有之大变局，新一轮科技革命和产业革命加快重塑世界，经济全球化深入发展推升全球治理加快变革，世界多极化深入发展使国际力量对比更加平衡，大国战略博弈加剧推动国际体系深刻变革，大变局充满风险和挑战，危害党的领导和我国社会主义制度的风险挑战，危害我国主权、安全、发展利益的风险挑战，危害我国核心利益和重大原则的风险挑战，危害我国人民根本利益的风险挑战，危害我国实现"两个

---

[1] 习近平：《在中央党校2011年秋季学期开学典礼上的讲话》（2011年9月1日），《党建研究》，2011年10月1日。

一百年"奋斗目标、实现中华民族伟大复兴的风险挑战,都不同程度地存在。①
面对挑战,党中央对国际国内形势的重大判断,在推进党和国家治理体系和治
理能力现代化方面的新举措,也应及时反映在思政课的教学中。历史是最好
的教科书,学习党史、国史,是坚持和发展中国特色社会主义,把党和国家各项
事业推向前进的必修课。不论发生过什么波折和曲折,不论出现过什么苦难
和困难,中华民族5000多年的文明史,中国人民近代以来180年的斗争史,中
国共产党99年的奋斗史,中华人民共和国70多年的发展史,是人民书写的历
史。中国近现代史纲要、毛泽东思想和中国特色社会主义理论体系概论、习近
平新时代中国特色社会主义思想等思政课,都应该将上述内容作为教学重点。

(三)引导青年坚定"四个自信"的需要

中国特色社会主义是改革开放以来中国全部政治生活的主题。习近平新
时代中国特色社会主义思想是当代中国马克思主义、二十一世纪马克思主义,
是引领党和国家事业不断从胜利走向新的胜利的强大思想武器和行动指南。
"灭人之国,必先去其史",新中国70年来社会主义实践探索的伟大成就,是在
国内外敌对势力的包围封锁、排挤打压的险恶环境中获得的。国内外敌对势
力实施和平演变战略,通行的做法就是针对中国的青少年群体,拿中国革命
史、党史、新中国历史来做文章,竭尽攻击、丑化、污蔑之能事,鼓吹宣传历史虚
无主义,根本目的就是要搞乱人心,否定中国共产党的领导地位与社会主义制
度,煽动推翻党的领导和我国的社会主义制度。吸取苏联的教训,借鉴国际共
产主义运动的成败得失,就必须坚定马克思主义信仰、社会主义和共产主义信
念、共产党的信心,必须在国家制度建设和国家治理问题上,回答好"坚持和巩
固什么、完善和发展什么"的重大政治问题。在坚持和发展中国特色社会主义
进程中,不走封闭僵化的老路,不走改旗易帜的邪路,要走的是社会主义人间
正道、是实现强国梦的光明大道、是人民过上美好生活的康庄大道。

因此,学习领会习近平新时代中国特色社会主义思想,要同学习党史、新
中国史、改革开放史、社会主义发展史贯通起来,同"四个伟大"的实践贯通起
来,同落实十八大以来党中央作出的各项战略部署贯通起来,坚持不懈用习近
平新时代中国特色社会主义思想武装青年学生头脑,引导他们树立对马克思
主义的信仰、对中国特色社会主义的信念、对中华民族伟大复兴中国梦的信
心;引导广大青年掌握运用马克思主义立场观点方法观察分析问题,坚定正确

---

① 高祖贵:《世界百年未有之大变局的丰富内涵》,《学习时报》,2019年1月21日。

政治方向，坚定听党话、跟党走的人生追求；引导广大青年积极投身新时代中国特色社会主义伟大事业，在实现中国梦的生动实践中放飞青春梦想，在为人民利益的不懈奋斗中书写人生华章。

三、如何学：四史学习教育的方法论

对广大青年学生来说，四史学习教育应该也必须成为思想整治理论课的主要内容，开展四史学习教育的方法，应该全面学、系统学、深入学、长期学，具体采取的路径可以从三个维度来开展。

首先，打通课内课外，实现融通学习。目前思政课课堂教学与实践教学的融通，发挥出各自教学环境的实效，形成合力，是开展"四史"教学的不二之选。目前五门思政课，课堂教学和课外教学的融通学习，整体规划设计，是增强思政课教学针对性、实效性的共识。浙江是中国革命红船的起航地、改革开放的先行地和习近平新时代中国特色社会主义思想的重要萌发地，在革命、建设和改革开放的不同阶段，浙江都具有丰富而鲜活的故事、生动的案例与极具特色的实践经验。及时把这些故事、案例、实践经验在教学中呈现，用作论据，会让广大青年学生在具体的故事、案例与实践经验的学习中，理解并领悟中国选择马克思主义、选择中国共产党、选择社会主义、选择改革开放的正当性与必要性，进而理解习近平新时代中国特色社会主义作为中国当代马克思主义理论的最新成果，指导新时代中国特色社会主义伟大事业的重要意义，从逻辑上从学理中获得对中国共产党、中国特色社会主义的高度认同。

其次，融合线上线下，随时在线学习。线上教学是互联网在线教育发展的主要形式，与线下教学融合发展，形成合力，是目前最流行的教学模式。目前疫情防控进入平稳期，但秋冬季重来的风险依然存在。上半年高校广泛开展的线上教学，在秋季开学后依然是正常开展教学活动的重要备选方式。近日，教育部相关负责领导公开表示，全面恢复正常教学秩序，意味着在秋季学期开始后，线下教学与线上教学两种教学方式随时自由切换，两种教学方式各自的优势都能充分发挥，线下教学的现场感强，互动效果好，学生能调动五感，全身心地投入课程教学，教学效果最佳，而线上教学海量而丰富的资源、素材，可以成为线下教学的重要补充，可以弥补线下教学时间有限、场地受限等方面的不足，实现一加一大于二的效果。

第三，整合国内国外，确立学科话语。

"四史"内容广博，时限上从 19 世纪直到当下，超过两个世纪，内容涵盖古

今中外,包罗万象,既包含近代以来中国人民探索救国救民道路的过程、方案,也涉及中国共产党领导人民在革命、建设和改革开放的辉煌历程,更包括世界社会主义从产生到发展再到重挫的漫长进程。"四史"虽是历史,却又不是通常意义上的历史,因此,"四史"学习应该整合国内国外,确立全球视野下的现代化史观,不应只"站在中国看中国""从中国看世界",要"跳出中国看中国""从世界看中国",将党史、新中国史、改革开放史放到世界社会主义发展历程的宏观视野中来审视、认识,也就是"把学习贯彻党的创新理论作为思想武装的重中之重,同学习马克思主义基本原理贯通起来,同学习党史、新中国史、改革开放史、社会主义发展史结合起来,同新时代我们进行伟大斗争、建设伟大工程、推进伟大事业、实现伟大梦想的丰富实践联系起来,在学懂弄通做实上下苦功夫,在解放思想中统一思想,在深化认识中提高认识,切实增强贯彻落实的思想自觉和行动自觉。"①要达到这个目标,必须具有宏观的世界眼光、全球史观,才能往深里学,往实里走,不但要进入课堂,更要入脑入心,转化为理想信念和使命担当,这才符合习近平总书记提出"四史"学习教育的初衷。

同时,必须推进"四史"研究,才能为"四史"学习教育提供新材料、新成果、新论据。由于历史原因,我国哲学社会科学的话语权没能与国家社会的发展同步,处在吸收引进的滞后地位,因此,必须下更大功夫,尽快掌握哲学社会科学的话语权、叙事权。当然,"四史"学术研究需要打破封闭,加快与国际学术界同行间的交流,是快速提升研究水准的不二法则,但国内学界必须牢牢掌握"四史"学习研究的叙事权、话语权。这是关系到宣传好中国特色社会主义制度,讲好中国故事,创新中国哲学社会科学话语体系,为国家贡献智慧的大事。②

---

① 习近平:《在"不忘初心、牢记使命"主题教育总结大会上的讲话》,《人民日报》,2020年1月9日。
② 陶雪松、忻平:《深刻理解和认识"四史"学习教育的重要意义》,《上海党史与党建》,2020年第7期。

将民法典有效融入高校思政课教学

德法教研中心　蔡晓卫

《中华人民共和国民法典》，作为新中国成立以来第一部以"法典"命名的法律，充分体现了以人民为中心，依法维护人民权利的发展思想，它与人民的切身利益息息相关，不仅仅是一部权利保障书，更是培育社会主义核心价值观的全民教科书。习近平总书记指出，"要把民法典纳入国民教育体系，加强对青少年民法典教育"①。因此，将民法典有效融入高校思政课教学，使之进教材、进课堂、进学生头脑，需要挖掘民法典的思政元素，进而针对性地进行民法典教育，这是建设社会主义法治国家，推进国家治理体系和治理能力现代化，实现立德树人、培养担当民族复兴大任的时代新人的重要保证。

阐释民法典的核心要义和内在精神，坚定大学生的法治信仰。民法典作为中国特色社会主义法律体系的重要组成部分，充分贯彻了习近平全面依法治国的新理念新思想新战略，其完备的民事权利体系、完善的民事权利保护机制和有效的民事权利救济规则深刻体现了"以人民为中心"的权利思维，"是一部体现对生命健康、财产安全、交易便利、生活幸福、人格尊严等各方面权利平等保护的民法典"。围绕大学生的切身利益和诉求，构建合理有效的民法典思政课教育教学体系，多层次多角度持续地向大学生传播民法典的精神实质和基本原则，让大学生充分认识民法典对实现中华民族伟大复兴，推进国家治理体系和治理能力现代化所具有的社会作用，领悟民事主体在民事活动中应遵循平等、自愿、公平、诚信、守法与公序良俗和绿色等基本原则，了解民事主体在民事活动中享有的各种人身权利和财产权利，厘清权利与权力的界限，增强大学生对民法典的道德准则和价值取向的认同，引导大学生养成自觉守法、遇事找法、解决问题靠法的意识，让大学生在学好用好民法典的过程中不断感受民法典"全""权"之美，进而使民法典从挂在墙上写在纸上内化为大学生心中

---

① http://www.nwccw.gov.cn/2020-06/01/content_284661.htm.

的法治共识,即内化于心、外化于行,并在法治实践中坚定法治信仰。

传递民法典的人文关怀和时代气息,培养大学生的中国精神。民法典以保护民事权利为出发点,将"人民至上""生命至上""绿色至上"的立法理念贯穿始终,呈现出鲜明的民族特色、深厚的文化底蕴和丰富的时代色彩。一方面,民法典创新性地将人格权独立成编,充分体现了夫妻恩爱、婚姻和睦、忠诚守信、敬老爱幼、和谐友善的传统法律精神和价值理念,既确立了基于人身自由、人格尊严产生的人格权益的法律规定,又发展和扩充了具体人格权的类型和内容,详细规定了姓名权、肖像权、名誉权、隐私权及个人信息等保护规则,完美凸显了人格权保护的特殊意义;另一方面,民法典顺应时代要求,回应科技需要,创新信息时代的法律规范,充分反映了民法典的现代精神。在思政课教学中,结合民法典的编纂历程,运用丰富的中华优秀传统法律文化资源,通过解析民法典对个体权利的确认与保障,对弱势群体的倾斜保护,让学生了解偷拍偷录、网络暴力、非法泄露和倒卖个人信息等都是民法典严厉禁止的行为,让学生领略民法典无微不至的人文关怀,激发学生自觉承担弘扬中华优秀传统法律文化和发扬民族精神的历史重任;通过解读民法典在个人信息保护、数据和网络虚拟财产的确立、人体胚胎和人体基因的法律规制、电子合同的特殊规则等新的信息技术、生物技术中所起的规范作用,让大学生感受民法典与众不同的时代气息,增强大学生科技创新的紧迫感和责任感,提高大学生的网络法治意识,培养大学生的时代精神,自觉担当推进依法治国的重要使命。

发掘民法典的价值内核和道德内蕴,践行大学生的核心价值观。民法典坚持依法治国和以德治国相结合,以"弘扬社会主义核心价值观"作为其立法目的和立法原则,并将其全面融入民事法律规范的价值内核之中,为我国民事立法提供了丰富的价值指引和道德源泉。培育和践行社会主义核心价值观是思政课教学的应有之义,而民法典正是社会主义核心价值观的制度载体和实现形式,在思政课教学中,通过"好人好报""英雄流血不流泪"等以案释法介绍民法典的"监护制度""优良家风家教条款""绿色条款""见义勇为条款""英烈保护条款"等制度规范和具体规则,一方面,推动民法典蕴含的规则意识和契约精神深深根植于学生内心,让大学生领会民法典提出的平等自愿、公平诚信等基本原则,学会运用法治手段解决道德领域的突出问题,努力推进社会主义法治建设;另一方面,让大学生深刻认识社会主义核心价值观的巨大优越性以及在推进全面依法治国、建设富强民主文明和谐美丽的社会主义现代化强国中的重大意义,坚定地以社会主义核心价值观作为自己的价值追求和价值共识,积极遵守社会公德、恪守职业道德、弘扬家庭美德,自觉地做社会主义核心价值观的坚定信仰者、积极传播者、模范践行者。

　　讲清民法典的中国智慧和中国方案,增强大学生的四个自信。民法典系统整合了新中国成立 70 多年来长期实践形成的民事法律规范,汲取了中华民族 5000 多年优秀法律文化,借鉴了人类法治文明建设有益成果,积极回应中国之问、时代之问,提出了适应中国国情的中国智慧、中国方案和中国贡献,完美诠释了中国经验、中国精神和中国元素,充分凸显了中国特色社会主义的道路自信、理论自信、制度自信、文化自信。以"四个自信"推进依法治国,坚定学生中国特色社会主义的法治自信,这也是思政课的核心内容。在教学中,通过释法说理,宣传民法典实施的重大意义,让大学生体会民法典在展现党的领导、人民当家作主、依法治国三者有机统一,体现中国特色社会主义制度优越性中的重要作用,让学生知晓民法典是显现中华优秀传统文化、革命文化和社会主义先进文化的创造性,更是追求人民美好生活,确认和发展民事法治建设成果,实现中华民族伟大复兴的中国梦的法治保障;让大学生坚信中国特色社会主义法治道路是实现社会主义法治现代化的必由之路,构建中国特色社会主义法治体系是推进全面依法治国的关键所在,更要在不断推动思政课实践教学中,让大学生领会民法典实施得好,执行得好,"人民群众权益就会得到法律保障,人与人之间的交往活动就会更加有序,社会就会更加和谐",进而促进民法典不断深入人心,最终增强大学生认同中国特色社会主义法治理论、法治道路、法治体系和法治文化的自信心,让法治逐渐成为大学生的思维习惯和生活方式。

快思慢想思政课:基于卡尼曼双系统模型的案例教学初探

德法教研中心　　金一翔

"教育者必须首先理解自己的教育对象。教育科学的发展应以社会科学、自然科学和心理科学等提供的规律性知识为依据。"[①]随着高校思政课工作的深入改革,对思政课的案例教学研究,不仅建立在对基层教学实践的难点与重点的认知基础之上,同时需要借鉴国内外前沿的跨学科思想资源,理解学生的思维发展特征,以案例教学为载体,引导学生掌握科学的审辨式思维方法。诺贝尔经济学奖获得者、美国心理学家丹尼尔·卡尼曼(Daniel Kahneman)所著的《思考,快与慢》一书,引用了大量案例对人在思考过程中所出现的"快思—慢想"系统进行了辨析和实验论证,可作为高校思政课案例教学研究的理论参考。

一、案例的迷思:小数原则与大数定律

以往思政课教学相对偏好使用抽象语汇和宏大叙事,与学生的实际生活有一定距离,对学生理解能力有一定要求,且十分考验讲授教师的抽丝剥茧能力。"共识性信息,从本质上讲,似乎就是冷漠的、苍白的和抽象的。相比而言,目标案例信息,则是逼真的、醒目的和具体的。"[②]

卡尼曼反复提及"小数原则",并引用了以下案例:"我们很容易建构一个因果故事,比如解释小规模学校如何能提供比较好的教育并教出高成就的学生:因为小规模学校能给学生较多注意和鼓励。很不幸的是,因果分析的结果

---

①　乌申斯基:《人是教育的对象》,郑文樾译,北京:人民教育出版社,2007年。

②　丹尼尔·卡尼曼、保罗·斯洛维奇、阿莫斯·特沃斯基:《不确定状况下的判断:启发式和偏差》,方文等译,北京:中国人民大学出版社,2008年,第117页。

是它们一点意义也没有,因为这个'故事'是错的。真相是,小学校不是比一般学校更好,只是变异性更大。如果真有区别的话,大学校其实有比较好的成绩,尤其在各种课程的设置上,大学校的得分更高。"小样本研究所带来的数据具有迷惑性,即"案例的迷思"。以下举一个讨论案例。

案例:关于乡村生活方式的统计迷思[①]

据报道:"一项针对美国3141个郡所做的肾脏癌研究,显现出一个很令人惊异的型态。肾脏癌发生率最低的郡多半是在乡下、人口稀少、传统上属于共和党的州,分布在中西部、南部和西部。"

如果上述报道属实,你会怎么评断这个分布型态? 最后你很可能聚焦到"人口稀少的乡村肾脏癌也很少会发生的"这个事实上。统计学家魏纳(Howard Wainer)和翟威林(Harri's Zwerling)解释道:"我们很容易去推论罹癌率低是因为乡下空气干净、没有污染、水源清洁,加上食物新鲜、无添加物。"这听起来非常有道理。

现在来看一下肾脏癌发生率最高的郡,这些郡大部分也是在乡下、人口稀少、传统上属于共和党的州,分布在中西部、南部和西部。反面的推论可能是:"我们很容易去推论高罹癌率可能跟乡村贫穷的生活型态有关——没有好的医院、高脂肪食物,太多的酒精、香烟。"但乡村的生活型态不可能既能解释低肾脏癌发生率,又能解释高肾脏癌发生率。

主要的问题不是那个郡是乡下、还是共和党,而是乡村人口稀少,这里最大的教训不是流行病学,而是心智和统计之间的复杂关系。系统一已经非常适应一种思考形式——自动、不花力气地找出事件之间的因果关系,有时甚至是假关系。当你被告知高癌症郡时,你立刻假设这些郡跟别的郡不同,这些差异一定有因果关系。然而我们面对统计的事实时,系统一就一筹莫展了。统计事实会改变后果的概率,但是不会使它发生。假如是这样的话,人口稠密与人口稀少的郡就不是真正的事实,而是科学家所谓的"假象"(artifact)——即观察结果完全依赖于调查方法的某一方面——在这个案例中是指因样本大小所产生的差异。

不止"小数原则"需要质疑,"大数定律"也亟待反思。渠敬东指出:"我们

---

①　丹尼尔·卡尼曼:《思考,快与慢》,胡晓姣等译,北京:中信出版社,2011年,第93页。

务必要好好检讨今天的社会学和社会科学研究的常规思维。我们用的方法仍然遵循着大数定律的思维模式,用一些所谓常态分布的方法来理解世界,这就是我们常说的叫 normal distribution。这虽然只是统计学意义上的方法,却根深蒂固在我们的思想中,所谓 normal,是指我们仍然假设社会是一个在日常整体上秩序化的模式,因此我们往往按照既定的秩序化模式来理解我们自己的生活和社会变化。假设检验的研究模式,本质而言是一种日常预期模式,是一种日常观念的自我循环。"①

尽管有上述对"小数原则"和"大数定律"等"认知陷阱"的反思批判,在思政课教学过程中仍应把握对案例教学的规律的理解,引导学生在迷雾中寻求真理,勇于运用自身理性,在书本上的案例与实践中的案例中,帮助学生掌握基本的审辨性学术思维方法,不断磨炼自身对马克思主义理论的理解,确立真信仰,凝聚真共识。

二、辨析:"快思"与"慢想"的区别与联系

在卡尼曼的书中,他将人的认知系统分为系统一与系统二,分别对应"快思"系统与"慢想"系统,"快思"系统偏向直觉和无意识,"慢想"系统注重理性和有意识。两个系统有如下区别与联系。

"快思"系统的操作是快速的、平行的、自动化的、不耗费资源的、联结的、内隐的(无需反省)以及通常是情绪驱动的,它经常为习惯、经验、刻板印象所支配,因此很难控制或修正;在接受了一定的训练后,"快思"系统能够做出熟练的回应,产生直觉。"快思"系统在处理讯息上采用的是认知放松,但是轻松不代表可靠,"快思"系统并没有对不可靠的讯息送出警讯,直觉的回答是快速有自信地进入我们的心中,不论它们是来自技能还是来自捷径。"慢想"系统很难区分得出这反应是有技能背书的还是仅是捷径的。

"慢想"系统主要特性之一是懒散,也就是若非必要绝不多花力气。结果,慢想系统认为它已经选择的思想和行动,却通常是由快思系统指派。然而,有些关键作业只有慢想系统才可以做,因为它们需要花力气和自我控制,用以克服快思系统的直觉和冲动。

在思政课教学中,使学生意识到快思系统与慢想系统的差异,并认识到整

① 渠敬东:《传染的社会与恐惧的人》,《爱思想》http://www.aisixiang.com/data/120539.html.

合利用上述两个系统的重要性,才能帮助学生在未来发展中获得更好的决策心理竞争优势。作为思政课新教师,在开始教学生涯之前,我既担心自身对思政课教材的理解有限,也担心不知道如何准确地输出,也不知道最适切输出的形式是什么。但是通过对教育心理学的理论学习,把握学生思维的"快思"与"慢想"两个系统的特征与规律,在教学过程中有的放矢地加强对学生思维的引导和提升,提升思政课的思维挑战性,增强思政课的趣味,也有利于思政课立德树人的教学目的之达成。

三、中西比较:三重自我与"画竹"之说

卡尼曼通过对"快思"和"慢想"系统的辨析和总结,提出了"经验自我、记忆自我与反思自我",①可与郑板桥的"画竹"之说("眼中之竹——胸中之竹——手中之竹")交相论证,加深理解。

第一,"经验自我"(experiencing self)是"眼中之竹",经验自我往往由"快思"系统决定,过程中包含大量的快速决定,心智警觉性相对较低,是亲历过的每一个瞬间所留存的感受。迁移到思政课教学领域,思政课课堂教学过程中的师生直观体验。

第二,"记忆自我"(remembering self)记忆自我掌控我们从生活中学到什么东西,它是做决定的自我。我们从过去所学就是要使未来的记忆达到最高品质,它不见得是我们未来的经验。这就是记忆自我不讲理的地方。在思政课教学中,记忆自我类似"胸中之竹",是对课堂过程的初步回忆和沉淀,是对思政课整体印象的形成。

第三,"反思自我"(reflecting self)则是"手中之竹",建立在讨论和反思基础上的思政课对师生思维的共同促进和成长,是进一步的总结和提升。反思自我是对记忆自我的深化,建立在学生参与课堂与课外实践,深入理解自身与世界关系的基础上,沉淀自身认知。对于授课教师来说,反思自我是自身对教学过程的反思和改进,是对自身学术知识的实践应用与反馈;对于学生来说,反思自我则是对思政课课堂意义的进一步升华和理解,是建立思政课文化认同的重要内在转化机制。

---

① 在书中卡尼曼只提到了"经验自我与记忆自我",但在 TED 演讲中,卡尼曼提到了"反思自我"。

四、启示:借鉴"快思慢想"开展张弛有度的案例教学实践

"快思—慢想"系统给我们的另一个启示是,大部分时候,让学生维持一个参与和思考的状态以及偶尔做一些费力的思考,都需要引导学生付出努力、自我控制。因此思政课案例教学引导和启发学生意识到并学会整合利用自身的"快思—慢想"系统,是一个具有挑战性的课题。在案例教学实践中,选择紧跟时事、具有思维挑战性、趣味性及理论深度相结合的案例,是实现张弛有度的案例教学的先决条件。除了案例教学法以外,课堂讨论、主题辩论因其形式活泼、节奏较快、互动相对充分,也较容易调动学生的"快思—慢想"系统,以张弛有度的方式促进学生深度心智的锻炼。

总之,通过反思教学过程中反映的实际问题,考虑学生思维特点,结合对思政课课程定位的理解,以张弛有度的讲授节奏,讲透坚定道路自信、理论自信、制度自信、文化自信,才能为思政课教学工作改革开拓新局面。由于尚未开始正式的教学工作,以上想法有纸上谈兵之嫌,之后将随教学工作的实际开展进展,进一步扩充论文内容。

民主社会主义基本价值的形成、内容及实质

——兼谈在"概论"课中评析民主社会主义基本价值

概论教研中心 高 永

【摘 要】 民主社会主义基本价值是社会党理论与政策的核心,也是社会党长期探索构建的意识形态。民主社会主义在自由、公正、团结互助和民主等价值概念的基础上构建了一个比较完整且内涵丰富的价值体系。在思想政治理论课中对民主社会主义基本价值进行评析,要抓住其反共产主义的本质,在适当的教学内容中加以评析,以提高思想政治理论课的针对性和实效性,增强大学生的政治鉴别力和对中国特色社会主义的"四个自信"。

【关键词】 民主社会主义;基本价值;思想政治理论课

二战后,社会党开始在欧洲政治舞台上占据重要地位。他们提出并积极构建了一套民主社会主义理论,并将"自由、平等、民主、公正、团结互助"等价值理念作为这一理论的核心。在"概论"课教学中,部分内容涉及社会主义民主政治和社会主义核心价值观,由于民主社会主义在我国是一种较有影响的社会思潮,在大学生中也有一定影响。因此,在讲授社会主义民主政治和核心价值观时,有必要与民主社会主义对民主和其基本价值的解读区分开来,有必要在"概论"课中对民主社会主义思潮的一些观点进行辨析。

一、民主社会主义基本价值的形成

民主社会主义基本价值又称为民主社会主义基本原则,是民主社会主义的核心要义。"自从1951年《社会党国际原则声明》以来,社会主义的基本价值一直被自觉地放在民主社会主义纲领的中心地位。它一直涉及通过团结互

助在所有生活领域实现平等的自由的要求。"①可以说，基本价值是西欧社会党在战后进行的最重要的理论探索，虽然在《社会党国际原则声明》中并没有对基本价值进行界定，但其中对民主问题进行了详细探讨并以"原则"作为阐述的核心。此后社会党理论家和政治精英展开了对"原则"或基本价值的讨论。苏联社会主义的巨大成功对欧洲政治构成严峻挑战，民主社会主义必须尽快推出具有自身特色的理论纲领。1956年苏共"二十大"所引起的社会主义阵营内部的争论，促使社会党抓住苏联社会主义探索中的失误，提出了民主社会主义的基本价值。"关于俄国革命的实验和苏联社会发展的批判性争论以及在民族社会主义统治之下和共同反抗纳粹的经历，促使德国社会民主党内主张将基本价值置于所有理论观念以及所有暂时被认作符合目标的社会改造手段之上的想法变得更加强烈。苏联社会模式所提供的经验促使人们更加明确地拒绝进行历史理论上的合法论证，并且明确地把社会化措施置于社会主义原则之下。"②1959年，德国社会民主党在《哥德斯堡纲领》的导论章节加上"社会主义的基本价值"标题，"自由、公正和团结互助，即从共同紧密联系中产生的相互义务，这些都是民主社会主义意愿的基本价值。"③被各国社会民主党广泛接受。"基本价值"的说法也就由此确立。到1960年社会党国际理事会海法会议的决议《关于民主社会主义新任务的声明》中的表述："民主社会主义的原则既是有活力的，又是不可摧毁的。这些原则是以我们对自由、平等和人类兄弟友爱的信念为基础的。"④就标志着民主社会主义基本价值已经成为社会党国际各成员党共同认同的理论基础。此后在社会党国际和西欧各国社会党的纲领性文件中都反复阐述民主社会主义基本价值，虽然具体的表述有所不同，但对这些基本价值的认同却是西欧社会党的一个共同特点。

20世纪80年代末，国际共产主义运动出现重大危机，民主社会主义思潮在许多社会主义国家中蔓延，造成了一定的思想混乱。匈牙利、波兰、民主德国政局动荡。社会党也加快了对民主社会主义这一意识形态的构建。1989年6月，社会党国际通过了替代1951年"法兰克福声明"的纲领性文件"斯德

---

① 托马斯·迈尔等编辑：《民主社会主义理论概念》，殷叙彝、张世鹏等编译，重庆：重庆出版社，2012年，第273页。

② 托马斯·迈尔等编辑：《民主社会主义理论概念》，殷叙彝、张世鹏等编译，重庆：重庆出版社，2012年，第273页。

③ 《德国社会民主党纲领汇编》，张世鹏译，北京：北京大学出版社，2005年，第70页。

④ 殷叙彝编：《社会党国际文件集（1951—1987）》，哈尔滨：黑龙江人民出版社，1989年，第113页。

哥尔摩原则声明"(《社会党国际原则宣言》),对自由、公正、团结、民主、人权做了比较详细的解释。这一声明声称"民主社会主义是争取自由、社会公正和团结的国际运动。"①1989 年 12 月通过的《德国社会民主党基本原则纲领》("柏林纲领")认为"自由、公正、团结互助是民主社会主义的基本价值。它们是我们判断政治现实的标准,是衡量一种新的和更好的社会制度的尺度,同时也是每个社会民主党人的行动指南。"②"实现这些基本价值和完善民主是民主社会主义的持久性任务。"③1999 年社会党国际在巴黎召开的第 21 次代表大会通过的《社会党国际巴黎宣言》,面对苏东剧变后国际政治格局的重大变化和全球化带来的挑战,重申了民主社会主义的基本价值:"使我们聚集起来的价值观至关重要:在改善人的生活条件方面实行互助,争取更大的社会公正,其基础是对人权的普遍尊重、性别平等和个人与集体的自由,这就是民主的精髓。"④"我们的责任是鼓励对新的挑战做出反应,采取行动,扩大自由、平等和互助。"⑤ 2007 年通过的《德国社会民主党基本纲领》(汉堡纲领)重申"自从平等自由的目标在现代转变成为公正的概念之后,自由、公正和互助在过去和现在都是自由的、民主的社会主义的基本价值。它们始终是我们评价政治现实的标准,是衡量更美好的社会制度的尺度,是社会民主党人行动的指南。"⑥在"汉堡纲领"中,德国社会民主党对"自由、公正、团结互助"做出了更为全面和成熟的解释。

　　战后民主社会主义对基本价值的探索经历了长期的过程,并且不断根据国际局势和全球化、生态等问题的挑战而赋予基本价值以新的内涵。经历了20 世纪中后期波诡云谲的国际风云变幻,社会党对基本价值的追求始终不变。"苏维埃特征的国家社会主义的结束没有驳倒民主社会主义的思想,反而令人印象深刻地证实了社会民主主义的基本价值导向。民主社会主义对于我们而言仍旧是一个自由、公正和团结互助的社会的远景设想,它的实现对于我

---

① 《社会党国际原则声明》,李强译,《国际共运史研究》,1990 年第 2 期。

② 《德国社会民主党纲领汇编》,张世鹏译,北京:北京大学出版社,2005 年,第 90 页。

③ 《德国社会民主党纲领汇编》,张世鹏译,北京:北京大学出版社,2005 年,第 96 页。

④ 中联部编译小组编:《社会党国际重要文件选编》,北京:当代世界出版社,2005 年,第 233—234 页。

⑤ 中联部编译小组编:《社会党国际重要文件选编》,北京:当代世界出版社,2005 年,第 236 页。

⑥ 《德国社会民主党基本纲领(汉堡纲领)》,张文红译,殷叙彝校,《当代世界社会主义问题》,2007 年第 7 期。

们来说是一个长期的任务。我们行动的原则是社会民主主义。"①

二、民主社会主义基本价值的内涵

在不同的纲领性文件中,社会党国际和各国社会党对民主社会主义基本价值的表述并不完全相同。但"自由、公正、团结互助"是被各个纲领性文件强调最多的价值观,此外,由于民主社会主义对民主问题的高度关注,因而对民主的探讨也比较多,但"民主的思想以自由与平等原则为基础。"②这些价值概念在不同的文件中都保持了基本一致的含义,在不同历史时期也存在一定的差异。

1. 自由。作为民主社会主义基本价值的核心,自由的含义有:

①自由是个人的而且是普遍的不证自明的权利。"每个人都有权免受政治强制,并享有为追求个人目标和发挥个人潜力而行动的最大机会。"③"自由是个人的自由,同时也正是持有不同思想的人的自由。少数人享受的自由只能是特权。"④"每个人都具有获得自由的资格和能力。"⑤

②自由是民主社会主义追求的理想社会。1989年《德国社会民主党基本原则纲领》认为,"社会民主党谋求建立这样一种社会,在这个社会里,每个人都能自由地发展自己的个性,并能负责地参加政治、经济与文化生活。"⑥

③针对苏联社会主义模式和欧洲法西斯主义独裁,强调"免受政治强制"的自由。"免受专横独裁政府统治的自由是至关重要的。只有具备这个先决条件,各国人民和社会才能够创建一个更美好的和平与国际合作的新世界,在这个世界中,人民将民主地决定政治、经济和社会的命运。"⑦

④相对于自由主义,民主社会主义更强调自由的社会物质基础。"只有那些感到自己在社会福利方面已得到充分保障的人,才能利用自己实现自由的

---

① 《德国社会民主党基本纲领(汉堡纲领)》,张文红译,殷叙彝校,《当代世界社会主义问题》,2007年第7期。

② 中联部编译小组编:《社会党国际重要文件选编》,北京:当代世界出版社,2005年,第6页。

③ 《社会党国际原则声明》,李强译,《国际共运史研究》,1990年第2期。

④ 《德国社会民主党纲领汇编》,张世鹏译,北京:北京大学出版社,2005年,第96页。

⑤ 《德国社会民主党基本纲领(汉堡纲领)》,张文红译,殷叙彝校,《当代世界社会主义问题》,2007年第7期。

⑥ 《德国社会民主党纲领汇编》,张世鹏译,北京:北京大学出版社,2005年,第96页。

⑦ 《社会党国际原则声明》,李强译,《国际共运史研究》,1990年第2期。

机会。而为了实现自由,我们也要求平等的生活机会和全面的社会保障。"①
"只有当一个人知道自己享有充分社会保障的时候,他才能够使用他的自由。"②

2. 公正。在社会党纲领中,"公平"与"平等"这两个概念经常放在一起阐述,含义包括:

①权利和机会的平等。1989年社会党国际的"斯德哥尔摩声明"认为,"公正意味着结束一切对个人的歧视,意味着权利和机会的平等。"③1989年《德国社会民主党基本原则纲领》认为,公正"要求人们享有同等的自由,法律面前人人平等,要求在政治和社会参与以及享受社会保障方面具有同等机会。它要求实现男女社会平等"④。"公正以每个人平等的尊严为基础。它意味着不取决于出身或者性别的平等的自由和平等的生活机会。"⑤

②财产、教育、文化等多方面的平等。"基本的经济,社会和文化平等,是个人多样化和社会进步的必要条件。"⑥"公正要求在收入、财产和权力分配方面,还有在教育、培训和文化生活方面实现更多的平等。"⑦2007年通过的《德国社会民主党基本纲领》(汉堡纲领)更进一步指出,"公正是指平等地参与教育、工作、社会保障、文化和民主,平等地使用所有的公共财富。"⑧

③公正意味着摆脱依附,调整分配关系和履行与财产相应的义务。在1989年社会党国际的"斯德哥尔摩声明"中还提到了对生产资料所有制的改造——公正"要求对体力的、智力的和社会的不平等作出补偿,以及既摆脱对生产资料的所有者,也摆脱对政治权力拥有者的依附。"⑨但在2007年通过的《德国社会民主党基本纲领》(汉堡纲领)中,则脱离了所有制而仅仅其强调财产的分配和义务——"哪里的收入和财产的不平等分配将社会分为支配他人

① 《德国社会民主党纲领汇编》,张世鹏译,北京:北京大学出版社,2005年,第96页。
② 《德国社会民主党基本纲领(汉堡纲领)》,张文红译,殷叙彝校,《当代世界社会主义问题》,2007年第7期。
③ 《社会党国际原则声明》,李强译,《国际共运史研究》,1990年第2期。
④ 《德国社会民主党纲领汇编》,张世鹏译,北京:北京大学出版社,2005年,第96页。
⑤ 《德国社会民主党基本纲领(汉堡纲领)》,张文红译,殷叙彝校,《当代世界社会主义问题》,2007年第7期。
⑥ 《社会党国际原则声明》,李强译,《国际共运史研究》,1990年第2期。
⑦ 《德国社会民主党纲领汇编》,张世鹏译,北京:北京大学出版社,2005年,第96页。
⑧ 《德国社会民主党基本纲领(汉堡纲领)》,张文红译,殷叙彝校,《当代世界社会主义问题》,2007年第7期。
⑨ 《社会党国际原则声明》,李强译,载《国际共运史研究》1990年第2期。

的人和被他人支配的人,哪里就违背了平等的自由,因而就是不公正的。所以,公正要求在收入、财产和权力分配中更多的平等。因为存在于这些分配中的巨大不平等威胁到了人生机遇的平等,所以社会民主主义是必需的。"①"公正是一种与业绩相适应的收入和财产分配。财产具有义务:谁比平均水平挣得多,比其他人拥有更多的财产,谁就必须为社会的富足作出更大的贡献。"②

3. 团结互助。团结互助是民主社会主义与保守主义和自由主义相区别的颇具特色的价值理念,这一理念来源于工人运动早期强调的团结互助精神。其含义有:

①团结互助既是弱者争取权利的武器,也源于人与人的相互需要。1989年《德国社会民主党基本原则纲领》认为,"团结互助既是弱者争取自身权利斗争的一个武器,同时也是从人与人相互需要这一认识中得出的结论。"③"它是共同的人性和对不公正的受害者寄予同情的实际表现。"④

②团结互助为个人发展创造前提条件。"为了扩大个人发展机会,也需要进行互助。只有共同行动,而不是自私自利的个人主义,才能创造和确保个人自决的前提条件。"⑤

③团结互助是普遍适用的。1989年社会党国际的"斯德哥尔摩声明"认为,"团结是无所不包的和全球性的。一切主要人道主义传统都强调和欢呼团结。在个人之间以及国家之间空前相互依存的现代,人类的生存离不开团结,这就使团结具有更重要的意义。"⑥"团结互助也意味着这样一种要求:让第三世界人民获得符合人的尊严的生活机会。我们今天决定着以后世代的生活机会,他们有资格要求我们与他们团结互助。"⑦"团结互助意味着相互的紧密联系、共同归属感和救助。它是人们互相负责和互相帮助的意愿。团结互助

---

① 《德国社会民主党基本纲领(汉堡纲领)》,张文红译,殷叙彝校,《当代世界社会主义问题》,2007年第7期。

② 《德国社会民主党基本纲领(汉堡纲领)》,张文红译,殷叙彝校,《当代世界社会主义问题》,2007年第7期。

③ 《德国社会民主党纲领汇编》,张世鹏译,北京:北京大学出版社,2005年,第96页。

④ 《社会党国际原则声明》,李强译,《国际共运史研究》,1990年第2期。

⑤ 《德国社会民主党纲领汇编》,张世鹏译,北京:北京大学出版社,2005年,第96页。

⑥ 《社会党国际原则声明》,李强译,《国际共运史研究》,1990年第2期。

⑦ 《德国社会民主党纲领汇编》,张世鹏译,北京:北京大学出版社,2005年,第96页。

适用于强者和弱者之间、世代之间、民族之间。"①

4.民主。"民主"在民主社会主义理论中占据重要位置,是其标榜区别于科学社会主义的重要特征。"民主和人权不仅仅是实现社会主义目的的政治手段,而且是社会主义目的(建立民主的经济和民主的社会)的根本实质。"②

①基本认同西方民主制度。1989 年社会党国际的"斯德哥尔摩声明"认为,"民主的形式当然可以不同,然而,只有在人民可以在自由选举的框架内对各种政治方案自由进行选择,只有在人民有可能根据自己的自由意志通过和平手段更换政府,只有在个人和少数派的权利得到保障,只有在以法治为基础的独立司法体制公平地适用于所有公民的情况下,才有可能谈到民主。"③

②民主不仅包括政治民主,而且包括经济民主和社会民主。这是民主社会主义超越资本主义社会对民主的传统界定之处。"政治民主是社会主义社会不可或缺的成分。民主社会主义是社会与经济民主化和社会公正日益增进的持续进程。"④"男女不仅在理论上,而且在实践中,在工作、家庭和社会生活的一切领域内部享有平等权利,是社会主义的社会观的组成部分。"⑤

③尊重少数和多元。"各种不同的文化无疑将产生各自的民主制形式。但民主无论在各国内部或国际上采取何种形式,都必须让个人和有组织的少数派观点享有充分的权利。对于社会党人来说,民主的根本性就是多元的,而且这种多元性为民主的生命力和创造力提供了最好的保证。"⑥

④民主是为了避免独裁。"民主和人权也是人民权力的精髓和不可缺少的机制,人民能够运用这种机制来控制长期统治他们的经济结构。如果没有民主,社会政策不可能掩盖政府的独裁性质。"⑦民主是必要的。每个人都对自己的生活负有责任。没有人能够或者应该免除这种责任。"人永远不允许被——既不能被国家,也不能被经济——贬低成为实现某一目的的工具。我们反对任何形式的享有对人的无限政治权力的要求。如果政治本身允诺幸福

① 《德国社会民主党基本纲领(汉堡纲领)》,张文红译,殷叙彝校,《当代世界社会主义问题》,2007 年第 7 期。

② 《社会党国际原则声明》,李强译,《国际共运史研究》,1990 年第 2 期。

③ 《社会党国际原则声明》,李强译,《国际共运史研究》,1990 年第 2 期。

④ 《社会党国际原则声明》,李强译,《国际共运史研究》,1990 年第 2 期。

⑤ 《社会党国际原则声明》,李强译,《国际共运史研究》,1990 年第 2 期。

⑥ 《社会党国际原则声明》,李强译,《国际共运史研究》,1990 年第 2 期。

⑦ 《社会党国际原则声明》,李强译,《国际共运史研究》,1990 年第 2 期。

和满足，它就有导致集权统治的危险。"①

三、民主社会主义基本价值的实质

民主社会主义对社会主义的追求是真诚的，作出了切实而艰辛的努力。二战以来，西欧社会党人始终抱持民主社会主义的理想信念。"我们的历史深受民主社会主义思想，也就是一个自由而平等的社会的思想的影响，我们的基本价值在这个社会中得以实现。这一社会要求这样一种经济、国家和社会的制度：在其中，所有人的公民的、政治的、社会的和经济的基本权利都得到保障，所有的人都能够过上一种没有剥削、压迫和暴力的生活，即处于社会的保障和人的保障中的生活。"②这种社会理想固然美好，但其实现路径却始终并不清晰，长期以来，社会党将民主社会主义的实现寄托在人们对基本价值的共同认同和追求之上。他们虽然也探讨所有制和社会改造，但从来拒绝对所有制和资本主义社会的根本改造。这使得民主社会主义半个多世纪以来的探索始终没有结出社会主义的果实，一直在资本主义制度的框架内打转。其中的原因，一方面是由于民主社会主义本身主张和平改良，拒斥革命，另一方面则是因为民主社会主义的提出本身就是为了摒弃和对抗科学社会主义的影响。"十月革命"的道路，苏联的社会主义实践，在民主社会主义看来是人类的灾难，是他们决不能接受的。"我们反对任何专政，反对任何极权主义和专制主义统治，因为这种统治蔑视人的尊严，消灭他们的自由，破坏法律。社会主义只有通过民主制才能实现，只有社会主义才会履行民主。共产党人错误地援引社会主义传统，他们实际上歪曲了社会主义思想财富。共产党人为了建立自己的一党专政而利用社会分裂状态，社会主义者则希望实现自由和公正。"③

在标志着战后民主社会主义形成的在社会党国际第一次代表大会上通过的纲领性文件《民主社会主义的目标与任务》（即《法兰克福声明》）中，社会党国际声称"在俄国布尔什维克革命以后，共产主义造成了国际劳工运动的分

---

① 《德国社会民主党基本纲领（汉堡纲领）》，张文红译，殷叙彝校，《当代世界社会主义问题》，2007 年第 7 期。

② 《德国社会民主党基本纲领（汉堡纲领）》，张文红译，殷叙彝校，《当代世界社会主义问题》，2007 年第 7 期。

③ 《德国社会民主党基本原则纲领》，URL：https://www.marxists.org/chinese/second-international/marxist.org-chinese-2Interational-1959.htm[2020-2-14]

裂.并使社会主义在许多国家中的实现推迟了几十年。"①把资本主义国家没有实现社会主义的原因归咎于俄国"十月革命",说明民主社会主义理论刚刚问世就把矛头对准了列宁所开创的"十月革命"道路。

根据德国社会民主党基本价值委员会副主席托马斯·迈尔的说法,提出民主社会主义基本价值的目的正是为了抵制和抛弃马克思主义。"在深受马克思主义影响的西欧社会主义传统内部,社会主义的基本价值从哥德斯堡以来获得了一种特殊意义,因为它开始表现为有意识地摈弃马克思主义社会主义观念的中心因素。"②这就明确地表明民主社会主义基本价值正是社会党为了反对马克思主义,反对科学社会主义而凝练和提出的。在这里,托马斯·迈尔既没有区分马克思和恩格斯的不同,也没有将马克思恩格斯的社会主义理论和列宁斯大林所开创的,中国所坚持的科学社会主义相区分,而是笼统地以"马克思主义社会主义"这样的词汇代表了一切在马克思主义的旗帜下进行的社会主义探索和实践。这也表明,二战以来的民主社会主义在理论和实践上,绝不是像谢韬所说的继承了马克思主义的正统,而是直接针对和反对马克思主义的一种理论的和实践的努力。这就准确地表露了民主社会主义基本价值的实质。

虽然民主社会主义有时也使用"阶级""剥削"等词汇,有时还将马克思主义作为思想来源之一,但民主社会主义对马克思主义的摈弃是整体的和彻底的。托马斯·迈尔指出:"《哥德斯堡纲领》把基本价值当作社会主义的准则,这在三个方面体现了这一摒弃:(1)以主张实现基本价值的决定代替了那种以封闭式'科学理论'论证社会主义合法性的做法;这种决定比受时间束缚的科学分析和由此推导而来的政策建议和手段具有更带根本性的意义。关于历史发展是由必然性推动它走向社会主义的规律所支配的信念,以及关于实现社会主义的努力是从对科学真理认识中产生的信念被另一种对社会主义的理解取代。按照这种理解,对基本价值的有意识的抉择和为了它们的逐步实现而积极斗争被看作社会主义政策成功的唯一合法性证明和唯一保障。(2)因此,任何以臆想的历史规律证明社会主义政策合法性的尝试,或者在指出这种规律性的情况下为某种社把关系进行辩护的努力都失去了基础。(3)最后,由于有意识地把全部社会主义设想集中为基本价值,那种把社会主义同生产资料

---

① 殷叙彝编:《社会党国际文件集(1951—1987)》,哈尔滨:黑龙江人民出版社,1989 年,第 3 页。

② 托马斯·迈尔等编辑:《民主社会主义理论概念》,殷叙彝、张世鹏等编译,重庆:重庆出版社,2012 年,第 270 页。

社会化或社会主义政策可能采取的其他手段，例如计划等混为一谈的做法也被取消了。社会的所有制控制措施纯粹属于为了实现社会主义基本价值而有可能采取的手段之列。"①这段对民主社会主义基本价值是如何摈弃马克思主义的解释表明，民主社会主义拒斥唯物史观，也不对社会主义进行科学的理论论证，而仅仅以基本价值作为社会主义的目标。这样实现社会主义的道路就仅仅是一种目标追求，并不认为社会主义是人类社会历史发展的必然。进而，民主社会主义也不认同在唯物史观指导下所制定的社会政策和所建立的社会制度，因而也就不会把生产资料公有制和有计划地组织社会生产作为社会主义应当实行的政策，而仅仅把这些基本经济制度和经济体制视为一种为了实现社会主义的基本价值而可能采取的手段。可见，民主社会主义既排斥马克思主义唯物史观，否认人类社会的发展规律，也排斥科学社会主义的基本原则，只是把标志着社会主义制度的这些基本原则作为一种"可能"采取，也可能不采取的手段。这样就使各国社会党在实际执政的过程中实际上无法制定出任何能够真正导向社会主义的社会政策，也不可能为自己所要推行的社会政策作出有力的科学论证，而只能诉诸所谓的西方议会民主和人的良知，希冀自己的政策不要受到大多数议员的反对，因而在政策的制定上就要更多考虑如何走"中间道路"，如何兼顾不同阶级和利益集团，这就使得社会党上台时所提出的政策很难真正推动西欧社会走向社会主义，只能在增减社会福利和税收这类政策上摇摆不定。

民主社会主义也正是自觉地把对马克思主义的摈弃作为自己理论自觉的标志。"由于社会主义的基本价值发挥了这种有意识地摈弃原来占统治地位的马克思主义传统中主导成分的作用，它们成为《哥德斯堡纲领》所完成的民主社会主义自我认识更新的象征。"②民主社会主义从诞生时起，就是为了在西欧社会主义运动中摈弃马克思主义，就携带了反对马克思主义的基因。而中国的民主社会主义者却认为民主社会主义继承了马克思主义的正统，这无异于把魔鬼认作耶稣。

"自由、平等、博爱是资产阶级革命的战斗口号。它们作为原则一开始就

---

① 托马斯·迈尔等编辑：《民主社会主义理论概念》，殷叙彝、张世鹏等编译，重庆：重庆出版社，2012年，第270页。

② 托马斯·迈尔等编辑：《民主社会主义理论概念》，殷叙彝、张世鹏等编译，重庆：重庆出版社，2012年，第271页。

为社会主义理论和纲领的发展奠定了基础。"①"自由、平等、博爱"最先在法国大革命期间提出革命口号，而后成为资本主义制度的核心价值观，并逐渐演变为"自由、民主、人权"，而在战后以"普世价值"的名义被欧美发达国家在全世界推广。民主社会主义继承了体现资本主义核心价值观的"自由、平等、博爱"，将其作为社会主义理论和纲领的直接基础，没有像马克思那样在彻底批判的基础上汲取这一口号中包含的真正符合无产阶级革命要求的因素。这也反映出民主社会主义基本价值和资产阶级价值观在历史和理论上的共同渊源，从这一点来说，民主社会主义基本价值实质上是资产阶级意识形态在价值观上的一种表现。这也就可以解释为什么这一价值观在提出甫始就把矛头对准了马克思主义和科学社会主义。在社会主义运动中消解马克思主义的影响，这正是民主社会主义基本价值的历史任务。

民主社会主义排斥马克思主义，并且首先是排斥当时作为欧洲政治的最重要威胁的苏联的社会主义。"关于俄国革命的实验和苏联社会发展的批判性争论以及在民族社会主义统治之下和共同反抗纳粹的经历，促使德国社会民主党内主张将基本价值置于所有理论观念以及所有暂时被认作符合目标的社会改造手段之上的想法变得更加强烈。苏联社会模式所提供的经验促使人们更加明确地拒绝进行历史理论上的合法论证，并且明确地把社会化措施置于社会主义原则之下。以马克思主义、一般伦理观念或基督教精神为动机的各种社会主义者共同反抗纳粹的经历导致人们更明确地强调作为社会主义政策真正标准的基本价值，并使它们的政治职能摆脱了为它们提供的各种理论和信念。"②正是苏联的社会主义实践促进了民主社会主义的理论构建，特别是促进了民主社会主义基本价值的形成。在这里，民主社会主义认为苏联的实践是欠缺民主的，因而他们要强调民主。为什么会认为"苏联社会模式所提供的经验促使人们更加明确地拒绝进行历史理论上的合法论证"？也许是认为正是这种历史理论上的论证，即唯物史观的论证，是导致苏联社会主义实践出现问题，特别是缺乏民主的问题的原因。这显然是找错了原因。与其说民主社会主义基本价值是针对苏联社会主义实践中的失误而提出来的，不如说是为了彻底摈弃苏联社会主义模式并且摈弃这一模式所依据的理论本身。

①　托马斯·迈尔等编辑：《民主社会主义理论概念》，殷叙彝、张世鹏等编译，重庆：重庆出版社，2012年，第271页。

②　托马斯·迈尔等编辑：《民主社会主义理论概念》，殷叙彝、张世鹏等编译，重庆：重庆出版社，2012年，第273页。

四、在"概论"课教学中评析民主社会主义基本价值

"概论"课的讲授要增强学生对中国特色社会主义道路、制度和理论体系的认同,牢固树立"四个自信",这就要解释清楚中国特色社会主义道路相对于其他道路的优越性体现自哪里? 中国特色社会主义制度的哪些方面在世界政治制度中是先进的? 中国特色社会主义理论体系的科学性体现在哪里? 在讲清楚这些问题的时候,如果能将中国特色社会主义与民主社会主义在理论、实践等方面进行对比,对民主社会主义进行剖析,进而对在大学生中具有一定影响的民主社会主义思潮进行评析,对帮助学生坚定"四个自信"能够起到更好的效果。

在价值观领域,"概论"课对社会主义核心价值观的讲解,应当着重对"富强、民主、文明、和谐,自由、平等、公正、法治,爱国、敬业、诚信、友善"的各个概念进行深入的解读,讲清楚这些概念的具体含义是什么,特别要讲清楚这些概念与社会主义之间的关系是什么,在中国特色社会主义实践中有哪些具体体现。其中有些词汇,例如"民主、自由、平等、公正"和民主社会主义基本价值在字面上使用的词汇是相同的,这就需要在这些概念的讲解上与民主社会主义基本价值划清界限。我们对这些价值观的追求,并不仅仅出于普遍的认同,更根本的是出于在共同的经济基础,特别是生产资料的公有制和按劳分配的主体地位,为人与人之间的平等和对社会公正的追求奠定了基础,同时也为社会主义民主政治能够摆脱资本的左右而成为真正的人民民主奠定了基础。

对于自由的理解,民主社会主义没有摆脱抽象人性论的影响,将自由理解为"个人的自由""持有不同思想的人的自由"[①],而排斥对个人进行阶级分析,也忽视了个人之间的利益冲突对自由实现的妨碍。这使得民主社会主义对自由的追求基于"每个人都具有获得自由的资格和能力"[②]以及"为追求个人目标和发挥个人潜力而行动"[③],从而排斥集体在个人自由实现中的作用,这也使民主社会主义对自由的追求仅仅是作为一种道德原则,而不具有现实的可操作性。民主社会主义虽然也探讨实现自由的社会保障,但更强调的是通过

---

① 《德国社会民主党纲领汇编》,张世鹏译,北京:北京大学出版社,2005 年,第 96 页。
② 《德国社会民主党基本纲领(汉堡纲领)》,张文红译,殷叙彝校,《当代世界社会主义问题》,2007 年第 7 期。
③ 《社会党国际原则声明》,李强译,《国际共运史研究》,1990 年第 2 期。

社会福利体系的建设来提供这些保障,而社会福利体系建设则要求财产和收入分配上的调整,这必然与民主社会主义所认同的实际上根源于自由主义的自由理念相抵触。

对于平等和公正的理解,民主社会主义强调权利和机会的平等,强调"法律面前人人平等,要求在政治和社会参与以及享受社会保障方面具有同等机会。"①"公正是指平等地参与教育、工作、社会保障、文化和民主,平等地使用所有的公共财富。"②这些理念也是中国特色社会主义所认同的,但民主社会主义将公正的实现寄托于财产和收入分配的调整,试图通过税收来解决社会不公问题,在实践中虽然有一定成效,但是十分乏力和极易倒退的。"黄金时代"结束以后,随新自由主义政策的实施,私有化的推行和社会福利的消减,社会党为公平和平等所作出的努力在很大程度上被抵消了。

关于民主,可以在"概论"课中关于社会主义民主政治的部分对民主社会主义关于"民主"的理解进行评析。民主社会主义之所以标榜"民主",所针对的正是苏联、中国等社会主义国家所实行的人民民主专政。我们认为民主与专政是辩证统一的,没有对敌对阶级和敌对势力的专政,就没有人民的民主。而民主社会主义则将社会主义国家对民主制度的理解和探索污蔑为"独裁""专制",他们所追求的是超阶级的民主,根本不认同作为人民民主专政理论的理论基础的阶级斗争理论和阶级分析方法。民主社会主义基本认同西方资本主义的形式民主,对经济民主和社会民主的探讨具有一定的积极意义,但同样缺乏实践基础。对于不掌握生产资料的工人而言,经济民主能够扩大工人的话语权,却无法改变被剥削的地位。

在区分社会主义核心价值观和民主社会主义基本价值的时候,更根本的是抓住民主社会主义基本价值的反马克思主义实质。西欧社会党探索民主社会主义基本价值是为了在工人运动中排斥马克思主义的影响,为此他们根本排斥马克思主义的唯物史观,拒绝对社会历史的发展作出科学的分析,拒绝阶级分析和阶级斗争学说,拒绝对资本主义生产关系进行科学分析。这使得民主社会主义对资本主义的批判显得十分无力,对资本主义的改良成效了了,在西欧政治光谱中摇摆不定,困囿于西方议会民主而无法自拔。指明这一点,就可以把握民主社会主义评析的大方向。

---

① 《德国社会民主党纲领汇编》,张世鹏译,北京:北京大学出版社,2005年,第96页。
② 《德国社会民主党基本纲领(汉堡纲领)》,张文红译,殷叙彝校,《当代世界社会主义问题》,2007年第7期。

此外,战后西欧社会党曾经在特殊的历史条件下进行过一定程度的国有化改革,但现代民主社会主义已经不追求对生产资料进行公有制改造,我国社会主义制度建立的基础正是对生产资料的社会主义改造,在讲解这部分内容时,也可以通过两种主张所导致的不同结果,来说明进行生产资料所有制改造的必要性。另一方面,民主社会主义提倡的是混合经济,而我国目前也正在开展混合所有制改革,这两者之间的界限正在变得模糊。如何看待这种看似"趋同"的现象,如何理解以公有制为主体,多种所有制经济共同发展的基本经济制度对确保我国社会主义制度性质的重要意义等,都可以结合对民主社会主义的评析来进行。这也是学生比较困惑的地方。

关于"四史"课程建设与教学的几点思考与建议

——以"新中国史"教学实践为例证

纲要教研中心　赵　晖

【摘　要】"四史"课程教学是当下大学思政理论课程教学体系中亟待建设的重要部分,本文主要以"新中国史"课程的教学实践为例证,对"四史"课程建设与教学设计的思路与建构进行了思考与探讨,希望能对"四史"课程的后继建设发展有所裨益。

【关键词】"四史"教学

近年来,随着思政教育的进一步拓展与深化,开展"四史"课程教育也正式成为大学思政课程教育体系的重要组成部分。

"四史"课程的开设,对于思政教育体系建设的深化有着十分重要的意义,通过学习党史、国史、改革开放史和社会主义发展史,能有效提升大学生的思想政治素养、培养家国情怀,实现"学史明理、学史增信、学史崇德、学史力行"的建设目标。

作为新开设的思政理论课程,"四史"课程的讲授应具有哪些课程特色?"四史"课程与现有思政理论课程之间存在重合的内容在教学中应如何处理?"四史"课程的教学设计如何才能有效激发学生的持久学习兴趣,令学生有更多的学习收获?这都是开展"四史"课程建设和构建优质课程教学体系亟待解决的重要问题。

要解决上述问题,应立足于"四史"课程的教学实际状况,从"四史"课程的建设和教学实践中获取真知,不断改进原有的思路与构想,才能逐步建立起真正适合大学思政教学实际的课程教学架构。今年上半年的春夏学期,笔者在浙江大学开设了一次"新中国史"的选修课程,从这一次"四史"课程的教学实践中亦颇有收获。本文将总结本次"新中国史"课程教学实践的一些成果心得,对于"四史"课程的建设思路和教学设计提出个人的一些想法,希望能得到方家的多多指正。

一、"四史"课程讲授内容的设计安排

"四史"的课程内容,和之前开设的多门思政理论课程存在着重合之处。如"中国近现代史纲要""毛泽东思想和中国特色社会主义理论体系概论""习近平新时代中国特色社会主义思想概论""马克思主义基本原理"这四门课程讲授的相关内容在一定程度上涵盖了"四史"课程中的许多重要部分,而各门"四史"课程之间也存在着一定的包容关系①。如何避免课程讲授内容的重复性,突出各门课程的教学重点与特色,是"四史"课程教学设计的首要关键点。

笔者在讲授"新中国史"课程时,也注意到本课程的相关内容与《中国近现代史纲要》等思政课程内容的重合问题。因此在课程讲授内容的安排与设计上主要着力于以下两方面:

1.课程讲授"精细化",令历史叙述变得有血有肉、有声有色

学者黄道炫在其著作《张力与限界 中央苏区的革命》中有这样一段评论:"历史离开了细节,总让人想到博物馆那一具具人体骨骼,的确,那是人,但那真的还是人吗?"②要把"四史"讲好讲透,也离不开各种鲜活的历史细节。

"新中国史"的基本架构、重大事件、历史脉络在"中国近现代史纲要"等思政课程中都有清晰的阐述,同学们在学习这些思政课程后对于上述内容都会有较明确的认识与了解,如果"新中国史"的课程讲授仍只是简单围绕这些内容"照本宣科"及略作扩展的话,其课堂反应可想而知。所以笔者在课程教学设计中就致力于将一些重要事件下的细节内容纳入重点讲授之中,比如在讲授新中国诞生章节时以"接管杭州"③为例,较为详细地叙述和探讨中国共产党在七届二中全会确立其工作重心从农村转移到城市的方针后,是如何部署城市接管工作并合理应对复杂的城市状况,从而在短短几年时间里就逐步建立起较为稳定的新民主主义社会政治、经济、文化秩序。

2.把握历史发展脉络,让学生深刻感受和认知历史进程的进步性和曲折性

从"新中国史"的课堂教学实践中我们可以发现,不少学生尽管在大学里

---

① 如改革开放史是新中国史的一部分,国史又是党史内容的有机构成。

② 黄道炫:《张力与限界 中央苏区的革命》,北京:社会科学文献出版社,2011年,第2页。

③ 学者高铮对于此一问题有重要研究论著《接管杭州:城市改造与干部蜕变(1949—1954)》,笔者在讲授相关内容时参考该书较多。

已学习过多门思政课程,但对于中国近现代史发展脉络的理解和认识依然会处于一种"一知半解"或是"知其然不知其所以然"的状态。他们会较熟练地背诵各种知识点,在应试方面颇为出色,但在互动教学中一旦较深入地与之探讨某个复杂历史问题,则多有茫然之感。

基于这样的学情状况,笔者在课程教授中特别关注对相关历史事件之背景剖析和历史进程脉络的总体把握。在讲授社会主义改造章节时,首先梳理清楚从抗战时期到 50 年代前期过渡时期总路线制定这十多年时间里中国共产党人对于新民主主义理论内涵认识的不断深化及其作出各项政策调整的复杂历史背景,尤其是着重探讨了中国共产党人在探索符合中国国情的建设发展道路中遭遇的各种历史因素影响和探索进程之复杂性与曲折性[①],最终令学生对这段历史进程的必然性和内在历史意义有更深入的理解与感悟。

从同学们的课堂反应和课后反馈来看,这样的讲授思路和教学设计既为同学们提供了新的材料"干货",又有助于启发他们对中国社会主义建设历程的深入思考,从而为"四史"课程教学实现思政教育中的"增信释疑"目标打下良好的基础。

二、多样化教学手段、模式在"四史"教学中的运用

从当前"四史"教学开展的情况看,不少学校在"四史"课程教学安排中是以教学团队模式来进行课程讲授和承担相关的课程教学任务。这样的教学模式对"四史"教学的影响可谓是利弊参半。团队教学模式可以较好地发挥团队内各位老师的教研所长,也在一定程度上有利于教学新鲜感的保持。但如果缺少足够扎实的课内外教学环节设计,整个课程教学安排容易演变成每位老师一两次单纯的课堂讲授之总和,大大降低了课程教学应有的互动性,也不利于对学生自主性学习能力的培养。

在此前的"新中国史"课程教学实践中,笔者将之前思政课程建设和教改中取得较好成效的一些教学模式如团队型课堂展示、口试型读书考核等纳入到课程教学环节中,取得不错的教学效果。如课堂展示课题中引入时下流行的"架空穿越"模式,让同学们自己在虚拟历史情境中化身为历史决策人物,在改革开放之初,对于改革路径的选取和改革方略能有怎样的改进。他们读完

---

① 笔者讲授该部分内容主要参考了于光远《"新民主主义社会论"的历史命运:读史笔记》和肖冬连《筚路维艰:中国社会主义路径的五次选择》这两部研究论著。

相关参考资料并进行多次的课外研讨模拟后发现,即使多出几十年的后世智慧,其苦心思索得出的改革思路也和历史上的改革路径相差无几。这种通过模拟情境获得的历史体验感,可以让学生通过自主学习对国史、国情有更为深刻的历史认知和"理解之同情",其对学生产生的影响力、感染力也极大地提升了"四史"课程的思政教育效果。

现场教学模式在思政课程教学中已经运用多年,从相关教学效果和学生的反馈看,这种"以现场为课堂,以事实为教材,老师引导,学生为主体"的教学模式在弥补课堂教学不足,拓宽学生视野等方面有非常良好的成效。在"四史"课程教学中也应积极引入该教学模式①,要让学生更深入地认知党史、国史、国情,了解改革开放这个伟大时代和社会主义中国的发展进程,都需要让他们更多地走出课堂,在"行万里路"中的过程中去更深切地感知中国的过去、现在和未来。

口述史学和田野调查在当下的历史学研究中正发挥日益重要的作用。对"四史"教学而言,引入口述史学和田野调查模式,不仅可以追忆革命故事,传承红色基因,亦有助于学生通过自己的探索与努力,独立自主地去了解中国与世界。在"新中国史"的期末课程论文写作中,不少同学选择了改革开放时代的选题,其中有一些尝试以口述史学调查资料为基础撰写论文,取得了一定的效果②。

三、"四史"课程中课堂教学行为模式刍议

和其他思政课程类似,"四史"课程教学中也同样面临如何有效激发学生兴趣、提升"抬头率"等难题。除了前文所述多种教学手段模式的运用外,教师的课堂教学水平、教学方式对于引发学生持久学习兴趣、打造优质思政课程有着极为重要的作用与影响。笔者初步总结历年的教学实践经验,并参考相关研究者的成果③,建议从以下几方面着手,能有效引发学生的听课兴趣、实现课堂教学质量的不断改进提升。

---

① 因受到疫情影响,现场教学的开展在近两年思政课程教学中受到了一定的限制。

② 如某同学以改革开放初期温州七都移民法国热潮为题,对当地的一些移民家庭进行了初步的田野调查和口述史学记录。

③ 浙大的吴玥同学在其本科毕业论文中对于笔者的思政课堂教学实践结合教育学原理和相关分析软件进行了分析与研讨,其看法对笔者写作本文亦颇有启发,在此致谢。

1. 课堂教学应多采用"故事化"的叙述模式，"寓论断于叙事"中，由小见大，以旧入新

"四史"的课堂教学离不开对大量历史史实的阐述，即俗称的"讲故事"、"说书"。而要讲好历史故事，应以学生的"已知"为出发点，建构好老师要讲授的"新知"与学生已了解的"旧知"的有机联系，用各种生动的教学方式唤醒学生"旧知"[①]，激发学生兴趣，拉近学生与历史人物、历史事件的距离。

2. 有效开展互动教学，构建有效、多形式的师生、生生互动交流

课堂教学中要开展有效的师生互动，首先应构建多样化的互动教学模式，既有学生提问—老师答疑的开放式提问模式，也有老师以了解学情为目的的随机抽取学生问答模式。多种互动交流模式的交错使用，扩大了互动教学的覆盖面和有效性。其次是老师在互动问答交流中应更多扮演一个"循循善诱"的引导者角色，善于对学生的回答进行合理的追问，既帮助了学生思考判断的深入，也有助于老师对学情状况的总体把握，最后还可采用"代币制强化"即参与课堂互动加分的模式合理激发学生的参与积极性。

3. 教学语言在生动与严谨之间求得合理的平衡统一

教学语言在课堂教学中的作用众所周知，活泼幽默的语言很容易引发学生的兴趣和良性回应，但历史的叙述又自有其庄重与严谨。所以"四史"课程的讲授应尽可能做到"亦庄亦谐"，既要用通俗幽默的语言让学生感到亲切好听，又应在叙述历史史实时严守"有一分资料说一份话"的原则，引用数据、史料尽可能准确，不哗众取宠，不戏说历史。

四、结　语

总结上述分析内容，笔者对未来的"四史"课程建设提出以下几点建议：

1. "四史"课程讲授应把握各门课程的特色，重视重要历史细节的深入论析和历史脉络的清楚把握。

2. "四史"课程开展团队教学时切忌把课程体系变成简单的课堂讲授＋可有可无的其他教学环节的混合体，多样有效的教学环节设计才能不断提升课程教学的实效性。

[①] 吴玥同学在其论文中总结过笔者课上帮助学生唤醒旧知的四种策略：1. 联系名人名家，2. 联系学生以往所学，3. 联系影视与文学作品，4. 联系现实生活。吴玥：《高校优质思政课的教师课堂教学行为案例分析》(未刊)，第44—45页。

　　3.教师的课堂讲授应重视教学语言的培养,既有亲和力,能接地气但又不失严谨。课堂教学互动化,扩大学生的参与性,教学内容扎实丰富,令学生有足够的获得感。

　　"四史"课程教育的开展,对于大学思政教育体系的深化与发展无疑有着深远的影响。要将"四史"课程建设为优质的课程教学体系,实现相应的思政教育目标。我们就需要切实遵循教学规律,从教学实际出发,在课程教学设计、各种教学手段的合理运用,课堂教学模式的探索等方面进行深入持久的改革与创新,并从实践中总结经验,修正谬误,如此方能不断取得进步。

"国家认同"与史纲教学

——以"四个选择"为中心的探讨

纲要教研中心　　王雪楠

【摘　要】"四个自信"的时代精神与"四个选择"的教学核心议题,对"中国近现代史纲要"教学提出了更高要求,即:如何立足于当代中国现实,以"四个选择"为基础,在不断回应"何谓中国"这一绵亘百年的历史命题过程中,持续探索历史认同与政治认同的有效衔接方式,不断提高史纲教学的"持续解释力"与"认同衔接力"的问题。中国近代思想史中的"国家认同"研究,为此打开了新窗口。清季以来的国家转型与"天下—民族国家—社会主义中国"认同转换,为"四个选择"的完整串联与宏观解释提供了新思路。在艰难追寻"民族国家"过程中,中国人自"学习西方"向全面"自信危机"滑轨的历史教训,历史上种种挑战完整"中国"认同的观点,则为"四个选择"与"四个自信"的连贯讲述提供了新素材,进一步提高了史纲教学的现实针对性。

【关键词】"史纲"教学;"四个选择";"四个自信";国家认同

一、"持续解释力"与"认同衔接力":史纲教学的定位与挑战

2017年7月26日习近平总书记在省部级主要领导干部"学习习近平总书记重要讲话精神,迎接党的十九大"专题研讨班上发表重要讲话时,再次强调:"中国特色社会主义是改革开放以来党的全部理论和实践的主题,全党必须高举中国特色社会主义伟大旗帜,牢固树立中国特色社会主义道路自信、理论自信、制度自信、文化自信,确保党和国家事业始终沿着正确方向胜利

前进。"①

"四个自信"不仅是我们站在新的历史时期与时代高度,凝聚各方力量,团结一致进行建设的核心思想动力,同时也凝结着近代以来170余年中国人民历经挫折、艰苦探索,最终实现站起来、富起来、强起来的深刻历史经验:"中国特色社会主义这条道路来之不易,它是在改革开放30多年的伟大实践中走出来的,是在中华人民共和国成立60多年的持续探索中走出来的,是在对近代以来170多年中华民族发展历程的深刻总结中走出来的,是在对中华民族5000多年悠久文明的传承中走出来的,具有深厚的历史渊源和广泛的现实基础。"②

作为当代大学生了解国史、了解国情的主渠道,"中国近现代史纲要"(简称"史纲")课堂正是使学生形成并强化"四个自信"这一当代中国核心认同的关键场所。经过十余年的课程开设与改革,"史纲"课程政治性、思想性、知识性、学术性四相结合的教案设计与教学理念,已得到大多数教学者的认可③。但是,对这四个方面的权重分配与内在关联却见仁见智,仍突出表现于对该门课程的功能定位与"四个选择"的讲述方式上。即:如何能真正立足于当代中国现实,以"四个选择"为核心充分实现"以史为鉴"?讲清"四个选择",是否即为史纲教学的终极目标?

作为唯一一门纵贯讲述170余年"中国历史"的高校思政课,"史纲"课衔接着当代大学生的历史、现实与未来认知。课堂内的史实或史识教育,是为了成功激发学生对当代中国道路、制度、理论、文化的高度认同,以及对未来中国的强烈使命感。因此,"史纲"课程必须形成一种能贯通170年的、持续解释中国的能力。例如,需要递进式回答:为什么近代中国会产生这样的"四个选择",为什么当代中国始终延续着这样的"四个选择"?我们如何能在一百多年中,从"四不如夷"走到"四个自信"?

在"持续解释力"的基本要求下,教师讲述"四个选择"的使命,即转变为:如何建立完整连贯的、兼具历史依托与理论根基的历史—政治认同关系,使学生稳扎"四个选择"历史认同,并"进一步树立只有社会主义才能救中国,只有

① 习近平:《高举中国特色社会主义伟大旗帜 为决胜全面建成小康社会实现中国梦而奋斗》,《人民日报》,2017年7月28日。

② 《习近平在中共中央政治局第七次集体学习时强调:在对历史的深入思考中更好走向未来 交出发展中国特色社会主义合格答卷》,《人民日报》,2017年6月27日。

③ 欧阳军喜:《"中国近现代史纲要"课教学应该处理好几个关系》,《思想理论教育导刊》,2017年第2期。

社会主义才能发展中国的信念,坚定不移地走中国特色社会主义道路"①。也就是说,史纲教学必须能顺利衔接课堂内外的历史认同与政治认同,形成"认同衔接力"。

近年来,受新媒体与网络文化的强烈刺激,人们对教学形式与师生互动的探讨方兴未艾;对如何实现"内容为王",深挖历史逻辑的魅力,使学生学会"以史为鉴"却缺乏动力。在多样化史学思潮与后现代史学思维的强烈冲击下,各种挑战既有历史认同的、所谓"揭秘历史真相"的叙述层出不穷。史纲教学如何应对"历史虚无主义",说到底也是如何强化"认同衔接力"与"持续解释力"的问题。从教学的基本内容与客观教学效果来看,这两种能力的强化,始终受到下面三种挑战。

一是有限学时内如何实现"四个选择"的体系化讲述。受课时数量限制,史纲教学往往容易出现虎头蛇尾、前重后轻的问题。讲宏观问题、"宜粗不宜细"固然是长期教学经验的总结,但分散在不同章节的四个议题,究竟如何串联成完整连贯的解释框架?一个最突出的问题是:"怎样选择社会主义道路"的论述——在"五四"前后短暂出现,以及"一声炮响"的基本结论后,直至1940年代末期才再度提起,其中长达30年的"历史断裂"如何衔接,中国人究竟如何从对社会主义的价值认同走到制度探索?

二是如何贯通解释"四个选择"与"四个自信"。自信源于对历史教训的深刻自觉,尤其是对近代以来"自信危机"产生原因的探索,这是形成"史纲"课持续解释力的关键。这一问题首先涉及:如何以开阔视野厘清旧民主主义时期的历史发展大势,各阶级的不断探索,如何归入"选择马克思主义,选择社会主义"。

普遍做法是从"学习西方"的"器—政—教"思路进行解读。问题是,继续给学生强化此种"寻富求强"逻辑,恐怕本身就是重蹈历史覆辙的表现。对西方国家形态、政治体制、文化心理的认同与追随,不仅曾经导致近代中国全面心理危机,直至今日仍然在挑战当代青年的政治认同,与强化"自信"的初衷实际背道而驰。因此,从以史为鉴的基本立场出发,如何对"器—政—教"思路进行反向运用,以"自信危机"作为核心解释,成为贯通"选择"与"自信"的必要环节。换言之,真正的问题应该是:"学习西方"与近代中国文化自信、民族自信危机的深层次关联如何解释,马克思主义如何介入并参与中国重建自信的过程?

---

① 本书编写组:《中国近现代史纲要》,北京:高等教育出版社,2015年,第2页。

　　三是如何建立国共两党的长时段对比机制。将中共党史、中国革命史有机融入近代历史发展的总体框架,通过长时段对比讲清"民心向背",是完善历史—政治认同链的关键环节。学生对民主革命时期纷繁的思潮、政争与中国前途多种可能性的兴趣,往往大于单线型的党史描述。作为近代以来矢志"革命救国"的两个政党,国共对中国前途的思考与探索,如何与旧民主主义时期的各种思潮、救国方案进行有效衔接?除了显性的政治、军事、土地问题外,如何建立一套完整的、更具思想说服力的比较框架?

　　解决以上三个问题,需要建立一套具备长时段历史观照的、内在关联度较高的分析框架。以往政治史、经济史、阶级分析的经典框架,需要进行一定调试与补充。近代思想史,尤其是"国家认同"研究却为此打开了新窗口。

二、国家认同的两大转型:教学核心议题再诠释

　　国家认同,作为一个政治学概念,即一个国家的公民对于自己归属于哪个国家的认知,以及对这个国家的构成,如政治、文化、族群等要素的评价和情感。从内容划分,主要包含民族文化认同与政治认同两个显性要素;从认同方式划分,包括共同体内部成员的同一性认定,"他者"对于这一共同体的基本认识,以及基于"他者"比较而确立的自我意识;从历史方位划分,包括共同体成员对现状的基本认识乃至对未来的设想与期待。[①] 因此,整体而言,国家认同也是一个与现实紧密相关、在国家转型与国际关系演变中,不断获得丰富内涵的历史议题。

　　近代中国应对世情遽变与自身困境,其原有的国家形态,相应的意识形态体系,乃至社会运行机制,均遭遇不同程度的破坏与重构。正是在这一历史过程中,"中国"首先成为一个有别于现实世界体系、有别于其他国家的"问题"亟待解决——在新的时代与历史环境中,究竟何谓"中国"?或者说,究竟如何重构一个应变求存的"中国"?

　　列文森曾对此做一个经典论断:"近代中国思想史的大部分时期,是一个使天下成为国家的过程。"[②]这一过程又如蒋廷黻 1938 年所述:"近百年来的中华民族根本只有一个问题,那就是:中国能近代化吗?能赶上西洋人吗?能

　　① 任建涛:《胡适与国家认同》,《开放时代》,2013 年第 6 期。
　　② [美]列文森著:《儒教中国及其现代命运》,郑大华等译,北京:中国社会科学出版社,2000 年,第 87 页。

利用科学和机械吗？能废除我们的家族和家乡观念而组织一个近代的民族国家吗？能的话我们民族的前途是光明的,不能的话,我们这个民族是没有前途的。"①此处所谓"国家",首先基于明确的西方中心论观念,指向对西方国家形式乃至政治体制的认同与效仿,伴随着中国为建立"民族国家"而不断进行自我否定的艰难转型过程。

也就是说,近代"国家认同"研究,尤其是追随"民族国家"建构这一议题,天然地包含"学习西方"与"自我否定"两种并行不悖的趋向。穿上民族国家"紧身衣"后,中国人势必面对两难命题——是持续学习西方、继续深化自我否定,乃至到达全面的认同危机与自信危机,还是另辟蹊径、从中国本身找回久已失去的自信?

民国以降,人们对于建立一个现代化(或近代化)国家的总体目标,已经基本没有异议。关键是"现代化"的标准究竟由谁来界定?这样一个转型的"中国",究竟如何实现现代化?显而易见的是,移植过来的"现代国家"框架,始终只能在港口与中心城市获得认可,对于绝大多数仍处于传统社会的民众而言,几乎等于一个遥不可及的"他者"而悬浮式存在。因此,更准确地说,近代中国的国家认同,始终伴随着政治形式认同与民族文化传统的持续冲突,同时也面临着地域差异巨大、民族众多、发展程度迥异的诸多挑战。

那么,近代中国人究竟如何处理这种内部分歧巨大的"我"与"他"?近代中国最终形成的认同——选择马克思主义,选择中国共产党,选择社会主义,是如何在"何谓中国"这一宏观历史命题下,完整贯穿起来的?如果被迫穿上"民族国家"紧身衣,是近代中国应对遽变的历史产物,那么,以长时段眼光辩证地看待、理解、讲述"民族国家"之于中国的积极与消极意义,在历史中动态地解释"民族国家",就成为"史纲"教学不可回避的核心议题了。

首先,整个旧民主主义革命时期的历史演变,突出表现为以君权为核心的,包含政治、经济、心理、文化的同心圆式"天下"体系,遭遇近代"民族国家"体系挑战,自身做出被迫或主动调试,强迫自己进入"民族国家"紧身衣,进而导致空前的政治、文化、心理危机的过程。

正因为经历上述被迫转型与危机,出现了一战后,乃至贯穿整个新民主主义革命时期的多元探索现象与众多救国方案。"马克思派社会主义"由此成为整个新民主主义阶段最有影响力的社会思潮,马克思主义也因此具备了中国化、大众化的思想前提,或说扎实的思想基础。

---

① 蒋廷黻著:《中国近代史》总论,北京:中华书局,2012年,第5页。

其次,清末以来,各种对西方国家形态的模仿与政治转型方案,实际都无法整体解决中国的政治、心理、文化自信危机。相反,对新思潮与"以俄为师"进行积极回应的国共两党,却成功促成了继国力、政体、文化之后的第四层觉悟,即:如何以"重构中国社会"真正实现国家转型,造成一个既符合时代需求,又能保持民族特性的新国家。

可是,在之后长时段的民众动员与革命实践中,国民党无论是理论阐发(如民生主义)还是基层社会建设,无论是民众动员能力还是国家认同塑造,都难以实现其基本预期。国共两党的竞争,最终归结于两党社会改造方案的现实性问题。

再次,在一战结束直至 20 世纪 40 年代长达数十年的讨论中,一个"社会主义中国"的普遍认同已经形成,计划经济、国家统筹、经济民主如何在中国得以实现,成为人们关注的焦点。换句话说,"民心向背",最终归结为十四年抗战后,国共两党如何回应并建成"社会主义中国"的问题。毛泽东"新民主主义论"就出色地解决了这一问题,最终实现了社会主义从价值认同到制度建设的巨大转变。

因此可以说,以"天下—民族国家—社会主义中国"的认同转换作为基本线索,"史纲"课程的"四个选择"议题最终实现了完整串联。中国的自信危机,源于"天下"向"民族国家"转型时,对西方政治形式的追随与民族文化心理认同之间的持久冲突。"民族国家"转型最终成为一个徒具形式,以政党国家建构为实质内容的过程。国共两党的持续竞争,虽以显性的战争形式出现,却始终回应着自一战结束后不断进行的"社会主义中国"议题。正是基于对"社会主义中国"的持续认同、追求与探索,中国才最终走出了近代以来的自信危机的深潭,走到了"四个自信"的今天。

三、挑战"中国认同"的素材与教学运用

以"国家认同"作为基本视角,我们也可以清醒看到,课堂内外,对历史上形成的、毋庸置疑的"中华民族"与"社会主义中国"的认同挑战仍然存在。因此,如何对近代以来(甚至延续至今的),种种挑战近代中国国家认同的说法与观念进行有效辨析,将其融入课堂教学,高度警惕新一代中国人自"师夷长技"向"自我否定""亦步亦趋"方向再度滑轨,也成为史纲教学的应有之义。

从教研结合与历史影响力两个标准而论,近代中国遭遇的国家认同挑战,还可以从以下三个专题进行深入探讨。

（一）"中国非国论"与近代日本的对华政策

作为深刻影响近代中国的最重要双边关系,中日历史恩怨与现实走向至今仍持续影响着青年人的基本历史认知与现实国家认同。日本为何持续发动对华侵略乃至全面战争?"大陆政策"、"九·一八事变"已成为青年学生介入近代中日历史的关键词。除阐述中日间特殊的地缘关系与日本特殊的国情外,日本对华观念的演变,以及"中国非国论"的巨大破坏作用,似乎仍未引起史纲教学者的充分重视。

"何谓中国?"对于辛亥之前的日本而言,中国或许是一个文化心理问题,日本的历史认同仍与之相关。可是明治时代日本的崛起与辛亥之后中国政局的剧烈动荡,促使日本从主权、领土、政体、国家意识等西方"民族国家"标准重新界定中国,得出"中国非国"的基本结论,并在此基础上不断进行深入否定。因此,基于"十万鲜血二十亿国帑"的日俄战争记忆而形成的"大陆政策"成为日本对华认识的转轨——既然中国"非国",那么日本的战略目的就是完全凭实力,争夺中日之间的"大陆"地带,以扩充利益线维护国境线;日本对于整个东亚就负担着领导者使命,有责任以"保全"或"瓜分"手段"帮助"中国重新"建国";帮助从军阀割据的惨痛中解放出来的百姓建立像日本那样的"王道乐土",以日"满"华亲善为基础谋求整个东亚新秩序。^① 日本学界至今仍有以"东亚史"消弭民族国家历史、重新书写东亚近代史的呼吁。从中国的角度看,由对日"国耻"历史记忆而确立的鲜明"敌国"意识,也成为近代"中国人"认同的重要基础^②。

（二）族群民族意识与"中国"的对立

基于族群、血缘与深刻民族文化心理的区域认同、民族观念,不断从古今中西四个角度挑战完整的"中国"意识。辛亥前后革命党人的"排满革命",在"恢复中华"的历史认同中刻入明确的汉族中心论与族群差异观念^③,尽管之

---

① ［日］村野浩一著:《近代日本的中国认识》,张学锋译,北京:中央编译出版社,1999年,第47—59页。

② 马建标:《历史记忆与国家认同:一战前后中国国耻记忆的形成与演变》,《近代史研究》,2017年第2期。

③ 李帆:《辛亥革命时期的夷夏之辨和民族国家认同》,《河北学刊》,2015年第4期。

后有"五族共和"的修正,但其历史影响甚至及于今日的疆藏蒙问题①。美国"新清史"的兴起与"大汗之国"的预设,安德森"民族想象共同体"的论断,直接挑战清朝以来明确的民族融合趋势与历史叙述②。

早在抗战期间,中国知识界即感于民族心理疏离而导致的边疆问题,掀起"中华民族是一整个的"广泛讨论,由族群、文化、血缘差异而确立的民族认同受到猛烈抨击,以傅斯年为代表的学者直接提出"中华民族"。首先应确立整体性政治民族的属性③。史纲教学若能在辛亥、抗战这两个民族心理转型的关键时期加入国家认同研究,进行连贯、深入的案例探讨,无论对于抗战抑或"中华民族"的认同,皆能收获更佳效果。

(三)地域差异难以形成完整国家认同

近代以来家乡宗族地域观念始终挑战着整体国家认同,这已是明白无疑的事实。从地域差异角度深刻分析传统中国社会转型,是学术界常年坚持的研究方向。作为教学改革的一项显性成果,在"史纲"教学中加入本省历史与整全性历史的对照分析,常常能引发学生的兴趣、共鸣与自豪感,这也成为许多学校坚持推进的举措④。但是,青年人往往也会产生疑惑,究竟在中国近代转型的过程中,谁的家乡贡献最大、有最多名人、有最多成就呢?良好的改革初衷与前沿意识,却也带来一定隐性风险。因地域差异而难以形成国家认同,恰好也是近代以来美国数代外交官乃至学者对中国问题的基本判断。正是因为断定中国人在意识上难以形成"完整国家",所以第二次世界大战期间,美国刻意在社会心理上引导中国人建构一个"父母—未成年子女"式的美—中心理关系,许以"年轻的中国""世界四强"的美好战后秩序,希望借此造就一个亦步亦趋的中国⑤。"史纲"教学的基本目标,是要学生形成坚定而完整的"社会主义中国"认同,地域差异、民族差异必须在最大限度地"求同"努力下,使学生学

---

① [美]刘晓原著:《边疆中国:二十世纪周边暨民族关系史述》,香港:香港中文大学出版社,2016年,第113—134页。

② 葛兆光著:《何为中国:疆域、民族、历史与文化.导言》,香港:牛津大学(香港)出版社,2014年,第18—19页。

③ 郑大华著:《中国近代民族复兴思潮研究(上)》,北京:中国社会科学出版社,2017年,第160—212页。

④ 艾萍:《地方史资源与"中国近现代史纲要"课话语体系创新——以上海地方史为例》,《思想教育研究》,2016年第8期。

⑤ [美]刘晓原著:《边疆中国:二十世纪周边暨民族关系史述》,香港:香港中文大学出版社,2016年,第53—82页。

会历史地、辩证地看待"存异"的部分。

　　总之，解决历史认同与现实政治认同的对接问题，是"史纲"课教学的核心使命，也是实现其社会价值的重要方式。"四个选择"的内在关联与整体连贯性，最终要以颇具说服力的史实—史识教育来完成。在课堂内，"教师主导—学生主体"的互动形式，已经给"史纲"教学者提出了更高的思想性要求；在课堂外，作为以中国近代史作为终身职业追求的研究者，继续追寻并回应"何谓中国"这一历史性命题，我们仍在不懈努力中。

"中国近现代史纲要"课程学生
自主性学习培养模式浅探

纲要教研中心　赵　晖

【摘　要】 以往的思政课程教学改革更多提升学生听课兴趣和"抬头率",但在培养学生的自主学习、自主研究能力方面有所忽视。本文从"中国近现代史纲要"课程的教改实践出发,对于思政课程互动教学如何有效提升和培养学生自主学习能力这一问题进行较为深入的分析与探讨。

【关键词】 思政课程教学改革;自主性学习培养模式

在近年来大学课程的教学改革中,以往一向被人视为枯燥乏味的思政课程,也在课程建设和教学改革上进行了许多大胆尝试,并取得了不错的成效,通过灵活多样的教学互动方式,确实在一定程度上提升了学生在思政课堂上的"抬头率",课程教学的实效性亦有所提升。但是应该看到,课程教学改革如果仅仅是满足于提升学生的听课兴趣,让学生愿意抬头听课,这样的教改思路必然存在着较大的缺陷。大学的课程教学不能仅满足于让学生有兴趣学,更应该致力于帮助同学建构合理的学习模式,培养自主学习、自主研究的能力。思政课程的教学改革,在这方面也应该大有作为。本文将梳理笔者几年来在"中国近现代史纲要"(以下简称"纲要")课程教学改革中推进自主学习模式的一些尝试和经验,希望能对相关教学改革的推进有所裨益。

一、"纲要"课程开展自主性学习的必要性

当今大学生在思政课程学习时存在的普遍问题是学习兴趣较低,对于思政课程的学习方式也往往抱有不少误解和偏见,以下就以"纲要"课程的教学与学习为例,阐述思政课程学习中开展自主性学习的必要性:

1.学生对"纲要"课程学习认知中存在的各种误区

由于在中学时期较为系统地学习过中国近现代史课程,同学们往往对于"纲要"课程学习有一种"炒冷饭"的先入为主之见,可谓是未学即厌。而高中阶段各地中学"应试教学"模式多有不同,导致进入大学后的同学们在历史知识基础方面也存在着较大的差异。很多理工科学生在课堂教学中就很坦白地告诉老师,尽管在初高中都学习过中国近现代史相关课程,但对于这门学科知识的了解掌握基本上是一片空白。这对于一般采用大班授课模式教学的思政课程来说,更是增加了不少教学难度。

中学应试教育也让许多理工科学生把文科学习理解为简单的"死记硬背",进入大学之后,也往往忽视文科类课程平时的过程学习,认为只要期末应试时候刻苦背诵一下,就可以过关了。"纲要"这样的思政课课程更是被很多同学归入到这种"临时抱佛脚"就可以轻松通过的"水课"之列。正是基于这样的认识,当"纲要"等思政课程开始进行由结果考核为主转向过程考核为主的教学改革时,颇有同学表示不解,认为增加了同学们的学习负担。

2.学生自主学习意识和能力的缺乏

现行的中学应试教育在一定程度上抑制了学生的自主学习意识,一旦进入大学,当学生需要不断提升自己学习自主性的时候往往会手足无措。比如今天的大学课堂越来越推崇互动式的教学,但很多学生依然习惯于老师满堂灌的教学模式,当老师不这样做,要求学生加入师生、生生交流的学习过程中的时候,他们往往会表现得十分消极,不愿加入。也因此,课堂上开展的互动教学,往往不太能尽如人意。经常容易沦为少数积极同学与老师的交流场所,而大部分同学则成为"沉默的大多数"中的一员。

中学的偏科教育在学生自主学习能力的培养上也可说是乏善可陈。"纲要"课是面向绝大部分大一学生学习的必修课程,我们在教学中可以很清楚地了解和发现很多刚刚进入大学的新生缺乏基本的论文写作能力,文献检索能力和较强的文献阅读分析能力。所以面对写一篇论文、书评这样的课程作业要求,很多学生表现得十分茫然,甚至感觉无从下手。

3.思政理论课学习目的与学生自主学习培养目标之间的一致性

思政理论课教学的核心目的是通过课程学习帮助学生树立远大理想、坚定崇高信念,做一个有良好道德修养、人格健全的理性人。要实现这些目标,仅靠老师通过课堂讲授理论知识是远远不够的,需要运用多方面的教学实践手段,让学生在"潜移默化"中开阔眼界,不断提升自己各方面的素养。培养学生的自主学习能力,让他们在思政课学习中实现从"要我学"到"我要学"的转变,无疑是思政理论课教学效果更加深化的基础所在。

二、"纲要"课程自主性学习培养模式浅析

综合这些年来的教学改革实践,我们可以看到,过程教学考核日益成为教学改革中课程考核改革的核心话题,"大班授课、小班讨论"的教学模式也在教学改革中不断获得推广。课堂展示、讨论课、课外阅读、线上教学及翻转课堂、现场情境教学等种种教学新方法也被广泛使用。这些教改方式是否真正能起到效果,尤其是能否真正培养学生的能力,让他们有所收获? 笔者仅根据自己历年来的教学改革经历,对上述教学改革方式运用后的得与失作一些简单的总结分析。

1.讨论课教学

毫无疑问,"大班授课、小班讨论"的教学模式对于思政课教学改革是相当适合的,由于种种原因的影响,思政课的教学班一般都比较大,基本人数一般都超过 100 人甚至更多。因此,在这样的教学班中进行大班讨论,很难让多数学生积极参加进来。而采用小班讨论模式,一个教室内 30~40 名学生进行讨论,每个人参与的可能性就大为提高。而且设置合理的讨论课命题,让学生先感到有趣去进行相关的准备工作,再在阅读文献,建构主题发言框架、思考分析和组内讨论等过程中开阔自己的视野,提升自己的学习能力。采取合理的小组成绩分配方式如"分数包"分配也能在较大程度上减少学生划水、搭便车的可能性。

2.课堂展示

课堂展示在激发学生自主学习的热情方面有很好的效果。对于老师设置的命题,学生的展示手段非常多样化,有不少也相当的有趣。比如模拟法庭、模拟辩论赛、类 cosplay 的表演,情境重现的微电影等等。充分展现了学生们丰富多彩的想象力和求新求变的心态。

但在自主学习的深化方面,目前的课堂展示也存在着明显的不足,以"纲要"课为例,学生展示的很多历史场景,往往是"趣"有余而"实"不足,甚至某些场景展示的"雷人"程度和当下不少所谓历史剧有的一拼。其背后原因和当今某些历史剧的制作问题也如出一辙,不愿意下苦功夫去了解历史史实尤其是其中的细节。不仅严重影响了展示的效果,也让这种模式在培养学生自主学习方面发挥的作用大打折扣。

3.课外阅读

让学生阅读和课程相关的重要研究著作或红色经典,在"纲要"课程教学中能发挥很好的辅助作用。比如阅读王奇生的《党员、党权与党争:1924—1949 年中国国民党的组织形态》一书,就能深入了解国民党内部组织的无能与松懈,也能对国共之争国民党失败的内部原因有更为深刻的了解与认知。学生认真读完这样一部著作,不仅会加深其对于教材相关论述的理解,更能开阔他的学术视野,提升阅读和分析能力。

但对于忙碌的大学生而言,读书在某种程度上又可说是一件奢侈的事。所以如何督促学生较高质量地完成课外阅读这一学习任务,是该教学方式能否真正发挥作用的关键所在。对于课外阅读的考核一般分为两种,笔试和口试。实践证明,笔试的方式(让学生写读书报告和书评)起到的考核效果较差,学生往往能利用丰富的网上数据库等资源应对各种方式的笔试考核。而口试对于学生的临场应变能力、语言组织能力、课外阅读的实际状况有更好的考核效果,也能在很大程度上迫使学生去认真读书,真正起到培养学生能力和自主学习习惯的良好作用。

4.线上教学与翻转课堂尝试

随着网络的普及化,线上教学和翻转课堂教学模式也成为课程教学改革的重要一环。但就"纲要"课程开展的 Mocs 和同步 spoc 教学实践效果来看,线上教学能发挥的辅助作用还较为有限,"碎片化"的学习方式其实更适合于非全日制学生的学习实践。线上教学要在培养全日制同学的自主学习能力方面发挥更好的作用,构建合理的线上考核和学习反馈系统是十分重要的,但目前的 Mocs 和同步 spoc 教学系统的内容构架较为单一化,需要老师根据学生的特点来进行系统性的完善与构建,这样才能更好地发挥出线上教学应起的作用。

翻转课堂教学模式要真正在课程教学中发挥作用,与线下的答疑解惑、师生互动相结合是十分重要的。但考虑到"纲要"教材内容丰富,教学时数有限,大班教学互动开展困难等因素,选择部分重要的教学点开展网上的教学视频浏览+网上讨论板块互动+网下的课堂交流互动三结合的教学模式可能是较为合理的选择。

5.现场情境教学

现场情境教学的实施既令"纲要"课程的教学内容更加丰富,教学手段更加多样化,也是培养学生自主学习能力的一种上佳方式。可以让学生们在老师课堂教学之外,通过自己的参与更真实、更近距离地去了解、感知历史事件、历史人物,从而对于教材中看似枯燥的内容或论断获得更为真切的感受与认同。

由于种种复杂因素的影响,现场情境教学模式在课程教学中的开展普及受到很大的限制,所以老师也可以考虑让学生通过某种个人化的历史情境参与(以个人或小组为单位访问历史遗址、博物馆或进行口述史学采访等),让该教学模式成为"纲要"课程教学改革实践中的一个不可或缺的组成部分。

三、结　语

通过教学改革,设计更多有利于激发学生自主学习热情的教学互动模式,让学生更多参与到教学活动中来,让他们自己在活动中发现问题,寻找解决方案,激发他们的求知和创新欲望,是课程教学改革的必由之路。但罗马不是一日建成的,学生自主学习能力的培养是一项复杂艰巨的系统工程,需要我们不断和课程教学实践相结合,根据学生的实际状况,继续进行探索和努力。

运用探究性学习提升"中国近现代史纲要"教学的学术性与趣味性

纲要教研中心　庞　毅

【摘　要】 "中国近现代史纲要"教材内容丰富,但也存在缺"人"、缺"故事"、缺"深度"等问题。由此在教学中的反映,便是学生"抬头率"不高。而探究性学习有助于弥补教材与学情中存在的问题。本文以"红军长征"学习小组的探究性学习活动为例,认为探究性学习可以拓展教材内容的深度,有助于学生触摸学术前沿,培养历史研究方法,同时有助于调动学生的积极性,提升学生课堂的参与度,增加教学的趣味性。

【关键词】 中国近现代史纲要;思政教学;红军长征

一、研究问题与缘起

"中国近现代史纲要"(以下简称"纲要")是全国高等学校本科生必修的思想政治理论课之一,是本科生了解国史、国情,认识近现代中国社会历史和发展规律,领会"四个选择"的主要渠道。① 所以,"纲要"教学在大学教育中具有十分重要的作用。"纲要"教材所涉内容的主要时段是 1840 年鸦片战争以来近 180 年的历史,2018 年新版教材一直延伸到党的十八大以来,内容非常丰富。因此,"纲要"教材内容是极度凝练概括的,条分缕析,纲举目张。

但同时存在的问题是,由于内容太多,造成"纲要"缺"人"、缺"故事"、缺"深度"等问题。"纲要"教材里涉及的历史人名本不多,即便提到的人物也大多是一笔带过,无生平和背景的介绍。历史事件则多是观点与意义的注脚,未

---

① "四个选择"即历史和人民选择了马克思主义、选择了中国共产党、选择了社会主义道路和选择了改革开放。

将其放置在历史语境中进行讨论,难免给人一种"倒放电影"的错觉。① "人"与"故事"的缺乏,必然导致历史深度不够。教材中存在的问题,反映在教学中,便是学生"抬头率"不高。内容多,会导致上课过程中,教师缺乏有深度的历史讲解。"人"与"故事"的缺乏,则很难吸引学生的注意力,特别是"纲要"内容与高中历史教材在知识点上有很多重合之处,若无新颖和有深度的讲解,学生不爱听亦很正常。

如何解决上述教材与学情中存在的问题呢? 笔者通过思考与实践教学,认为运用探究性学习到"纲要"教学中,有助于解决上述问题,进而提升"纲要"教学的学术性与趣味性。本文拟以笔者 2019 年春夏学期组织的一次探究性学习活动为例,分享教学中的一点心得体会,以抛砖引玉,求教于方家。

二、解决方法与案例分析

探究性学习设计的初衷与基本思路。在 2018 年 4 月 13 日教育部印发的《新时代高校思想政治理论课教学工作基本要求》中,明确了"纲要"课的学分是 3 学分,而在此之前是 2 学分。② 与此相对应,"纲要"课学时也由 32 学时提升为 48 学时,大多数高校由原来的一周一次两节课,上升为一周一次三节课。③ 如果三节课全部由教师主讲,则可能会造成师生疲倦。由此,笔者在借鉴同行教学方法与经验的基础上,开展了一场由师生共同参与的探究性学习活动。

简言之,由教师从"纲要"内容中指定 13 个主题④,每个主题对应一个学生学习小组。每次课的第一节课,由其中两个小组以时间为序轮流进行课堂展示(不超过 15 分钟),之后是学生问答环节(10 分钟),最后是教师进行点评(5 分钟)。为了保证探究性学习的有效性,每个小组有两次展示机会,第二轮展示是在听取第一轮老师和同学的意见和建议后进行。课堂展示的基本要求

---

① "倒放电影"系以已知的结果去书写历史。参见罗志田:《民国史研究的"倒放电影"倾向》,《社会科学研究》,1999 年第 4 期。

② 教育部办公厅《新时代高校思想政治理论课教学工作基本要求》,教社科[2018]2 号,2018 年 4 月 13 日。

③ 笔者所在的浙江大学,在此之前的很长一段时间,"纲要"课便是 48 学时。这里主要针对大多数高校来说。

④ 笔者给出的 13 个主题分别是:鸦片战争、太平天国、洋务运动、甲午战争、日俄战争、辛亥革命、五四运动、红军长征、抗日战争、新中国成立、"大跃进"运动、恢复高考(老三届)与家庭联产承包责任制。

是：不要对研究主题做全面介绍，而是通过个案、人物或历史事件等展开，做有深度的分析，同时呈现的方式可以多种多样，报告、视频、辩论、情景剧等均可。限于篇幅，笔者不打算对每个主题一一进行讲解，拟仅以 2019 年春夏学期"红军长征"小组的探究性学习活动为例，以点带面，进行呈现。

在介绍该组探究性学习活动之前，我们有必要明确"红军长征"在"纲要"中是如何书写的。首先是对红军长征的背景介绍，即党内三次严重的"左"倾错误，瞿秋白为代表的"左"倾盲动主义、李立三为代表的"左"倾冒险主义和王明为代表的"左"倾教条主义，对"左"倾错误发生的原因、王明等人的"左"倾错误进行的抵制和斗争做了比较具体的分析；其次是对遵义会议的详细介绍，包括遵义会议召开的背景、内容、意义等；再次是长征的过程与意义。[1]

而我们回过头来看高中历史教材关于"红军长征"的书写，会发现"纲要"内容与之大同小异。以人民出版社高中《历史》教材为例进行比较。在高中历史教材中，首先是对红军长征的原因进行介绍，即第五次反"围剿"的失败与王明的"左"倾教条主义，其次是遵义会议及其意义，最后是长征的胜利与意义。[2] 二者主要内容特别是在知识点上大体重合，不同之处主要在于"纲要"对党内"左"倾错误的原因以及长征胜利的意义阐述更为详尽。就红军长征来说，"纲要"更多的是对高中历史知识进一步的分析，而在历史知识点上并无新的内容。如果我们按照教材内容授课，很难激发学生的兴趣。

"红军长征"学习小组的探究性学习。该组并未对红军长征做全面介绍，探讨的内容是长征中一次比较重要的事件：彝海结盟（"彝海结盟的历史作用与现实意义"）。该组首先介绍了彝海结盟发生的背景与经过。为了阻止中央红军与红四方面军会师，1935 年 5 月蒋介石制定了一个企图将中央红军消灭于大渡河以南的计划。红军在到达大渡河前，有两条路可走：一条是走大路，即从泸沽北出发，越小相岭，经越西县城，北上直达大渡河；一条是走小路，从泸沽北出发，经冕宁县，过彝族聚居地，到达安顺场渡河。大路上国民党布下了重兵，所以红军试图从小路开辟道路。中央军委决定，派出先遣队前往彝族聚居地探查情况。先遣队由刘伯承、聂荣臻任正副司令员，在彝族向导的引导下前往查探。在行进过程中，先遣队遇到了彝族同胞的袭击，但坚持不还击，

① 本书编写组：《中国近现代史纲要》(2018 年版)，北京：高等教育出版社，2018 年，第 140—145 页。

② 朱汉国主编：《普通高中课程标准实验教科书·历史必修·第一册》，北京：人民出版社，2015 年，第 57—58 页。

被掠去工具、衣物后停止前进。经肖华与彝族果基约达交涉,在说明红军的此行的目的与政策后,双方和解。彝族首领果基小叶丹与刘伯承在彝海边歃血为盟。当天傍晚红军与彝族同胞设宴庆祝。次日,在果基小叶丹的护送下,红军成功通过彝族聚居区,前往安顺场。

红军为什么能够得到彝族的支持呢?该组认为,是红军的民族政策与国民党炯然有别有关。国民党对少数民族施行的是压迫、歧视和侮辱政策,红军的政策却是完全相反。1934年11月29日,红军总政治部《关于瑶苗民族中工作的原理则指示及对瑶苗民的口号》要求各级政治机关要在少数民族中进行共产主义宣传,建立党的组织,帮助建立少数民族群众政权与武装。彝海结盟后,在1935年6月《前进报》中提到,"中国共产党的民族政策是着眼于解放被压迫的民族,成立自由的选举的革命政府,并积极帮助一切民族革命的民族运动"。红军在长征途中运用标语、口号、布告和集会等多种方式,宣扬党的民族与宗教政策。具体做法是:尊重少数民族风俗信仰,维护少数民族群众利益;中央红军指战员队伍严格遵守"三大纪律八项注意",尊重少数民族群众的风俗习惯和信仰;争取宗教人士、少数民族上层人士,宣传党的宗教政策。最后,该组认为,从历史来看,彝海结盟是我们党在十分严峻的形势下,创造的军事奇迹,它丰富了中华民族的军事文化;从现实来看,"攻心为上"的军事思想可以创造性地用来解决当前复杂的社会矛盾。同时应把握好中国与世界的关系,把"彝海结盟"的经验运用到世界政治外交中,推动构建人类命运共同体。

在展示的过程中,该组以情景剧的形式再现了刘伯承与小叶丹歃血为盟的历史情景。尤其值得一提的是,在杀鸡饮血的情节中,该组同学以一只玩具公鸡做道具,在"杀鸡"时发出一声古怪的叫声,吸引了大家的眼球。

在点评环节,笔者肯定了该组以小见大的选题,同时也给予了几点建议。第一,建议主题集中到长征途中红军的民族政策上,其他内容可以少谈或不谈。第二,需要回答为何一开始彝人对红军持敌视态度?国民政府当时的民族政策如何,汉、彝关系怎样?第三,丰富彝海结盟的历史细节。当事人刘伯承、聂荣臻等对彝海结盟有无文献留存。第四,为何要歃血为盟?与彝族风俗有什么关系?

在第二轮展示中,该组报告题目是"从彝海结盟看红军长征中的民族政策"。首先,该组对历史上西南地区的少数民族政策做了梳理,认为宋代对西南地区的开拓治理充满血腥和残酷,清朝对凉山彝区采取重重围困和剿杀的政策,民国则基本延续了清朝的政策,即对四川凉山彝区采取"剿彝"政策。当时国民党当局为了加强对彝区的控制,还实施一种"坐质换班"的政策,即强迫彝族家支的头人到监狱作为人质。并进而解释为何红军一开始遭到彝族对袭击，因为彝人当时对汉人极为仇视。其次，对彝海结盟的过程进行了回顾。该组认为刘伯承出任先遣队司令，与刘是四川人，在川军中有较大影响力有关。刘早年参加过四川的辛亥革命、护国战争、护法战争、顺泸起义等，在川军中颇有威望。而负责此次围堵的川军中就有刘的旧部，比如守卫德昌的旅长许剑霜。经过挖掘，该组找到了当时红一军团二师政委肖华的回忆文章《通过大凉山》，指出刘伯承与小叶丹结盟，除与红军军纪严明、实行民族平等政策有关外，还与当时彝族内部矛盾有关。当时凉山彝族一共四支，小叶丹所在的"沽基"支与"罗洪"支正在内斗，小叶丹便希望借助红军的力量打败"罗洪"支。杀鸡结拜则是彝族人的习俗。最后是红军长征中的民族政策。在情景剧的展示中，除了再现结盟情景外，还通过配音电影《彝海结盟》中国民党邓秀廷与小叶丹的对话片段，突出国共两党中少数民族政策与态度上的区别。

在教师点评中，笔者对该组第二轮展示主题更为集中表示了肯定。相对第一轮展示，最大的不同是增加了对西南少数民族政策做了历史性的梳理，但存在有目的性的裁剪资料的嫌疑。第二轮展示给我们呈现的是，从宋到民国，中央政府对西南少数民族采取的主要是"剿杀"政策，我们没有看到"绥靖""怀柔""改土归流"等民族融合的政策，是事实如此，还是为了凸显红军民族政策的进步性？另外，在展示中，引用了中国工农红军的一则布告，提到"可恨四川军阀，压迫彝人太毒；苛捐杂税重重，又复妄加杀戮"。四川军阀的实际作为与国民政府政策有无出入？进而可以延伸到四川地方势力与国民政府的关系，以及红军长征胜利的原因。

三、结　语

通过"红军长征"小组的探究性学习，我们可以获得几点启发：

首先，探究性学习可以拓展教材内容的深度。红军长征是"纲要"中比较重要的内容，但就知识点来说，又与高中历史相差不大。通过本次探究性学习，学生不仅可以接触到新的内容即长征途中红军的民族政策，也可以加深对红军长征胜利原因的认识，相比空洞的理论分析，学生会更容易理解。

同时，探究性学习有助于学生触摸学术前沿，培养历史研究方法。到目前为止，学术界对红军长征途中的民族政策研究尚少，学生通过历史文献的梳理，包括当时红军布告、工作报告、报刊与标语等，增强了我们对这一方面的了解。在学习过程中，教师针对学生报告的情况，给予相关意见，特别是研究方法的问题,比如选题是否集中、资料是否全面等,加以指导,则可以为学生打下坚实的学术研究基础。

另外,探究性学习有助于调动学生的积极性,提升学生课堂的参与度,增加教学的趣味性。在笔者所带的教学班中,探究性学习占平时成绩的30%,所以每个同学都会参与其中。在评价上,采取的是师生共同打分的机制,老师占1/3,学生占2/3,评分成员由每组选出一位代表产生。在问答环节,鼓励学生参与提问。如此,全班所有学生不仅都有参与,而且每次课都有机会参与。在成果展示中,则鼓励以多种多样的形式呈现。笔者强调,内容与形式并重,内容上既要有一定深度,方式上也要轻松活泼,以吸引大家的注意力。

实践证明,探究性学习可以有效提升"纲要"教学的学术性与趣味性,弥补教材内容上的不足。

历史记忆的转化运用

——"抗战家书"教学互动设计与评估

纲要教研中心　王雪楠

【摘　要】　改革开放以来,多元化史学思潮与历史虚无主义的多重冲击使常年依托"革命史范式"的史纲课堂教学产生潜在矛盾。众所周知、不证自明的,以特定历史形态保存流传至今的历史记忆在课堂内外遭遇挑战并隐性制约教学效果。课堂内,探究多重历史面相、一定程度突破僵化历史结论的教学互动需求,与学生碎片化记忆方式、维系稳定历史记忆的宏观意识形态目标产生内在张力;课堂外,网络与影视剧带来的多种历史解读方式与研讨素材,对课堂内的历史结论产生认知性影响。史纲教学设计必须立足于历史记忆的内在张力寻求转化途径。兼具史实挖掘、记忆转化、多元现实素材三重价值的十四年抗战历史记忆依托"小人物—大时代"的抗战家书设计产生良好转化效果。转换记忆场所、转换史实与记忆间的理解方式、转换现实影视素材与记忆间的解读方式成为实现良好教学互动的三个途径。

【关键词】　"史纲"教学;历史记忆;记忆转换;抗战家书

一、宏观议题与碎片化历史记忆:"史纲"课堂"教"与"学"矛盾

"史纲"教学需要在三个体系——中学历史、专业近代史、大学思政课(尤其"毛泽东思想概论")的参照下,找到自己的基本定位与核心目标。总体而言,以广义中国革命史为核心,纵贯革命—建设—改革近180年历史,串联"四个选择",实现对各历史阶段的宏观议题、时代命题的回应与阐释。因此,在授课过程中,教师的主要关注点在于宏观历史视野与长时段解释效力。但是在教学互动环节中,为提升学生的参与兴趣和效能感,往往需要设置以史学个案研究为基础的课堂讨论、课下论文环节。一般共识是,结合课堂宏观议题的讲述,课下的个案探讨能一定程度促成学生的自主探究学习。

　　这种"宏观议题＋史学个案研究"的教学互动方式,理论上自恰,但实践效果未必尽如人意。教师最终面对的,未必是符合一般文章(更不敢说学术论文)规范的历史"作文";学生所持有的分析工具,也大多是被中学历史教育固化、碎片化的结论、历史规律乃至"阶级立场"。课堂上讲授的新观念、新视角在论文中往往呈现"加速遗忘"的情形——这种窘境的出现,归因于学生知识基础、课堂接受度与教师技艺恐怕流于表面。更深层次的难题,实际是接受专业史学训练的教师个人,与强大集体记忆、历史记忆进行艰苦博弈的一般后果。

　　在一般社会中,各群体或社会大众都会形成关于那个社会与时代,关于一些事物与人物的集体记忆,是一种共享的、不证自明的思想资源或约化信条。① 集体记忆中,有一部分则以该社会所认可的历史形态保存、呈现、流传,具有强大的传承性、延续性,这就是课堂中遭遇的"历史记忆"(如"北洋政府一贯卖国""袁世凯告密导致戊戌政变""蒋介石消极抗战"等等)。这些历史记忆未必完全反映史实,但在数十年内,通过复杂的权力、社会运行机制稳定地存在于各种载体(教科书、纪念馆、文学、电影、纪念仪式)中,形成强大的"记忆之场",使人长期浸染其中而不自知②。学生早在大学前就已潜移默化地接受了这些记忆,我们又怎能幻想凭借一己之力,期待学生在每周三节课的"史学研究"启发熏陶下,就自觉放下这些高度约化、碎片化的历史记忆,达成新旧知识的统合与审思呢?

　　改革开放以来,多元史学思潮与历史虚无主义的多重冲击下,"革命史范式"式微。长期依托教材、以革命史为核心的史纲教学所面临的"记忆博弈"尤其严峻③。课堂教学中,习以为常的历史结论与既有的集体记忆时常遭遇质疑。学生的听课动力,往往取决于教师回应宏观议题时,如何突破"众所周知"的历史记忆并让学生体会到新角度、新思维或历史多元面相;学生对课下自主研究的动力,则视乎史学个案方式,能从多大程度上助其挣脱历史记忆的桎梏乃至冲破"禁区",展现个人独特的思考方式而获得高分。

　　然而,从"史纲"教学的宏观意识形态目标而论,课堂上有效回应宏观议题并维系特定历史记忆,进而形成以"四个选择"为核心的持续稳定的历史—政

---

　　① 罗福惠:《研究"辛亥革命记忆"的意义与方法》,《华中师范大学学报(人文社会科学版)》,2011年第1期。

　　② 郭辉:《中国记忆史研究的兴趣与路径分析》,《史学理论研究》,2012年第3期;黄艳红:《"记忆之场"与皮埃尔·诺拉的法国史书写》,《历史研究》,2017年第6期。

　　③ 郭辉、罗福惠:《"中共记忆史研究"的提出与构想》,《中共党史研究》,2015年第4期。

治认同,是"史纲"教学必须完成的任务,教师本身就是"记忆之场"的直接参与者;但在课堂内外如何应对、转化"记忆博弈",通过互动设计给学生提供一种思考、分析视角,则是"史纲"课程内容深入人心、摘掉"水课"帽子的必要努力。

多年来以"革命—建设—改革"为主线的历史记忆通过制度化教育方式,经历自"新民主主义史""中国革命史"至中共党史、中国近现代史纲要等一系列不断开拓历史视野的课程改革历程。虽然始终依托宏观革命史范式展开教学设计,但在不同历史形势下如何应对多元思潮冲击,如何保证历史记忆的稳定传承,如何深化拓展革命史制度性教育成果仍然是高校思政课改革的内在动力。

在课堂内,习以为常的历史结论与稳定的历史记忆至少面临三种内在张力。其一,多元化思潮与网络文化对既有制度化历史记忆的显性挑战,表现为学生上课的低兴趣与"不听""不信"的课堂现实;其二,为提升教学效果、展现多重历史面相,受专业历史学教育多年的教师本身突破历史记忆的主动意识,与"四个选择"宏观教学议题间的隐性冲突,表现为"史纲"教学的碎片化、教师个人化倾向与意识形态教育功能的弱化;其三,稳定的历史记忆制度化传承需要与突破单一历史记忆、提升互动效果的课堂设计需求。从表面看,历史记忆与意识形态教育之间存在刚性联系,但僵化、单一乃至碎片化的历史记忆又长期束缚课堂教学效能。如何认识并突破这层"记忆"的藩篱,立足于历史记忆的既有限定而寻求课堂中记忆的有效转化,成为"史纲"教学改革的另一内在动力。

二、史实认知、多元记忆与现实素材:抗战历史记忆转化的三种路径

十四年抗战,既是解决国家生死存亡问题的转折期,更是整个中国思想界最为活跃、从分裂达成共识、形成诸多延续至今的历史记忆的关键历史阶段,铸造整个中华民族的共有记忆并以此团结战时民众成为思想界与政界的共识[1],抗战历史本身即蕴含无数可挖掘的思想资源。在课堂上,抗战是事关民族国家认同、教学体量最大的重磅章节。在现实生活中,抗战题材的影视作

---

① 朱文通等:《抗日战争与国家、民族、社会认同及其多重互动》,《河北学刊》,2015 年 9 月第 5 期;蔡炯昊:《抗战期间的晚明历史记忆与政治现实》,《抗日战争研究》,2014 年第 3 期;刘燕军:《南京大屠杀的历史记忆(1937—1985)》,《抗日战争研究》,2009 年第 4 期。

品、与抗战相关的纪念活动，也是最为学生熟知的历史记忆载体。正是基于这种史实、课堂、现实资源三结合的优势，使抗战历史记忆的转化运用成为可能。

三、历史记忆转化的三个环节与教学设计

(一)转换记忆场所

如果我们接受课堂、教材不过是保存、呈现历史记忆的某个场所，那么带领学生依托数据库回归当年的报刊、图书、宣传画、广告、日记、书信，就能让学生确切地感受恐惧、焦虑与热血，而不是张嘴空论规律与教训。以一个生活在当年的小人物(一个士兵、一个战地医疗队成员、一个流亡学生或一个跟随工厂内迁的职员)视角，重新思考战争、国家、家庭或个人命运，并进行个人选择，继而将这种思考与选择写成家书。

转换记忆场所后，学生需要通过正规的史料来源重构、自设人物的微环境，在最大限度避免史实、环境乃至人物意识出现"硬伤"的基础上，思考人物行为与个人选择。最后 1500 字左右的家书，呈现出的是以史学基本时空关系、简单考证、自圆其说为基础的口语化表达。任何假大空的已知教条，放在斯时斯地斯人身上都会显出强烈的违和感甚至无厘头，只有自设细节的整体和谐才能造就这 1500 字的小人物与大时代。

(二)转换对记忆与史实之间的理解方式

如果我们承认历史记忆会在不同的时空中流变，历史记忆并不一定能完整反映史实——那么两者间的裂缝，将从某种程度上满足学生突破"众所周知"的冲动。

这时鼓励、引导学生依托多元化史料，尝试多角度理解、阐释"抗"在当时、在某个人身上的确切含义，无论端枪掷弹、虚与委蛇或是撤向大西南、敌后潜伏，都有其合理性，都能找到言之有据的现实可能性。当历史记忆与相关史实，在自己的努力下，通过一个确切人物建立了合情合理的联系，学生将逐渐从剪刀加糨糊的抄袭惯性中解脱出来。况且，一般的抄袭素材将难以匹配对"抗"的精确表达。

(三)转换对记忆的现实理解方式

抗战剧、谍战剧所呈现出的历史记忆与潜在价值观，往往对家书创作构成

挑战。学生为图简单方便，直接复制《金陵十三钗》甚至《色戒》的场景、人物设置也经常可见。但是，不可否认影视剧是学生最唾手可得、年代隔膜感最少的历史记忆载体。以历史感、人物层次感俱佳的影视剧作为师生互动的"助攻"，往往能最大限度消除学生"被规训"的反感，收到意想不到的效果。

课堂上我常以《亮剑》《北平无战事》作为引导学生进入家书创作、进行人物设置的有效路径。比如李云龙第一次见楚云飞时，楚云飞当面恭维李在晋西北的赫赫战功，李随即开玩笑说："楚团长说我的大名如雷贯耳，别闹笑话了。假如有一天我真的立了战功，蒋委员长要给我发奖励，恐怕都不知道上哪找我"——"不知道上哪找我"，一语道破抗战期间中共正规部队、有战力的编外部队如何实现隐性轮训、充实发展的微妙情景。通过对"李云龙"角色的分析运用乃至再创造，引导学生关注并自行探索八路军解决自身生存、充实维系战力的具体方法，甚至可顺利延伸至国共战时"嘴和拳挡脚踢"的复杂关系，效果往往比课堂单纯论证"中流砥柱"更好。

《北平无战事》中的方孟敖及其人际网络，则更具备"神助攻"效果。飞跃驼峰的抗战英模、笕桥中央航校教官、中央银行北平分行行长大公子、轰炸开封抵制者、中共特别党员——方孟敖的数个身份，制造了充足的戏剧冲突与历史切入点。学生往往能任选其一顺利切入"方孟敖前传"的热情创作中。围绕人物关系，崔中石、梁经伦、"国防部预备干部局"少将曾可达，乃至其背后神秘的"建丰同志"，都足以供给学生确切的史实抓手与创作资源。

历史研究本就是以人为核心，不断实现过去与现实的对话。可吊诡的情形是，无论日常教学或者个人研究，作为被各色理论不断"规训"史学工作者，却一再背离"人""对话"两大核心，反而陷入醉心追求"见物不见人"的历史解释力。

与学生的互动与具体环节设计，让我停下与思考：怎样让毫无史学基础，甚至厌倦、排斥历史记忆的学生产生一点点"兴趣"，顺利完成基本任务并拿到分数。回归简单而实在的人、对话，科普简单质朴的时空关系、言而有据、自圆其说，让学生再换个视角分析进退得失的同时，能够接受尘埃落定。

基于移动终端资源(二维码)的"融媒体"新形态教材的开发与建设

——思政辅助教材《浙江精神与浙江发展》个案思考

纲要教研中心　尤云弟

【摘　要】 本文采用的"融媒体"新形态教材的开发与建设,基于移动终端资源(二维码)展示模式。通过学生扫码,获取云平台的教学资源,包括视频、动画、书单资源、在线测验、师生互动讨论版块等。将纸质教材与教学资源一体化建设,形成相互配合、相互支撑的教学资源云体系。本文侧重思想政治教育课程辅助教材的新形态样式的开发与建设。在传统纸质教材中融入日益丰富、与时俱进的思想政治教育外界资源,增设师生互动讨论版块,提升了思政类辅助教材的内涵与外延。文章以开发与建设浙江省统编德育教材《浙江精神与浙江发展》新形态教材为个案,提高思政类辅助教材服务课程教学的能力,更加迎合"00后"青年学生的阅读口味和学习习惯,较大地提升思政课教学的教学质量和实效性。

【关键词】 新形态;教材出版;思想政治教育;浙江精神与浙江发展

　　新媒体、新技术的探索,离不开当前移动智能终端的快速普及和移动互联网的高覆盖率。值此"互联网＋"时代大背景,利用当下主流移动互联网下的智能手机和移动终端,进行移动互联时代的教学探索研究十分突出和非常迫切。伴随着教育行业参与者们使用"互联网＋"的热情越发高涨,现有教育行业的校园、课堂和互联网的相关性正在越来越多。课程、教材、教学过程三者融合创新,一个自主、开放、共享的,可通过多方参与的在线教学与学习环境正在形成之中。这样在线学习的氛围,本质上对教材建设提出了更高的要求。再加上如今大学生使用智能手机移动终端的能力远胜于使用计算机电脑的能力,更喜欢通过手机移动终端随时随地学习。各个出版社联合教学人员积极探索新形态教材,来抓住学生的学习习惯和使用特点,成为广大教学者和出版行业的任务和潮流。本文聚焦近年来兴起的"融媒体"新形态教材,以思政类辅助教材"浙江精神与浙江发展"为个案的开发与建设进行分析,探究在传统纸质教材融入丰富融媒体教学资源的可行性和高效性,利于实现教学模式改革创新,提升教学质量。同时希冀为高校思政课教学改革与创新提供新思路和借鉴。

一、开发背景

教材是教学和学生学习不可或缺的学习工具。在诸多教学探索中,教材改版是重头戏。传统的教材容量有限,更新周期慢。并且是单向传递信息,缺乏与学生的互动和反馈。图文形式单一,难以适应 00 后和 05 后新青年读者的学习阅读习惯。这群 00 后和 05 后的互联网原生代,他们习惯于互联网,生活在物质日益丰富的年代,思想多元、诱惑众多、注意精神享受,学习新事物的能力很强。因此,对教材的需求,要与互联网、特别是移动互联网相联接。不仅要有内容,而且注重形式,能够适应青年学生的多种阅读习惯。有趣、参与、好玩与内容同等重要。"扫一扫"二维码和随时随地利用碎片时间自主、自由学习都是他们的阅读特征。特别是针对日益受到重视的思政课教学,一堂能够"入脑入心"的思政课,能够吸引学生的目光,促使学生的思考。这光靠教师精彩的授课是不够的,更应该依靠学生在课外自主学习和提升。思政课程急需教材的更新改版,提高教与学的效率,紧跟时代的步伐。

2014 年 8 月,习近平总书记在《关于推进传统媒体与新兴媒体融合发展的指导意见》[①]提到,"推动传统媒体和新兴媒体融合发展,要强化互联网思维,坚持先进技术为支撑、内容建设为根本,推动传统媒体和新兴媒体在内容、渠道、平台、管理等方面的深度融合"。技术、内容和教学模式的融合发展,在教育信息化推进的那一刻起,就在不断演变。教材出版与"互联网"的融合是大势所趋。

最早是 2010 年 2 月,著名的麦克米伦美国公司搭建了 Dynamic Books 数字出版平台,把质量高的、有公共开发许可权的教材集中收录其中,向学习者开放优质的教学资源。此后,Dynamic Books 将已有的教学资源进行修正适

---

① 李雪昆、赵新乐:《〈关于推动传统媒体和新兴媒体融合发展的指导意见〉审议通过引业界关注——媒体深度融合热潮将至》,《中国新闻出版报》,2014 年 8 月 20 日。

用于其他移动终端,供教师和学习者共享①。2011 年,Inkling 公司为传统教材添加社群功能和视频、漫画、图片等新媒体内容,支持师生互动交流。

在中国,直至 2013 年 9 月,高等教育出版社发布《加强数字化业务,推动出版转型升级工作要点(2013—2015)》②,提出要全面提升在信息网络技术条件下开展教育教学资源开发。2015 年初,高教社研发出版一批纸质教材和数字化资源一体化设计的新形态教材,突破了传统的纸质教材和光盘教材的限制,把教材形式拓展到互联网平台。以二维码的方式,在移动终端扫一扫,就可以使用后端配套的教学资源。建立纸质教材和数字化资源的有机联系,可以形成相互配合、相互支撑的教学资源体系,取得良好的市场反响。该种教材是教材建设未来的发展趋势,国内其他出版社应跟进学习、积极尝试与开发建设。

浙江大学出版社紧跟着潮流的发展走向,进行了"融媒体"新形态教材出版的开发。此前,出版行业要求在传统纸质媒体教材加上 PPT。如今,这种立体化的教材又有新元素,配套"纸质媒体+PPT+微课+视频音频"等教学资源+网络生态的融合多种媒体的教材生态环境,我们可以统称为"融媒体"新形态教材。基于移动终端资源(二维码)的"融媒体"新形态教材较为容易在学生中进行推广使用。

二、技术支持

2016 年浙江大学出版社推出立方书 APP(含 IOS、Android 系统)。立方书是一种课程应用平台。产品荣获"2015 中国数字出版年度推介——创新作品"。其微课堂功能,以课堂二维码为载体,配套移动终端和 PC 平台,营造师生实行实时交互的智慧教育新生态。在此平台的顺利推广的基础上,浙江大学出版社推出基于"线上线下(O2O)、移动互联(APP)和用户创造价值(UGC)"三位一体的"融媒体"新形态教材。其基本理念是"一本教材"带走"一个课堂"。其开发思路是通过互联网、移动互联网技术,以嵌入二维码的纸质教材为载体,配套手机端应用、PC 端平台,将教材、课堂、教学资源三者融合,营造教材即课堂、即教学服务、即教学环境的教学生态,实现随时随地学习、交流与互动的移动互联,实现用户创造价值的 UGC 模式。

---

① 渠竞帆:《英美教育出版商的"新数字化行动"》,《中国图书商报》,2010 年 3 月 12 日。

② 冯文礼、涂桂林:《做中国教育出版的引领者》,《中国新闻出版报》,2014 年 6 月 10 日。

浙江大学出版社研发的"融媒体"新形态教材,可谓是一种新型"立体"书籍。他以移动终端资源二维码的形式,容纳了多种资源。二维码的嵌入,一方面将纸质书本身内容涵盖量提升,丰富了知识,有助于加深读者对理论知识的学习;另一方面,作者可随时在电脑后端管理系统将二维码中的后台知识进行扩充和变更。所有对理论知识拓展与延伸有帮助但有无必要放入纸质教材的内容都可以放在后台知识,包括:各类原创或第三方的视频如操作小视频、现场实录等;音频、微课视频、教学片段、图片、文档;上课课件、参考书单、向学生推荐的教学优秀网站地址、精品课程网址、课外知识阅读链接网站、PPT、动画、习题、试卷、测试题、答案、教学日历、临时通知等。这些资源随时可以在后台进行更换或更新。其可更替性加速了教材更新的趋势,使教材内容的更新不再受制于纸质书的库存限制。移动终端资源,随时待命,教学信息和服务能够到达的时间更长。管理后端是大数据、信息资源和移动互联等最新技术支撑下的师生互动、教学评估和教学改革研究数据。使用"融媒体"新形态教材,师生共同进入"融媒体"阅读时代。

"融媒体"新形态教材与传统教材不同之处在于:(一)与传统教材相比,新形态教材中包含有大量多种形态的教育信息,改变了学生获得知识的渠道和过程。利用"融媒体"新形态教材,支撑"翻转课堂"教学模式,有利于进行教学改革创新、教学理念创新,探索多元化教学模式,提升教学实效性,教学过程也由传统的一次性变为可重复性。(二)基于移动终端资源的教材,学生通过手机扫一扫基于移动终端资源的二维码就可观看和学习各种信息资源。学习者利用手机扫描二维码后即可直接使用,减少了观看视频必须打开电脑、联网学习的麻烦,学生享受随时随地"移动"阅读。(三)新形态教材为师生互动学习、协作学习提供了良好的学习环境,提供了良好的交流互动环境,有利于激发学习者的兴趣、调动学习者的积极性;同时,在网络这个虚拟的学习环境中互动,为具有各种学习特点的学习者进行个性化学习提供了更好的学习交流与互动环境。学习进度和体会,支持转发到微信、微博、QQ,自由分享。(四)新形态教材支持资源分享。针对同一本书,教师可以向出版社方面申请教学资源,达到开放、专业、共赢,增加教材附加值,同时将优质教学资源共享。(五)利于教师便捷管理课堂内外的。教师可以定制专属不同课程班级的教学模式,制定学生学习动态评测,随时跟踪学习进度,并从后台获得学习报告单,了解学生动态。师生、生生之间可以通过语音、拍照、文字等进行实时讨论,交流互动。海量数据处理后台提供深层的数据分析报告学生的学习情况,教师在教学过程中及课后可根据学生的参与情况和信息反馈,及时调整教学内容和教学方法,真正实现教与学互动,为学习者设计多种互动方式,更好将互动理论融入教育教学实践,进一步指导教育技术理论与教学实践的融合。(六)"融媒体"新形态教材立足于立方书 APP。该平台上公开了数千种其他科目的课程教材,遍及多种学科,学生可以免费或付费阅读。这能够引导学习者自主、主动去延伸学习、成长进步。

在移动互联时代,"融媒体"新形态教材立足于立方书 APP,以融媒体新形态教材的编撰和使用为契机,探索教育新模式,可实现出版者与师生们共创价值,合作双赢。优化教学资源,增强师生互动联系,实现教学模式改革创新。

三、个案分析

近年来,党和国家根据国内外形势的变化和发展,对思想政治理论课教学提出越来越高的要求。习近平总书记在 2016 年 12 月全国高校思想政治工作会议发表重要讲话,提出"要用好课堂教学这个主渠道,思想政治理论课要坚持在改进中加强,提升思想政治教育亲和力和针对性,满足学生成长发展需求和期待",建议高校"要运用新媒体新技术使工作活起来,推动思想政治工作传统优势同信息技术高度融合,增强时代感和吸引力"[1]。之后,2017 年被定为"高校思想政治理论课教学质量年"。呼吁高校运用新媒体、新技术来大力深化高校思政理论课教师教学领域的改革创新,增强对"00 后"和"05 后"青年学生的吸引力是当务之急。

2019 年 3 月,习近平总书记在学校思想政治理论课教师座谈会上发表重要讲话,针对推动思想政治理论课改革创新,提到"要坚持统一性和多样性相统一,落实教学目标、课程设置、教材使用、教学管理等方面的统一要求,又因地制宜、因时制宜、因材施教",还要"坚持显性教育和隐性教育相统一,挖掘其他课程和教学方式中蕴含的思想政治教育资源,实现全员全程全方位育人"[2]。授课教师需要根据各个地区各自独特的地方文化资源"因地制宜"。不同地区承载的丰富内涵,是一笔对师生有着巨大感染力和亲和力的德育财富,是激发大学生爱国情怀、培养历史思维的绝好素材。譬如在浙江高校教学

---

[1] 《习近平总书记在全国高校思想政治工作会议上的重要讲话》,《人民日报》,2016 年 12 月 9 日。

[2] 本报评论员:《着力推动思政课改革创新——论学习贯彻习近平总书记在学校思政课教师座谈会上重要讲话》,《人民日报》,2019 年 3 月 21 日。

"中国近现代史纲要"课程的时候,会使用浙江省统编德育教材《浙江精神与浙江发展》。《浙江精神与浙江发展》是根据浙江省委、省政府的要求,由浙江省委教育工委、浙江省教育厅组织省内思想政治理论教育专家编写的浙江省高校德育统编教材,是"中国近现代史纲要"课程的配套教材。《浙江精神与浙江发展》作为浙江省大学生思想政治教育辅助教材,将中央和省委战略布局纳入其中,引导学生感悟理论在浙江成功实践的力量和实效,深受学生喜爱。教材贯彻理论联系实际的方针,全书内容包括浙江精神的提出与内涵、浙江地域文化与浙江精神的形成、浙江精神推动浙江发展。浙江精神作为引领浙江走向繁荣富强的价值理念,具有丰富内涵和强大感召力。学习本教材,可以加深大学生对浙江区域历史文化以及国情、国史的认识;推动大学生深入领会中国特色社会主义现代化发展的实际;引导学生进一步增强建设中国特色社会主义的信念和信心。

然而辅助教材的运用还相对滞后,尤其是落实辅助教材作为思想政治理论课教学的重要环节,其方式、手段都需要做出调整和改变,使用现状不容乐观。表现如下:(1)课程内容多,教师无暇讲授辅助教材。课程内容多,但教学计划却缩减了课程学时。由于课时有限,为了保证课堂教学的时间,所以辅助教材的学时被缩减了,致使教师无法深入指导学生学习辅助教材,学生积极性受到影响。(2)外地学生对浙江本地资源了解不深,造成自学困难。利用地方文化资源加深学生的思政教学成效,本是一件好事。但是学生来源广泛,外地学生的地方文化了解不深,基础不足,只能浮于表面学习,自学效果差。(3)学生缺乏学习辅助教材的主动性和积极性。传统课程仍旧采用教师"灌输式"的教学已经违背了现在的教学规律,没有充分调动学生的学习积极性和主动性。考核压力不足也是一个因素。这就降低了思政教学的实效性。(4)随着高等教育大众化的推进,高校课程班的规模不断扩大,导致直接影响班级教学过程,进而影响集体授课的教学质量。大班教学造成教师难以把握讲课进度和深度,无法及时得知不同学生的学习反馈,难以区分和获知学生的个性化发展需要,在一定程度上影响了教师对不同学生的认知程度,导致教与学的实效性打折扣。改版新形态教材《浙江精神与浙江发展》引起学生的学习兴趣和主动性,迫在眉睫。

2017年春季,《浙江精神与浙江发展》在段治文教授的带领下开始实施全新改版,采用"融媒体"新形态教材形式,在全省所有高校投入使用。教材全新改版,融入了"互联网+教育"的理念,配合二维码、微视频、图片文字、互联网站等多种形式,内容丰富、形式创新,增强可读性和乐趣,有助于加深读者对理论知识的学习,为教师用户提供了完美的课堂教学解决方案,同时充分满足了不同类型读者的多样化需求,将会大大增强《浙江精神与浙江发展》学习的实际成效。

序号	视频名称	插入章节	相关页码	备注
1	"中国梦"里的最美花园村——金华东阳市花园村	第1章	17	金华东阳市花园村宣传片
2	温商与温州皮鞋的蜕变:视诚信为企业的未来、视诚信为温州的未来	第1章	20	中央电视台1套
3	明代名将于谦	第2章	30	中国古代名将纪录片
4	京杭大运河	第2章	34	中国日报网
5	着眼浙商软实力,促进浙商文化有机更新	第3章	45	浙江卫视
6	"国宝级企业家"邱继宝和飞跃的创业、发展、危机、转型	第4章	59	浙江经视
7	浙商的精神家园——透过浙商博物馆看到的浙商世界	第4章	64	浙商博物馆
8	贯彻省委全会精神 打赢浙商回归硬仗	第4章	69	浙江卫视
9	首届世界互联网大会在乌镇召开	第5章	77	浙江卫视
10	马云演讲宣传阿里巴巴	第5章	78	阿里巴巴集团宣传片
11	全球企业家聚焦浙江制造	第5章	81	浙江电视台公共新闻频道
12	大数据看产业:电子商务——传统产业"触电"发力	第5章	81	浙江卫视
13	全国"特色小镇"政策汇集	第5章	82	浙江电视台经济生活频道
14	打造"特色小镇",助推浙江产业集群升级	第5章	84	东方卫视

续表

序号	视频名称	插入章节	相关页码	备注
15	特色小镇——供给侧改革的一条浙江路径	第5章	86	浙江卫视
16	认识中国(杭州)跨境电子商务综合试验区	第5章	87	中国(杭州)跨境电子商务综合试验区
17	四张清单一张网　优化政务生态	第6章	100	中央电视台13套
18	"互联网＋政务"　浙江打造智慧政府	第6章	104	浙江卫视
19	东方影视城——"横莱坞"	第7章	119	横店影视城宣传片
20	十二五期间,浙江"最美现象"遍地开花	第7章	121	浙江卫视
21	"三改一拆"在杭州:青芝坞整治大变样　抓住商机过好日子	第8章	135	浙江卫视
22	"三改一拆"在温岭:拆后土地综合利用　促进传统产业转型升级	第8章	135	浙江卫视
23	浙江以建设美丽乡村为载体推进城乡一体化	第8章	137	浙江卫视
24	"平安浙江"浙江品牌的理念	第8章	143	平安浙江宣传片
25	生态浙江美丽画卷:绿水青山就是金山银山	第9章	155	浙江卫视
26	五水共治　最美杭城	第9章	157	中国日报网
27	浙江全省"五水共治"　共享生态红利	第9章	158	中央电视台1套

　　全新改版的《浙江精神与浙江发展》融媒体新形态教材具备以下特点:第一,二维码包括封面二维码、章节内文二维码(特定名词和案例)、章末学习课后延伸版块。有文档、图片、知识点讲解微视频等30个资源类型,大大充实提升了本书的教材容量,增强可读性和乐趣,有助于加深读者对理论知识的学习。第二,嵌入的二维码的知识往往是时效性很强的案例、视频资源等,可随

时在电脑后端管理系统将二维码中的后台资源进行变更,及时更新教材,使教材内容的更新不再受制于纸质书的篇幅大小限制。第三,学生采用扫一扫二维码,即可自学并得到老师微视频讲解和文字图片解释等,营造教材、课堂、教学资源三位一体的教学环境,实现师生之间线上线下结合的 O2O 模式,大大增加学习实效性,提升思政教学效果。第四,本教材发放到大学生人手一册,全新改版的《浙江精神与浙江发展》,拥有丰富多样的线上资源,营造教材、课堂、教学资源三位一体的教学环境,大大增加德育学习的实效性,提升高校思政教学效果。

《浙江精神与浙江发展》将是浙江省乃至全国范围思政类教材的首创,是全国范围内第一本采用"融媒体"新形态教材形式的创新教材,走在思想政治理论课教学改革的前沿,引领及拓宽思想政治理论课教学教材创新未来的发展之路。浙江省德育统编教材《浙江精神与浙江发展》新形态教材的开发与建设,积极响应习近平总书记运用新媒体新技术,提高思政课教学对于 95 后和 00 后新生代青年学生的吸引力,大力提升思政课教学的时效性和吸引力,与当前高校思政课的教育理念、教学目标、价值诉求是吻合的,可以发挥其独特的优势,值得推广。

马克思共同体思想对高校思政课价值引领的启示

赵 坤 郭凤志

【摘 要】 马克思的共同体思想围绕着个体与共同体的关系这一核心线索展开,揭示了二者关系的实质是一种相互确证、辩证统一的共在共生关系。马克思对资本现代性主导下的个体与共同体关系异化的批判及其重构,旨在使个体价值与社会共同体价值在其统一性张力中共同得到实现。这一思想与高校思政课具有共同的问题域,对当前思政课教学优化具有重要启示。在社会个体化变迁与个体主体性不断强化的现代性境遇中,思政课应着力解决好"小我"与"大我"关系上的价值引领问题,将实现学生个体价值追求与党和国家"立德树人"根本目标的统一作为教学的前提性思考和贯穿课程的中心线。新时代思政课应在坚持正确价值导向的前提下以个体与共同体和谐共生为根本价值遵循,以构建有机教学共同体来引领学生个体与民族、国家、社会共同体的共生关系,进而提升课程教学的实效性。

【关键词】 马克思;个体;共同体;思政课

个体与共同体的关系是人类实践面临的基本矛盾关系,也是思想史上的一个经典理论问题。在现代主体性个人不断冲破对共同体的依赖性关系、自我中心主义价值原则对社会整体秩序造成巨大冲击的现代性境遇中,个体与共同体的关系问题变得更加复杂、矛盾更为突出。马克思的共同体思想围绕着对个体与共同体关系问题的破解,主要探讨如何在批判与重构现代性共同体的基础上超越个体与共同体的价值疏离困境,使个体价值与社会共同体价值共同得到实现。高校思想政治理论课与马克思共同体思想具有相同的问题

本文刊发于《思想教育研究》2020 年第 12 期。

域,面临着如何协调个体与共同体的矛盾关系问题。新时代思政课教学实效性的提升,需要着力解决学生个体之"小我"与民族国家共同体之"大我"关系上的价值引领问题,回答好大学生在其成长过程中遇到的如何将自我价值追求与党和国家"立德树人"根本目标有效统一的思想困惑,这可以从马克思关于构建个体与共同体共生关系思想中得到重要启示。

一、马克思共同体思想的核心是个体与共同体的关系

"共同体"一词在马克思思想体系中占据着重要地位,是马克思借以分析人与社会的本质及其存在方式、揭示人类社会历史演变规律的一个重要范畴。在唯物史观的主体性视域下,马克思的共同体思想始终围绕着对个体与共同体关系的破解而展开,成为其在批判旧世界中构建新世界的一条核心线索。马克思思想的价值旨归即"人类解放"的精神实质,也正是在个体与共同体共生关系构建的维度上被加以诠释的。

马克思从早年到晚年各个阶段的重要著作都蕴含着对个体与共同体关系问题的回答。在《论犹太人问题》中,马克思针对资产阶级政治解放的不彻底性造成人存在二重化的社会后果,对人类解放的实质做出了基本回答,即只有当现实的个人"认识到自身'固有的力量'是社会力量,并把这种力量组织起来因而不再把社会力量以政治力量的形式同自身分离的时候"①,人类解放才能实现,意味着人的社会结合力量内在于每一个个体的生存本性。在《德意志意识形态》中,马克思在批判资产阶级"虚假的共同体"及其统治下的抽象个人自由时强调,"只有在共同体中,个人才能获得全面发展其才能的手段,也就是说,只有在共同体中才可能有个人自由"②,因为只有通过共同体的分工与合作,才能使物质力量为个人所驾驭和控制,进而实现真正的个人自由。在《资本论》手稿中,马克思更是将未来实现人类解放的共产主义社会描述为"建立在个人全面发展和他们共同的、社会的生产能力成为从属于他们的社会财富这一基础上的自由个性"③,"在共同占有和共同控制生产资料的基础上联合起来的个人所进行的自由交换"④。由此可见,共产主义与人类解放的实质就

---

① 《马克思恩格斯文集》(第1卷),北京:人民出版社,2009年,第46页。

② 《马克思恩格斯文集》(第1卷),北京:人民出版社,2009年,第571页。

③ 《马克思恩格斯文集》(第8卷),北京:人民出版社,2009年,第52页。

④ 《马克思恩格斯文集》(第8卷),北京:人民出版社,2009年,第53页。

是对人的个体性与社会性、个体主体与共同主体矛盾关系的解决。人类解放时代主题下对个体与共同体关系的科学把握与合理构建是马克思始终关注的核心问题。

个体与共同体关系问题的存在论根源在于人类实践中所展现的集"个体主体性"与"共同主体性"于一体的主体属性和矛盾张力。现实的人都既是在个人存在的维度上、以个体主体的方式来处理与他人的关系，又是在共同存在的维度上、以群体主体的面貌面对外部世界，由此决定了人类活动需要对个体与共同体的关系作出前提性回答。古今思想家围绕这一问题形成了两大思想传统，一是肇始于古希腊的城邦共同体思想并在德国古典哲学对伦理共同体的诉求中达到顶峰的共同体主义传统，强调共同体的逻辑优先性，确立共同体的价值本位地位；另一个是肇始于启蒙运动的自由主义和个人主义传统，强调个人权利及其自由的优先性，共同体要服从于个人自由权利的实现。两大传统由于思维方式上的局限性以及对人性的抽象假设，均未形成对个体与共同体关系的科学认识。马克思通过对人的存在与本质进行现实考察，根本上超越了两大传统之争，破解了个体与共同体关系的价值冲突难题。

自启蒙运动以来，社会现代化塑造了具有独立人格的主体性个人，人本身成为目的，个人取代了前现代的共同体本位地位，个人主义成为资本主义的意识形态符号，但是其不断膨胀造成了社会共同体的内部分裂、人际关系的紧张与疏离、主体成员间的矛盾冲突、人的存在和本质断裂等困境。受资本逻辑内在驱动的政治共同体沦为为少数人服务而与大多数人利益相背的"虚假的共同体"，现代性境遇下的个体与共同体关系陷入危机。马克思对资本主义生产关系层面抽象的"资本共同体"与上层建筑层面虚假的"政治共同体"的批判做出了深刻检视。现代性批判的终极指向是使每一个人实现自由全面发展，而这必须要建立在重建人类社会共同体的基础上，唯有如此才能为人的解放提供条件。如何正确把握个体与共同体的本质性关系进而实现共同体重建，成为马克思的时代之思。

超越资本主义生产方式下个体与共同体关系的时代困境，马克思基于对人的现实本质和实践存在方式的分析，科学揭示了存在论维度上个体与共同体关系的实质。个体性与共同性是实践主体彼此中介、内在统一的两种存在属性，"现实的个人"一方面追求个性和自由，另一方面需要合作和共生。由于共同劳动和社会结合对于人们生产生活的必要性，人类社会便始终以各种各样的共同体的方式被组织起来。马克思强调，"人的本质是人的真正的共同体"①，脱离共同体而存在的抽象个人只能是一种虚构。基于对人的现实性的理解，个体与共同体的关系实质上是一种相互确证、相互生成、辩证统一的共在共生关系，而不是非此即彼以及"还原"和"被还原"的关系。依据马克思"虚假的共同体"批判与"真正的共同体"构建的内在逻辑，在个体与共同体的共生关系中，个人需要通过共同体获得自我确证和自我实现的条件，因而需要维护共同体的整体性价值和地位；共同体也必须保证其中每个个体的主体地位和价值实现，这样才能使其自身成为一种真实性存在，共同体就是许多个人的社会联合。这种矛盾关系反映的是个体主体和共同主体之间的张力，是实践主体在不同维度上的主体性展开问题。个体与共同体存在论上的统一性决定了二者并不存在根本的价值冲突。

　　"共生关系"是一个事实描述与价值构建相统一的范畴，在社会共同体具体的历史嬗变过程中，呈现出了不同的关系状态。在"资本共同体"生成并全球扩张的现代性境遇中，个体主体性的抬升不断打破个体与共同体间的张力平衡，现代个人主义者和利己主义者的大量出现，导致了个体与共同体之间陷入价值冲突、主体成员之间陷入矛盾对立的主体生存困境与社会发展危机。马克思关于个体与共同体关系批判的现代性视域的敞开为我们把握处于现代化进程的当代中国的个体与共同体关系问题提供了重要思想资源。

二、中国社会现代化进程中高校思政课价值引领的着力点

　　社会的现代化是伴随着社会的个体化而展开的，社会个体化所带来的个人主义的冲击以及个体与社会共同体关系的紧张是各国共同面临的现代性难题。然而，各个国家由于历史文化传统与现实国情的差异，以及现代化进程所处的具体阶段的差异，社会个体化的程度和个人主义的影响程度有所不同，个体与共同体关系问题的具体呈现也有所不同。中国社会现代化转型中的个体与共同体关系问题既处于马克思关于个体与共同体关系的现代性批判的总体视域中，同时也由于中国道路的独特性而面临着不同于西方的机遇与挑战。

　　阎云翔在《中国社会的个体化》一书中阐述了中国改革开放时代个体在社会实践中崛起的事实，认为今天的中国社会文化正在见证着一种带有物质主义的消费主义、自我中心的实用主义色彩的新个体化趋向和自我塑造潮流。

---

① 《马克思恩格斯全集》（第 3 卷），北京：人民出版社，2002 年，第 394 页。

从 90 年代后期开始,随着物质财富积累的不断丰富以及大众消费浪潮的来临,日常生活的道德规范从强调艰苦奋斗和自我牺牲转变为强调个人幸福和自我实现,"界定人生意义的伦理已经从集体主义转变为以个体为中心的道德规范"[①]。实际上,集体主义一直都是中华民族的优良传统,尤其是在全球个体主义时代来临的今天,这一文化传统与民族精神无疑彰显出了巨大优势,为避免陷入个体主义自反的困境提供了价值规范基础,发挥了积极的导向作用,因而中国社会的个体化进程与西方个人主义引领下的个体化在经济、政治、文化、社会生活等方面都有本质区别。但不能否认的是,伴随着改革开放的日渐深入和社会的转型重塑,中国人在思想意识层面的个人主义蔓延、在社会生活层面的个体化诉求不断影响并改变着人与社会的关系构建,人格的独立化、人身的自由化、人权的平等化和生活方式的多样化等特征无论是在个体存在层面还是在个体意识层面都表现得越来越鲜明。

中国的现代化进程迟于西方,由于文化传统中个人价值的乏力、现代性启蒙相对不足,加之步入市场经济时代后资本逻辑对社会生活产生影响,中国人的人格结构中存在着"人的依赖性""物的依赖性"以及"人的独立性"相互交织并存的复杂矛盾。人们在存在方式和思想观念上的个体化与个体主义趋向对集体主义造成冲击,而具有独立人格、理性精神和主体自觉的"现代个人"发育不足,这是新时代立德树人工作必须加以关照的重要时代背景和现实语境。"中国的现代化还有很长的路要走,现代性仍将是我们长期的渴望和追求。"[②]社会现代化进程中的人才培养,需要处理好个体与共同体的关系问题,一方面要塑造人格独立、自主、理性、平等、自立的时代新人,另一方面要警惕陷入个体化自反的困境,避免主体性个人成为自我中心主义和利己主义个人。

在社会现代化与人的发展的总体视域下,高校思政课教学正是一个直接以"培育人""塑造人""发展人"为中心任务的领域。从个体与共同体的关系来看,在现代性境遇中,无论对于学生还是对于教师而言,个体主体性不断增强,个人不再仅仅是构成共同体并被动满足共同体需要的一个"要素",而是在自我价值与社会价值的统一中诉求自我实现,每个生命个体都有其独特的存在价值和意义,这使思政课在"小我"与"大我"关系上的价值引领问题变得愈加突出和重要。

习近平总书记指出,思政课是落实立德树人根本任务的关键课程,"办好

---

①　阎云翔:《中国社会的个体化》,陆洋等译,上海:上海译文出版社,2016 年。第 20 页。

②　孙利天:《现代性的追求和内在超越》,《中国社会科学》,2016 年第 2 期。

思政课,就是要开展马克思主义理论教育,用新时代中国特色社会主义思想铸魂育人,引导学生增强中国特色社会主义道路自信、理论自信、制度自信、文化自信,厚植爱国主义情怀,把爱国情、强国志、报国行自觉融入坚持和发展中国特色社会主义、建设社会主义现代化强国、实现中华民族伟大复兴的奋斗之中"①。新时代思政课所要承担的任务和所要实现的目标,就是培养能够将个体之"小我"积极融入国家社会发展之"大我"、担当民族复兴大任的社会主义事业建设者和接班人。

思政课的教学目标与专业课有所区别,不同于后者以传授专业知识为目标的教学,思政课旨在解决"培养什么人、怎样培养人、为谁培养人"这个根本问题,其本质是将大学生个人的成长成才统一于国家意志,这决定了其直接面临着学生个体与民族、国家、社会共同体的矛盾关系。个体与共同体的关系问题是贯穿思政课教学的主线,是课程教学的灵魂,关乎教学内容能否被学生切实接受并入脑入心。这也是一个关乎教学理念和教学方法的问题,体现着思政课教师能否以正确的教育理念和教育导向引领学生、以"立德树人"根本任务为统领开展好课程教学。破解个体与共同体的关系问题,对于思政课教学内容来说,是在存在论层面进行科学的理论阐释和在价值观层面做出正确的价值导向的问题,对于教学理念方法来说,则是在正确认识国家、社会、教师、学生主体地位关系的前提下科学施教的问题。新时代思政课教学改革应关照现代主体性个人成长、个体自我意识凸显、个人价值诉求强化的时代特征,着力解决好学生个体之"小我"与民族、国家、社会之"大我"的关系问题,切实转变和创新教育理念及方式方法,提升教学实效。

三、以个体与共同体和谐共生为价值导向构建思政课教学共同体

新时代思政课解决"小我"与"大我"关系上的价值引领问题,需要在坚持正确价值导向的前提下,根据时代的新特点转变创新教育理念和方式方法,使课程教学切实遵循、满足青年大学生的成长特点与成才需要。教育理念与教学方法是有机统一的,属于思维方法层面的问题,渗透和服务于教学的方方面面,有什么样的理念就有什么样的行动。新时代思政课教学的开展只有切实反映思政课的课程本质、遵循思政课的课程规律,才能在合规律性与合目的性的统一中、在科学性与价值性的统一中实现"初心"与"使命"。

---

① 习近平:《思政课是落实立德树人根本任务的关键课程》,《求是》,2020 年第 17 期。

　　新时代思政课教学改革优化需要重视对个体与共同体关系问题的破解，体现着对思政课本质和规律的遵循。习近平总书记强调，高校思想政治工作"要因事而化、因时而进、因势而新。要遵循思想政治工作规律，遵循教书育人规律，遵循学生成长规律"①。高校思政课面临着现代社会中人的发展的新情况和新特点，这使其所遭遇的个体与共同体关系问题更为突出。不同于传统社会共同体中的依附型人格，现代人都是作为独立人格个体成长起来的。教育对象是一个个鲜活的生命个体，拥有更大的价值判断和价值选择的自由，成长道路和发展诉求多元化、多样化，这势必将"小我"与"大我"的关系问题置于"铸魂育人"工作的前提性思考。

　　传统教育理念认为教师是教学主体，学生是接受教育的客体，这种主体——客体关系反映的是一种以教师为单一主体的重"教"轻"学"理念，实际上是一种以知识为本的教育理念，并不适合于新时代思政课教学。② 它主要导致了两种结果：一是教育对象的个体差异性、个人成长成才的具体需要被遮蔽起来；二是改善教学的努力只着重于如何更好地"教"，以"教"来主导课堂，而不是以学生的"学"来引领课堂，不能够将学生视为与教师平等地进行思想交流与对话的主体，学生的积极性、主动性、创造性容易被忽视，教师的"教"可能无法引起学生有效"学"。新时代思政课要适应大学生学习方式、思维方式、存在方式的新变化，教育理念和方法的转变要紧跟党和国家对思想政治工作的新要求。在学生个体的思想行动与国家社会整体的要求期待之间的矛盾张力客观存在的情况下，"面对大学生思想观念和价值取向多样多元并日趋活跃、社会思潮纷纭激荡的新形势，思政课的任务就是要把多元的价值取向统一到立德树人上"③，马克思主义科学的个体与共同体关系思想可以为此提供重要的思想智慧和方法论启示。

　　在价值观层面，思政课要以个体与共同体的和谐共生为价值导向和理念遵循。转变传统教育理念，落实现代教育理念，根本要求和最高原则就是把"立德树人"作为中心任务，将学生"小我"与民族、国家、社会"大我"和谐共生的基本价值导向融入思政课教学全过程。所谓二者和谐共生，就是要遵循"多"与"一"、"个体性"与"整体性"的辩证关系，既要尊重学生自我价值实现的

　　① 习近平：《习近平谈治国理政》（第二卷），北京：外文出版社，2017年，第378页。

　　② 郭凤志：《现代教育理念下高校思想政治理论课教学方法改革路向研究》，《思想理论教育导刊》，2013年第10期。

　　③ 赵坤、郭凤志：《"不忘初心"，勇于担当高校思政课的育人使命》，《思想理论教育导刊》，2017年第12期。

需要，又要对其做好思想引领，始终以党和国家的培养目标为最高统领，将二者内在统一起来。一方面，教师要以马克思主义的科学世界观和方法论为指导，将个体与共同体在理论、历史与实践层面的一致性即相互确证、相互生成的共生关系思想传递给学生，解决好青年大学生关于"小我"与"大我"关系问题在"认知"层面的困惑，引导学生树立"中华民族共同体"意识和"人类命运共同体"意识；另一方面，在教学内容的展开和设计过程中，教师要始终将传播人文关怀和引领精神成长全面融入，以价值理性来规范工具理性，发挥共同体理念这一新的时代精神的思想引领作用。

在方法论层面，思政课要建立起师生交互统一的有机教学共同体。"围绕学生、关照学生、服务学生，不断提高学生思想水平、政治觉悟、道德品质、文化素养"①是党和国家对新时代高校思想政治工作提出的要求，为此，思政课要在遵循以学生为本理念的前提下，构筑起以"学"促"教"，教学相长的有机教学共同体，这是在坚持合规律性与合目的性相统一的基础上提升立德树人实效的必然要求。根据马克思关于个体与共同体相互确证、相互生成的共生关系思想，思政课教学共同体需要重点处理好两重关系。一是学生个体与教师之间的关系，即在师生之间建立起平等主体之间的双向互动关系，本质上是一种对立统一关系。教师将学生视为能动的学习主体，一方面变"教员"身份为"导师"身份，以科学的世界观、人生观和价值观对学生进行启发和引导，以理论的彻底性、真理的深刻性、情感的丰富性来感召和赢得学生，培养学生独立思考、自主学习和善于探究的能力；另一方面要围绕学生如何实现更有效的"学"而不断调整和改进教学方式方法，以学生的成长作为矛盾对立面不断"倒逼"教师自身素养的提升，不断实现教师的自我成长。二是学生个体与民族、国家、社会共同体的关系，思政课教学共同体要成为构建"小我"与"大我"共生关系的现实载体。思政课教学共同体本质上应体现国家意志与社会期待，是国家与社会共同体价值在高校立德树人层面的聚焦，要着力把学生个体需要与国家意志和社会期待向教学体系转化的目标诉求有机统一起来，而非利己主义动机驱动下的、互为外在的"机械聚合"。教学主体要通过有效的教学设计将"大我"的整体价值目标内化为学生的能动学习和探究过程，内化为学生成长成才的现实需要，使"小我"与"大我"的价值诉求在有机教学共同体中共同得到彰显。

---

① 习近平：《习近平谈治国理政》（第二卷），北京：外文出版社，2017年，第377页。

新时代大学生的爱国主义教育现状调查与分析

——以 Z 大学为例

纲要教研中心　庞　毅

【摘　要】　爱国主义是中华民族精神的核心,爱国主义教育是大学教育的重要内容。通过对 Z 大学的调查发现,部分大学生对爱国主义的认识不够全面。在实际的学习与生活中,大都有参与爱国主义教育的实践活动。大学生们普遍表示希望加强爱国主义教育。提升大学生的爱国主义教育,可以从加强党史和社会主义发展史的教育,有效地将影视作品运用于爱国主义教育的教学中,以及组织学生就近参观爱国主义教育基地等方面努力。

【关键词】　新时代;大学生;爱国主义教育;"中国近现代史纲要"

爱国主义是中华民族精神的核心,爱国主义精神维系着华夏大地上各个民族的团结统一,激励着中华儿女为祖国发展繁荣而不懈奋斗。[①] 在 2016 年《中共教育部党组关于教育系统深入开展爱国主义教育的实施意见》中,明确要求把爱国主义教育作为弘扬爱国主义精神的永恒主题,贯穿国民教育全过程。[②] 大学生正处于人生观、价值观与世界观形成的关键时期,对其进行爱国主义教育显得尤为重要。对大学生进行有效的爱国主义教育,必须在了解大学生如何认识爱国主义、希望通过什么样的方式进行爱国主义教育等的基础上,才能真正做到因材施教。

爱国主义教育是高校思政教育的主要组成部分,所以既有关于大学生爱

---

① 习近平:《大力弘扬伟大爱国主义精神　为实现中国梦提供精神支柱》,《人民日报》,2015 年 12 月 31 日。

② 中共教育部党组:《中共教育部党组关于教育系统深入开展爱国主义教育的实施意见》,教党〔2016〕4 号,2016 年 1 月 19 日。

国主义教育的研究,大多是在思政教育当中展开。[①] 研究者多是一线教学研究人员,与大学生接触较多,主要从各自关心的问题入手,所以研究的侧重点各有不同,所获得的调查数据最新的亦距今数年之久。要对大学生进行有效的爱国主义教育,必须明确大学生如何认识爱国主义,在实际学习与生活中,有无参与相关的爱国主义教育活动,在对待爱国主义教育的问题上,他们又是如何想的。基于上述思考,笔者以国内著名的综合性大学——Z 大学的大学生为调研对象,通过调查问卷的方式,获得了比较可靠的一手材料。本次问卷于 2019 年 3 月下旬在 Z 大学的 A、B 两个校区的教室进行。调查共发放 331 份问卷(纸质),回收有效问卷 310 份,有效率 93.7%。总体来看,样本具有代表性。样本结构为:性别比例:男 59%,女 36%,缺失 5%;专业比例:理工农医类 75.2%,人文社会科学类 20%,缺失 4.8%。[②] 基于调查问卷情况,本文将分析新时代大学生的爱国主义思想动态,发现存在的问题,进而有针对性地提出大学生爱国主义教育的意见和建议。

一、大学生对爱国主义的认识

在 1994 年中共中央颁布的《爱国主义教育实施纲要》中,明确指出爱国主义教育的主要内容包括中华民族悠久历史的教育、中华民族优秀传统文化教育、党的基本路线和社会主义现代化建设成就的教育、中国国情的教育等。[③] 在问卷中,我们设计了爱国主义主要体现在哪些方面的问题,包括尊重和传承中华民族历史和文化、维护国家利益、热爱社会主义和热爱中国共产党多个选项。调查结果显示,只有 55.8% 的被调查者同时选择了尊重和传承中华民族历史和文化、维护国家利益,把国家利益放在第一位、热爱社会主义,践行社会主义核心价值观和热爱中国共产党,积极学习和贯彻党的方针政策。有 40% 的被调查者未选择热爱中国共产党,有 27.7% 的被调查者未选择热爱社会主

　　① 肖剑忠、林龙:《抗日战争与当代大学生爱国主义教育——以 Z 大学为个案的调查研究》,《中国青年研究》,2005 年第 7 期;张瑾:《中国近现代史纲要 教学中爱国主义教育现状调查分析》,《大学教育》,2013 年第 8 期;张伟宏:《新时期高校爱国主义教育调查研究》,《长江大学学报(社会科学版)》,2013 年第 12 期。

　　② 浙江大学马克思主义学院博士生郑玥与浙江大学教育学院硕士生朱秋禹参与了本次调查问卷的搜集与整理,特此致谢。

　　③ 中共中央文献研究室:《十四大以来重要文献选编 上》,北京:中央文献出版社,2011 年,第801-813 页。

义。邓小平同志曾说，"有人说不爱社会主义不等于不爱国，难道祖国是抽象的吗？不爱共产党领导的社会主义的新中国，爱什么呢？"[①]从问卷来看，不少大学生未认识到爱国与爱社会主义、爱党是相互统一的。

爱国主义不是空洞的说教，而是由一个个具有爱国主义精神的人所构成的。在中国近现代史上，面对资本-帝国主义的侵略，就涌现了一大批可歌可泣的爱国主义者。在鸦片战争中，三元里人民抗英斗争是中国近代史上中国人民第一次大规模的反侵略武装斗争。在调查中，76.8%的被调查者对此有正确认识，但仍有20%多的被调查者认为该事件发生在第二次鸦片战争（12.9%）、甲午战争（4.5%）和八国联军侵华战争（5.2%）期间。在中日甲午战争中，许多爱国官兵为国捐躯。比如，黄海海战中的邓世昌、林永升，平壤战役中的左宝贵等。但是，当问及甲午战争有哪些爱国将领牺牲时，只有不到6%的被调查者能正确回答。大家最熟悉的是邓世昌，只有一位被调查者未选。其次是林永升，未选的占12.9%。但对左宝贵所知甚少，有88.4%的被调查者未选。上述三位甲午战争中牺牲的爱国将领，邓世昌的知名度明显高于另外两位，其英勇事迹在历史教科书、影视作品与通俗读物等中常有反映，叙述比较详尽。而林永升，特别是左宝贵的事迹传播较少。当然，这可能也与大家未正确审题有关，误把中日甲午战争当作了黄海海战。相比起来，大学生对五四爱国运动较为熟悉。当问及五四运动爆发的导火线时，93.9%的被调查者都知道是巴黎和会中国外交的失败。

同时，爱国主义是一个历史范畴，不同时期有不同内涵。当问及抗日战争时期，爱国主义的主要内涵时，81%的被调查者都知道是争取民族独立和人民解放。但对于不同时期爱国救亡运动的具体内容则不甚明了。在戊戌维新运动中，康有为、梁启超等维新志士喊出了救亡图存的口号，但只有近五成的被调查者能正确回答，近三成的被调查者选择了洋务运动的"中体西用"，仅两成的被调查者选择了"师夷长技以制夷"，还有不到5%的被调查者选择了孙中山资产阶级革命派的"振兴中华"。

从问卷结果来看，大学生对爱国主义的认识主要存在以下问题：第一，爱国与热爱社会主义、热爱中国共产党未有机统一；第二，对中国近现代史上的爱国主义人物，认识不够全面，特别是宣传较少的人物；第三，对具体的爱国救亡运动的主题认识比较模糊，不能很好区分不同时期爱国运动的主要内容。

---

① 《邓小平文选》（第2卷），北京：人民出版社，1994年，第392页。

二、大学生参与爱国主义教育的实践活动

本次调查除涉及课堂上大学生所接受的爱国主义教育内容外，还涉及课堂之外的实践活动，主要就大家如何接受爱国主义教育，参加了哪些形式的爱国主义教育实践活动等问题展开。

电影电视为大家喜闻乐见，在潜移默化中可以形塑观看者的爱国主义精神与思想，所以是爱国主义教育的重要方式之一。在 1993 年中共中央宣传部、国家教育委员会、广播电影电视部和文化部就下发了《关于运用优秀影视片在全国中小学开展爱国主义教育的通知》，试图以优秀影视片为切入点，对中小学生进行长期有效的爱国主义教育。在本次问卷调查中，近八成的被调查者表示看过爱国主义题材的电影。其中，有近六成的被调查者看过《建国大业》(黄建新导演，2009 年)，三成多的被调查者分别看过《建党伟业》(韩三平等导演，2011 年)与《建军大业》(刘伟强导演，2017 年)。但对于比较老的电影《甲午风云》(林农导演，1962 年)和《我的 1919》(黄健中导演，1999 年)，看过的大学生较少，分别占 15.5%、5.5%。

爱国主义教育基地是进行爱国主义教育的宝贵资源，是弘扬民族精神和时代精神的重要依托。有 65.8% 的被调查者表示参观过爱国主义教育基地，但仍有 32.3% 的被调查者表示未去过。在参观过爱国主义教育基地的被调查者中，以班级、学校组织的形式参加的占主体，以个人和家庭形式前往的分别占 27% 和 22.5%。

校园文化对大学生思想的形塑具有至关重要的作用。对于校园生活中的爱国主义教育活动，74.8% 的被调查者参加过爱国主义主题的班会活动，40% 的被调查者参加过爱国主义主题的征文比赛，25.3% 的被调查者参加过歌咏比赛，只有 11.6% 的被调查者表示未参加过上述活动。

从调查显示的结果来看，观看爱国主义题材的影视作品、参观爱国主义教育基地、参加各种形式的校园爱国主义教育活动，是大学生爱国主义教育实践活动的主要形式。但就具体内容而言，相较于电影与校园活动(78.4%、88.4%)，参观爱国主义教育基地的比率还有待提高(65.8%)。

三、大学生对爱国主义教育的期待与心声

如何看待中国近现代史上的爱国人物？希望以何种方式开展爱国主义教

育？在为实现中华民族伟大复兴的征程中，作为一名当代的大学生应该如何做？是本次调查的另一重点。

对爱国人物胸怀尊重，并心向往之。Z大学是一所国际化程度比较高的大学，许多被调查者都有出国留学的机会。当被问及1949年新中国成立后，一大批留学生如钱学森、华罗庚等，放弃国外优越的环境，归国报效祖国，你如何看待他们时，97.1%的被调查者认为非常值得学习和比较值得学习。由此表明，他们有效法先贤报效国家的鲜明态度。

"中国近现代史纲要"（以下简称"纲要"）是高校思政教育的主要课程之一，担负起了把爱国主义教育融入历史与政治当中的重要使命。在"纲要"教材中明确提到了，教学目的之一是培养大学生"自觉地继承和发扬近代以来中国人民的爱国主义精神和革命传统，进一步增强实现中华民族伟大复兴的责任感和使命感"。① 并且，82.9%被调查者也表示，在"纲要"课中进行爱国主义教育非常必要和有必要。当进一步追问，你期待以何种方式展开爱国主义教育时，八成多的被调查者希望观看爱国主义教育影视作品或资料片，近三成的被调查者希望参观爱国主义教育基地，四分之一的被调查者希望加强课堂教学，提高教学质量。两成的被调查者希望组织爱国主义主题的讨论课。

习近平总书记指出，"实现中华民族伟大复兴的中国梦，是当代中国爱国主义的鲜明主题"。② 本次问卷最后一题，也是唯一的一个简答题，便是"作为一名在校大学生，你觉得应该如何为这一主题贡献自己的力量"？有237位被调查者的回答大同小异：努力学习专业文化知识，打下良好的知识基础，提升自身能力，做好本职工作，关心时政，铭记历史，学以致用，树立远大理想，投身于社会主义现代化建设事业，为国家做出贡献。还有被调查者认为：在平时生活中，应该时刻保持爱国之心，维护国家名誉与国家利益；多参加一些爱国主义教育实践活动、志愿者活动；用实际行动拥护党和国家政策；积极传播弘扬传统优秀文化，践行社会主义核心价值观，增强民族自信；在校园中，发现不良言论及时制止，传播爱国主义观念；要做公忠坚毅、担当大任的领导人才；要深入基层锻炼，到国家有需要的地方，比如支教等。

从被调查者的回答来看，几乎所有同学都怀有一颗爱国之心，希望为国家贡献自己的一份力量。同时，也希望在思政教学中，加强爱国主义教育，特别

---

① 本书编写组：《中国近现代史纲要》，北京：高等教育出版社，2018年，第2页。
② 中共中央文献室编：《习近平关于全面建成小康社会论述摘编》，北京：中央文献出版社，2016年，第123页。

希望以一些寓教于乐的方式进行。但对于如何为国出力,还比较模糊,甚至不知道具体该怎么做。比如,在有效问卷中,就有 53 位被调查者未回答最后一题,占 17.1%。

四、提升大学生爱国主义教育的几点建议

通过调查问卷反映的结果来看,当代大学生爱国主义态度旗帜鲜明,但还存在对爱国主义认识不够全面与充分等问题。针对既有问题,笔者拟提出以下对策与建议,以期我国大学生的爱国主义教育取得良好效果。

第一,加强党史和社会主义发展史的教育,使学生充分认识爱国与爱党、爱社会主义的有机统一。

在高校思政教育中,大多数院校没有开设党史和社会主义发展史的课程,而主要由"中国近现代史纲要"承担起了相关内容的教学任务。但"纲要"课所涉时段较长,内容较多,党史与社会主义发展史所占内容比例不大。因此,笔者建议,一方面,要在"纲要"课程内容的设置上,加强党史和社会主义发展史的相关内容,另一方面,在有条件的高校,建议开设面向全校学生的党史与社会主义发展史的通识选修课。从而在思想政治和历史教育上,使学生充分认识到没有共产党就没有新中国,走有中国特色的社会主义道路是中国发展的必由之路。

第二,适时推出一些爱国主义题材的老电影,并积极创作与生产新的爱国主义影视作品,加强影视作品在爱国主义教育教学中的运用。

将影视作品运用于爱国主义教育的课堂教学,最为学生所欢迎。从大学生接触到的爱国主义题材的电影来看,较新的电影为大家所熟悉,而对一些老电影就比较陌生。在一些特定的节庆或特殊纪念日,若能适时推出一些老电影,大学生会比较容易接受。比如,今年是五四运动一百周年和新中国成立七十周年,播放《我的1919》《开国大典》等老电影就较为合适。同时,国家还应该鼓励和引导创作与生产新的爱国主义题材的影视作品,注意推出一些不被广为人知的爱国人物。因为新的影视作品,在技术与演员等方面,更能吸引学生的注意。而宣传不为大家熟知的爱国人物,既可以丰富既有认知,也可以给人以新鲜感,从而使大学生认识到近代中国爱国群体的广泛性。

第三,组织学生就近参观爱国主义教育基地。

相比于课堂教学,参观爱国主义教育基地,更能够让学生身临其境,接受爱国主义熏陶。到目前为止,中宣部先后公布了 428 个全国爱国主义教育示

范基地,除此之外,有关部门和地方也陆续命名了一大批爱国主义教育基地。所以,学校就近组织参观爱国主义教育基地有比较充足的条件。问卷结果显示,有 32.3% 的被调查者没有参观过爱国主义教育基地,同时,有 27.7% 的被调查者希望以参观爱国主义教育基地的方式开展爱国主义教育。因此,以学校或班级为单位,组织学生参观爱国主义教育基地是提升爱国主义教育质量的有效方式。

第四,把爱国主义教育落实到学生具体的学习生活中,为学生的爱国主义思想和行为提供指引。

在爱国主义教育中,我们往往以历史上为国家和民族奋斗牺牲的爱国志士作为教学的案例。这本无可厚非,但容易给学生造成的假象是在当下的和平年代,爱国行为距离他们比较遥远。因此,谈起爱国会让他们无所适从。这可能是为什么不少被调查者对"作为一名在校大学生,你觉得应该如何为这一主题贡献自己的力量"问题不作答的原因。我们需要通过引导和启发学生思考,当代中国爱国主义的主题是实现中华民族伟大复兴的中国梦,那么,为实现中华民族伟大复兴的中国梦而努力奋斗,便是爱国主义的表现。具体来说,可以通过感动中国人物、改革先锋人物,以及身边的优秀师生等人物事迹的宣传,为学生树立榜样,从而为学生的爱国主义思想和行为提供指引。

"四史"教育融入大学生思政课的路径

纲要教研中心　尤云弟

【摘　要】　将"四史"教育精准融入大学思想政治理论课是高校思想政治教育的重要任务。思政课教师需要在正确理解和把握党史、新中国史、改革开放史、社会主义发展史的深刻内涵的基础上，以统编教材的基本逻辑和既定内容为框架，开发多种路径融入大学生思政课。具体而言，在内容主调上突出中国特色社会主义总主题；在历史主线上贯穿站起来富起来强起来的伟大征程；在话语导向上体现中华民族伟大复兴中国梦和中国精神；在价值取向上强调唯物史观，解决历史虚无主义的现实迷思。以多元路径促进"四史"教育融入大学生思政课教学，从而真正达到"四史"知识传授与思想政治教育的有机统一。

【关键词】　四史；高校思想政治理论课；"三进"；教学改革

党的十八大以来，以习近平同志为核心的党中央注重从党和国家的历史宝库中汲取治国理政的经验和智慧，并在此基础上提出中华民族伟大复兴中国梦的科学理念，强调"历史是最好的教科书""学习党史、国史，是坚持和发展中国特色社会主义、把党和国家各项事业继续推向前进的必修课"[1]。2020年1月，习近平总书记在"不忘初心、牢记使命"主题教育总结大会上发表讲话，在"党史、新中国史、改革开放史"的基础上增加了"社会主义发展史"的学习内容，形成"四史"。将党史、国史、改革开放史和社会主义发展史的学习与研究提高到了建设中国特色社会主义的战略高度。这既是加强党的思想理论建设的重要任务，也是增强高校思想政治工作能力和做好高校立德树人工作的有效方法。因此，加强高校的"四史"教育非常重要和迫切。

本文刊发于《党政论坛》2021年第2期。

[1]　《习近平总书记系列讲话精神读本》课题组：《习近平总书记系列讲话精神学习读本》，北京：中共中央党校出版社，2013年，第185页。

作为高校思想政治教育工作的重要渠道和载体,思想政治理论课显得尤其重要。其不仅承载着传输思想政治理论的传播功能,还担负引导青年树立正确历史观、民族观、国家观的教育责任。那么在新形势下,高校思政课如何帮助大学生理解"四史"的深刻内涵、增进大学生对中国特色社会主义道路的坚定信念?关键在于推进"四史"教育融入思政课教学。教师应当通过"四史"教育,引导大学生深入思考历史和人民的四个选择的追问:为什么选择中国共产党、选择马克思主义、选择社会主义道路、选择改革开放;带动大学生感悟三大成果:中国共产党为什么能、马克思主义为什么行、中国特色社会主义道路为什么好。在这一过程中,教师尤其要把握课堂教与学的主导权,多元开拓"四史"教育融入思政课的路径,使得整个教学过程真正实现"四史"历史知识传输和思政教育的有机统一。

"四史"教育如何精准融入思政课?既要打牢大学生"四史"基础知识,构筑扎实的"四史"知识逻辑体系,使大学生从纷繁复杂的历史脉络中掌握历史发展规律,做到以唯物史观来全景式把握和深入认知"四史";还要让大学生真切感知坚持中国共产党领导的中国特色社会主义制度的优势所在;感悟站起来、富起来到强起来的伟大历史性飞跃;达到中华民族伟大复兴中国梦和中国精神的共鸣,体会四个选择即选择马克思主义、中国共产党、社会主义、改革开放的历史必然性。基于以上目标,思政课教师可以从内容主调、历史主线、话语导向、价值取向上有所作为,分别提炼出相应的教学主题,从而帮助青年大学生掌握党史、国史、改革开放史和社会主义发展史的形成背景、基本内容、历史地位、深远影响等深刻内涵,提升思政课的科学性和针对性,展现"四史"的浓厚魅力。

一、内容主调:突出坚持和发展中国特色社会主义主题

思政课教师在明确思政教育定位后,将整个教学内容主调为贯彻坚持和发展中国特色社会主义的总主题,将"四史"知识点与中国特色社会主义现实问题环环相扣、巧妙融合。内容主调如同一个"锚"。一旦"锚"确定,可使整个教学过程变得目标明确、条理清晰、重难点突出。授课教师以一幅幅党史、新中国史、改革开放史和社会主义发展史的画面,阐释中国共产党为什么能、马克思主义为什么行、中国特色社会主义为什么好的三大问题,理解中国历史和人民走上中国式现代化道路即中国特色社会主义的历史必然性。

近代以来,中国人民一直探索自强求富的国家出路。最终中国人民和历

史选择了社会主义道路。在中国这样一个经济基础非常薄弱的国家,如何建设和发展社会主义,是一项具有高难度的开创性事业。以毛泽东为核心的党中央第一代领导集体进行艰难探索。自新中国成立后,中国从 1953 年开始有计划地建设社会主义。社会主义改造的伟大胜利给中国全面进行社会主义建设开辟了前进道路。在此基础上,以邓小平为核心的党中央第二代领导集体提出"中国特色社会主义"的命题。中国共产党领导中国人民实行改革开放,开辟了一条中国式现代化道路这条道路就是中国特色社会主义的道路。"中国特色社会主义就是要求把马克思主义的普遍真理同本国的具体实际结合起来,走适合中国特点的道路,即一方面要坚持马克思主义的基本原理,走社会主义道路;另一方面必须从中国的实际出发,不照抄、照搬别国经验、模式,而是走具有中国特色的路"①。中国特色社会主义,是科学社会主义理论逻辑和中国社会发展历史逻辑的辩证统一,是根植于中国大地、反映中国人民意愿、适应中国和时代发展进步要求的科学社会主义。"这条道路来之不易,它是在改革开放的伟大实践中走出来的,是在新中国成立以来的持续探索中走出来的"②,具有非常深厚的历史渊源和切实的国情基础。

习近平同志在十九大报告中对近代以来中国人民探索国家民族出路的历程进行了深刻总结、分析,提出中国特色社会主义进入新时代这一重大判断和伟大命题③。他指出在新时代我国社会主要矛盾已经转化为人民日益增长的美好生活需要和不平衡不充分的发展之间的矛盾。这个新界定与改革开放之初的界定即"日益增长的物质文化需要"同"落后的社会生产"之间的矛盾,既是一脉相承又是与时俱进。社会主要矛盾的变化呈现了历史进阶的国情解读,反映了社会主义初级阶段不断发展和提升的历史性变迁过程。新时代中国特色社会主义建设,不仅仅是经济发展,而是需要经济建设、政治建设、文化建设、社会建设、生态文明建设"五位一体"的全面发展。也就是说,只要坚持中国特色社会主义的道路走下去,迎接中国人民的将是更加美好的未来。

因此,教师应当注意将内容主调集中于中国特色社会主义总主题,由此串联起将近 180 年的中国人民革命、建设和改革的历史。这一段历史亦是"四史"的重要部分。既能解释中国人民最初选择社会主义道路的正确性,又强调

---

① 田克勤等著:《中国特色社会主义理论体系新论》,北京:人民出版社,2016 年,第 166 页。

② 中共中央宣传部:《习近平总书记系列重要讲话读本(2016 年版)》,北京:人民出版社,2016 年,第 26 页。

③ 习近平:《决胜全面建成小康社会 夺取新时代中国特色社会主义伟大胜利——在中国共产党第十九次全国代表大会上的报告》,北京:人民出版社,2017 年,第 10 页。

了中国特色社会主义适合中国国情，还指明了中国特色社会主义是近代以来中国人民的不懈追求和伟大梦想的实践结果。把握内容主调如同锁定一个"锚"，授课教师应当围绕着"中国特色社会主义总主题"，遵循"锚定主调""呈现主调"和"阐释主调"三大步骤，展开教学设计及其实施，将教学内容主调贯穿始终，最后再次点明和升华总主题。如此一来，师生皆能感受到"四史"教育与思政课的和谐统一的整体感，潜移默化地渗透学生的心灵，有助于增强青年大学生对中国特色社会主义道路的理性认知和坚定信念。

二、历史主线：贯穿站起来、富起来、强起来的伟大飞跃

"站起来、富起来、强起来"[1]的伟大飞跃是习近平在回顾近代中国发展历史的基础上，透过"历史规律的望远镜去细心观望"而得出的论断。这一论断不仅简明概况近代以来中国人民不懈奋斗的历史进程，而且深刻揭示中国特色社会主义不断开辟发展的历史价值。站起来富起来强起来，是党史、新中国史、改革开放史谱写三次伟大飞跃，亦是社会主义发展史的重要实践成果。"四史"揭示了伟大飞跃的核心在于党的领导。只有始终坚守初心与使命的中国共产党才能领导中国；只有党引领人民群众坚持和拥护社会主义才能救中国；只有党领导改革开放才能发展中国、发展社会主义、发展马克思主义；只有党开创中国特色社会主义道路才能引领中国走向繁荣富强。授课教师应当以"站起来、富起来、强起来"这一高度凝练的历史主线贯穿整个教学进度。历史主线如同一条线索，是学生理解思政课的航标灯，它可以"穿针引线"地帮助学生理顺教学知识点的内在关系，帮助学生理解近代中国变迁的内在时间逻辑和理论逻辑，形成具有层次感和科学性的知识结构。

近代以来，中国人民在寻求民族独立和国家富强的道路中艰难前进。直到"十月革命一声炮响，给中国送来了马克思列宁主义。中国先进分子从马克思列宁主义的科学真理中看到了解决中国问题的出路"[2]，中国共产党诞生了。此后，中国共产党带领中国人民打败日本帝国主义、推翻国民党政权、完成新民主主义革命、建立新中国，完成第一个"一百年"的目标——"救亡图存"。从此，中国人民站起来了。在中国共产党带领下，全国人民成功应对建

---

① 中共中央宣传部：《习近平新时代中国特色社会主义思想三十讲》，北京：学习出版社，2018年，第59页。

② 《中国共产党第十九次全国代表大会文件汇编》，北京：人民出版社，2017年，第10页。

国初期西方国家全面封锁、抗美援朝战争、三年困难时期、中苏决裂和边境冲突、"文革"等多重困难。

随后中国人民开始第二个"一百年"的进程——"奋发图强"。十一届三中全会的召开，确立了改革开放的新思想。中国共产党带领中国人民开始经济建设和改革开放，创立中国特色社会主义理论体系。改革开放是实现中国梦的关键一招，是中国特色社会主义发展的动力来源。"只有改革开放才能发展中国、发展社会主义、发展马克思主义"[①]。改革开放极大增强社会活力，人民生活水平显著改善，综合国力显著增强，国际地位显著提高。从此，中国人民富起来了。在中共带领下，全国人民成功应对国际国内政治风波、特大洪水、非典疫情、汶川特大地震、国际金融危机等诸多重大风浪考验。

党的十八大以来，中国共产党着眼于实现"两个一百年"奋斗目标和中华民族伟大复兴的历史使命，在新时代不忘初心、砥砺奋进。在以习近平同志为核心的新一代领导集体的带领下，中共进行了卓绝的改革探索，敢于通过全面深化改革为党和国家的发展注入新活力。从此，中国人民强起来了。中国共产党成立 99 年、执政 71 年以来，携手人民从站起来到富起来、强起来，既历经困难又辉煌迭出。

因此，在授课过程中，全程贯穿"站起来、富起来、强起来"的历史主线，以"四史"论证中共带领中国人民一步步实现"中国梦"的生动实践；以"四史"阐明"四个选择"是符合社会发展规律的，具有时间连贯性和发展延续性。授课教师可以在教学过程中采用提问引导法，由学生之口提炼历史主线。具体实施过程为选取铺陈不同发展阶段的具有代表性的情境性材料，从材料中设置问题，启迪学生从问题中思考、探究新知，进而得出结论。在不断追问的过程中，教师引导学生自主积累、自觉内化、循序渐进进行本源性分析；带领学生建立科学的历史知识逻辑体系；促进学生"历史知识理论"与"马克思主义信仰"的深度融合。如此一来，既尊重教学规律又尊重学生的思维特点，提高学生获取和解读信息的能力。最后由授课教师实现整体性解读，串联成一条一脉贯通、逻辑关联性、层层递进性的"站起来、富起来、强起来"的历史主线，真正实现思政课春风化雨的教学效果。

---

① 习近平:《决胜全面建成小康社会　夺取新时代中国特色社会主义伟大胜利——在中国共产党第十九次全国代表大会上的报告》，北京：人民出版社，2017 年，第 21 页。

三、话语导向：展现中国梦和中国精神的理想信念

高校思政课教学话语是开展思想政治教育的重要载体。融入"四史"教育的过程离不开特定的话语导向。教师在教学实践中应当有着特殊的话语表达规范。"四史"所展现的中国特色社会主义发展史，既是中国人民不断寻求民族独立和国家富强、寻求现代化出路的探索史，又是中国人民终于开创社会主义现代化新局面、实现中华民族伟大复兴的奋斗史。是什么样的理想信念支撑着近代中国无数仁人志士屡败屡战、前赴后继地不懈探索？不言而喻，是"中国梦"和"中国精神"。因此，授课教师应当注意在话语导向展现"中国梦"和"中国精神"的积极信念。教师应当通过传达"四史"历史知识，进行重温历史、勿忘国耻的爱国主义教育和民族精神教育，能够提升整体教学效果。

习近平总书记提出"中国梦"的总体理念，通过这一高度凝练的象征性理念激励全国人民团结一心、发奋图强实现中华民族伟大复兴的未来梦想。实现中华民族伟大复兴是每一个中国人的梦想、夙愿，它体现中华民族和中国人民的整体利益，是全体中华儿女的共同期盼。"实现中国梦必须弘扬中国精神，这就是以爱国主义为核心的民族精神，以改革创新为核心的时代精神"①。正所谓"人无精神则不立，国无精神则不强"②。过去的历史和当前的国情现实证明，每个人的前途命运都与国家民族的前途命运休戚相关。国家民族要自立于世界民族之林，不仅要有富足的物质基础，更要有强大的精神力量。国家民族才能找准前进的方向，把信念和动力拧成一股绳。在近百年的革命、建设、改革历程中，中国人民和中华民族在中国共产党领导下凝聚精神力量，前赴后继，不断铸就一幅幅波澜壮阔的精神图谱：红船精神、井冈山精神、长征精神、延安精神、西柏坡精神、大庆精神、大陈岛"垦荒"精神、"两弹一星"精神、抗洪救灾精神、抗震救灾精神等。从中国共产党革命精神之源、中国共产党先进性之源——"红船精神"③为出发点，一批批精神力量在近现代史中不断融入中华民族血脉、新时代中国特色社会主义伟大事业之中，体现为全面建设社会主义现代化强国的精神力量。

---

① 中共中央宣传部：《习近平总书记系列重要讲话读本(2016年版)》，北京：人民出版社，2016年，第11页。

② 习近平：《在纪念红军长征胜利80周年大会上的讲话》，北京：人民出版社，2016年，第9页。

③ 习近平：《弘扬红船精神 走在时代前列》，《光明日报》，2005年6月21日。

过去的一幕幕党史、国史、社会主义发展史、改革开放史的图景是近代以来中国人民追求"中国梦"、实践"中国精神"的诸多见证。青年大学生是整个社会力量中最积极、最有生气的力量,是实现"中国梦"、践行"中国精神"的主力,是国家和民族的未来。因此,从党史、国情、爱国主义教育的角度,非常有必要在话语导向中融入"中国梦"和"中国精神"的力量信念。引导青年学生认真学习党史国情,知史爱党,知史爱国,从历史中汲取营养和智慧,从而树立和坚持正确的价值观、历史观、民族观、国家观,不断增强中华民族的自豪感、归属感、认同感、荣誉感。

理想信念和崇高理想的相关话语对学生来说"抽象、陌生"。"入眼、入耳"容易,"入脑、入心"着实困难。换言之,授课教师如何在课堂成功培育和传播"中国梦"和"中国精神"? 授课教师应当学会转换视角,从00后大学生的角度来看待理想信念。"00后"大学生成长于物质充沛、精神活动丰富的"互联网＋人工智能"年代。他们对于奋斗理想的蕴意理解有别于此前的学生。因此,教师要放弃一味在讲台"唱高调"的做法,转而在充分吸收马克思主义的理论精髓、厘清大学生对当今社会的真实认知的基础上,从"高高在上"的理论说教转向鲜活生动的社会生活叙事。教师运用"小微现实叙事"的就地取材和具体佐证,开启现实感性生活与理性思考的双重引导,激发学生的价值共鸣与理念认同,让学生在不经意中熏陶和领悟"中国梦"和"中国精神"所蕴含的思想、立场、智慧,并用以指导自身发展和把握社会发展大势。这样一来,"四史"教育变得更具时效性、说服力和亲和力,达到"入眼入耳、入脑入心"的效果。

四、价值取向:坚持唯物史观,解决历史虚无主义的迷思

唯物史观是揭示人类社会存在的基础以及自身发展规律的科学历史观与方法论,是马克思主义的重要内容,也是研究历史的重要指导思想。"四史"教学不是简单的历史学习,而是以历史为基础的思想政治教育。高校在开展"四史"教学时,除了把握其思想政治教育属性,还要进行正确的史观引导。只有树立正确的唯物史观,才能正确解读"四史"教育内容。

然而,在思想文化潮流多元化的今天,历史虚无主义在中国已成为一种重要的政治现象,已经渗透到高校校园。历史虚无主义极具隐蔽性与迷惑性,其常冠以学术研究之名,通过各种方式重新解读历史,通过否定中国走向社会主义的历史必然性,从而否定马克思主义的指导地位和中国共产党执政合法性。历史虚无主义在中国近现代史领域突出地表现为"否定中国共产党领导的新

民主主义革命,否定社会主义建设成就,并以各种方式歪曲和诋毁党和国家领导人的形象"①。在过去的历史研究中,由于缺乏唯物史观的支持,个别历史学研究者在探讨某件历史事件和评价某位历史人物时没能做到客观、全面,对于问题的看待十分孤立化,这让其在深入解读历史内容时常常会面临巨大的阻碍。对此,习近平总书记反复强调要反对历史虚无主义,表示"历史是一个民族、一个国家形成、发展及其盛衰兴亡的真实记录"②。"'灭人之国,必先去其史。'国内外敌对势力往往就是拿中国革命史、新中国历史来做文章,竭尽攻击、丑化、污蔑之能事,根本目的就是要搞乱人心。"③因此从维护社会主义意识形态安全的角度出发,思想政治理论教育者要廓清历史虚无主义的真实目的,主动自觉构建起抵制历史虚无主义的铜墙铁壁。再加上当代青年大学生正处于塑造价值观、历史观、国家观的关键时期。尤其"要警惕和抵制历史虚无主义的影响,坚决抵制、反对党史问题上存在的错误观点和错误倾向"④。

思政课教师身负思想政治教育的职责使命。其在传播历史知识的教学过程中有责任、有义务、有必要侧重唯物史观的培养,帮助学生树立正确、科学的唯物史观,提高学生运用唯物史观和科学方法论的能力。尤其在思政课中融入"四史"内容,应当注意带领大学生学会正确认识历史、客观评价历史、科学研究历史,学会在错综复杂,纷繁多样的历史问题中具体问题具体分析,客观公正的去明辨历史事件和评价历史人物,解决历史虚无主义的现实迷思。

那么如何贯彻唯物史观?对于教师而言,教师自身做到客观地对待历史,塑造学生的历史思维,让学生树立正确的"三观"。供参考的做法有四点:首先,授课教师自身要具备史学涵养和掌握历史唯物主义理论。唯物史观下的历史事实是客观的,而对历史知识的表述却是主观的。在"四史"历史事件的表达中,教师要把握唯物史观的评判标准,向学生客观呈现历史的真实。其次,教师以翔实准确的史料文献为教学内容支撑,树立实事求是的良好榜样,让学生在历史事件的学习中感受到思想深度和科学理论。教师不可盲目借用网络上的教学材料,而应当谨慎使用网络资源;应当科学运用史料文献,选取正规出版文献或者已刊未刊档案资料。对统编教材的观点和史料档案两者有

①　耿雪:《历史虚无主义如何虚无历史》,《中国社会科学报》,2013年8月7日。

②　习近平:《在中央党校2011年秋季学期开学典礼上的讲话》,《人民日报》,2011年9月2日。

③　中共中央宣传部:《习近平总书记系列重要讲话读本(2016年版)》,北京:人民出版社,2016年,第32页。

④　《习近平总书记系列讲话精神学习问答》课题组:《习近平总书记系列讲话精神学习问答》,北京:中共中央党校出版社,2013年,第116—117页。

机合理组织和教学设计,激发出学生的学习兴趣。第三,教学过程中引导学生从不同的立场、不同角度去看待一件历史事物、一个历史人物的两面性甚至是多面性,从多方途径收集的信息越多,那么对于一块历史素材的解读也就越全面准确,凸显历史思维和能力的培养。最后,主动挖掘教材中唯物史观的知识点。选取的知识点应当存在着前后相继、因果互联、环环相扣等逻辑关系,来启迪学生以历史唯物主义的角度理解历史和人民作"四个选择"的历史必然性。

学生在教师的指导下对唯物史观学习与运用,在这一过程中,一方面是自身知识能力不断成长的过程,另一方面是正确的世界观与人生观形成的过程。学习和树立唯物史观的过程,不仅发展了学生自身的心智水平,更加重要的是学生在潜移默化中建立了正确的世界观与人生观,这对青年大学生今后的人生发展有着重要的指导意义。只有学生形成唯物史观,才能真正理解"四个选择"的历史必然性,从"四史"本身出发去深刻认识和把握中国革命、建设和改革各个历史时期发展规律,把握历史发展脉络。

五、结　论

以史鉴今、资政育人。中国共产党历来重视从党的历史中汲取智慧和力量。高校开展"四史"教育,就是要引导学生深刻认识自身的历史使命,更好地把握现在中国发展的大势,树立自己的使命意识,自觉地把自己的志向和国家民族的命运紧密贯通起来,实现个人成才和中华民族伟大复兴的有机结合。尤其是当代青年学生正处于我们国家最好的时代,肩负着实现中华民族伟大复兴的历史使命。习近平总书记指出:"一代青年有一代青年的历史际遇。我们的国家正在走向繁荣富强,我们的民族正在走向伟大复兴,我们的人民正在走向更加幸福美好的生活。当代中国青年要有所作为,就必须投身人民的伟大奋斗。"①所以牢牢把握高校思政课教学的课堂主渠道主阵地作用,精准、巧妙地将"四史"教育融入思政课,使得把高校"四史"教育同国家发展的现实目标和未来方向紧密联系在一起,为坚持和完善中国特色社会主义制度服务,为改革开放和社会主义现代化建设服务。

整个教学中,思政课教师以高校思政课课堂"主渠道"为载体,可从四条路径有所作为。在内容主调中突出坚持和发展中国特色社会主义主题;在历史

---

① 习近平:在纪念五四运动 100 周年大会上的讲话,2019 年 4 月 30 日。

主线上贯穿站起来、富起来、强起来的伟大征程；在话语导向上融入中国梦和中国精神的理想信念；在价值取向上坚持唯物史观、解决历史虚无主义的迷思。因此，教师多元开拓途径，或铿锵宣讲、或春风化雨、或潜移默化，扎实提升"四史"融入思政课的针对性、实效性和感染力，从而帮助大学生认识党史、新中国史、改革开放史和社会主义发展史，辩证性思考中国共产党为什么能、马克思主义为什么行、中国特色社会主义道路为什么好，深化对"四史"教育理论的理解，升华"四史"教育的价值追求，真正实现"四史"历史学习与思想理论教育两者的价值主导性、思想承载性和内容契合性有机统一。

基于立方书 APP 移动微课堂功能的
实时交互教学模式的理念挖掘与应用

——以高校思想政治理论课教学为例

纲要教研中心　尤云弟　浙江大学出版社　傅宏梁

【摘　要】　本教学改革研究立足于浙江大学出版社出品的"立方书APP"移动微课堂应用于高校思想政治理论课课堂所构建的实时互动教学模式。研究发现"互联网＋"时代背景下，促进教学方式由教师讲授型转向师生互动、生生互动和师生与教学资源互动的多重模式，从而有效提升高校思政课堂教学的实效性和时效性。

【关键词】　立方书 APP；移动微课堂；实时互动

一、文献回顾

习近平总书记在 2016 年 12 月全国高校思想政治工作会议发表重要讲话，提出"要用好课堂教学这个主渠道，思想政治理论课要坚持在改进中加强，提升思想政治教育亲和力和针对性，满足学生成长发展需求和期待"，建议高校"要运用新媒体新技术使工作活起来，推动思想政治工作传统优势同信息技术高度融合，增强时代感和吸引力"[①]。之后，2017 年被定为"高校思想政治理论课教学质量年"。呼吁高校运用新媒体、新技术来大力深化高校思政理论课教师教学领域的改革创新，增强对 95 后和 00 后青年学生的吸引力是当务之急。新媒体、新技术的探索，离不开当前"互联网＋"的时代大背景。移动智能终端的快速普及和移动互联网的高覆盖率极大地影响着教学手段。利用当下主流移动互联网下的智能手机等移动终端，进行移动互联时代的教学探索研

[①]　https://tv.chinacount.org/18176.html.

究显得更加突出和非常迫切。

　　大量手机终端用户下载大量的教育类 APP 进行自主学习。随时随地自主学习、互动性强是交互式移动终端 APP 软件优势。利用 APP 自主学习已成为人们学习新方式。运用 APP 开展实时交互课堂的教学模式渐渐走入大学课堂，被广大教师了解和运用。

　　此外，随着高等教育大众化的推进，高校课程班的规模不断扩大，直接影响班级教学质量[①]。特别是大学思想政治理论课，教学难度大，大多采用大班灌输教学，偶有采用大班教学、小班活动的模式。但也存在弊端。首先，大班教学受制于课堂形态、教室容量、上课人数等，通常采用灌输式讲授法，限制了教师对学生的关注。其次，大班教学造成教师难以把握讲课进度和深度，无法及时得知学生的学习反馈和个性化发展需要，在一定程度上影响了教师对学生的认知程度[②]。第三，小班活动通常把同一班级拆分为不同小组，割裂了同一班级内部学生之间的交流，降低学生协作学习的潜在价值。多种生生互动、师生互动的教学方法难以实施[③]。

　　本文立足于"立方书 APP 移动微课堂"，以高校思政课为例，开展实时互动教学模式教学实验，探索技术强化下的师生教与学共同体，希冀为高校思政课教学改革与创新提供新思路和借鉴。

二、实时互动教学模式的建构

　　基于立方书 APP 移动微课堂实时交互模式下的课堂教学改革期间，教师需要在后台管理系统做好创建发布二维码课堂、管理教学资源、备课设计课堂和管理课内外实时互动多项工作，完成师生交互、生生交互、师生与学习资源交互三种功能。这三种交互模式贯穿于整个教学之中。

（一）师生交互

　　课堂教学往往采用大班教学，对教师驾驭课堂的教学能力提出更高要求。如果教师不能有效发掘并利用大班教学的潜在优势，那么思政课的教学效果

---

　　① 翟继光：《学院本科教育大小班教学的利与弊》，《中国法学教育研究》，2007 年第 2 期。

　　② Joseph J. Lee：< Size matters: an exploratory comparison of small and large — class university lecture introductions >，< English for Specific Purposes >，2009(28).

　　③ P Blatchford：< A systematic observational study of teachers' and pupils' behaviors in large and small classes >. ，< Learning and Instruction >，2003(13).

和学生满意度将大打折扣。再加上由于"时空"原因，师生交流不便、机会不多，教师缺乏对学生学习过程的有效监控和了解，难以对学生进行及时有效的指导。在立方书 APP 移动微课堂实时交互教学模式下，学生可以随时通过讨论版块平台向教师反馈教学情况，教师也可以随时通过 APP 向学生了解教学情况，听取反馈意见，并及时与学生进行沟通协商，寻求最佳的教学方案。师生在教学过程中若遇到有待商榷的或疑惑的内容，皆可随时通过图片或文字发送至讨论版相互讨论。这样，在师生交互过程中，双方共同发现、质疑、思考、创新，教与学成为自主探究、协作共进的过程。教学效果不知不觉地得到提升。

调查发现，学生在立方书讨论版块交流的内容非常多，包括发表个人看法、寻求老师答疑、与同学交流、亮相水版面和点拇指表态度等。

（二）生生交互

学生在课堂上可与其他同学进行交流互评，教师适时引导点评，达到生生交互的效果。值得一提的是，学生可以在小班活动课上"跨越时空"实时交流心得和体会。

小班活动课不仅增强了集体团队协作能力，提高了写作及口头表达能力，增强历史现场情境感，提高对历史事件的理解和思辨能力，更好地掌握了历史知识，而且与立方书 APP 实时互动讨论，师生点评合理科学透明[①]。

（三）师生与学习资源交互

立方书 APP 移动微课堂平台将各种信息带入课堂，构成学习资源，比传统教学模式的文字信息量要大得多。师生可将从网络、图书、影音资料等渠道获取的各式各样的学习资源和教学相关的信息资源，随时转发推送至讨论版块，与他人共享交流。师生自建的教学资源库，可供随时查看、学习、交流。学生可以在课前预习、课堂同步学习、课后复习、期末考试复习和随时随地包括排队、等车或者休息时间，用手机等终端设备打开立方书 APP，观看学习资源，最大限度地利用这些"碎片化"时间，掌握相关知识并把感想反馈在讨论版。每一位学习者都可以根据自己的学习特点和现有知识水平，自由地选择适合自己的学习内容、网络课堂、优秀课件和考试题库等资源，按照适合自己

---

① Qin, Zhining, Johnson, David W, <*Cooperative versus Competitive Efforts and Problem Solving*>, <Review of Educational Research>, 1995, Vol. 65 Issue 2.

的方式和学习进度学习。

师生对原先的学习资源的反馈与交流,转化为数据进行有机存储,生成了教师需要的分析资料和新的学习资源,回馈师生,创造新的价值。师生与学习资源互动的价值得到充分体现。实现线上线下(O2O)、移动互联(MID)、用户创造价值(UGC)为一体,让"智慧互动"体现在课堂教学和课后自学,提高教育质量,达到智慧教学①。

三、研究发现

本文通过对高校思政课课堂教学改革趋向的分析,引入立方书 APP 移动微课堂实时互动教学模式,以期使思政教学中教师、学生、教学资源之间的多种交互能突破时空限制,随时随地开展,以冀促进新媒体和新技术融入思政课教学的保质、高效发展。

学生对立方书 APP 微课堂实时互动教学模式总体评价较高。该模式有效激发"95 后"和"00 后"的新生代大学生学习热情和兴趣,从而提升思想政治理论课教学的实效性。全员师生可以利用随身携带的移动终端设备随时随地,真正突破时空限制,更方便灵活地实现实时交互式教学活动。三种交互包括师生交互、生生交互、师生与学习资源交互,呈现多模态、立体化、个性化,教学变得更加灵活,学生的学习由被动变为主动。在授课教师的组织、监督、指导下,学生在多重交互中进行知识重组;在提升教学效果的同时,学生的批判性思维、创新能力、协作精神、分享意识得到了培养。同时,信息化教学模式下,利用后台数据分析系统,便捷获取课程资源利用数据、学生学情数据,教师可以实时调整教学计划。更为重要的一点是,教师挖掘数据材料,实现教学研究理性化,转而服务教学,使得教学质量获得整体飞跃。

从上文的理论分析及教改实验来看,立方书 APP 移动微课堂的实时互动教学模式对教学的正面促进作用已经得到认证。在此过程中,尚有些问题值得重视。高等教育中尚存在对于实时互动教学模式认识不足的现象,对移动微课堂的运用上存在一些浅层认识的误区和简单模仿的现象,在教学中实时互动模式的使用量虽然很大,但对使用质量的重视不足。甚至个别教师认为只要利用新媒体新技术,丰富了教学手段和形式即可。缺乏针对实时互动的

---

① David H. Jonassen,Chad Carr,Hsiu－Ping Yueh：<*Computers as mindtools for engaging learners in critical thinking.*>,Techtrends.1998,Vol. 43 Issue 2.

教学环节和教学内容等相互配合,并且多种环节之间尚存在脱节问题,无法使现实时互动教学模式价值得到有效发挥。这些都是未来"互联网＋"时代背景下的教育行业需要一一解决的难题。